众筹金融系列丛书

本书编委会

INTERNET + FINANCE =
WE FINANCE

互联网+金融
=众筹金融

众筹改变金融

杨 东 文诚公/著

人民出版社

杨东，中国人民大学法学院教授、博导、副院长，中国人民大学金融创新与风险治理研究中心筹建负责人、互联网与信息法律研究所执行所长。全国人大法工委、财经委"证券法"、"期货法"、"电子商务法"立法和修改课题组和专家咨询组成员。中国证券业协会股权众筹专业委员会委员（顾问）。先后在《中国社会科学》、University of Cincinnati Law Review（SSCI）、Hong Kong Law Journal（SSCI）、《中国法学》《人民日报》等发表中外文论文 80 多篇，并出版《金融服务统合法论》《金融消费者保护统合法论》等 160 余万字的学术专著。

　　杨东是中国"金融统合法"理论和"众筹金融"理论的创立者，目前担任国家社会科学基金重大项目"互联网安全主要问题立法研究"子课题"互联网金融安全研究"的负责人，担任我国第一个股权众筹的省部级课题司法部"股权众筹法律问题研究"课题组组长。中国人民银行支付结算司支付体系法律问题研究课题负责人。

　　杨东最早提出了"股权众筹是我国多层次资本市场的组成部分"、"众筹是与股份公司同样伟大的制度发明"等重要论断和观点，并进行了系统研究，是我国众筹研究代表性人物，外界称其为"杨众筹"。其作为主要发起人之一成立的微金融 50 人论坛和众融智库，成为当前互联网金融、创新金融领域影响力最大的民间学术论坛之一。其著《互联网金融第三浪：众筹崛起》以及《赢在众筹：实战、风险、技巧》是国内最早的众筹著作，他还发表了众筹相关论文几十篇。

　　此外，杨东多年来致力于推动我国互联网金融、众筹、移动金融的实践的发展，担任中国证监会投资者保护局专家，中国金融办协会互联网金融专业委员会首席专家，浙江金融资产交易中心、贵阳众筹金融交易所、世界众筹大会、众筹金融协会、中国金融消费者保护网（金保网）的首席学术专家等。

作者简介

文诚公，中国人民大学硕士研究生毕业，现供职于中国工商银行总行。兼任中国人民大学金融创新与风险治理研究中心研究员、中国科学技术法学会科技金融法律研究会理事、众融智库成员。对互联网金融模式、发展趋势、风险管理和互联网金融立法、监管、金融消费者保护等有深入研究。著有《论互联网金融背景下金融权的生成》、《众筹中的知识产权保护》、《互联网金融行业自律任重道远》、《香港金融纠纷解决机制的新发展及其对内地的启示》等。

序 一

众筹金融是一种新兴的制度供给

姚余栋

近年来，众筹股权、众筹电影、众筹大会乃至众筹金融交易所等如雨后春笋般崛起，"众筹"这个名词在中国这片互联网金融热土上渐成燎原之势。众筹金融是共享金融，是互联网金融的革命性创新，能够使越来越多的普通民众和中小投资者参与创业创新项目，使"平等参与金融"、"公平共享金融"有了现实可能性。从这个角度看，众筹金融不仅是一种新兴的金融业态，还体现了一种新兴的制度供给。

众筹实践如火如荼，需要理论的及时跟进与升华。杨东教授与他的学生义诚公历经近三年时间共同创作了这本《互联网＋金融＝众筹金融：众筹改变金融》，首次将这些丰富的实践经验加以提炼总结，上升到众筹金融的理论层次，体现了本书作者在金融和法律领域深厚的研究功底和独到的理论嗅觉。

当前，以众筹金融为代表的互联网金融之所以在中国蓬勃发展，除了互联网技术的发展因素外，还与中国经济发展现状有着密切关系。中国在近几十年里取得的经济发展成就有目共睹。然而，在实现经济腾飞的同时，中国的经济增长还存在着很多结构性问题，与之相应的是，金融体系还存在很多缺陷与痛点。比如过度重视投资，忽视消费；更多关注大企业、大项目，忽视小微和草根；金融服务高门槛，低收入阶层和社会弱势群体没有完全覆盖。诸如此类的问题都使得金融活动离罗伯特·希勒心目中的"美好社会"愈来愈远。如何合理配置金融资源、激发市场主体的创新创业潜能成为中国经济转型能否成功的关键所在。众筹金融作为金融体系的一种自我完善和创新方式，有望探索出一条"通往理性繁荣之路"。

诚如杨东教授所言，在众筹金融的体系中，股权众筹是最能体现其本质特色的类型。当前全球经济都在一个去杠杆的通道中，如果企业过分依赖债务筹资，容易导致过高的杠杆风险，影响实体经济稳健增长。股权众筹则能够较好地规避杠杆风险问题。股权众筹"小而美"的特色让老百姓以少量投资也能做股东，从而享受经济发展带来的红利。同时，股权众筹还能高效、便捷、低成本地帮助企业筹集发展所需要的资金。可以说，股权众筹是一种"四两拨千斤"的巧妙机制，依托大众的"小力"，实现经济改革的伟业。我们认为，股权众筹不仅仅是一个概念或几个网络平台，在不久的将来可能成为我国资本市场中的重要一环，成为"新五板"，成为多层次资本市场的重要组成部分。当然，金融创新是风险和收益的平衡，这个过程艰辛复杂，充满挑战，收益可能比较多，但风险也非常巨大。在股权众筹等众筹金融模式迅速发展的阶段，各界应当保持理性的态度，注重完善信息披露、平台评级等市场化约束机制以及适度监管措施，不能让众筹金融成为"热钱"肆虐的战场，应保证众筹金融实现持续稳健发展。

总之，众筹金融是一个机遇与挑战并存的崭新领域，对中国的金融体制改革乃至经济整体改革都有着巨大影响。在"众筹时代"下，不仅仅是专家学者、政府官员和企业家需要了解众筹，了解它对社会产生的革命性影响。普通投资者也需要了解众筹，了解如何利用众筹思维在社会变革浪潮中共享发展的成果。如果想深入了解这场众筹革命，本书无疑是兼具理论深度和实战操作的入门手册，一定会给读者带来耳目一新的阅读体验。

是为序。

（作者为中国人民银行金融研究所所长）

序 二

让众筹开启互联网金融的新篇章

高红冰

今年，是中国连接全球互联网的第 21 年。到 2015 年 6 月底，我国已经有 6.68 亿网民，其中有近 6 亿手机上网用户，网络购物用户超过 3.6 亿，2014 年电子商务交易额达到 16.4 万亿元。我们看到，互联网、云计算、移动互联、大数据等技术不断成熟，其经济性、便利性和性价比越来越高，并作为一种基础设施安装在数亿人群和产业中间，从而为"互联网 +"掀起热潮、打开局面，奠定了广泛而坚实的基础。

今天的互联网世界，更多地体现出"+"，体现出融合创新，体现出新兴业态的成长，体现出传统业态的升级与转型，体现出"互联网 +"成为经济社会的基础设施，体现出"大数据 +"是国家和企业赖以生存与发展的战略性资源。

互联网带来的大变革，也催生了跨界的互联网金融。很多银行行长今天关心的问题是：整个经济下行了，贷款企业资产质量到底怎么样？有没有更大的金融风险存在？随着金融资产质量发生变化，银行如何保证自身的资本充足率？竞争更加激烈，银行只靠利息的收入不能再持续了，同时，金融业的零售渠道正在发生重大变化，是否要转型升级？再看互联网企业，在这个变革中，他们关注的问题是：用户如何获取？用户更好的体验是什么？如何保障用户的安全性、防范用户的风险？技术创新、产品升级创新、以互联网为平台的应用如何全链路打通？等等。这两种思维混合在一起，进一步催生了互联网金融。当产业和金融相互叠加，互联网金融的融合跨界便产生了。

当然，不管是金融还是互联网，都要跟实体经济、跟消费者融合，形成了一个共生、共长的商业与金融生态系统。换言之，金融要服务实体经济，互联网要落到地上去，与传统经济结合，才能生根发芽乃至茁壮成长为参天大树。

互联网金融服务的重要主体是创新的小微企业、新兴的数字消费者。目前，受制于技术条件和可验证的信息不足，信用制度不完善，这些小微企业、创业类的和成长中的企业，很难得到传统银行机构的金融服务，而金融业凭借互联网与生俱来的平等性、开放性、便利性，以及互联网技术应用所产生的信息和数据记录，则可以很好地解决这一矛盾。而互联网众筹所提供的快速、便捷、普惠化服务，恰恰在弥补传统金融的这一"软肋"。无论是理财、保险、信托，还是企业的股权、债权的众筹与交易，我们看到，站在"互联网+"的风口上，众筹，正在更大的范围，驱动整个金融行业的发展和升级。

在这样的背景下，《互联网+金融=众筹金融：众筹改变金融》一书全方位地描绘了一幅众筹金融的蓝图。作为中国众筹研究的领军人物，杨东教授在本书中提出了开创性的论断——"众筹是与股份公司同样伟大的制度发明"，这彰显了他所具有的超前眼光。全书图文并茂、理论与实务结合，既能以专业学者的角度，从理论层面给出高屋建瓴的总结；又能基于大量客观翔实的案例，从实践的角度给出具体现实的分析，令大众读者可以加深对众筹的理解和把握，实为一本专业性与普适性完美结合的佳作！

很多时候，人们习惯于基于过去和现状作出各种思考。即使这样的思考已经十分深入，仍然难以预测未来。究其原因，是因为他们假设传统会永远延续下去，他们假设现有的逻辑和理论是天然合理的，现有的结构是不可能从根本上进行改变的。

然而今天，随着互联网革命日益深入到经济和社会生活中来，我们发现，互联网带来的改变，绝不仅仅是技术层面的，它更是思想层面的，甚至主要是规则和制度层面的。互联网正在安装和建立的"信息基础结构"，正在逐步地从底层对整个人类社会带来了根本性改变和重构。

尽管本书描述的也许只是未来所改变的一些或凤毛、或麟角的碎片，但，这正是《互联网＋金融＝众筹金融：众筹改变金融》一书的价值所在。透过众筹，让我们可以看到这种改变，让我们可以看到未来的端倪。今天，正在无比接近"信息基础结构"改变的拐点。我们正在告别旧时代，迎来一个崭新的黄金时代。如果说众筹将开启互联网金融的新篇章，那么，本书无疑是众筹开启互联网金融新篇章最好的前言。

此时此刻，非我莫属。让我们张开双臂，去拥抱众筹金融的新时代，去创造一个属于年轻人的互联网金融未来。

（作者为阿里巴巴集团副总裁、阿里研究院院长）

序　三

众筹金融与共享金融：异曲同工

杨　涛

《互联网 + 金融 = 众筹金融：众筹改变金融》一书是作者在互联网金融领域深入探索的成果体现，无论在体系架构还是实践案例方面，都有令人耳目一新的阅读体验，也反映出作者作为国内众筹研究领军人物的扎实专业功底。我们看到，近年来国内如日中天的互联网金融浪潮，也掀起了各方人士前所未有的研究热情，其中有着眼于令人眼花缭乱的商业模式而试图影响现实的，也有深入发掘理论内涵而想要构建基础框架的，更有密切围绕监管与政策动向而努力不"逆潮流而为之"的。无论对互联网金融的"流行"举首膜拜还是嗤之以鼻，大家都难以否认的是，以互联网和大数据等为代表的新技术，确实给我们的经济运行和生活方式带来不可忽视的全面冲击，这冲击同样也落到了金融身上。

我国目前正面临"新常态"的挑战，经济增长模式也迫切需要转型。无论是现有的经济结构调整，还是在借鉴德国经验基础上的"制造业2025"，本质上都是为了推动宏观与微观经济效率的提升，以"互联网 +"背后的智能化、网络化来带动产业重构和社会分工协作机制优化。与此相应，原有适应工业时代的金融支持体系，在新的经济挑战下也难以"削足适履"。

放眼全球，2008 年金融危机的余波虽已渐渐远去，但对各国经济社会运行带来的深刻影响仍难以估计。一方面，备受打击的传统产业与金融发展模式，迫切需要寻找能够"振奋人心"的新增长动力；另一方面，粗放式、无节制的生产与消费模式引起"心有余悸"的反思，如何更好地权衡资源有效配置与公众福利的提升，成为新时期经济、社会与人文变革转型的聚焦点。在此背景下，应运而生、日渐火爆的共享经济成为极具发展潜力与想象空间的"抓手"。例如，Uber 和 Airbnb 分别为出租车业和酒店业带来了革命性的改变，也让人们看到了共享经济在可持续商业模式构建上的可行性。同时，新技术的飞速发展，也使得信息收集、处理、传递的机制发生了根本性改变，带来了"互联网＋"时代的经济与金融变革。

所有这些经济社会层面的变化，都给金融变革带来了巨大的压力和动力。作为经济学"皇冠"上的"明珠"，货币金融学同样在宏观与微观等多个层面，面临亟需完善的缺憾和不足。而在现实世界中，无论是欧美发达经济体，还是中国这样的新兴市场大国，都需面对金融"绚丽面纱"之下如何与实体部门更好结合的难题。

虽然对作者与众筹金融相关的部分观点，我认为还需要进一步探讨和商榷，但是从根本上来看，作者所强调的众筹金融，仍然是为了突出通过互联网实现"人人参与金融"的意图，也是为了改变现有金融体系的诸多功能扭曲现象。这一基本视角，与我重点研究的共享金融，实质上有异曲同工之处。

所谓共享金融，就是通过大数据支持下的技术手段和金融产品及服务创新，构建以资源共享、要素共享、利益共享为特征的金融模式，努力实现金融资源更加有效、公平的配置，从而在促使现代金融均衡发展和彰显消费者主权的同时，更好地服务于共享经济模式壮大与经济社会可持续发展。它既包括有效支持新经济（共享经济）发展的新金融模式，也包括金融自身的可持续、均衡、多方共赢式发展。究其动力根源，则需要剖析技术（信息技术＋金融技术）与制度（正式规则＋非正式规则）的双重视角。

我们看到，伴随着令人眼花缭乱的金融创新不断涌现，现代金融在更加有效支持经济社会发展的同时，也带来了许多内在的困扰。金融发展与实体产业的脱离、金融部门对实业部门的谈判权优势等，都使得某些金融活动距离罗伯特·希勒心目中的"美好社会"愈来愈远，成为金融业的"自我游戏"和贪婪资本的乐园。跳出对互联网等具体技术形态的描述，更加强调众筹金融或共享金融，这更体现了长期、深层的金融模式与功能变革。短期来看，互联网信息技术冲击下的金融运行，其真正的价值所在正是共享金融理念的突破；长远来看，无论技术自身怎样变革，金融的最终价值都在于摆脱自我服务的"毁灭之路"，重新回到与实体互助共赢的轨道上。

归纳来看，在这些金融变革的概念梳理背后，我们可以期望其能够有助于缓解甚至根除现有金融体系的主要弊端。一则，重点解决主流金融体系的服务"短板"，服务居民金融（消费金融和财富管理）和小企业金融（融资加信用）；二则，促使金融摆脱"高大上"，"走下神坛"，推动分布式、规范式、自律性、公开透明的金融"软规则"建设，谋求低成本、高效率的新型金融交易市场；三则，巩固 P2P 时代的新金融模式，且逐渐向 B2B、B2P、P2B 等领域拓展，使合作性金融交易、信任型和信用保障型金融创新、消费者主动式金融服务等，都在现代经济金融运行中扮演更加重要的角色。

归根结底，在互联网金融的"面纱"背后，我们所期望的理想金融模式，是以数据信息的流动性、交互性，带动商品流、金融流的一体化发展与提升配置效率。通过拓展金融自由主义与国家干预之间的"第三条道路"，实现基础设施与规则层面的自治型金融创新，共享金融或众筹金融完全能够带来新的制度变革"红利"，为金融结构优化及促进增长作出重要贡献。

（作者为中国社科院金融所所长助理研究员、博士生导师）

前　言

为什么写这本书

《互联网＋金融＝众筹金融：众筹改变金融》这本书我们写了好几年，从 2013 年 2 月创作开始，本来是写《互联网金融的风险与防范》，主要着眼于互联网金融的风险防范与互联网金融监管方面的问题，并邀请最高人民法院对互联网金融颇有研究的吴景丽法官一起写，期间我们和吴法官开会讨论了数十次之多。虽说 2015 年 7 月 18 日中国人民银行等十部委联合发布的《关于促进互联网金融健康发展的指导意见》对目前在混沌中前行的互联网金融指明了方向，但是截至目前，全国人大以及"一行三会"迟迟未出台互联网金融相关具体监管规则，也使得那本书迟迟未能完成。后来，我们在全国各主要平台实地调研的过程中发现，互联网金融监管和立法的核心问题首先是金融问题，即互联网金融的实践问题。尤其是我们的互联网金融实践具有中国特色，并没有太多的外国经验、模式、监管可以参考和引用。几年来，互联网金融跨越式的发展充分证明了互联网与金融的跨界融合所产生的创新力量是非常巨大的，由最初的互联网"宝宝"类理财产品的强势崛起到现在网络借贷、产品众筹、股权众筹等的遍地开花，我们发现，"互联网＋"带来的变革不单单是一种新的金融模式的出现，它可能带来的是一场伟大的金融制度的变革。为此，我们提出了"互联网＋金融＝众筹金融"的公式，虽然这个公式肯定还需要不断论证，相关理论还需要不断深化，但是我们初步认为众筹是人类社会与股份制同样

1

伟大的制度发明，相信它会促进信息技术革命和生产力的解放，因为生产力的发展必然要求一种与之相适应的生产关系。互联网技术、信息技术或者说是 IT、DT 技术与金融的融合势必将诞生一种新的社会关系——金融制度。但是这个金融制度变革和社会关系变革到底是什么关系？到底会形成怎样的一种金融制度？伟大的变革需要伟大的思想，笔者不才，一直作为众筹金融理论的倡导者和践行者，在这本书中大胆以"互联网＋金融"如何改变金融为主线，提出众筹金融的基本理论框架。我们想用众筹制度或众筹金融来概括这个社会生产关系的变革或金融变革。此次互联网金融发展的浪潮给社会带来各个层面的变革，充分证明了"互联网＋"具有巨大潜力，笔者认为国务院《关于加快构建大众创业万众创新支撑平台的指导意见》与央行等十部委《关于促进互联网金融健康发展的指导意见》，共同吹响了"互联网＋金融"所引起的社会生产关系变革——作为上层建筑的法律和政策变革的号角，拉开了人类社会探索未来金融模式和经济模式的又一伟大的征程。

这本书是一个初步的探索，从制度构建角度去探索由技术变革、生产力的解放所带来的社会关系的革命与创新。从这个意义上说，众筹金融概念和理论的提出，也属于学者的标新立异吧。

互联网金融到底是什么

互联网金融到底是什么，包括互联网金融国内最早的提出者谢平老师在内的很多学者提出了很多自己的看法，但在业界莫衷一是，笔者也认为这些概念仍然没有完全说清楚。互联网金融出现伊始，大家认为像余额宝等"宝宝"类理财产品、P2P、第三方支付等是非常好的金融业态。但从金融发展历史的角度来看，应该有更高层次的一种互联网金融业态，那就是众筹金融即通过资金整合为纽带的金融模式。这种众筹的模式，尤其是股权众筹模式，我们认为是一个互联网金融的一个高级阶段。

众筹金融的理论依据

　　发表在《中国社会科学》2015 年第 4 期上的《互联网金融法律规制——基于信息工具的视角》一文中，笔者提出了"互联网＋金融＝众筹金融"的理论依据。我们认为互联网金融实现了信息工具与金融功能的高度融合。互联网金融实现了金融本质的回归，这是笔者首先提出来的。它为什么能够做到这一点？就是因为真正实现了金融交易过程中前所未有的信息对称。

　　金融诞生的本因就是商品交易和经济活动信息不对称，人类社会有了商业银行、交易所等传统金融组织后，信息不对称的问题依然没有解决，而互联网金融、移动互联网、大数据、云计算，则为解决这一问题提供了一条新的途径。所以立法、监管也应该基于这样一个互联网金融的基本功能和作用，使其能够更好地发挥价值和作用，而不应该采取传统的监管和传统的法律手段，导致实现信息对称的功能不能得到很好的发挥，反而让本来应该实现信息对称的 P2P，在缺乏发达征信体系的情况下回到刚性兑付、过度依赖担保的恶性循环中。所以我们要敢于打破刚性兑付，敢于去担保，敢于去实现更加对称的信息的规制，这是我们的一个基本研究思路和观点。

　　还有一个基本研究思路和观点体现在发表于《中国法学》2015 年第 3 期的《互联网金融风险规制路径》一文中，笔者提出了建立以金融消费者为核心的金融创新体系。金融创新，尤其是互联网金融创新，必须以金融消费者保护为核心，构建一个创新与安全之间的高度平衡。

　　众筹金融的核心是通过移动互联网技术低成本地将分散化的资源和大众化的资源高度融合，实现高效的资源整合。众筹制度，不同于股份制。股份制，主要是资金的集合，而众筹，基于信息技术革命，IT、DT技术革命所形成的共享经济时代，不仅仅是资金的整合，还包括资源、市场、营销、创意等的整合。所以众创、众包、众服、众筹，是在探索一种不同于资金整合、资本整合的方式，即是一种新的以人为核心的把人、市场、营销等要素进行整合的方式。其与股份制最大的区别在于这样一种制度是以人为核心的，而不是以资金或资本为核心。这样一种制度创新，与"共享经济"（也就是李克强总理在大连达沃斯论坛上讲的"分享经济"）完全契合。近日，中国人民银行金融研究所的姚余栋所长和中国社科院金融研究所杨涛所长助理提出"共享金融"理论。"共享金融"理论，与我们提出的"众筹金融"理论的核心是一致的，都是符合共享经济、分享经济时代特征的金融形式和制度创新。

人类社会又一个伟大制度革命的序幕开启

2015 年 7 月 18 日，中国人民银行等十部委联合发布了《关于促进互联网金融健康发展的指导意见》，包含了二十项涉及互联网金融发展与监管方方面面的具体意见。经过几年来互联网金融的快速发展，让"子弹"飞了很长一段时间，充分证明了互联网创新的力量是非常巨大的，同时也存在着很大的风险，所以央行及时出台互联网金融指导意见，是非常有必要的。

这一场互联网的技术、信息技术或者说是 IT、DT 技术的革命，必将引起新的金融制度的变革，甚至是一种新的社会关系的变革，因为生产力发展必然会促进和要求生产关系的发展。但是，这个金融制度变革和社会关系变革到底是什么？国务院提出"互联网＋"，实际上是在探索互联网的技术革命，到底会形成怎样的一种生产关系或制度革命、金融革命？是否可以临时性地用众筹制度来概括这个社会生产关系的变革或金融变革的核心？因此，《关于促进互联网金融健康发展的指导意见》的出台实际上是央行等十部委吹响了这次"互联网＋金融"所引起的社会生产关系变革——作为上层建筑的法律监管变革的号角，笔者认为是揭开了人类社会又一个伟大制度革命的序幕，也开启了探索人类未来金融模式和产业模式的新征程！为此，笔者总结了十大意义，阐述如下：

第一，开启了互联网＋金融、互联网＋社会关系变革的里程碑式的布局，就是以"互联网＋金融"为突破口实现整个社会生产关系变革。此次出台的《关于促进互联网金融健康发展的指导意见》，被视为互联网金融的"基本法"，不仅仅是对互联网金融的制度创新，而且还可以说是人类社会第三次工业革命以来，对 IT、DT 等信息、数据技术革命所逐渐形成的社会生产关系变革。笔者认为，它标志着人类社会第四文明开始来临，即作为史前文明、封建文明、工业文明之后的第四文明——信息文明（共享社会）开始来临；更在某种意义上标志着从资本主义社会真正开始过渡到社会主义社会（共产主义社会）。

第二，《关于促进互联网金融健康发展的指导意见》吹响了金融服务于小微企业、服务于普通民众、服务于实体经济并真正实现普惠金融的号角。因为当前中国缺少的不是大企业大金融大机构，缺少的也不是 GDP总量，而是小微企业的发展，同时，这也是真正服务普通老百姓的理财需求、金融服务需求的根本。这些底层的，包括小微企业、创新创业、老百姓的底层需求，实际上只有靠大力发展互联网金融、"互联网＋金融"，才能满足。这次《关于促进互联网金融健康发展的指导意见》就是定位于服务小微。

第三，《关于促进互联网金融健康发展的指导意见》对当前的股市是一个利好。此次股灾的导火索之一，是因为很多的场外配资利用 P2P 平台进行的一些非法操作。股灾教训告诉我们，如果政府不及时出台这种对金融创新的监管办法，危险很大。因为互联网金融的创新、移动金融的创新，已经渗透到了资本市场，渗透到传统金融市场。如果不严格监管，对于股市和金融市场都具有强大的破坏力。央行出台《关于促进互联网金融健康发展的指导意见》，可以保障互联网金融创新在正常的轨道运行。自2015 年 7 月 18 日至今，国务院法制办的《非存款类放贷组织条例（征求意见稿）》、《融资担保公司管理条例（征求意见稿）》，人民银行的《非银行支付机构网络支付业务管理办法（征求意见稿）》，保监会的《互联网保险业务监管暂行办法》，证监会的《关于继续做好清理整顿违法从事证券业务活动的通知》、《关于对通过互联网开展股权融资活动的机构进行专项检查的通知》，最高人民法院的《关于审理民间借贷案件适用法律若干问题的规定》等各类法规、规章、通知相继出台，如雨后春笋，令人应接不暇。因此，7 月 18 日的《关于促进互联网金融健康发展的指导意见》可以视为吹响了股灾后中国政府对于金融创新监管的号角。

第四，《关于促进互联网金融健康发展的指导意见》特别强调对普通民众金融服务需求的保护。维护金融创新和金融安全之间的平衡点，就是保护金融消费者。特别是互联网金融创新使得人人都有可能成为投资者，加强对金融消费者的保护显得比以往任何时候都迫切，如建立合格投资人制度。对于高风险的金融产品创新，必须有一个合格的投资者加以保障，否则让更多的普通民众参与到高风险当中来，这对于金融发展是不利的，所以必须要推出合格投资者制度。证监会和中国证券协会正在制订详细的规定。《关于促进互联网金融健康发展的指导意见》规定了通过股权众筹的融资，即通过互联网的形式进行公开小额的股权融资，这个已经明确表达了态度。这里没有明确说是公募，而是说"公开"，通过互联网实际上就是公开的。也就是通过互联网平台让普通的老百姓能够高度分散投资，也能够控制风险。通过互联网技术的及时性、便利性、交互性、虚拟性等特性就可以做到这一点。

第五，没有规则的市场必将是非常混乱的市场。《关于促进互联网金融健康发展的指导意见》的出台有利于整个金融市场的公平竞争，这个提高市场准入门槛，能起到净化市场竞争的作用；同时加强监管为互联网金融市场公平、公正创新提供了有序的市场环境。传统金融机构和互联网金融平台是共同发展的关系。两个竞争市场越活跃，越有利于普惠金融的提高，有利于社会金融的发展。

第六，《关于促进互联网金融健康发展的指导意见》的出台对于整个行业和中国的经济，都是利好消息。"互联网＋金融"可以促进金融朝着更好地服务于实体经济的方向发展。在中国目前广大的中小企业不能有效融资的背景下，一个健康有序的互联网金融可以有效缓解中小企业融资难的困局，尤其是股权众筹，有利于"大众创业、万众创新"，对于中小企业的发展、对于保持中国经济7%以上的发展速度，都是非常有利的手段。

第七，《关于促进互联网金融健康发展的指导意见》明确了互联网金融、P2P（网络借贷）、股权众筹的定义，避免社会上"伪P2P"、"伪众筹"扰乱市场。互联网金融的风险是显而易见的，因为这一领域目前监管比较苍白，市场上充斥着很多缺乏专业能力、风控能力，没有成熟的互联网技术条件的平台。那些众筹咖啡馆等伪众筹误导民众。而普通老百姓对于这一新鲜事物缺乏足够的识别能力和判断能力，所以在这种情况下政府及时出台相关的监管政策规范市场秩序，告诉老百姓哪些是风险大的平台，哪些是符合要求的、合格的互联网金融平台，把那些不符合资质、缺乏风控能力、缺乏专业能力的互联网平台驱逐出这个市场。这对老百姓来说极大地提高了风险识别能力。因此，及时出台办法是对互联网金融风险的有力防范，是溯本清源、以正视听。

第八，《关于促进互联网金融健康发展的指导意见》对于互联网第三方支付、网络借贷（P2P）可以说是非常严格的监管措施，将第三方支付和网络借贷限定在小额、信息中介，对其发展不利。可以预见，网络借贷平台将面临非常严酷的洗牌。把支付界定为第三方支付小额，包括支付宝在内的也都界定为小额支付。具体金额可以参考 2014 年人民银行曾经出台的《非银行支付机构网络支付业务管理办法（征求意见稿）》，单笔不能超过 1000 元，一人一年不能超过 1 万元，把第三方支付的空间限制得非常狭小。第三方支付平台还有办法规避，但是 P2P 要规避真的非常困难。一旦规避不当，直接触碰非法集资或者非法证券活动，金融活动风险非常大。

第九，《关于促进互联网金融健康发展的指导意见》政策出台最大的利好是股权众筹，股权众筹主要是指通过互联网形式进行公开小额股权融资的活动，这给股权众筹带来广泛的发展空间。《关于促进互联网金融健康发展的指导意见》明确了股权众筹是互联网众筹，股权众筹就是公开的众筹模式。所谓众筹，体现的是"众"字。众筹本身不存在所谓公募和私募之分，私募式众筹不是真正意义的众筹。

《关于促进互联网金融健康发展的指导意见》强调公开小额股权融资，这个定位是革命性的。公募、私募的概念，是传统的《证券法》的概念，已经不适合"互联网＋资本市场"的发展趋势。真正意义上的众筹是通过互联网的方式公开发行。在正在进行的《证券法》修改的草案中第十三条专门规定了小额公开发行的注册豁免制度（具体金额由证监会规定，比如 1000 元人民币），并且，这个修改条款实际上也是突破了 200 人的人数限制。因此，我们已经不能按照传统美国式的公募、私募这样的概念实施对目前"互联网＋"背景下的证券活动的监管。"公开"这个词也有利于普通老百姓通过互联网参与高风险的股权众筹。所以笔者认为用公开的方式来强调这样的模式，实际上已经确定了新的融资体。

股权众筹是"互联网＋资本市场"的核心，也是"互联网＋金融"的基本模式，代表着人类社会二次金融脱媒（第一次金融脱媒是从商业银行到证券交易所）的方向和趋势，即从证券交易所到互联网股权众筹平台。

2014年3月31日，笔者在《中国证券报》发表了《股权众筹是我国多层次资本市场的组成部分》文章。《关于促进互联网金融健康发展的指导意见》目前定位多层次资本市场的有机组成部分，用了"有机"这样的概念。"有机"组成部分的定位非常符合当前我国国情。股权众筹是整个金融市场的基础部分，也是最底层部分。

第十，金融的未来就是交易所，交易所的未来就是金融众筹的交易所。笔者把互联网金融界定为众筹金融。众筹金融的概念得到贵阳市委书记陈刚、副市长王立祥的采纳，也得到北京特许经营交易所的刘文献董事长的支持，把笔者提出的概念和理论在贵阳加以实践，成为中国西部金融创新的一个亮点。

因此，笔者认为，从实施实际效果和未来发展趋势来看，从大众创业、万众创新的角度来说，此次《关于促进互联网金融健康发展的指导意见》也可以说是促进股权众筹健康发展的指导意见。

"四众"服务"双创"

2015年9月16日，国务院总理李克强主持召开国务院常务会议，会议认为，推动"大众创业、万众创新"，需要打造支撑平台。要利用"互联网＋"，积极发展众创、众包、众扶、众筹（简称"四众"）等新模式，以众智促创新，以众包促变革，以众扶促创业，以众筹促融资。2015年9月26日，国务院印发《关于加快构建大众创业万众创新支撑平台的指导意见》，这是大力推进"四众"等新模式、新业态，推进"大众创业、万众创新"和推动实施"互联网＋"行动的系统性指导文件。

"四众"是当前我国经济新的支撑点,其作用归纳起来可以用"三服"来表达,即服务于三个主体,服务于创新、创业(简称"双创");服务于中小微企业,实现普惠金融;服务于传统企业的转型升级。

一、如何理解"四众"

第一,众创(Crowd innovation),是指在现代互联网背景下,大众通过互联网平台发布新的创意,其他企业或个人通过互联网搜寻获取创意并加以利用和完善。简言之,人人都可以提供创意和才能,而企业则通过互联网便捷地获取,集思广益的过程从依靠内部专家、技术团队的封闭式走向了依托于互联网平台、面向整个社会大众的开放式。多年前,欧美"创客"们共同用不到波音公司1%的成本研制了无人机,让世人看到了众智创造的力量。因为,众人的力量是巨大的,众人的智慧是无穷的,大力发展众创空间和网络众创平台,必将更大地激发"双创"热情。

事实上,虽然说众创是企业竞争加剧、个体创新能力不断提高和市场需求多元化等多种因素共同作用的产物,但是在众多因素之中,互联网技术进步及其所引发的一系列变化则是最终促使众创模式出现和不断发展的根本原因。

在"大众创业、万众创新"的引导下,美盟集团CEO胡斌先生和COO于伟旗先生等创始人发起并设立了"众创平台",通过创客咖啡、创业苗圃、创业孵化器"三级跳"链条式的服务板块,帮助创业者之间增加交流,优势互补。创客们带一个电脑就可以来办公,并且可以利用创新园提供的线上线下相结合的路演平台来推广自己的项目或概念,以此吸引投资或合作。在传统的创业模式下,创业主体大多为独立创业,独立吸引投资,专业团队有限,宣传渠道也并不丰富。但如果有一个平台将这些创业者集合在一起,新的构想很快就可以通过交流达到深化和完善,而且通过统一的平台,企业也可以更便捷地收集公众的建议和创意。除此之外,创新园有1600余家电子科技企业,其中有24家新三板挂牌企业和92家上市后备企业,平台将这些资源整合,打破了传统创业"各司其政"的隔阁，打通了企业与创客团体的业务发包交流平台。创新园的超算、数字媒体、通信测试等八大技术平台也会免费提供给企业使用，以增强其业务之间的协同性和信息共享效率。

第二，众包（Crowd sourcing），指一个公司或机构把过去由内部员工执行的工作任务，以自由自愿的形式外包给非特定的大众网络的做法。鼓励用众包等模式促进生产方式变革，聚合员工智慧和社会创意。因为在这一过程中，企业往往只需要为贡献者支付少量报酬甚至完全免费。在全球化 3.0 时代，每个人都能以个体为单位参与全球合作与竞争，跨专业的创新往往蕴含着巨大的潜力。

众包似乎看起来很陌生，但其实已经深深渗入到我们的生活之中。就以大众点评为例，它提供服务的模式其实就是一种众包。将原本由专业的点评家所做的服务点评工作，通过自身的互联网平台转移给大众群体无偿完成，从而获得覆盖面广泛、真实有用的信息。通过众包这种模式，大众点评为顾客提供了优质的参照信息，也给自己省下大笔的费用。此外，国内一档微差事的移动应用也受到了一定关注。微差事是一个临时任务众包平台，帮助用户开发碎片时间的价值。具体而言，就是在这个平台上，让用户利用碎片时间去完成简单的任务并获得一定的报酬，从而帮助企业完成调研、内控以及推出精准的品牌互动，让企业烦琐的事务变得简单。

为什么当下要强调众包呢？笔者认为，因为众包模式是适应互联网时代下的一次对企业任务调配的创新，是信息爆炸背景下快速低廉获取大量有用信息的模式。

Waze 的故事最能说明众包的价值。Waze 是以色列的一款地图应用，2013 年 6 月 13 日 Google 以 13 亿美元将其收购。这款地图应用同时也受到了 Facebook 和苹果的青睐，但最终被 Google 拿下。这三家公司早就在地图方面有所发展并相对而言成熟，为什么还要对 Waze 表示出如此浓厚的兴趣呢？原因在于 Waze 是一款众包地图。它不仅能利用移动设备的GPS 信息来获取有关路面交通流量的信息，向汽车驾驶员提供更好的行车路线。同时，它所拥有的数万名会员帮助其编辑地图和添加一些细节信息，如特定加油站的汽油价格，或是驾驶员在何处应留心超速监视区和避免发生交通事故等。每一位成员小小的贡献集腋成裘，从而产生了巨大的商业价值。

第三，众扶（Crowd support），是指动用各种资源和力量，为小微企业、初创企业的发展提供便利、解决困难，为"大众创业、万众创新"提供一个良好、便利的环境。领军企业通过生产协作、开放平台、共享资源、开放标准、建立公共专利池等，带动上下游小微企业和创业者发展。众扶主要来源于三个方面。一是政府和公益机构支持，包括财政支持和税收优惠等政策，以及高校研究所、智库的帮助。二是企业扶持，包括上下游企业的资源支持和投资企业的投资，如阿里、京东、苏宁等在产业链上深耕，打通了供应链上的各个环节，通过供应链金融带动整个产业链的发展。三是个人互助互扶，创业者、小微企业以资金、劳务或知识技术为资本互相帮助。中国传统的地方商会模式类似于今天提出的众扶。当商会中有新的商铺开始发展时，当地政府会给予政策支持，商会中的其他企业也会提供经验、资金、消息等各个方面的投资或帮助，来扶持它度过初创期。

第四，众筹（Crowd funding），是指一种向群众募资，以支持发起的个人或组织的行为。李克强总理提出以众筹促融资，大力发展实物众筹、股权众筹和网络借贷，有效拓宽金融体系服务创业创新的新渠道、新功能。股权众筹与"双创"联系最直接和最紧密。大家都知道一个伟大的企业其成长过程中最艰难的是其创立初期的那几年，它不能从银行融到资、它也进入不了资本市场的大门，即使能融到资其成本也是非常的高，那能不能有一种融资渠道在解决资金成本的时候还能很好地帮助初创企业渡过难关呢，笔者认为目前来讲股权众筹就是这样一种渠道。同时股权众筹融资也提供了使众创、众包、众服能够落地和很好地实践的最基本条件。因此，笔者认为众筹，尤其是股权众筹，是四众当中的核心和根本。所以党中央国务院提出"四众"这样一个概念，非常好，非常及时，也是有价值和有意义的，对于"股权众筹"行业来说更是极大的利好。此处所讲的众筹应该是狭义的众筹。即是把众筹作为一种新兴的小微企业融资方式，通过互联网众筹平台连接融资方和投资方，帮助小微企业和初创企业解决融资难题。这种模式具有融资便捷、投资门槛低、透明公开等优点，可以帮助企业更有效地融资，并充分挖掘我国市场上潜在的中小投资者。

二、"四众"的核心是众筹

对"四众"的含义进一步深挖我们可以发现，其实它所表达的就是一个广义上的"众筹"的概念。笔者曾多次发表文章提出了众筹金融的理论，从广义的角度讲，众筹不再是简单的筹集资金，这在"互联网＋"时代已经落后，众筹应当是以资金为纽带，通过筹集资金去筹集资金背后的"人"。"人"很重要，好的项目、好的企业，可能最不缺的就是钱，它缺的是助力其发展壮大的资源，通过"钱"找"人"，去筹集人所能带来的其他无形资源，如技术、人脉、市场等等。所以广义上的众筹是一个系统的资源筹集，它包括筹资、筹志、筹资源、筹人脉、筹管理、筹IDEA、筹市场、筹营销、筹创意等等。因此广义众筹可以用来支持各种活动，众筹的内容也不限于资金，还可以包括信息、创意，甚至朋友圈。

因此，"四众"其实就是广义上的"众筹"，"四众"之一的"众筹"即股权融资、债权融资等可以理解为狭义概念上的众筹。

得到最高层领导人认可的贵阳金融实践

众筹金融的概念及其相关理论提出后，得到了贵阳市委陈刚书记和市政府王玉祥副市长的大力支持，笔者配合北京特许经营权交易所董事长刘文献，在贵阳进行了实践，即贵阳众筹金融交易所，并且以众筹金融交易所为核心形成了一个集众筹金融小镇、众筹金融研究院、众筹金融学院、众筹金融基金、众筹金融保险、众筹金融银行以及80多个各个行业的领筹金融机构等为一体的众筹金融生态体系。2015年上半年，习近平总书记、李克强总理、马凯副总理等党和国家领导人莅临贵阳考察，贵阳市委、市政府相关领导也汇报了贵阳大数据交易所和众筹金融交易所的情况。贵阳的众筹金融实践之所以能获得党和国家的高层领导以及社会各界的广泛认可，正是因为其符合当前"大众创业、万众创新"的大趋势和方向，是帮助传统企业转型升级的重要方式。本书第八章对于笔者亲身参与实践的贵阳众筹金融交易所以及世界众筹大会进行了详细介绍与分析。笔者还参与了或正在参与其他诸多众筹金融理论的实践活动，在本书中与读者进行分享。

众筹社群、共享社会

为了践行众筹金融理论，笔者以身作则，本书的设计、写作、发行、销售也采取了众筹模式。除了本书前期已经在爱就投、天下众筹两个众筹平台众筹了近300万元资金（3万余册），创造了图书众筹的新纪录，并且彻底践行"互联网＋＝众筹"的去中心化、去中介化理念。本书将不通过当当网、京东等进行销售，而是通过笔者主持的"众筹金融研究院"微信公众号等方式销售，采取点对点（P2P）的模式，直接连接读者和作者。研究众筹、研究互联网，必须践行众筹、贯彻互联网精神！

我们在路上，在探索——

所以，在本书的最后，我们还开设了"众筹社群"等共享空间，把读者、听众、观众对于众筹的感想感受、实践案例等进行共享。也是践行"众创、众包、众扶、众筹"的四众政策。

或许，本书正在描绘未来人类"共享社会"（"众享社会"）的场景吧！

未来已至！您还在期待，还在等待吗？

目 录
CONTENTS

绪　论

　　笔者对互联网金融的一个独家解读，就是"互联网＋金融＝众筹金融"，互联网改变金融，实际上就等于众筹改变金融。"互联网"与"众筹"二者是什么关系？互联网是技术，众筹是制度，综观人类社会历次重大进步的发展阶段，都是肇端于技术创新，而最终起决定性作用的则是制度创新。"众筹金融"的伟大变革同样如此。

一、众筹金融应运而生

　　笔者首先提出"众筹金融"这个概念，并由此构筑理论体系。本书将系统全面地解读这个理论体系，实际上也是对"互联网＋"的解读。简单来说就是"互联网＋"的背景之下，依靠移动互联网、云计算、大数据等技术，可以实现一种新的生产关系，社会自主的一种革命或者变革。笔者认为，"互联网＋"不仅仅是一个简单的技术进步，更是一种技术进步基础之上会促进信息革命之外信息社会生产力的一个大解放，而这种生产力的解放和突破，必然会导致社会关系、社会制度的巨大变革。当前的中国正处于经济社会的转型期，两股势力即创新的力量和传统的金融法律体系的监管时常发生碰撞。传统的生产关系正在遭遇巨大的冲击，这样的冲击不仅仅是中国的一个转折点，也是人类社会的一个巨大的转折点。现在各种信息爆炸，接连而来的股灾，使全球经济、股市都处于一个非常危险的时期，但越是这样一个危机时期、动荡时期，越是一个充满机遇的新时期，孕育了人类社会新的发展方向。

笔者之所以认为"互联网＋金融＝众筹金融"，理论依据是基于对互联网本质的分析，它实际上是实现了信息的可对称，解决了人类社会因为信息不对称所造成的金融的中介化。互联网金融实际上是人类社会的第二次金融革命。第一次从商业银行体系到资本市场体系，从间接融资到直接融资；第二次就是从直接融资、资本市场体系转向众筹金融体系，整个过程朝着打破中介化、打破机构化，实现点对点的信息对称下的金融方向发展，重构金融体系。重构金融体系的基本要素就是去中介化、去机构化。P2P，去银行化；股权众筹，去资本市场的交易所化，尤其是要打破 PE、VC 等传统金融组织、金融机构的投资模式，消除委托代理机制的缺陷和不足。所以从根本上来讲，众筹金融的本质就是实现信息的对称。

二、"互联网＋"为众筹金融提供了技术支撑

金融基本功能有三个，第一是最基础的支付清算；第二是资金融通；第三是金融风险的防范和利用。通过互联网，这三大功能得到最高、最大限度的实现，可以说是一种回归，那么回归到哪里？笔者认为应该回归到工业革命诞生之前，甚至可以理解为商业银行、证券交易所、投行、PE、VC 等这些机构诞生之前的一种状态。简单地说，要回归到资本主义诞生之前，从这样一种维度去思考这些问题。众筹金融能够更加高效、快速、便捷、低成本地实现金融的目标，而且使金融与产业更加高度的融合，使金融内生于产业当中。产业和金融在未来将是不分彼此、高度融合在一起的，阿里巴巴、京东等这些案例充分体现了这一点。如果未来一个大的集团、大的产业，不做金融、做不好金融，可能这个产业就完蛋了。产业金融的高度融合，这是未来的大趋势。而且它还具备打破金融垄断、实现消费者福利的功能。传统金融体系银行和资本市场，无法实现普惠金融的功能，覆盖不了最底层、最基础的群体。走传统的路子，成本太高，商业银行不可能完全下沉到小微企业。资本市场也不可能让很多企业去上市，就算目前中国准备推出注册制改革，真正能上市的也就几千家，新三板今年一万家，明年两万家，最多也就是几万家而已。但中国绝大部分的企业是

中小微企业，有几百万家、几千万家，真正能够获得融资的 1% 都不到，99% 以上的这些企业怎么办，传统金融体系无法实现这种功能，这就要靠"互联网＋"新的技术，从而实现这样一个金融功能。

"互联网＋"时代，金融正在被改变，而改变金融的制度就是众筹制度。其实对"众筹"这个词笔者个人并不太满意，因为它的英文翻译是crowdfunding，指群体集资，用这个传统的集资概念，不足以表达"互联网＋"时代的新的制度革命，它是一个新的制度，与传统的模式都不一样。笔者目前设想一个英文单词叫"We Finance"，与共享经济的"We Economy"一脉相承，意味着未来的"互联网＋"时代，是一个共享经济的时代，也是一个共享金融的时代，让人人能够成为金融服务利用者，也让所有的中小企业能够享受金融服务。We Finance 这样一个制度为什么能够实现？本书后续内容将详细解读。为什么能够改变金融？是因为互联网这个技术改变了金融市场的基础设施。这个基础设施为什么重要？就像高速公路　样，如果现代交通没有很好的高速公路肯定是不行的。那么金融市场的基础设施是什么呢？之前提到，金融有三大功能，最基础的一个功能是支付清算体系，是支付。支付为什么是最基础的功能？道理很简单，从历史上货币的诞生来看，物物交换是最早的，大家物物交换太麻烦，所以找一个替代物，找一头牛啊、羊啊，后来觉得牛羊也麻烦，只能找一些石头或者是一些贝壳，后来又自己制造一些金属、铜板，最后才诞生了纸币。货币诞生的目的就是为了物物交换，为了支付。当然支付之后会有清算、结算，支付清算、结算体系是整个金融市场的基础，甚至可以说是整个经济活动的基础。这些基础因为有了互联网，发生了巨大的变革，大数据、移动互联网、电子支付这些领域的快速发展，为"互联网＋金融"提供了技术保障和平台支撑，从而奠定了这场金融革命的基础。

三、众筹重构传统金融市场格局

如上所述，众筹金融就是在移动互联网、云计算、大数据支撑技术之下实现的一个金融体系。债权众筹，包括但不限于 P2P，与传统银行业务模式相比，其特点与优势在哪里？

传统银行的存款单是说大家把钱给银行，银行再去找项目，这个模式有两大风险：一个是银行也不可能完全做到项目百分之百风控，再好的银行也会出现信用风险问题；第二个大的风险就是流动性风险，流动性风险银行是很难克服的，为了保证不爆发流动性风险，银行监管体系有非常严格的审慎监管的措施，这一套制度的设计，本身运转成本就很高，对国家也是个巨大负担。但是 P2P 的模式、互联网的模式，能够克服流动性风险，是倒过来做的，先把好的项目放到互联网上，然后大家再把钱借给他。原来做不到，因为原来在线下成本太高，时间没那么快。但是因为有了互联网之后，放在网上，最快可以秒杀，一个好的项目几秒钟就能筹到几百万、几千万。高效、快速、低成本的这些属性，使得项目能以最快的速度获得融资。而没必要说非要大家把资金集合起来，这个钱放在这儿，找到项目了再把钱放出去。这样的传统模式肯定是要被取代和被颠覆的，因为它风险太大，成本太高。

但是因为在中国目前的情况下，缺乏发达的征信体系，尤其是个人征信体系不完善，所以你在互联网上要实现一种点对点的借贷，你要去了解借款人的各种信息，要考察他的情况，需要花费很高的成本。而在个人征信体系比较发达的美国等国家，你要了解个人的信用情况，成本非常低。所以中国个体的网络借贷目前发展很困难，同样是成本高。也有采取别的一些方式的，有一种做融资租赁的 A2P，A 端是资产端，他把融资租赁模式的债权拿来放到网上，某种意义上就是债权转让。融资租赁有两种，一种是说你要生产，需要设备，我就帮你购买设备，再把设备租给你。租给你之后，融资租赁出租公司手里就有债权，这个债权就可以放到网上卖给广大的投资者。还有一种融资租赁方式是你有设备，但是你没有运营的资金，那好，你把你的设备卖给融资租赁公司，融资租赁公司再租给你，不管采取何种方式，融资租赁公司手里有债权，他需要自我融资。在传统的金融体系之下他很难进行融资，而通过互联网，通过 P2P，他就能够把债权通过网络转让出去。在合法合规的前提下，相对于其他 P2P 网络借贷模式，我个人认为这种模式还是不错的。第一，能够购买设备的企业一般来说是有订单、有较好的发展前景，有一定的企业实力；第二，融资租赁公司肯定对这个企业做了事先的考察，不可能随便就把款贷给某个企业购买设备，也不会随便把某个企业设备买过来然后再出租。融资租赁本身作为非银行金融机构应该会具备相应的专业的金融风险控制能力，这就比一个单纯的中小企业或者个体到互联网上去借款这种单纯的点对点的 P2P 个体网络借贷的模式，相对来说要好一些。

股权众筹模式道理也是一样，我有好的项目、好的想法，放在网上，大家觉得不错，大家你投一点我投一点，每个人都可以当股东。这个模式有什么好处呢？它让更多的人能够参与到对这个项目的投资，而不一定非要买股票。尤其是对于老百姓来说是看得见摸得着的，我投的就是我家旁边的实体店、美容店、餐馆等，或者说我家里需要的空气净化器、手机等等，我们生活、生产所需要的各种设备，能够看得见摸得着的，你可以去投资他，成为他的股东。而且有了互联网之后，你可以非常低成本地高度分散地去投一些项目，所以你既是他的股东，又是他的消费者。这一点在传统金融体系里头没法做到的，而通过互联网能够做到。

四、众筹崛起具有超越金融行业的意义

把目光投向整个金融业甚至更远，众筹金融将彻底促使金融混业化，并且不可逆转。事实上，不论是保险、银行、信托，还是证券，其存在的基础都是为了满足人们日益多样化的金融服务需求，而这个需求本身就是淡化金融分业模式的动因。本书对"互联网＋"时代的理财、信托、保险和金融交易所也作了较为系统和详尽的分析，力图从全方位、多角度来解读众筹金融所带来的大变革，让读者对众筹金融也能有全面的认识。

首先，众筹模式的崛起，会给资本市场造成一个重构和变革。随着金融创新，场内与场外的界限越来越模糊，市场的准入门槛也随之降低，这是众筹金融带来的巨大革命。其次，众筹金融崛起使得原有的衍生品创新可能不是那么重要了，重要的是你怎么黏住客户，形成一个互联网的大平台，并保证这个大平台的数据是安全的、可靠的。再次，资金融通，互联网带给金融的是交易效率更高，运作成本更低，资本流通的自由度更大。最后，风险防范的变革，以前的风险防范是看你的金融产品，看你很多的问题，而众筹金融的风险防范就恐怕不是一个简单的数据了，而是基

于整个大数据平台。

随着资本市场创新改革的进一步深化，众筹将对整个资本市场带来重构和变革，对于构建我国多层次资本市场会发挥更加重要的作用，也必将会促进中国资本市场朝着更加开放、更加健康的方向发展。

众筹是人类历史的重要发明，对于当下的中国更是具有特别的意义。三十年前，我国导入股份制实现了国有企业的改革，开启了改革的大门。现如今我们的改革已经进入到深水区，遇到的问题和面临的环境更加复杂，社会发展不均衡、环境污染、食品安全等一系列问题都是对我们建设中国特色社会主义的巨大挑战。而众筹通过互联网，在一定程度上实现了平等、民主、自由、开放，有助于解决当前的贫富差距扩大、金融服务不到位等改革深层次的问题。我们相信，众筹是继股份公司、信托、合伙等制度之后又一新的制度发明，必将深刻影响人类未来金融模式和生产生活方式的发展。

第一章

为什么说"互联网＋金融＝众筹金融"

第一节 "互联网＋"时代的众筹

——众筹是与股份公司同样伟大的制度发明

技术创新与制度创新的交织共同推动着人类社会的进步。技术创新带来的生产力发展引发制度创新，而制度创新又进一步释放了技术创新的潜力，可以说，产业变革与人类社会的进步始于技术创新而成于制度创新。正是因为有了股份制，将分散的私人资本联合起来形成集中的股份资本，生产规模得以扩大，才能让蒸汽机走出实验室，广泛应用于火车、轮船、印刷机，才有了第一次工业革命，进而有了社会经济的腾飞；第二次工业革命在能源、交通运输、通信等领域的巨大进步，兴办大型企业对巨额资本集中的需求与私人资本有限性之间的矛盾更为突出，伴随市场关系、信用环境、法律制度的日益发展，以社会大生产为基础的股份制成为占统治地位的企业组织。

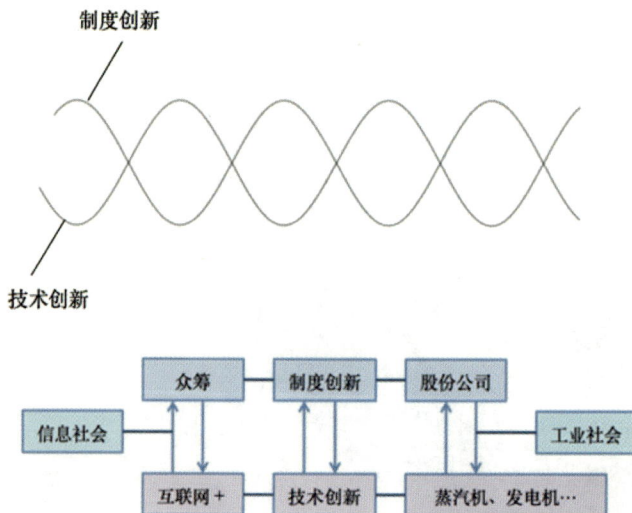

图 1-1 "互联网＋"是技术创新，众筹是制度创新

进入信息社会，特别是在未来万物互联的时代，传统产业为"互联网＋"所改造，信息沟通成本大幅降低，边际成本近乎为零，垂直集

中已经不是发挥最高效率的生产模式和管理模式。互联网技术的发展使得生产方式、管理模式发生根本性改变，这种改变产生了共享经济的基础，使得人类社会进入协同共享的时代。未来，众筹将成为继股份制之后人类社会发展的重要生产组织形式。"众筹"一词最初来源于英文"Crowdfunding"，是 Crowdsourcing（公众搜索）和 Microfinancing（微型金融）二词含义的融合。

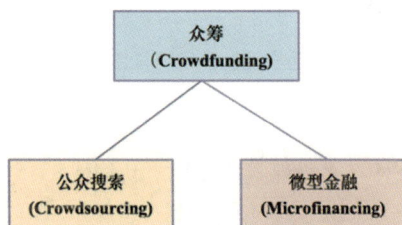

图 1-2 "众筹"词源

顾名思义，众筹就是面向公众筹集资金，特别指以资助个人、公益慈善组织或商事企业为目的的小额资金募集。而我们认为，众筹不仅仅是一种"资本为王"的融资行为，其更大的意义在于一种"以人为本"的社会资源低成本有效整合方式。从这个意义上说，"互联网＋"就是一个众筹生态圈。

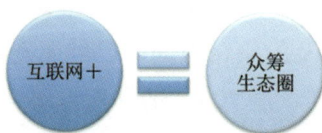

图 1-3 "互联网＋"就是一个众筹生态圈

马克思曾说，股份公司是人类历史上最伟大的制度发明。笔者认为众筹是与股份公司同样伟大的制度发明，其想象空间和发展潜力无限大。

众筹实则古已有之，但在人类历史上从未像如今这般瞩目，也从未占据如此重要的地位。在万物互联的信息时代，众筹的价值才真正得以体现。"互联网＋"时代的众筹具有如下特征：

第一，大众性。

众筹之所以伟大，在于其传递大众普惠的真谛。众筹门槛低，充分

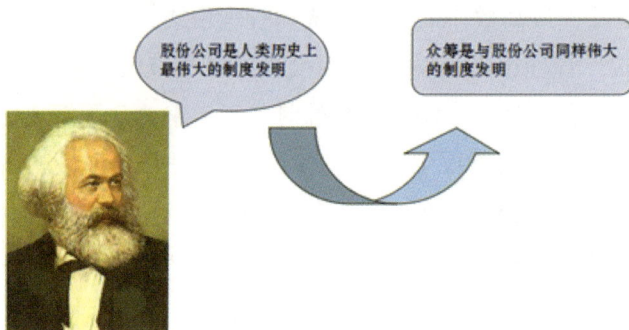

图 1-4　众筹是与股份公司同样伟大的制度发明

图 1-5　众筹的五大特性

调动草根群众的资源与智慧，是真正的群众帮助群众，体现社会主义基本属性。进一步说，众筹是一个大趋势，由于万物互联互通，所有人都将身不由己、不可避免地融入其中。

第二，多样性。

众筹给人以更加开阔的思路，在权益类型上，不仅仅是股权、债权，还有经营权、收益权等等；在交易组织形式上，不仅仅依托互联网平台，更有众筹交易所；在涉及的领域方面，已经无孔不入地渗透到音乐、影视、出版、游戏、房地产、酒店、美容、医疗等全产业链。可以说，未来众筹将影响到人们日常生产生活的方方面面。

第三，直接性。

众筹一改公司制下较为僵化、员工发挥空间小的模样，以开源的面貌，把投资的决策权交还给普通投资人，投资人同时也是消费者。自产自消的产消者不仅提供资金，也贡献智慧，直接参与产品的设计开发、生产加工、服务完善等各个环节，这样的产品一旦投放市场，必然受到消费者的欢迎和信赖，省却大量的营销成本与中间环节。

第四，协同性。

通过众筹形成的各个自组织相互连接，相互作用，构成一个协同系统。不仅限于资金整合，更是信息整合、智慧整合、能力整合，在跨界融合、协同共享、去中心化与扁平化的众筹思维主导下，形成"人人为我，我为人人"的大联合，人们的个性需求充分得到满足，每个独立的个体因而变得更加自由与强大。

第五，去中介性。

众筹让每个人直面一切（everybody/everything direct），将供需双方无限拉近，供需双方通过网络自行完成信息甄别、匹配，实现定价与交易，去除中间环节，缩短交易链条，从而节约时间、人力、物力等多方面的交易成本。

众筹是人类历史的重要发明，对于当下中国更是具有特别的意义。三十年前，通过导入股份制进行国企改革，促进了中国经济的腾飞；三十年后，中国经济进入新常态，改革进入"深水区"，出现了经济增速放缓、贫富差距大、社会发展不均衡、环境污染、资源浪费等问题。面对新挑战，众筹，借助"互联网＋"的东风，将使得中国社会向组织形态更高级、分工协作更简单、社会结构更合理的阶段演化，充分发挥众筹的作用，中国将迎来发展的最大一次机遇！

【案例】借力众筹，电影业的逆袭——《大圣归来》

截至 2015 年 9 月 2 日，《西游记之大圣归来》（简称《大圣归来》）这部影片自上映以来，单日 400 多万元的票房和累计 9.51 亿元的总票房已经非常直观地反映出了该影片的受欢迎程度。在题材老旧、没有明星、电影业低迷等种种市场负面因素的影响下，《大圣归来》成功逆袭，用坚挺的票房向所有人证明了只要用对了方法，在行业信心受挫、市场低迷的环境下，电影业依然可以溯流而上，一往无前。

【案例分析】

《大圣归来》成功逆袭的原因固然与影片的选题、影片本身的质量、宣传等密不可分，但还有一个极其重要的原因，也是该片运作过程中的一大创新之处，就是众筹的融资方式。

就传统电影业来说，这是一个"烧钱"的行业，雄厚的资金是电影

图 1-6 《大圣归来》逆袭的关键

业的基础。《大圣归来》的资金筹措是通过其出品人路伟在朋友圈发起的"给未来的礼物"股权众筹来实现的。这样的一种融资方式借助了受众较多的微信平台来实现，一传十，十传百，具有信息传播范围广、影响力大、传播速度快、宣传成本低的特点，也正是股权众筹，解决了《大圣归来》在宣传和制作中最基本的问题——资金，从而为《大圣归来》的制作奠定了坚实的基础。

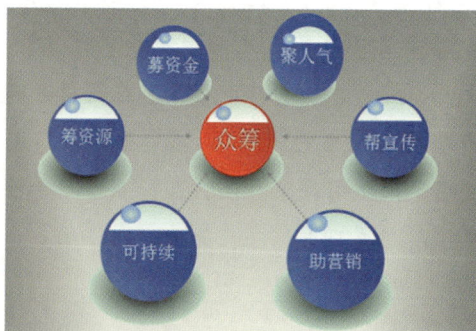

图 1-7 电影业路在何方？路在众筹

投资者自发建立名为"西游电影众筹"的微信群，一个星期内有 89 名投资人参与，筹集了 780 万元。他们以个人名义直接入股了《大圣归来》的领衔出品方"天空之城"，直接参与到这部投资合计约 6000 万元的电影项目中。

　　当然，众筹不仅仅只是筹资金，更是筹人气、筹智慧、筹资源，由于这部影片的资金是众筹所得，投资人在影片的制作和宣传方面无不尽心尽力，出谋划策。在宣传的过程中，各位投资人不仅是自己的"电影粉"，还广泛调动自身的资源自发为影片做宣传推广。

图 1-8　众筹模式运作机制

第二节　"互联网＋"时代的众筹金融

　　众筹与其说是风口，倒不如说是创造风口的制度，制造风口的武器。我们不仅要找到风口、站在风口，更要看到未来的风口，看到未来的方向。可以预见，众筹将改变产业模式和商业管理方式，改变人类的生产生活方式。在本书中，笔者仅以金融行业为例，探讨众筹如何改变金融模

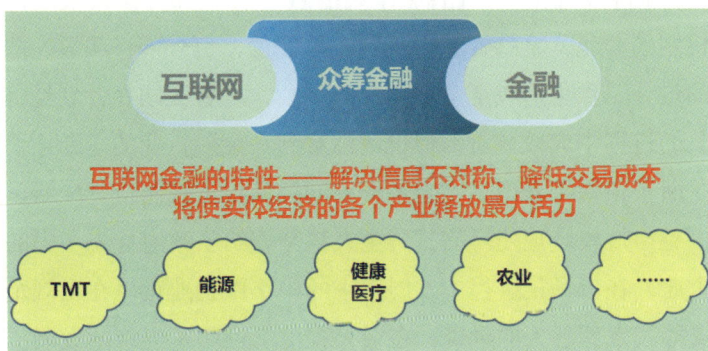

图 1-9　风口——"互联网＋金融"释放民间资本的巨大活力

式、金融格局。

一、传统金融存在的问题

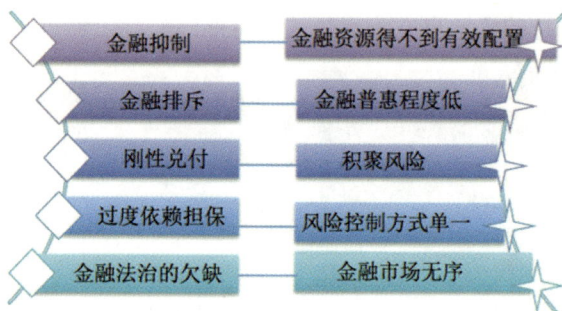

图 1-10 传统金融存在的问题

（一）金融抑制

"金融抑制"理论是 20 世纪 70 年代罗纳德·麦金农和爱德华·肖以发展中国家金融与经济发展的关系为研究对象提出的，是指政府对金融市场的过度干预和管制，市场无法实现金融资源的有效配置，资本利用效率低下，抑制经济发展的现象。客观上产生了"劫贫济富"的后果，加剧了贫富分化。从金融法制发展的历史来看，金融抑制在法律制度上的表现则是有关政府公权力对市场管制的公法规范伴随着金融市场产生而产生，而在金融秩序内生于金融市场的国家里，金融法制主要表现为规制市场主体行为的私法规范，公法规范则较晚出现。

就我国而言，金融领域的法律规范赋予监管机关很大权限，导致金融市场机制的僵化，金融资源得不到有效配置，负外部性明显。国家对金融市场的过分干预也造成了金融领域的垄断，尽管我国在计划经济向市场经济转轨的过程中成效显著，但也应注意到，金融行业的垄断还很强。由于政府垄断了正规金融市场中金融资源的控制权，强制信贷配给，严重的所有制偏见与规模歧视使得信贷资金大都分配给了政府优先考虑的国有企业、大企业，在市场化进程中发展起来的中小微企业难以在正规金融市场中获得支撑其发展壮大的融资，在很大程度上阻碍了经济的发展。而在正规金融市场上融不到资金的企业只能转而到非正规金融市场融资，也引发了诸多社会问题。此外，从城乡金融市场的比较来看，相对欠发达的农村地区金融资源配置不公也造成了农村金融发展和农民生活水平提高的迟滞。金融抑制也闭塞了社会大众的投资渠道，阻碍了投资行为。

（二）金融排斥

金融排斥（也称金融排除，financial exclusion），最早是 20 世纪 90 年代初由 Andrew Leyshon 与 Negal Thrift 首先提出来的。金融机构出于降低成本、增加收益、利益最大化的目的进行市场细分，愿意为实力更强、更富裕的人群服务，而不愿意为收入较低的、处于弱势的人群提供金融服务，并关闭了其在落后的、欠发达地区的分支机构，使得这些地区欠缺金融服务，形成"金融排除人群"，产生了"金融排斥"。根据阻碍人们接近和使用金融服务的方式不同，可以将金融排斥分为接近排除、条件排除、评估排除、价格排除、市场排除和自我排除。近年来，金融排斥人群数量还很大，金融是现代经济的核心部分，金融排斥无疑将加剧经济发展的不平衡，造成恶性循环。

在我国广大农村地区、贫困地区、偏远地区，金融机构网点覆盖率普遍偏低，地理排斥问题严重，东西部差距大、城乡差距大，妨碍了当地农户和企业接近并获取金融资源。许多人连银行账户都还没有，更接触不到信贷、保险、资本市场融资、信托、基金等金融服务。就间接金融市场而言，对于资金需求者，银行借贷需要担保、抵押，初创型企业、中小微企业常常达不到借贷的标准；对于投资者，理财门槛往往较高。就直接金融市场而言，虽然我国建立了多层次资本市场，但在主板上市的公司明显多于中小板和创业板，且转板机制不畅，作为场外市场主体的全国中小企业股份转让系统和地方股权交易中心融资额较小，发展较慢，投资者在资本市场亦屡屡受挫。金融排斥进一步拉大了发达地区与欠发达地区的经济发展差距，加剧了个人之间的贫富差距。

近年来，尽管我国金融市场、传统金融机构经过一系列改革、创新，金融抑制、金融排斥的问题得到了一定程度的缓解，但在对中小微企业、个体户、农户等的普惠程度上都还有所欠缺，仍然无法满足其获得融资与投资的金融服务需求。

（三）刚性兑付

购买投资理财、信托产品本应遵循"买者自负"的原则，但在我国很多理财、信托产品被视为类存款类产品，卖出后不能兑付常常会引起一定范围的恐慌，甚至爆发群体性事件，最后由国家兜底垫付，收购债权以平息事端。社会公众过度依赖政府和国有金融机构被认为是缺乏风险意识的表现，但笔者认为恰恰相反，正是因为社会公众有着强烈的风险意识，而目前风险定价机制不健全，信用体系不透明，信息不对称，风险看不见，对未知风险的恐惧才产生刚性兑付的需求，以此保护自己。刚性兑付是暂时不得已而为之，从长远看，以国家信用为金融机构做背书对我国经济运行不利，桎梏金融改革，刚性兑付的背后是风险的累积，甚至会引发系统性风险，对当前经济下滑造成进一步冲击。

（四）过度依赖担保

在我国，资金的融通过度依赖担保，除了物的担保，还常常出现企业间的互保、联保或是引入担保公司。这一点在中小微企业的贷款中体现得尤为明显，许多银行、小贷公司认为风险偏高不敢做的信贷，引入上述担保后就开通了"绿色通道"。这为担保公司的发展带来了契机，但也存在着极大的风险，一旦其中一家企业资金链断裂就易造成连续"跑路"从而引发区域性金融危机。过度依赖担保，究其原因：一是信用体系的欠缺和征信机制的不足；二是投资风险观测、评估、分析技术落后；三是金融机构自身风险控制能力低。要打破传统的抵押担保贷款模式，提高风险防控的能力，一是可以通过大数据的抓取和分析，例如从用电量、用水量等数据来全方位掌握企业、个人的经营状况和行为因素，这些信息比财务报表更可靠，以此作为授信的依据，可以预见，未来信用交易将成为主流交易方式；二是通过资产证券化来分散、转移和释放风险。

（五）金融法治的欠缺

在金融抑制、金融排斥的背景下，民间借贷呈现爆发式的发展以满足中小企业与个人的金融需求，同时也带来了危机。近年来频发的民间借贷危机中具有集合性质的各类民间集资的中介组织起到了推波助澜的作用。温州、鄂尔多斯等地民间金融问题不断爆发，既有高利贷、集资诈骗，又涉及部分非正规金融组织的金融活动。尤其是公司、合伙、信托等组织跟各类灰色、黑色的民间集资活动有着千丝万缕的联系。各类非正规金融组织大多具有集合资金的特征，虽然其也发挥了重要的民间资金融通纽带的作用，但也成为非法集资的温床和媒介，助长了民间金融问题的复杂化和风险扩大化。

在一段时期内，由于金融法治不健全，非正规金融游走在法律的边缘。法律法规规定不明确，同样的投融资方式有时被认为是值得推广的金融创新，有时又受到惩处和制裁。在一些地区，监管不到位，事发后形成大规模"跑路"导致的社会不稳定，又不得不被动地进行严惩，甚至承担刑事责任。刑法打击的严厉性正是因为《公司法》、《金融法》、《证券法》等的金融监管法律法规及行政监管的缺失。

二、金融改革新路径探寻

正是因为如此，围绕金融市场化和金融监管体系、安全网体系的金融改革已迫在眉睫。商业模式、盈利模式、管理模式必须得跟法律、政策、趋势、方向相一致。只有切实打破金融管制、金融垄断，实现利率市场化、人民币自由兑换，完善金融产品结构，建立多层次金融市场，才能适应经济新常态，促进我国经济结构转型升级。

2011年开始的"温州金改"揭开了新一轮金融改革的序幕，成立第一家民间资本管理公司，成立小额贷款公司参与村镇银行发起，成立温州民间借贷登记服务中心，民间借贷走向规范化、阳光化。党的十八大后，金融体制市场化改革的步伐进一步加快，无论是全面放开贷款利率管制还是加快推进存款保险制度，无论是推进股票发行注册制改革还是进一步扩大信贷资产证券化试点，无论是"自贸区"的开放还是"沪港通"的实施，都无不彰显我国进行金融改革的决心。

我国的金融改革原本就有自上而下和自下而上两种方式，二者是并存、互补的关系，如果说上文所阐述的是自上而下的金融改革，那么2012年年底2013年年初兴起的众筹金融无疑是当前自下而上金融改革中最重要的推动力量。

图 1-11　金融改革的新路径

三、从诞生到发展，这一步等得太久

从众筹的形式与含义来看，众筹金融的历史远比我们想象的要悠久得多。众筹在我国古已有之，无论是和尚化缘、乞丐乞讨，还是标会、抬会、合作社等都体现了众筹的精神。众筹其实最符合中国的传统文化、传统思想，符合中国国情。

在世界范围内，也有不少古老的众筹案例。18 世纪的欧洲，很多艺术作品都是依靠"订购"方式完成的。例如英国诗人亚历山大·蒲柏在着手翻译古希腊诗歌《伊利亚特》之前便已经承诺在翻译完成后向每一位订阅者提供一本早期英文版的《伊利亚特》，并通过这一方式获得了 575 名订阅者的资金支持，共筹集了 4000 多几尼（旧时英国的黄金货币）。除了蒲柏之外，莫扎特、贝多芬都曾经采用这种方式来筹集资金以完成艺术创作。①

如果将这种"订购"看作是现今产品众筹的开山鼻祖，那么美国著名的"自由女神安置费筹款"则可以算作是早期的捐赠式众筹的雏形。1885年的美国由于资金短缺问题导致自由女神像无法顺利安置在纽约港口，为

———————————

① 参见零壹财经：《众筹服务行业白皮书（2014）》，中国经济出版社 2014 年版。

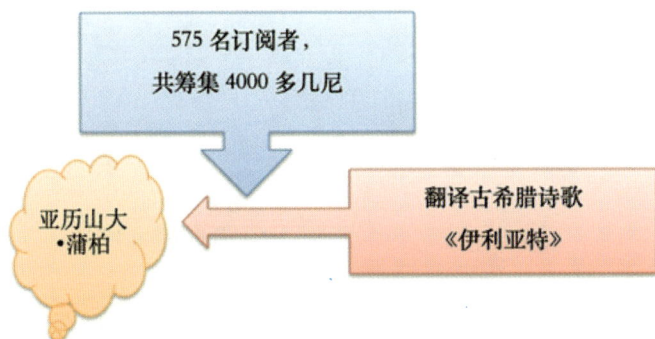

图 1-12　亚历山大·蒲柏众筹翻译古希腊诗歌《伊利亚特》

此，著名新闻家约瑟夫·普利策发起了一个众筹项目，以筹集足够的资金安置自由女神像。他在报纸上发布消息并承诺：只要捐助 1 美元，就会得到一个 6 英寸的自由女神雕像；捐助 5 美元可以得到一个 12 英寸的雕像。通过这种方式最终获得了来自全世界超过 12 万人次的支持，募集到的资金总额为 100091 美元，为自由女神像的顺利安置作出了重要贡献。[①]

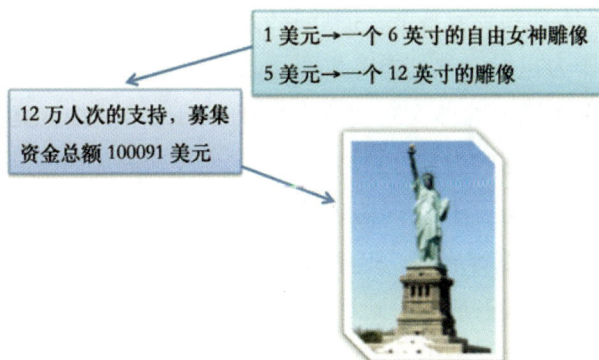

图 1-13　众筹安置自由女神像

　　然而，在这些著名的早期众筹案例背后，我们发现事实的另一个方面则是早期的众筹主要集中于文学艺术领域，且真正成功募集足够资金的案例屈指可数。现代众筹真正成为一种商业模式还不到十年。从个案到商业模式，从艺术品到生活的方方面面，对于众筹金融，这是一个最好的时代。我们不禁要问：是什么成就了这个时代的众筹金融呢？

---

① 参见零壹财经：《众筹服务行业白皮书（2014）》，中国经济出版社 2014 年版。

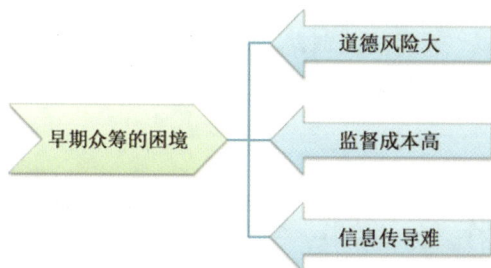

图 1–14　早期众筹的困境

四、早期众筹所欠之东风

要回答这个问题，我们就必须思考早期众筹有哪些问题制约了其发展，早期众筹为何无法吸引广大公众参与。

首先，早期众筹方式存在巨大的道德风险。由于投资者对于筹资者往往不甚了解，筹资人会不会拿钱不办事，甚至直接卷款潜逃？投资人凭什么相信筹资人而给他投钱呢？因此我们看到早期的众筹只能依靠众筹发起者的名誉作为担保，才可能有人愿意投资，这也就是早期的众筹往往是产生于一个小圈子的熟人之间或者由亚历山大·蒲柏、莫扎特、约瑟夫·普利策这些有影响力与号召力的社会名流发起的原因。

其次，仅仅承担了投资风险便可以了吗？并不是，早期众筹投资人还必须付出巨大的监督成本。这个项目最后能不能募集到足够的资金呢？如果最后这个项目没有成功筹到足够的款项，那么投资人如何收回已经投入的资金呢？在早期众筹中，这些都是投资人需要时刻关注的问题。

再次，筹资人有何疑虑呢？在早期众筹中，筹资难无疑是困扰筹资人最大的难题。毕竟不是人人都是普利策，一呼百应这样的事只是个"传说"。对于大多数人来讲，在早期环境下，资讯传播不畅，社会层面的人与人、群体与群体之间交流较少，想要迅速获得大众的支持，筹到足够的资金，所需要付出的时间精力成本是难以负担的。更何况在支付手段不发达的状况下，从众多的投资人手中积少成多，也需要付出大量的时间精力去收取、保管这些资金。

正是这些问题一直难以解决，导致众筹的产生虽早，却迟迟未能成为一种成型的商业模式，更无法推而广之。

五、没有互联网技术，就没有现代众筹

随着互联网技术的发展，电子支付、电子证据、电子征信等极大程度地解决了上述问题。当互联网技术与传统众筹思维结合到一起，才有了现代意义上的众筹，为众筹成为一种可供广泛使用的商业模式提供了坚实基础与客观条件。其借助互联网技术才得以蓬勃发展，焕发出强大的生命力，成为独树一帜、改变传统金融的众筹金融。就投资人而言，众筹金融使得资金可以托管在专门从事众筹业务的第三方手中，既减少了投资人成为"卷包会"的道德风险，又使得一旦众筹项目为筹得足够资金时，已筹资金的返还拥有了保障。这无疑是给广大投资人吃了一颗"定心丸"。就筹资人而言，互联网技术的发展既使得在短期内迅速筹到足够的资金变得可能，又节省了大量的时间精力成本，使筹资人可以将更多的时间用于项目创新上。正是互联网技术使得众筹这样一个已经拥有长久历史的活动焕发出惊人的活力，市场规模以爆炸速度扩张。

伴随移动设备、4G网络、搜索引擎、云计算等技术的发展，众筹金融迅速形成星星之火的燎原之势，引起当今中国乃至世界金融领域的深刻变革。2015年7月1日，国务院在《关于积极推进"互联网＋"行动的指导意见》中提出，"互联网＋"是把互联网的创新成果与经济社会各领域深度融合，其中"互联网＋"普惠金融是重点行动之一。互联网新兴技术跨界涉足金融业，不仅与传统金融业务实现了结合，更在传统金融主体和金融模式外创造出第三方支付、P2P网贷、众筹等新型的金融模式。在互联网技术与传统金融结合的背后，更为重要的是，它打破信息不对称、

图1-15 众筹金融赖以生存的土壤

行业和区域壁垒，推动银行、保险、证券等机构混业经营，同时也降低了金融服务的门槛，使广大小微企业和中低收入群体能够购买更多的金融产品、享受更多的金融服务，这正是笔者称其为众筹金融的原因。

六、互联网＋金融＝众筹金融

2013 年在我国兴起并呈现爆炸式发展的互联网金融备受关注，"互联网金融"一词已经成为我国经济、金融社会中最热门的词汇之一，但其内涵与外延一直未有定论，理论界和实务界就此展开了广泛且持久的讨论。有人认为互联网金融有着革命性的意义，有人则认为互联网金融只是我国特定历史阶段的产物，甚至有人反对互联网金融这一提法。关于互联网金融的具体模式也有不少争论，从最初的"三模式"到"六模式"、"七模式"、"十模式"等，莫衷一是。笔者认为，从最宽泛的角度而言，各种以互联网为方式、手段、平台、渠道，利用互联网技术、移动通信技术实现资金融通的活动，都可以称之为互联网金融。从这个意义上说，传统商业银行利用大数据进行信用评估，开展贷款业务和电子银行业务也属于互联网金融的范畴。

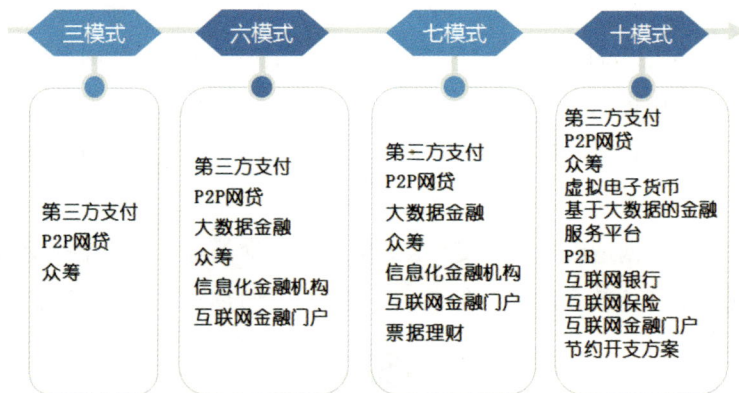

图 1-16　互联网金融的不同模式

2015 年 7 月 18 日，央行等十部委发布《关于促进互联网金融健康发展的指导意见》，将"互联网金融"定义为传统金融机构与互联网企业利用互联网技术和信息通信技术实现资金融通、支付、投资和信息中介服务的新型金融业务模式。

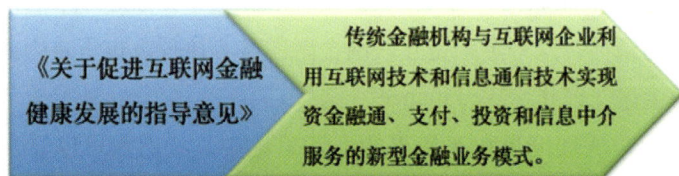

图1-17　《关于促进互联网金融健康发展的指导意见》对互联网金融的定义

　　笔者认为，互联网技术和信息通信技术与金融相结合已经形成了新的金融业态，而且毋庸置疑，互联网与金融进一步深度融合是大势所趋。但严格说来，"互联网金融"不是一个规范的学术概念，虽然互联网金融体现了互联网与金融相结合的基本特征，但并不能清楚地表达出互联网与金融结合后到底是什么，可以预见未来围绕互联网金融概念的争论还将继续。这也许正是长久以来对互联网金融的概念无法形成一致认识的原因所在。

　　李克强总理在2015年《政府工作报告》中提出制定"互联网＋"行动计划，"互联网＋"不仅成为中国经济发展的新引擎，更将影响社会的方方面面。要想发挥其对传统行业升级、改造，对存量赋能、盘活的重大作用，就必须全面理解"互联网＋"的深刻含义。科学技术进步背后的哲学思考往往影响更为深远。互联网＋制造、医疗、教育、旅游……自然不局限于将互联网技术运用于上述行业，更是通过互联网与传统行业一系列的化学反应，生成新的商业模式、组织形态和分工体系，释放出无可比拟的能量。就金融行业而言，我们认为："互联网＋金融＝众筹金融。"

　　依托于高速发展的移动互联网、大数据、云计算、搜索引擎、社交网络等互联网技术，能在更广泛的范围内方便快捷地将资金需求者与资金提供者联系起来，但P2P网络借贷、股权众筹等金融模式、金融现象不是简单地在金融中加入互联网技术因素，技术的进步只是新金融业态的基础，更为重要的是具有开放、平等、共享、去中心化、去媒介等属性的新的金融业态。它一方面能改善我国广大的中小微企业在传统金融市场、资本市场得不到融资的困境；另一方面可以改变投资门槛高、小额投资渠道匮乏的现状，使金融回归本质，实现其本应具有的资金融通、资源配置的

互联网 Finance 众筹金融
金融 We Finance
Internet

功能。我们将这一新兴业态定义为众筹金融。相对于互联网金融，众筹金融更能体现出"互联网＋金融"这一新业态场外、混业的内在特征及草根、普惠的精神，众筹金融是互联网金融的核心体现。也正是因此，我们将"众筹金融"译作"We Finance"。

事实上，从理论界和实务界的上述争论中，我们也可以看出，互联网金融相对于众筹金融具有其天然的局限性，这集中体现在"互联网"一词只能揭示这类新型金融模式所依赖的技术手段，而不能很好地反映它们所包含的新思维、新精神、新制度。只有众筹金融，才能反映出这类新的金融模式的平等性、大众性、包容性与普惠性。这不仅是未来金融业发展的方向，也符合我国未来经济体制改革的方向。

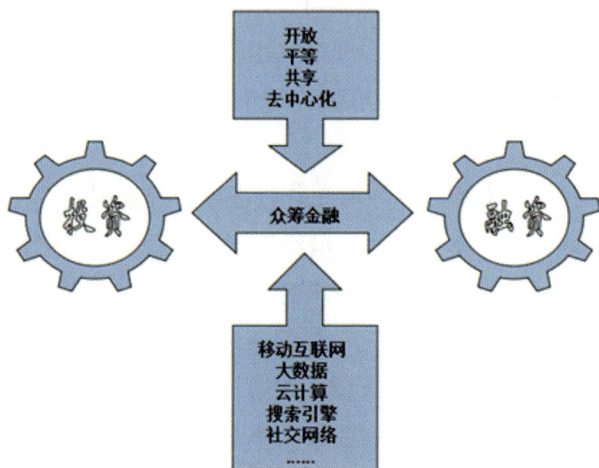

图 1-18　众筹金融是连接投资与融资的桥梁

"互联网＋金融"这一新兴金融业态的核心在于众筹，即把众人的资金集合在一起，支持项目的运行、产品的生产或企业的发展，达到"众人拾柴火焰高"的效果，强调广泛参与性。至于如何把众人的资金集合起来，再通过什么方式把资金运用于有需求的项目和企业，则有多种多样、变化万千的方式，可谓包罗万象，这也正是众筹的魅力与潜力所在，正是众筹改变金融的力量所在。

进一步说，可以预见，随着技术的进步和推广，互联网将像空气一样融入人们的生活，互联互通成为必然，人类成为互联网原住民，在万物互联的时代，互联网的概念终将消亡。相应的，互联网金融也只是一个阶段性概念。

图 1-19 "互联网＋金融＝众筹金融"

七、众筹助力"大众创新、万众创业"

学习材料专业的小王在大学期间利用太空材料制造出一款轻便舒适的按摩椅，毕业后希望将这一产品推向市场，但苦于没有项目启动资金。既没有符合条件的抵押物可用于贷款，也没有获得天使投资人、风险投资及私募资本投资者的青睐。由于没有资金支持，小王几乎打算暂时放弃这一想法。一天，他在网上检索融资途径时接触到一项或许可以解决资金短缺问题的措施——众筹。小王抱着试试看的心态在一家众筹平台上注册了项目方，经过平台的审核，小王将其创业计划发布在该众筹平台上。通过网上约谈、路演、在线投资与签署协议，在 3 个月的时间里共有 183 名投资者参与投资，共筹集资金 110 余万元。

图 1-20 众筹解决创业资金短缺问题

草根创业显然比精英创业面临着更多的困难，这种依托互联网渠道向公众募集初创企业早期发展所需资金的融资方式不仅成为助力"大众创业、万众创新"的有效途径，正为越来越多像小王这样的草根创业者提供低门槛的融资渠道，提供更加适宜的创业环境和更加公平的资源配置，更营造出掀起全民扶持创业、全民支持创新的社会氛围。

习近平总书记明确指出，"从要素驱动、投资驱动转向创新驱动"，这是中国经济新常态的主要特点之一。众筹思维、众筹行动、众筹金融本身就是一种创新，更是推动其他传统行业创新发展的助推器，因此，众筹是未来中国经济发展最强大的武器。

图 1-21　众筹助力"大众创业、万众创新"

众筹金融模式多样，除了股权众筹，还有回报类、产品类众筹，如微电影众筹、APP 众筹、房地产众筹、养老众筹、农业众筹等；另外，还有捐赠类、公益类众筹；P2P 也是一种众筹，是债权众筹。不同的众筹模式可以相互交叉混同，众筹产品可以多元化，一个众筹产品中可以既有债权回购，又有股权回购，还可以植入产品众筹，形成混同型、复合型众筹模式。未来金融的发展趋势即是大混业、大融合。

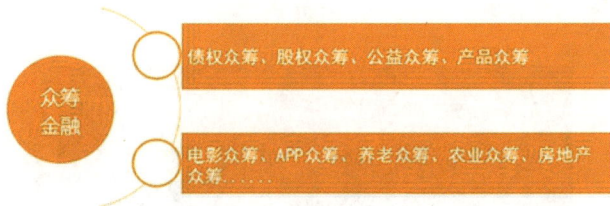

图 1-22　众筹金融形式丰富

尽管众筹金融的模式或者说表现形式非常丰富，且仍在不断变化创新中，但万变不离其宗，笔者将其总结为两大类：第一类是集合理财型，通俗地说就是大家把钱集合到一块去投资；第二类是没钱但有各种资产或权益，无论是即期的还是远期的，把这些资产和权益通过证券化、流动化获得融资。未来中国最大市场将是第二种类型，中国经济未来发展的关键在于如何盘活存量资产，最主要的手段就是资产证券化。这在国外已经有了广泛的实践，而在我国才刚刚开始。

第三节　众筹改变传统金融
——众筹让天下没有浪费的资源

笔者并不赞同所谓的"颠覆论"，因为众筹金融无论如何创新，其本质仍然是金融，即在信用基础上将金融资源从资金供给者配置给资金需求者。笔者所称众筹改变金融，是指它比原有的各种金融模式更能够实现金融的这一本质目标。

图1-23　互联网技术与众筹思维是众筹金融的基础

一方面，众筹金融运用移动互联网、大数据、云计算等一系列先进技术，在金融业实现了降低交易成本、提高交易效率、降低信息不对称等，从而使金融行业能够更快速、高效、低成本地运营。以美国最大的P2P平台Lending Club为例，仅仅两百余名员工撮合了数十亿的贷款，操作完全基于线上，不需要雇佣出纳员，更不需要大量的网店和柜台，主要的基础设施就是分别位于旧金山、内华达州的办公室和服务器群。有人对富国银行与Lending Club的资金借贷效率进行了对比分析（分别用运营费用除以贷款余额），发现后者的效率比前者高出270%，更可怕之处在于，富国银行的效率多年来基本维持在一个相对稳定的水平，但Lending Club的效率却随着互联网技术的发展和不断普及而呈现较高的增长趋势。

而另一方面，众筹金融又在新技术引入的基础上，向金融行业中注入了平等、开放、大众、普惠的众筹精神，从而改造着整个金融行业的运营模式，甚至影响着未来的商业模式和人们的生活方式。

由上可知，众筹金融的产生和发展远远不是互联网等新兴技术与金融的简单结合，其最大的贡献不是简单地将线下业务搬到线上，也不是传统金融中银证转账、余额结算、证券交易等业务的简单电子化，更不是传统金融行业中单纯的技术革新。众筹金融业态的形成是一种技术、观念、文化的创新，更是一种体制机制的创新。众筹金融之所以迅速引发业内外关注，其魅力不只是提高交易效率、降低金融交易成本，更是其将新的精神注入了传统金融业产生，促使金融向着平等化、大众化、普惠化的方向发展，并经由金融这一经济血液影响到整个经济系统和人们的生活方式。

上文从众筹金融所带来的技术革新和观念转换两个层次概括地阐述了众筹金融对传统金融的改变，具体说来，众筹金融在我国蓬勃发展，还具有以下几个现实意义。

第一，能够使金融回归其原点。金融的原点是服务于实体经济，众筹金融使这一点更加凸显。美国金融危机之所以爆发，原因就在于金融衍生品的过度创新。在众筹金融的背景下，金融发展的趋势从过去设计研发金融衍生品和金融工具等，到设计、融合、整合一个互联网金融大平台，通过新技术、渠道和新精神去设计新型金融产品，创造新型金融模式。所以说，笔者认为，众筹金融的崛起，代表了金融创新从资产证券化、金融衍生品的产品工具创新（也可以称之为风险防范、风险管理和利用），到金融平台创新的转变。使得金融真正服务于实体经济，使资金提供者直接对接资金需求者。从风险防范、风险管理和利用到资金融通，回归金融的本质和原点。

第二，能够服务于创业者、小微企业和社会弱势群体，从而真正实现普惠金融。传统金融无法真正实现普惠金融，不仅仅大型金融机构，小贷公司、典当行、天使基金等民间金融组织也没能很好地完成其服务于创业者、小微企业以及农民、下岗工人等弱势群体的任务。而众筹金融，特别是股权众筹、P2P网贷、移动金融、移动支付等，则可能真正实现普惠金融。

第三，能够真正实现金融民主化，倒逼金融垄断改革。金融国有的垄断体制靠其自身的革命和自我改革是不可能完成的，而众筹金融能够打破中国的金融垄断，自下而上推进金融改革，实现金融民主化。

第四，能够真正实现我国的金融体制改革。P2P、众筹、互联网理财、第三方支付等新型金融模式的崛起，能够有效推动利率市场化和人民币国际化等金融体制的一系列改革。

第五，能够真正实现我们金融大国和金融强国的中国梦。众筹金融是一个重要的历史机遇，为我国的金融发展提供了强大的驱动力。众筹金融不仅能为金融行业、企业注入活力，更能在广大的社会公众中进行一场广泛的金融普及教育，全面提升社会公众的金融知识水平和金融意识，这样才能真正实现金融强国的中国梦。借助于众筹金融进行弯道超车，这是一个千载难逢的历史性机遇，我们必须抓住这个机遇。

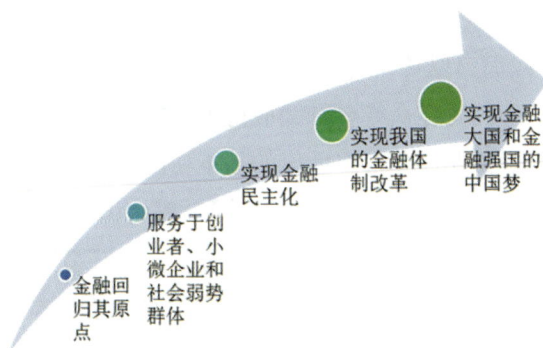

图1-24　众筹金融对我国的现实意义

第四节　众筹金融与金融法的变革
——法治是金融创新的第一生产力

上文已经提到，众筹金融并非金融与以互联网技术为代表的各种新兴技术的简单结合，而是一种新的金融模式和金融思维的体现。如果说早期的电子银行、在线支付等网上金融业务尚不足以改变互联网金融摆脱相对于传统金融势力的依附地位，那么随着近年来以P2P网络借贷（债权众筹）、股权众筹、产品众筹、互联网理财产品与第三方支付等相对独立于银行等国有金融机构主导下的"主流"金融体系而言具有浓厚的"草根"、"大众"气息的创新模式的兴起，才是真正意义上标志着众筹金融的悄然崛起。众筹金融的崛起，开创了所谓"体制外金融"的新领域。新的"体制外金融"与传统的"体制内金融"之间，无可避免地存在利益上的矛盾，也不得不在各种场合既相互妥协、又相互倚重。这种新的金融局面的产生必然伴随着对既有金融法理论和金融法制度的冲击，从而使二者必须得到一定程度的反思与修正。由此，准确梳理并妥善调整众筹金融与金融法之间的关系便成为一项颇具理论与实践价值的新课题。

总体而言，众筹金融对金融法理论和制度的冲击可概括为正反两个方面。

一方面，众筹金融尽管在形态和机理上有别于传统金融，但其并未改变金融的本质与核心，因此这种差异更多地表现为"量"的层面而非"质"的层面。故而，以传统金融市场为研究对象原型的金融监管和金融法体系的基本原理仍可在众筹金融领域得到运用。众筹金融尽管新颖、时髦，但其服务于资金融通和资本增值的基本功能以及主要的运作机制与传统金融相比并无质的区别。作为当前我国众筹金融主体部分的 P2P 网络借贷、股权众筹、互联网理财产品与第三方支付，其最大的亮点与其说是组织模式和产品结构等技术层面上的创新，不如说是对国有金融机构尤其是国有银行垄断下的传统金融体系的一种制度层面上的突破。可见，如果权且置众筹金融因"绕开"主流金融体系而间接产生的诸如促进金融脱媒、倒逼金融市场准入制度改革和利率市场化改革等远期效应于不论，这些新型的金融组织和金融产品与传统的金融组织和金融产品之间的共性无疑要远大于它们的个性。

从这个意义上说，金融监管和金融法体系在金融混业经营与统合监管、金融消费者保护、多元化金融纠纷解决机制等方面的基本原理既可以适用于传统的金融市场，也可以适用于众筹金融市场。这一点在实践中已得到证明，例如，由于互联网环境下金融监管的缺失，曾如雨后春笋般出现的 P2P 网络借贷平台，在 2014 年纷纷因为管理不善乃至"庞氏骗局"式的道德崩坏而导致资金链断裂，令无数放贷人血本无归。这一现实无疑从反面印证了金融风险控制理论在众筹金融领域的应用价值。而在市场银根趋紧的大环境下，随着网民的逐渐理性和网络理财纠纷的日益增多，基金经理们当初被"余额宝"的成功点燃的网络营销热情也逐渐被理财产品普遍滞销的惨淡市况消磨殆尽,这更凸显了金融消费者保护理论对于众筹金融健康发展的重要价值。可见,与网店和实体店都受市场规则和民商事法律统一调整这一公认的事实相类似,众筹金融与传统金融同样应当受到金融基本规律和金融法制度的统一调整,这正是金融法理论和制度对众筹金融的价值所在。

另一方面,众筹金融作为与"正统"金融体系相对立的新兴金融力量,在合法性、规范性和安全性等方面尚多有瑕疵,其游走于"主流"金融市场与金融体制夹缝之中的天性也对金融法中一些以传统金融体系中的要素为对象形成的理论和制度形成了挑战。如果说网络借贷平台和互联网理财产品与现实环境中的银行借贷系统和柜台理财产品之间的差异尚在常人理解力所及,并处于现有金融法规和理论"射程"以内的话,那么随着众筹金融在结构、组织、机制、技术等方面的创新不断深化,其完全有可能在具体领域中实现由"量变"到"质变"的飞跃,从而产生对传统金融法制度与理论具有颠覆性影响的事物,甚至在事实上已有此端倪。在这方面,最典型的莫过于"比特币"的发明与流行。比特币在我国由于2013年底央行等五部委联合发布的《关于防范比特币风险的通知》而受到了严格的管控,现在基本上处于沉寂的状态,但它在2013年一年中给我国金融市场带来的动荡和对我国金融监管的冲击仍然是不可忽视的。

综上所述,尽管现阶段众筹金融的发展尚不足以对我国目前的金融法理论和制度造成根本性冲击,但从长远看,随着众筹金融领域一些对传统金融法理论与制度具有颠覆性作用的新鲜事物不断涌现,金融业界和学界必将主动或被动地对众筹金融的不断进化作出回应,而这恰恰为笔者所努力构建的金融统合法终极理论体系(包括已完成的金融消费者保护统合法论(《金融消费者保护统合法论》,法律出版社2013年版)、金融服务统合法论(《金融服务统合法论》,法律出版社2013年版)和尚处准备阶段的金融组织统合法论三部分内容的发展和完善提供了难得的契机。

纵览时势,如果说近几年的"双十一"以数以百亿计的消费盛宴拉开了实体经济领域"电商"与"铺商"之间分庭抗礼的帷幕的话,那么从网络借贷平台到股权众筹平台再到互联网理财产品这类众筹金融独有现象的风生水起,亦似乎预示了金融领域"虚拟"金融与"实体"金融由强弱悬殊到平分秋色的远景。

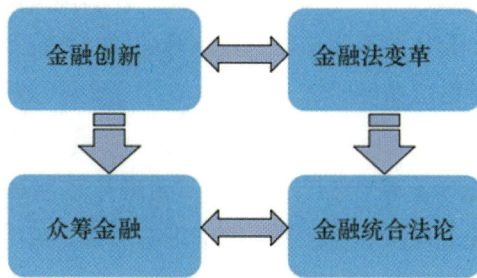

图 1–25 众筹金融与金融统合法的关系

　　由此，笔者大胆提出，如果说中国人民大学陈雨露教授的"大金融"理论的主要着眼点在于弥补宏观经济系统中金融与实体经济之间"裂痕"的话，那么从某种意义上说，笔者矢志构建的金融统合法终极体系则更致力于弥补金融系统内部包括"虚拟"金融与"实体"金融之间、各种金融分支部门之间的"裂痕"。从这个意义上说，"金融统合法论"可谓是"大金融"理论在法学领域的映射与佐证。

第二章

"互联网＋"时代金融市场的基础设施的变革

　　《关于促进互联网金融健康发展的指导意见》提出，推动信用基础设施建设，培育互联网金融配套服务体系。正如基础设施完备人们才能正常地生产生活一样，金融市场基础设施健全才能有序运行，才能实现金融资源的有效配置。基础设施与配套服务体系是"互联网＋金融"新业态生长发展的土壤和养料，这既包括大数据存储分析系统、数字信息共享平台、网络与信息安全维护等技术领域基础设施，也包括支付结算、征信评级等金融方面的基础设施；既包括会计、审计、法律、咨询等第三方专业机构的配套服务，也包括法律环境、政策监管、公司治理、会计准则等制度安排。

第一节　"互联网＋"时代金融市场需要怎样的基础设施

一、传统金融市场的基础设施

　　纵观金融危机史，尽管危机爆发的原因各异，但金融基础设施建设滞后是共同的特性。1997 年的东南亚金融危机和 2008 年的全球金融危机，印证了金融基础设施存在缺陷的国家更容易受到金融冲击。[①] 尤其是 2008 年金融危机爆发后，国际社会对构建高效、透明、规范、完整的金融市场基础设施十分重视并达成广泛共识。[②] 金融稳定理事会（FSB）强烈呼吁加强核心金融市场基础设施的管理。2010 年 2 月，结合金融危机的教训和执行现有国际标准的经验，国际支付结算体系委员会（CPSS）和国际证监会组织（IOSCO）全面启动对《重要支付系统核心原则》、《对证券结算系统建议》和《关于中央交易对手方的建议》等已有标准的评审工作，通过识别和消除国际标准之间的差异，提高最低要求，提供更详尽的指导，扩展标准范围涵盖新的风险监管领域和新类型的金融市场基础设施等

---

① 参见黄志强：《夯实金融基础设施建设，助推新一轮金融改革》，《金融时报》2014 年 1 月 3 日。

② 参见王勇：《金融市场稳定倚重基础设施评估》，《上海金融报》2014 年 2 月 18 日。

措施，支持 FSB 完善核心金融市场基础设施的工作。2012 年 4 月，CPSS 和 IOSCO 正式发表了《金融市场基础设施原则》(PFMI)。

根据 PFMI 的定义，金融市场基础设施指参与机构（包括系统运行机构）之间，用于清算、结算或者记录支付、证券、衍生品或其他金融交易的多边系统，包括支付系统（PS）、中央证券存管系统（CSD）、证券结算系统（SSS）、中央对手方（CCP）和交易数据库（TR）。

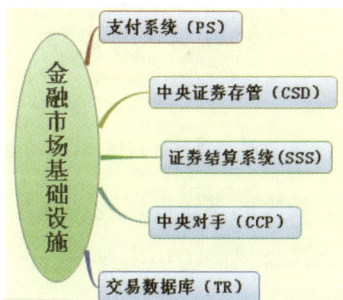

图 2-1　金融市场基础设施的组成部分

这些设施有助于支付、证券、衍生品合约等货币和其他金融交易的交易、结算和记录，是经济金融运行的基础。安全、高效的金融市场基础设施对于畅通货币政策传导机制、加速社会资金周转、优化社会资源分配、维护金融稳定并促进经济增长具有重要意义。[①] 而制定 PFMI 的主要公共政策目标就是限制系统性风险、增加透明度并促进金融稳定。与此同时，金融市场基础设施也集中了风险，如果对此缺乏适当管理，它们就会成为流动性错配和信用风险等金融冲击的源头，也会成为传播风险的主要渠道。

二、金融市场基础设施的基本原则

由于金融市场基础设施通常是复杂的多边机构，涉及各种金融交易的最底层的制度和结构，而且金融市场基础设施的集中化活动也会使风险集中并在金融市场基础设施和参与的机构之间建立相互依存的关系，因此

---

① 参见王勇：《金融市场稳定倚重基础设施评估》，《上海金融报》2014 年 2 月 18 日。

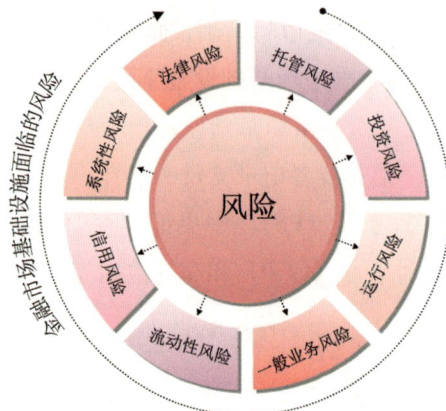

图 2-2　金融市场基础设施面临的风险

金融市场基础设施面临着较大的系统性风险，除此之外，金融市场基础设施还面临着法律风险、系统性风险、信用风险、流动性风险、一般业务风险、托管风险、投资风险以及运行风险。

具体而言，法律风险是指法律适用超出预期或者法律的不确定性所带来的风险；信用风险是指金融市场基础设施及其参与者作为对手在到期日及其之后无法履行金融义务的风险；流动性风险是指一个交易对手没有充足的资金按照预期清偿债务的风险；一般业务风险是指金融市场基础设施作为市场主体的商业运营风险；托管与投资风险是指托管人未履行托管义务导致托管资产损失和金融市场基础设施在将自身资源和参与者资源投资过程中发生损失的风险；运行风险是指由于信息系统或者内部处理中的缺陷、人为错误、管理不善或者外部事件干扰造成的风险。

而 PFMI 正是根据以上不同的风险来源，从而制定了不同的原则来管理和控制这些风险的发生，规范金融市场基础设施的活动，保证金融市场基础设施安全、高效运行。PFMI 一共包括 24 项原则：（1）法律基础；（2）治理；（3）全面风险管理框架；（4）信用风险；（5）抵押品；（6）保证金；（7）流动性风险；（8）结算最终性；（9）货币结算；（10）实物交割；（11）中央证券存管；（12）价值交换结算系统；（13）参与者违约规则与程序；（14）分离与转移；（15）一般业务风险；（16）托管风险与投资风险；（17）运行风险；（18）准入与参与要求；（19）分级参与安排；（20）金融市场基础设施的连接；（21）效率与效力；（22）通信程序与标准；（23）规

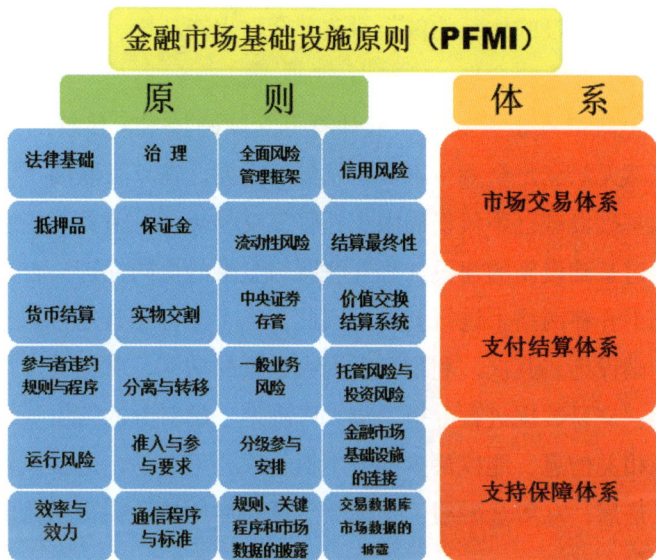

图 2–3 金融市场基础设施的原则

则、关键程序和市场数据的披露；（24）交易数据库市场数据的披露。

此外 PFMI 还指出了监管部门应遵守的五项职责。PFMI 提高了金融市场基础设施风险管理的最低要求。与以往的国际标准比，其要求特定的金融市场基础设施维持较高水平的金融资源以应对信用风险、一般业务风险和流动性风险；指出了金融市场基础设施抵御信用风险、流动性风险等主要风险的量化要求和管理手段；对金融市场基础设施的运行管理和分级参与机制提出了更详细的指导意见。PFMI 还突出强调了要增强透明度。

目前我国已承诺在管辖范围内最大限度采用 PFMI。世界银行、国际货币基金组织和金融稳定理事会也会在接下来的金融部门评估规划（FSAP）和同行评估项目中逐步采取该标准。

三、"互联网＋"时代的金融市场基础设施

众筹金融爆发式的发展所带来的影响具有两面性：一方面在促进金融创新，为大众创业、万众创新提供金融服务方面具有重要作用；另一方面，我国众筹金融刚刚起步，尚不成熟、不规范，众筹金融基础设施建设的滞后导致行业的粗放式发展、投资者权益不能得到有效保护等问题。众

筹金融市场基础设施体系的健全对改善金融生态环境、促进众筹金融行业可持续发展具有重要意义。

众筹金融依赖于大数据、云计算等互联网技术，传统的金融市场基础设施已然无法满足众筹金融健康发展的需要。在"互联网＋"时代，金融市场的基础设施已不仅仅局限于托管、交易登记、清算等传统设施，更加需要通过基础设施的建设加强互联网与金融的协同促进。首先，众筹金融交易离不开在网络上进行支付，因此，电子支付尤其是移动支付是最为重要的基础设施。其次，利用互联网大数据的功能，对相关交易方往常的交易行为、交易数据进行分析，最大限度地了解对方的信用等级、投资偏好及其他相关信息，能以最少的成本撮合成一笔交易，这就需要完备的征信系统。最后，众筹金融线上交易缺乏纸质原始凭证，交易合同与电子证据密不可分。

第二节 "互联网＋"时代众筹金融的电子支付

众筹金融与电子支付之间有着密切的联系，因此在我们深入研究众筹金融之前，有必要深入分析电子支付。电子支付最初源于网上购物。对于一些规模较小的商家和在网上开店的个人用户而言，如果需要自己承担与商业银行的连接以达到网上收款和结算的目的，其维护代价和交易费用

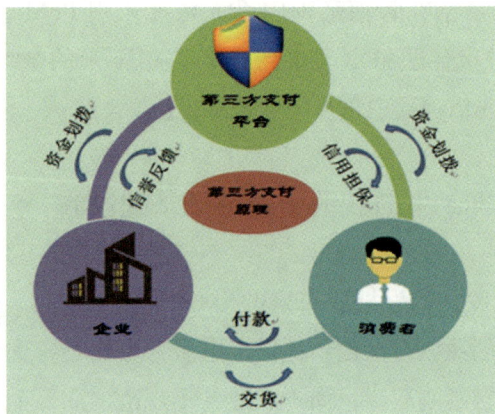

图 2-4　第三方支付原理

无疑是巨大的。另一方面，在茫茫的互联网中，网店的信誉无法得到保证，购物者无法确定有无潜在的交易风险。消费者担心先付费电商不发货，电商担心先发货购物者不付款。为解决上述问题，以第三方支付为代表的新一代电子支付技术异军突起，成为电子商务中不可或缺的重要角色。而电子支付在资金转移上无与伦比的效率优势也使得其同样成为了众筹金融快速发展的基础。

一、电子支付的不同模式

中国人民银行于 2005 年 10 月 26 日颁布实施的《电子支付指引（第一号)》中将电子支付定义为："单位、个人（以下简称客户）直接或授权他人通过电子终端发出支付指令，实现货币支付与资金转移的行为。"电子支付的外延十分广泛，目前已经遍布我们生活的方方面面，以下笔者将从不同的角度对电子支付进行分类，以使读者能更为深入地了解电子支付的发展现状与趋势，也更有针对性地了解电子支付与众筹金融的关系。

（一）基于支付方式角度划分的电子支付模式

从支付方式的角度来划分，电子支付可以大致分为传统支付模式、互联网支付模式与移动支付模式。

1. 传统支付模式

传统模式多运用于银行业务当中，储户通过银行设置的电子终端设备或者电话、数码电视等有线通信设备向银行的内部计算机系统发送支付指令，进行查询、转账、支付等传统银行业务，其特征是有线设备与直接连接银行。

2. 互联网支付模式

在互联网支付模式中，客户可以通过互联网向银行或其他支付平台发送支付指令，从而实现查询、转账、支付等业务。目前我们生活中比较经常接触到的支付工具有电子现金和电子支票等。

3. 移动支付模式

在移动支付的交易过程当中，客户只需利用手机、商务通等无线移动通信设备向电子支付平台发出支付指令，资金就可以通过第三方平台或者直接经由银行完成在双方间的转移。鉴于移动支付在未来众筹金融发展过程中将逐渐成为电子支付模式中的主流模式，下文笔者将专门对移动支付进行论述，此处不赘述。

（二）基于资金支付服务提供者角度划分的电子支付模式

依据中国人民银行 2010 年 6 月 21 日正式公布的《非金融机构支付服务管理办法》，我们可以从资金的支付服务提供方角度，将电子支付分为金融机构支付与非金融机构支付。

1. 金融机构支付模式

金融机构支付比较容易理解，就是传统的金融服务机构，特别是指银行作为支付服务的提供方，付款人将付款指令通过上述三种支付方式中的任意一种直接发送至银行，再由银行进行资金的划拨、转移。互联网金融的发展所伴随的"金融脱媒"现象为众筹金融开拓了较大的发展空间，其真正意义在于使金融交易活动中资金的流动减少经过金融机构这一环，以最大限度地节约交易成本。所以，众筹金融的发展必将顺应这一趋势，尽可能地通过互联网与金融的跨界资源整合，充分利用互联网平等、开放、自由、共享的特质，替代传统的间接融资模式，因此该类型支付模式在"互联网＋"时代下所发挥的作用将越来越有限。

2. 非金融机构支付模式（第三方支付）

所谓非金融机构支付，主要是指我们俗称的"第三方支付"，但并不仅限于第三方支付从事的网络支付，还包括预付卡的发行与受理、银行卡收单、中国人民银行确定的其他支付服务等方面。

从目前来看，一方面由于法律法规以及诸多因素决定了传统金融服务机构在众筹金融的领域里发挥的作用有限，推动众筹金融快速发展的主力军目前仍主要是第三方支付；另一方面，相较于传统模式，互联网模式和移动模式，尤其是移动支付以其快捷、高效、跨地区的特点，充分适应了众筹金融的发展特征，在目前以及未来的众筹金融发展中将起到关键性作用。

第三方支付源于美国的独立销售组织（Independent Sales Organization，ISO）制度，指收单机构和交易处理商委托 ISO 做中小商户的发展、服务和管理工作的一种机制。① 企业开展电子商务需要建立自己的商业账户，但并非所有的网上用户都能顺利申请到自己的商业账户。一些小企业或者信用状况不太好的企业等可能会在申请商业账户方面存在障碍或者因为 ISO 在小额交易收费较高而难以开展电子商务，从而为第三方支付处理商（the Third Party Payment Processor）提供了市场空间。第三方支付处理商通过第三方服务上的账户处理交易，从而可以让商户无须商业账户即可接受信用卡。

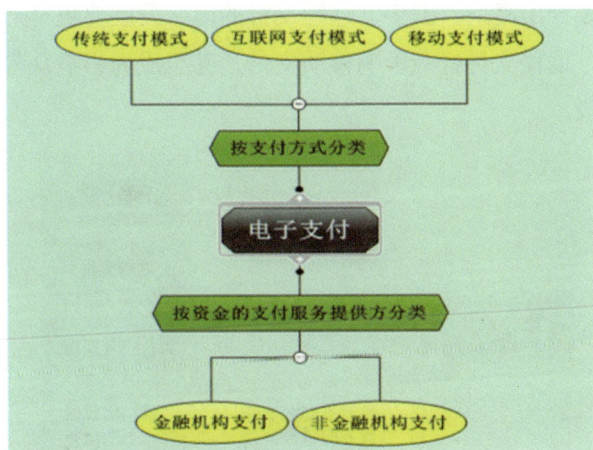

图 2-5　电子支付的分类

国内的第三方支付功能类似于美国的 ISO 和第三方支付处理商，主要提供的是多银行网关的接入和支付清算服务。国内最早的支付交易之一首信易支付，创建于 1999 年 3 月，是国内首家实现跨银行、跨地域提供多种银行卡在线交易的网上支付服务平台。第三方支付服务随着互联网、智能手机以及各类卡片技术的发展将拓展到各个领域。

二、电子支付的未来是移动支付

虽然移动支付的技术基础是无线移动通信设备，但是根据具体设备技术的差异，移动支付还可以进一步细分为远程支付与近场支付。

①　参见包春静：《电子支付的兴起与商业银行服务边界的改变》，《上海金融》2008 年第9 期。

远程支付是由移动运营商最早在 20 世纪 90 年代开始实行的，通常情况下，远程支付用户通过手机等移动网络通信设备进行查询、支付、转账等账户操作。早期的远程支付主要运用短信作为指令发送媒介，而现今的远程支付大多需要登录网站或者使用手机客户端进行操作。随着近些年智能手机的发展，目前银行卡组织、移动运营商以及诸如 Paypal、支付宝等第三方机构都参与到了移动支付的蛋糕分割当中。目前远程支付与近场支付的交锋尚未分出高下，但毕竟远程支付的诞生发展要更早一步，因此在一段时间里，远程支付将会影响移动支付，甚至成为影响众筹金融发展的重要技术手段。

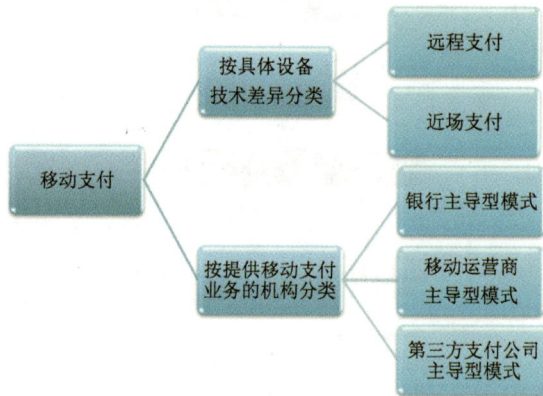

图 2-6 移动支付的分类

与远程支付相对的是近场支付，指的是消费者在进行交易的时候，通过具有近距离无线通信技术的移动终端现场进行支付处理，实现资金转移的支付方式。近场支付的起源发展要晚于远程支付，但近些年来发展势头迅猛，同样是移动支付发展中不可忽视的重要力量。近场支付虽然在跨地域性上要逊于远程支付，但是其安全性上却拥有远程支付无法比拟的优势。与远程支付一样，近场支付也受到了银行卡组织、移动运营商和第三方机构的广泛关注，甚至有些国家的政府也积极参与到近场技术的开发当中，这也是其发展迅猛的重要因素。

总之，无论是远程支付还是近场支付，移动支付相较于传统支付，其最大的特点便是彻底打破了传统支付手段中空间的束缚，使得资金的结算、转移不但在效率、速度上得以提升，更可以实现跨地域结算、支付，而正是这一特点为众筹金融的发展提供了便利的条件。

按照提供移动支付业务的机构来分类，移动支付还可以分为三种模式，即银行主导型业务模式、移动运营商主导型业务模式和第三方支付公司主导型业务模式。其中，银行主导型业务模式是指在提供移动支付业务中，是银行作为主导方与用户签约，移动运营商为移动支付提供技术支持，并不直接与客户形成支付合约。由菲律宾移动运营商 SMART 和 BDO 银行联合推出的 SMART Money 是银行主导型业务模式的一种典例。用户通过 SMART Money 卡可以随时随地享受金融服务，并实现转账、支付、小额贷款等功能。

移动运营商主导型业务模式是移动运营商直接与客户形成合约，为客户提供移动支付等业务。由南非移动运营商 MTN 公司推出的 Wizzit 和 MTN Mobile Money 以及由菲律宾移动运营商 Globe Telecom 推出的 G-Gash 都是按照移动运营商主导型业务模式开展的。移动运营商通过与银行开展合作，为用户提供转账、支付、话费允值、购物支付、发放工资、偿还小额贷款等业务。该种模式在非洲推出的初衷是为了给穷人提供基本金融服务。

第三方支付公司主导型业务模式是指由独立的第三方机构提供与商业银行结算系统对接的支付平台，以第三方支付公司作为核心，与客户签约为客户提供移动支付业务的模式。在这种模式下，移动运营商为其提供辅助业务支持，如为其进行营销或提供开设账户等服务。我国的支付宝、财付通等提供的移动支付业务便属于该种模式。

（一）移动支付的四大类型

第一，基于直接移动账单支付。用户可以在移动站点例如在线购物平台，使用移动支付选项实现支付，这种方式主要是通过 PIN 和一次性密码验证完成用户认证，从而完成交易，因此，它具有方便、快捷、安全的优点。但是由于只能在限定的平台上使用这种方式，因此无法在其他一些消费平台上使用，这便是它的局限性。

第二，基于 WAP 的移动网络支付。用户需要从 Web 页面上下载额外的应用程序实现支付。在实际情况中，有不同的应用方式，包括直接营运商账单、信用卡、在线钱包等。综合来说，这些方式都是通过无线网络对特定的站点实行支付的行为。这种方式具有自由和便捷的优点，但是因为它局限于第三方支付平台，因而支付范围有限。

第三，基于 SMS 的支付。这种支付方式是指通过发送短消息方式才能实现银行的交易，支付时需要输入 70—160 个字符串，同时还需要多次发送消息进行交互才可以完成一次交易。鉴于这种支付的完成方式，这种支付具有安全性较低、容易留下个人信息、完成速度慢等缺点。因此，这种方式通常也只能用于简单的账户操作。

第四，非接触式近场支付。这种交易形式通常用于实体商店，并且大部分交易不需要认证，而是可以通过一些 PIN 进行验证，可以通过手机营运商或者银行直接扣除金额。这种方式不仅快捷、方便、安全，而且还拓宽了移动金融的服务范围，将服务深入到人们的日常生活中去。实现这种支付主要依靠非接触智能卡技术，这种主流技术主要包括以下几种：NFC 技术、SIMPASS 技术以及 RF–SIM 技术。

（二）移动支付的发展现状与未来

中国产业信息网发布的《2014—2019 年中国移动支付行业细分深度调研与发展机遇分析报告》指出：从全球移动支付发展的情况来看，2014年全球移动支付交易值将达到 3250 亿美元，与 2013 年 2354 亿美元的交易价值相比，增长达 38%，而在可预见的未来，全球移动支付市场仍将维持在 40% 左右的复合增速持续快跑。而具体到国内市场来看，据艾瑞咨询发布的统计数据显示，2013 年第三方移动支付的增长率高达 707%，2014 年中国第三方移动支付市场交易规模达 59924.7 亿元，同比上涨391.3%，持续呈现出较高的增长状态。而随着智能终端和 4G 网络在各地区全方位普及，我国超 7.3 亿城镇人口和超 6.3 亿农村人口将陆续享受到移动互联网带来的便利。移动支付的快捷性和方便性，不仅为它自身的快速发展带来机会，同时也加快了众筹金融的发展。移动支付以低成本的方式将社会公众的小额资金筹集起来，最终形成大笔资金，增强议价能力，因此草根民众才能享受到较高的利率。

从以上的支付分类角度来看，互联网支付模式、移动支付模式虽然在名称和运行机理上可以被严格地区分为不同类别，但随着互联网技术的深入发展，可以发现两者之间的界限逐渐模糊，即支付模式之间相互存在交叉的地带。例如在互联网支付中，既包括了网银的支付，也包括了第三方的支付，如果与移动便携设备相结合便是移动支付；在移动支付中，同样包括了网银支付与第三方支付的方式，它们以移动互联网为载体便可认为是广义上的互联网支付。从促进众筹金融发展的角度来说，互联网支付是支撑众筹金融发展的"现在进行式"基础设施，移动支付则代表了互联网技术深化下支撑众筹金融发展的"将来式"基础设施，移动支付更代表了未来支付方式变革的趋势，它们统一于电子支付的类型当中。

（三）为什么说电子支付的未来是移动支付

有了智能手机之后，移动端能够支付。原来支付的时候是网上支付，网上支付的时候普及量还不大，现在有了移动支付，有手机端之后，又发生一个革命性的变化，拿手机就可以做支付。扫一扫，在线下就能够随时进行一个快速、高效、便捷的支付，这是最具革命性意义的。有了智能手机，有了移动互联网，第三方支付就相当于货币，发挥"货币"的功能。所以第三方支付再向前发展就是"货币体系"，而且这个新的货币体系、支付清算体系某种意义上更加高效、快速、低成本，而且还普惠。

三、第三方支付发展现状

（一）第三方支付的主要业务模式

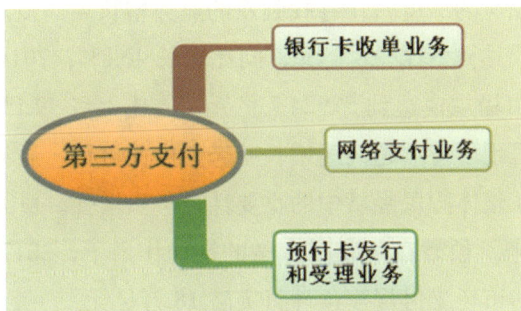

图 2-7　第三方支付的主要业务模式

根据 2010 年中国人民银行发布《非金融机构支付服务管理办法》以及 2011 年非金融机构支付业务许可证（简称"第三方支付牌照"）的颁发，使得第三方支付行业的外延有了进一步延伸，目前第三方支付主要有以下几种业务模式：

1. 银行卡收单业务

银行卡收单是指签约银行向商户提供的本外币资金结算服务。就是最终持卡人在银行签约商户那里刷卡消费，银行结算。收单银行结算的过程就是从商户那边得到交易单据和交易数据，扣除按费率计算出的费用后打款给商户。

2. 网络支付业务

网络支付是指电子交易的当事人，包括消费者、厂商和金融机构，使用安全电子支付手段通过网络进行的货币支付或资金流转。主要包括有电子货币类、电子信用卡类、电子支票类。

3. 预付卡发行和受理业务

预付卡是指以营利为目的发行的、在发行机构之外或发行机构购买商品或服务的预付价值，包括采取磁条、芯片等技术以卡片、密码等形式发行的预付卡。

（二）国内第三方支付发展现状

近年来，我国第三方支付交易规模呈不断增长趋势，增长速度保持在 35% 以上，但增速有所下滑。

根据艾瑞咨询公布的统计数据，2013 年，我国互联网第三方支付公司通过与金融领域的深度合作寻找到新的业务增长点，整体互联网第三方支付的市场规模达到 53729.8 亿元，同比增长 46.8%；2014 年我国第三方移动支付交易市场规模达到 59924.7 亿元，同比上涨 39.1%，第三方移动支付交易规模呈现了持续超高速增长状态。由此可见，近年来整体市场持续高速增长，在整体国民经济中的重要性进一步增强。目前，这种力量还没完全爆发出来，预计在互联网金融的推动作用下，2017 年，我国互联网第三方支付的市场支付规模预计将突破 18 万亿元。

以上业务统计数据均显示，互联网金融的不断发展促进了支付业务的不断发展，促使更多的非金融机构参与到支付行业中。随着技术和服务的创新，第三方支付业务蓬勃发展，日益成为支付服务市场的重要组成部分，行业进入者增多，行业竞争愈发激烈，风险也日益显现。2013 年 7 月央行正式发布的《银行卡收单业务管理办法》将线上支付一并纳入了监管体系。此办法有利于第三方支付的规范发展，但是同时第三方支付在市场上的竞争将会更加严峻，唯有更加有力的创新，才能使第三方支付更加健康有序地发展。

（三）国外第三方支付发展现状

图 2-8　国外典型的第三方支付公司

1. Paypal

第一家第三方支付公司于 1996 年在美国诞生，随后一批第三方支付公司相继成立，而 Paypal 可以说是其中发展最为突出的。

作为全球最大的在线支付提供商，Paypal 成立于 1998 年 12 月，总部位于美国加州圣荷西市。如今，Paypal 已拥有来自全球的超过 1 亿个注册账户。任何人只要有一个电子邮件账户，便可以用其标示身份进行资金的转移，其中 Paypal 收取一定数额的手续费。Paypal 账户是 Paypal 公司推出的最安全的网络电子账户，使用它可有效降低网络欺诈的发生，使得 Paypal 快速、安全而又方便。如今 Paypal 支持 190 多个国家和地区的交易，同时支持 25 个币种，是目前全球使用最为广泛的网上交易工具。其优势在于用户覆盖全球、强有力的品牌效应、即时的资金周转、高度的安全保障及低廉的使用成本。

2. Google Checkout

Google Checkout 为 Google 于 2006 年推出的自己的支付系统，作用与 Paypal 类似，在线购买者可通过它实现安全付款。每次支付后，由

Google Checkout 向商家收取 0.2 美元的手续费以及交易货款 2% 的费用。不同于 Paypal 的跨国市场，Google Checkout 只允许美国商家申请用于收款的账号。目前，美国超过 90% 的零售商注册了 Google Checkout 的服务，其中包括许多品牌零售网站。

3. Worldpay

Worldpay 成立于 1993 年，为皇家苏格兰银行的一个子公司，总部位于英国剑桥。Worldpay 支持多个币种及多种信用卡，如 Mastercard、Visa、Meastro 等等，是英国常用的在线支付方式。其优势在于支持站内支付，即只要网站通过支付卡行业数据安全标准扫描，就可以申请让客户不离开网站就完成付款。

4. Moneybookers

Moneybookers 成立于 2002 年，是英国伦敦 Gatcombe Park 风险投资公司的子公司之一，是世界上第一家被政府官方所认可的电子银行。作为欧洲使用率最高的网络支付方式，Moneybookers 的注册用户人数不低于 Paypal，其同时也具备了便于使用、安全性高的性能。

（四）国内外第三方支付业务对比

通过对比可以发现，第三方支付发端于美国，目前从技术、覆盖面、服务、风控等方面总体而言，美国第三方支付依然处于世界领先地位。中国的第三方支付虽然起步较晚，但由于近些年来中国电子商务的飞速发展，带动了中国第三方支付的成长，近几年来市场规模呈现爆炸式增长，同时在技术、风控等方面也在不断进步，大有赶超欧美国家之势。以支付宝与 Paypal 对比为例，前者的产生虽然比后者晚了五年多，但是到 2014 年为止，支付宝的活跃用户已经达到 1.9 亿，与 Paypal 的用户数量大致相当，而最近几年支付宝更是借助 "小微金服分享日"、"双 11 购物狂欢节" 等活动不断地刷新自己创造的单日移动交易笔数纪录。同时，在风险防控方面，从支付宝自身公布的数据来看，支付宝的资产损失率是十万分之一，而 Paypal 是 0.3%，其他外卡在线交易为 1%，由此来看在风险防控方面支付宝已经具备了较大的优势并积累了一定的经验。

四、第三方支付的创新发展

经过近十年的发展，第三方支付平台作为独立的支付中介为我国众筹金融的发展奠定了坚实的基础，推动了中国金融互联网化和互联网金融化的进程。我国的第三方支付行业经过公司间的相互博弈形成了由支付宝和财付通占据九成的市场份额，其余将近 270 家第三方公司分享剩下十分之一蛋糕的寡头垄断行业格局。

随着互联网金融的蓬勃发展，第三方支付平台的数量也呈现出井喷式的增长，在互联网时代，随之而来的是第三方支付行业愈发激烈的竞争，不断加重的恶性竞争导致了监管部门对第三方支付平台更加严格的监管，并且对于颁发第三方支付的牌照也更加谨慎和严苛。同时，众筹金融的热潮倒逼商业银行重新审视自己的定位及发展战略，逐步开始重视对自身传统业务的革新与转型，网上银行、手机银行、电话银行等电子银行的发展在一定程度上削弱了第三方支付平台原有的价值优势。激烈的竞争、严格的监管以及商业银行的逐步转型，都成为了第三方支付行业发展的不利因素，为了能够在行业中立足，拥有可持续的盈利模式，各个第三方支付平台一直都在积极探索转型的方式以及创新模式，为成为真正以客户需求为导向、综合线上线下支付方式、涵盖更广阔的互联网金融业务的提供综合性金融服务的平台而努力。总结起来，目前第三方支付主要的创新体现在如下几个方面。

（一）更加丰富便捷的支付方式

如今，当顾客走进便利店选购好商品进行支付时，不再需要通过纸币或者 POS 机刷卡签名，仅仅需要拿出手机扫一扫条形码便可成功支付，整个支付过程不超过 3 秒钟。如此便捷快速的支付方式便是第三方支付平台给予我们的。支付时间的缩短、支付速度的提升不仅节约了第三方支付平台使用者的个人时间，为顾客的生活提供了便利，进一步而言，倘若此类支付方式能够被广泛应用，在时间一定的情况下，更加快速便捷的支付手段增加了货币的流通速度，提高了货币的使用效率，进而加快了商品的周转速度，促进了实体经济的平稳运行。

目前来看，线上支付平台的格局基本已经确定，因此第三方支付平台纷纷将目光投向了线下支付，尤其是将移动支付作为其重点发展的方向，越来越多的支付方式层出不穷。其中受人们欢迎的支付方式主要有以下几种方式：

第一，二维码支付／条形码支付。第三方支付平台的两大巨头支付宝和微信旗下的财付通都推出了二维码或条形码的支付方式。客户只需打开手机应用程序中的付款界面，便可看到专属于此部移动终端的二维码或条形码，商家通过扫取条码收取相应费用。

第二，NFC 支付。NFC 是一种短距离高频无线通信技术，客户运用NFC 技术不需要与互联网联通，仅仅需要一台置入 NFC 技术的手机即可。在支付时，将手机的 NFC 功能开启，靠近支付终端即可完成支付。

第三，光子支付。光子支付是近期由平安银行推出的一种新型支付方式，客户通过在手机中下载一款应用程序，然后开启闪光灯通过灯中的光子进行支付。商家的 POS 机等支付终端则需要增置一款接受和识别光子的装置。光子支付可以实现一个支付账户绑定多张银行卡的功能，同时因为每一次支付时闪光灯中的光子组成都是独特的，同一个支付人进行的不同笔交易所形成的光子也不尽相同，因此光子支付更加具备安全性。另外，无论对于使用者还是商家来说，光子支付的应用程序以及终端的获取成本都相对低廉，这或许会推动光子支付的应用。

除了以上三种支付方式之外，还有包括微信红包等具有趣味性的新型支付方式。对于处在激烈竞争中的第三方支付公司来说，研发或探索出一种方便、简洁、快速，同时具有娱乐性和个体差异性的支付方式将为其带来客户人数的迅速增长，因此我们说更加丰富便捷的支付方式是第三方支付平台的一种创新模式。

（二）全方位多场景实现 O2O 业务

最新版本的支付宝增加了商家服务功能，商家服务又细分为美食、电影、酒店预定、周边游等相关功能。可以看出，支付宝已经全面转至线下，开启了布局 O2O 的发展之路。支付宝的竞争对手财付通则早已借助

图 2-9 多场景的移动支付界面

微信的平台率先开启了其 O2O 业务的发展进程，微信钱包里囊括了大众点评、电影票、飞机票、水电缴费、滴滴打车等与用户生活息息相关，直接面向客户需求的相应业务。

如今，第三方支付公司已经不单单是传统意义上的支付中介，它还成为了连接线上支付与线下商家之间的桥梁。按照蚂蚁金服首席战略官陈龙教授的观点，场景化是互联网金融的核心命题，而第三方支付、移动支付是实现场景化的根本方式。因为第三方支付平台作为支付工具，采取了主动融入客户生活所涉及各个方面的发展战略，通过与零售百货商家、医疗服务、政府基础设施建设、旅游等领域进行合作，以客户为中心围绕客户日常生活需求进行全方位布局，在拓宽自己的盈利渠道的同时，成功提高了客户黏性。

（三）化身社交工具贴近用户生活

财付通依托微信作为人们广泛使用的社交工具的平台，通过羊年新年微信红包的营销战略，成功提升市场占有份额。在9.0版本中，支付宝同样也推出了"朋友"功能，实现了与朋友、同事、家人在支付宝界面中的对话与交流。可见，电商社交化已经成为了第三方支付平台的创新模式之一。

一直以来，支付宝都依托阿里巴巴的平台，通过电商之间的线上交易攫取利润，然而买家与卖家终究是为了获得利益而结合在一起，这种商业上的关系很难长久。朋友之交、亲人之情则是与人类生活密不可分的维系人与人之间关系的基本方式。支付平台将自己化身为社交工具，亲近用户生活，这与发展O2O一样，都可以起到提高用户黏性的重要作用。

（四）另寻与P2P网贷平台的合作方式

中小企业融资难、融资成本高一直是制约我国中小企业发展的影响因素，商业银行因担心风险较高而对中小企业惜贷。随着我国步入互联网时代，P2P网贷平台迅速兴起，在一定程度上填补了中小企业融资的空白。如今，对于企业甚至是个人而言，获得贷款的途径不仅仅是通过银行，登录P2P平台网站便可方便快捷的寻得获取资金的途径。同时，P2P平台实现了有闲置资金的资金供给方和资金需求方的相互匹配，又因为其具有普惠金融的特质，成为人人都可以选择的理财方式。

然而，P2P平台的迅速发展也带来了一定的风险，跑路现象频发限制了网贷平台的发展，如何对平台中的资金进行托管和监管一直是监管层所关心的问题，到目前为止不少第三方支付平台看准了P2P的发展前景，为网贷平台提供资金托管业务，例如，汇付天下就为七百多家P2P平台提供托管服务，与P2P平台合作成为了第三方支付平台的一条获利途径。

然而，《关于促进互联网金融健康发展的指导意见》中关于客户资金第三方存管制度的规定打破了第三方支付行业的宁静。《关于促进互联网金融健康发展的指导意见》规定：除另有规定外，从业机构应当选择符合条件的银行业金融机构作为资金存管机构，对客户资金进行管理和监督，实现客户资金与从业机构自身资金分账管理。第三方支付结构并非银行业金融机构，因此，由第三方支付机构为P2P平台提供资金存管业务将不再合规。

首先，需要辨析"存管"与"托管"的区别。《关于促进互联网金融健康发展的指导意见》中规定的是"存管"，而"存管"与"托管"实有不同。托管是指 P2P 平台与投资者在第三方机构单独开立账户，由第三方对资金账户进行监控，使资金从投资人账户直接划转到借款人账户，并定期出具报告，以证实资金用途是专项用于保障投资者投资本息，保证资金从哪出回哪去；而存管只是将资金存放于第三方，资金仍会进入到平台自己在第三方开设的账户内，并未实现平台与资金的"物理隔离"。

其次，《关于促进互联网金融健康发展的指导意见》规定银行业金融机构存管，那么"托管"是否也必须是银行业金融机构呢？由上述分析可知，托管是比存管更加复杂的资金管理和监督方式，从目的解释的角度而言，似乎第三方支付机构不能从事 P2P 资金的存管，就更加不能做托管了。

再次，一些第三方支付平台对存管与托管模式进行了创新，例如，融宝支付旗下融托富与多家商业银行合作，进行客户资金"银行存管＋融托富托管"的"联合存管"模式，投资人、借款人与平台的资金完全由合作银行进行存管、托管，融托富隔离信息流与资金流，交易资金点对点支付划转，上述创新是否符合《关于促进互联网金融健康发展的指导意见》的精神还有待监管细则的进一步明确。

最后，《关于促进互联网金融健康发展的指导意见》其实也并未完全否定第三方支付机构进行资金存管的可能，"除另有规定外"的说法表明关键还需看具体监管细则的明确规定。这或许是基于 P2P 资金管理的现实考量，一方面，目前 P2P 资金主要还是在第三方支付机构存管、托管，一些第三方支付机构在对 P2P 资金管理上确实发挥着重要作用；另一方面，由于 P2P 平台风险较高，并且对于支付的要求相对灵活多样，由商业银行对 P2P 提供资金存管、托管业务需要大量投入，尚需开发系统进行对接。当然，无论如何，由银行进行资金存管、托管有利于增强 P2P 平台公信力，只要费用适当、机制灵活、有效避免平台携款造成的潜在风险，对于 P2P 平台和投资人、融资人都大有裨益。

此外，这也并不意味着其与 P2P 平台的合作就此结束。在今后的发展中，第三方支付公司应探寻在现有政策框架下的合作方式。目前已有第三方支付机构会同商业银行和 P2P 平台，共同探索合作模式。今后，P2P 平台的资金存管由商业银行负责，第三方支付机构可为其提供资金通道、技术辅助，服务类业务也将成为第三方支付机构发展的方向。

（五）涉足征信业务增加盈利渠道

在美国等西方发达社会，对于个人以及公司的信用评级和信用管理已经发展成为非常成熟的征信业务，随着我国发展社会主义市场经济的步伐不断向前迈进，国务院规划到 2020 年我国将建成覆盖全社会的征信体系。信用是金融的基础，一切金融活动的开展都依赖于资金供给方与需求方双方对彼此的信任。互联网金融的服务由于其较商业银行而言门槛较低，人人都可以平等自由地参与其中，因此人们常说互联网金融是实实在在的普惠金融。

然而，正因为其面向的群体是社会大众，信用情况往往良莠不齐，很多人诸如学生、自由职业者或许并没有银行的贷款记录，难以保证的信用问题导致诸如 P2P 网贷平台中出现坏账的几率高居不下。因此，不完善不发达的征信体系在目前极大地限制了互联网金融的发展与繁荣。可以说，一个发达的征信体系保证了互联网金融业务的有效开展，互联网金融的存在又在一定程度上促进了征信业务的发展。

2015 年初央行印发了《关于做好个人征信业务准备工作的通知》，并公布了首批获得个人征信牌照的八家机构名单，分别是芝麻信用管理有限公司、腾讯征信有限公司、深圳前海征信中心股份有限公司、鹏元征信有限公司、中诚信征信有限公司、中智诚征信有限公司、拉卡拉信用管理有限公司、北京华道征信有限公司。可以看出，已经有第三方支付公司开始涉足征信业务这一片蓝海，布局开展征信业务的发展战略。

第三方支付平台相比较其他个人开展征信业务的优势在于其拥有自己平台中所有商户或个人完整的支付记录，从这些数据中不仅可以看出商家、个人是否有延迟付款等信用不良行为，还可以通过与客户有关的数据推测出客户的收入水平以及消费习惯。由于各大第三方支付平台加快了其 O2O 业务的发展，通过 O2O 业务获得的数据具有无限的挖掘潜力。

比如说，通过一个客户的支付宝或者是微信钱包账户，我们看到他在每月月初都有一笔 2000 元的款项进账，然后在某天通过京东商城购入了几本图书，并定期在咖啡馆购买 30 元左右的咖啡，时不时还有电影票、服装消费等，第三方支付平台通过以上这些信息便可初步推断这是一位经济状况较好的学生阶层，通过对客户身份的判断可以帮助我们进一步获得其信用状况的全貌。在大数据时代，拥有数据就有了无尽的资源与先机，第三方支付平台应当通过建立模型等方式，主动运用平台所获得用户消费的数据与商家支付款项情况的数据判断用户的信用情况，从而为客户制定量身打造的信用账户，提供最贴心的服务。

第三方支付平台无论是自己开展征信业务还是与其他信用评级机构开展合作，都应加强用户个人信息的风险防范意识，以防出现个人信息泄漏等技术问题。此外，还应强调开展征信业务往往会涉及用户的个人信息，第三方支付公司应当主动承担责任，不出于商业目的等滥用用户的信息。开展征信业务为第三方支付公司开辟了除支付费率之外一条新的盈利途径。

五、第三方支付未来发展展望

图 2-10 第三方支付未来发展

（一）并购重组兴起

随着央行对第三方支付的监管日益趋严，牌照的颁发也越来越少，第三方支付的发展进入了自 2005 年兴起以来最为艰难的阶段。近 270 家第三方支付公司中除了像支付宝、财付通、快钱等占据较大市场份额的公司外，其余中小规模的第三方支付倘若不能发现适合自己的转型之路，其在第三方支付行业中继续发展将举步维艰。在此时机，央行鼓励公司间进行并购重组，这恰恰是第三方支付行业进行并构重组的好机会。业绩不佳、盈利难以维续的公司可择机以相对高价出售公司，抑或是寻求资金寻找战略合作伙伴。并且由于央行对第三方支付牌照的吝惜，对于计划涉足第三方支付行业的公司而言，则可以通过收购规模较小具备牌照的公司，达到进军该行业的战略目标。

并购重组是公司退出的方式之一，同时也是公司实现外延式扩张生长的不可或缺的方式。在未来的第三方支付行业中，我们可以预期的是，第三方支付公司通过互相兼并重组，抑或是其他行业公司对第三方支付平台实施并购，达到优胜劣汰的筛选作用，最终能够在行业中生存下来的必将是有发展战略的优质第三方支付平台，可以说，这便是商界"自然选择"的必然结果。在竞争激烈、监管趋严的背景下，若不想成为被并购的对象，第三方支付则需要积极探索转型策略，增加业务规模，拓宽业务内容，寻求可持续的盈利模式。

（二）力推移动支付

移动支付由于其移动性、及时性、定制化、集成性的特征，给用户带来了便捷、快速的支付体验，避免了现金支付时烦琐的找零过程。可以预见在不久的将来，我们出门仅仅需要一部手机、甚至是随身携带的具有个人属性的物品，便可以随时随地完成支付。传统第三方支付机构必须加强线上业务与服务，打通线上与线下，全方位满足客户的需求。未来移动支付的发展需要：

1.合作共赢，调动多方力量

新加坡政府将移动支付加入由新加坡资讯通信发展管理局实施的"智慧国 2015"规划，其中政府出面成立了七个参与方的投资财团，包括了银行、移动运营商、卡商等，多个利益相关方将力量结合在一起，共同发展移动支付。与新加坡相类似，韩国 SKT Moneta 也是通过和银行、移动运营商、平台运营商等多方合作，成功实现了韩国国内各种交通工具的移动支付。对于我国的第三方支付平台而言，要想在移动支付中占据一席之地，可以借鉴国外的成功案例，通过与产业链中多方环节开展合作，实现合作共赢。

2. 持续创新，探索新型移动支付方式

现在人们可以选择的移动支付方式有二维码支付、虹膜支付、声波支付、光子支付、指纹支付等，层出不穷的移动支付方式表明了这是一个更新迭代迅速的时代。第三方支付平台将支付重心从线上转移至线下，需要时刻牢记创新是发展的源泉，在互联网时代，技术也依然是非常重要的生产力。支付时间更短、支付环节更少、支付趣味性更强的移动方式都有可能成为未来移动支付的主流形式，第三方支付应看准研发方向，迅速出击。

3. 看准市场，培养用户的移动支付习惯

移动支付与线上支付最大的区别是移动支付主要是在智能手机、平板电脑等与人们生活密切相关的移动终端上进行的，在现在人们吃饭、走路、坐车等手机都不离手的情况下，移动支付终端自身已经具备了用户黏性。在发展移动支付时，第三方支付机构可以将目光投向我国欠发达的农村地区。目前，我国农村地区的移动信号已经基本实现全部覆盖，手机上网的普及率达到了75%，具备了开展移动支付的基本条件。然而，广大的农民可获得的金融服务却少之又少。我国可以效仿非洲肯尼亚、南非等国家的模式，在农村地区充分发展移动支付，以手机为载体，为农村贫困人群提供支付转账、理财增值、话费充值、网上购物等相关服务。通过充分细分市场、紧密围绕用户生活，让移动支付成为用户的支付习惯，对于第三方支付来说，移动支付是一个可持续获得收入来源的稳定盈利渠道，也是实现我国普惠金融之路的重要一步。

（三）探索跨境支付

目前，共有北京、上海、深圳、重庆、杭州5个城市的22家企业开展跨境电子商务第三方外汇支付试点，试点范围有所扩大。其中，对于此项试点也有诸多限制：在服务贸易项下只有一部分商品能进行第三方电了支付，在货物贸易项下，只允许办理1万美元以下的小额付款。随着人们生活水平的提高，"代购"、"海淘"等概念逐渐被人们所熟知，同样我国出境旅游人数不断创出新高，这些都为跨境支付提供了巨大的发展空间，可以说在老百姓的生活中跨境支付具有刚性需求，所以跨境支付对于第三方支付机构来说是一片蓝海。

当然，在探索跨境支付业务便捷化、移动化时，该项业务有着其自身的限制。跨境支付的额度限制以及目前开放的服务类别也十分有限，这些都对第三方支付开展跨境支付业务产生了负面影响。但是，可以预见的是，随着人民币国际化程度不断加深，第三方支付机构在跨境支付方面还有很大的发挥空间，但也应时刻具备风险防范意识，严防洗钱等违法行为的发生。

（四）贴近用户生活

十年前，第三方支付机构作为电商与顾客交易间独立的中介机构第一次进入人们的视野。十年后，第三方支付平台早已经突破了单纯的支付功能，其借助多场景的O2O业务，将触角伸入到用户生活的方方面面。在今天，购买商品、给手机充话费、看电影选座购票、预订机票火车票、水电煤气缴费等生活中的各种场景都可以通过第三方支付平台得以实现。可以预见的是，在未来第三方支付将通过进一步丰富应用场景，提高用户黏度，将生活支付链条打通，成为人们生活中必不可少的组成部分。也唯有真正贴近用户生活，为大众提供金融服务，才是第三方支付这种互联网金融业能够长久发展的不二法则。

（五）发挥数据价值

第三方支付机构拥有的最大优势和资源就是在过去十年中，活跃在支付平台上的客户的交易记录、资金流向、喜爱偏好等信息。这些数据数量庞大、内涵丰富、涉及面广泛，通过对数据的深度挖掘可以实现精准营销。有数据统计，微信朋友圈中通过精准营销推送的广告信息，有将近80%的人表示会对广告内容感兴趣，并给予关注。

除此之外，还可以通过对数据的二次挖掘，根据客户交易数据、财务数据等信息，针对不同客户，为客户提供量身打造的金融服务。第三方支付机构通过分析数据，相比较其他金融机构来说，更加深刻的了解客户痛点，有能力提供更能满足客户需求的高效的服务。另外，通过平台中的交易数据，第三方支付平台还可以对客户的信用情况给予评估，为其拓展了一条收入渠道，与此同时还促进了我国征信体系的成熟和完善。

（六）与商业银行开展合作

第三方支付平台的兴起一度被认为是对躺着赚钱的商业银行的挑战，第三方支付平台的存在对商业银行的网上银行业务、网上支付业务、信用卡业务等造成了一定的冲击。第三方支付平台与商业银行的竞争关系是商业银行转型的主要推动力，竞争的存在同时也催生了合作，如今第三方支付平台与商业银行在以下几个方面互相合作：

1. 同享信用信息

第三方支付平台中商户的资金流向等信息可以帮助商业银行判断客户的信用情况，如应收账款周转率等。这种信用信息的共享一方面让商业银行拥有了一手的了解商户资金周转情况的资料，可以有效防止不良贷款的发生，降低了商行的负债率；另一方面，也给予了第三方支付机构另一个获利渠道。工商银行与支付宝开展的"黑名单信息互换"便是该种合作模式的一种体现。

2. 共同监管沉淀资金

第三方支付平台作为款项在买家与卖家之间的中间环节，由于支付的指令与支付的账务处理存在着时间上的差异，导致了在第三方支付平台上有巨额的沉淀资金产生。对沉淀资金的监管一直为各方所关注。第三方支付的代表支付宝与中国工商银行开展合作，由工商银行按照专款专用原则对沉淀资金展开管理，同时工商银行每月月末在其网站上公布资金托管报告，方便公众对资金进行共同监督。这也防止了支付宝将交易保证金带来的利息收入作为收入自行使用，将利息存入银行账户中，减少了风险的产生。

3. 小额贷款业务合作

第三方支付平台与商业银行开展小额信贷合作，一方面帮助了商业银行的小额贷款业务良好发展，同时也为卖家提供了获得信贷资金的更多选择。

竞争促进转型，竞争也催生合作。在第三方支付机构未来的发展路途中，必将伴随着与商业银行开展更多领域的合作，为双方带来更多的获益途径，支持双方更好的发展，打开互利共赢的局面。

（七）提供综合金融服务

第三方支付企业借助其信息数据积累和挖掘的优势，逐步涉及了基金、保险、个人理财、融资等传统商业银行的业务领域，其金融属性逐步增强，正在向着提供一站式的综合金融服务的方向发展。根据艾瑞资讯以及广发证券发展研究中心的研究，第三方支付公司可以充分利用过往交易流水、企业上游供应商基本信息、企业基本信息、企业所属行业基础数据，向前延伸业务链条，可以为客户提供 POS 贷款、小贷融资、企业理财、财务资讯等具体业务；还可以通过企业目标市场数据、企业目标客户属性和行为，以及用户使用偏好变动情况数据等，向后延伸业务链条则可以为客户提供线上营销、市场推广、战略规划以及电子商务解决方案，形成完整的金融产业链条。

让我们来看看依托支付宝平台搭建的阿里蚂蚁金服打造的金融体系。围绕支付宝作为第三方支付平台这一核心，阿里蚂蚁金服通过余额宝进行现金余额管理，通过招财宝提供投资理财服务，通过蚂蚁微贷为中小企业贷款及消费者信贷，通过芝麻信用建立了个人征信平台，通过众安保险与线上交易直接相关的财产提供保险业务，并且建立了民营银行"网商银行"提供全面的银行金融服务。除了支付宝，拉卡拉通过社区电商提供丰富的前后端服务，快钱支付通过提供企业财务管理、营销及客户管理、企业小额贷款等业务形成了企业金融服务体系。

展望未来，我们可以看到第三方支付平台将成为以支付结算为基础业务、以挖掘数据信息为核心竞争力、以逐步向新型金融机构转变为发展目标的，为广大人民提供综合性普惠性金融服务的机构。

六、电子支付是众筹金融的基础设施

目前国内第三方支付的迅速发展，为国内众筹金融的发展奠定了坚实的基础。它不仅为众筹金融提供了资金流通的技术支持，也深刻地影响着金融消费者的支付习惯。与美国社会大量使用信用卡支付的习惯不同，我国民众传统的支付方式主要是现金与借记卡，但第三方支付以其独特的优势逐渐占领支付市场，丰富了支付渠道，诸如短信支付、语音支付、NFC近场支付、二维码扫描支付，甚至刷脸支付等。从电脑端的网上支付到手机端的移动支付，最大限度地满足客户对支付速度与便捷度的要求。同时，我国第三方支付特有的信用担保作用还在一定程度上解决了我国征信体系不健全而导致的信用问题，第三方支付所具有的这些优点都能极大地降低众筹金融的交易成本。如果说没有支付就没有金融的话，那么没有第三方支付就没有现代意义的众筹金融。随着我国第三方支付的用户规模持续增长，也将会为众筹金融的发展培育更加庞大的潜在客户群体。

电子支付的诞生与发展主要归功于信息技术的进步、互联网电子商务和金融市场的繁荣。信息技术为移动支付技术提供了传递支付指令的工具媒介，也为第三方支付提供了信息中介平台建立了物质基础。而互联网电子商务与金融市场的发展，使得传统的支付方式已经不能再满足交易频繁的当今经济生活，人们需要一种更加快捷、高效，并且能够打破时空束缚，使得交易可以随时随地进行的新兴支付手段。因此电子支付方式才应运而生，满足了互联网电子商务与金融市场的发展需求。

电子支付的发展过程并没有刻意地去迎合众筹金融的诞生与发展，但在客观上却恰恰成为了众筹金融发展的最坚实的基础。众筹金融的核心是"普惠"，这就要求能够在短时间内，高效地实现大范围、跨地区的资金结算与转移。这种对于支付效率与速度的要求是在传统支付手段下无法得到满足的，这也正是早期的众筹行为一直没能发展成为当今社会如此瞩目的商业模式的重要原因。而我们上文中一直在强调的，电子支付相较于传统支付手段，恰恰具备了效率高、速度快、范围广、跨地域的特点，这些特点与众筹金融发展所需要的支付条件不谋而合。电子支付为众筹金融创造了客观技术条件，也培养了一大批潜在的客户。因此在电子支付蓬勃发展之后，现代众筹金融也随之悄然兴起。

从另一个方面考虑，未来众筹金融的兴起，也将会对电子支付的普及起到促进作用。众筹金融的特点，决定了这种商业模式主要是通过电子支付方式进行资金结算与转移，因此可以说众筹金融的参与者基本上都是电子支付的使用者。伴随着众筹金融对于传统金融的全面变革与改造，未来将会有越来越多的新用户因为要参与到众筹金融当中，自然而然地使用电子支付手段，众筹金融也必将会成为未来推动电子支付发展的重要力量。

第三节 "互联网＋"时代众筹金融的大数据

一、众筹金融离不开大数据

（一）大数据时代已经到来

大数据（big data），简言之，就是数量庞大的数据，人们通过对庞大的数据进行分析来获取有价值的信息。大数据之"大"，按照互联网数据中心的定义，体现在规模、速度、样式、价值等方面，即海量的数据规模（Volume）、快速的数据流转和动态数据体系（Velocity）、多样的数据样式（Variety）、巨大的数据价值（Value）。大数据所指的数据涉及政治、经济、军事、社会生活等各个方面。目前在国际上已经有许多利用大数据的经典案例，已经涉及科学研究、教育与人类资源管理、医疗与健康服务、国防、政务、金融业务创新等等。大数据不仅仅是众筹金融的重要平台和基础设施，也是如今金融产业不可缺少的一种生产要素。大数据可以在最短的时间内综合其所有的信息并且对于行为主体的一些未来动作作出可预见范围内的合理推测，从而起到预见并且影响主体行为的作用。

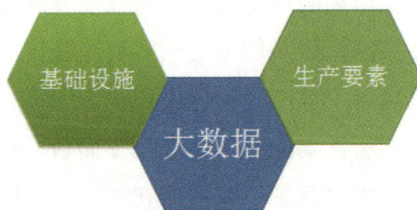

图 2-11 大数据不仅仅是众筹金融的重要平台和基础设施，
也是众筹金融产业不可缺少的一种生产要素

伴随着互联网的飞速发展所带来的信息数据规模的爆炸式增长，近些年来，大数据的社会关注度不断提升，技术手段也日新月异，我们已经进入大数据时代，大数据也已上升为国家战略。2015 年 5 月，贵阳国际大数据产业博览会暨全球大数据时代贵阳峰会开幕，国务院总理李克强向大会发来贺信，并对大数据的发展给予高度的评价和期望。建设数据统一平台是建设现代化国家的必备措施，大数据的运用将对行政审批、监督检查等带来重大积极影响，对简政放权有重大意义。在金融行业，处理海量数据成为了必须要具备的能力，越来越多的金融机构借助各种工具与技术手段来分析处理数据，以实现洞察市场行为和客户行为、评估客户风险、降低借贷风险系数、提高经营提高效率等目标。可以说，大数据在未来将会涉及金融市场的方方面面，众筹金融必须依靠大数据，大数据是众筹金融重要的基础设施。可以预见，在国家和政府的大力支持下，在市场需求的刺激下，大数据的发展速度将会非常惊人。

（二）大数据与金融市场基础设施建设

上文我们提到大数据在金融市场基础设施建设中的重要作用，互联网技术成为金融市场基础设施中不可或缺的重要组成部分。

更加规范的约束
金融市场

为金融行业的全过程
提供实时的监管依据

金融法律

现代金融监管

大数据是金融市场
的基础设施

会计基础设施

金融风险控制

进一步保证会计
信息质量

降低金融市场非有
效而导致的风险

图 2-12　大数据是金融市场的基础设施

在大数据的背景下，法律、行政法规和部门规章的适用性可以在最短的时间内得到验证，金融法律对于金融市场的约束可以更加规范，从而避免因为信息不充分而导致的缺陷。会计基础设施的建设与整个会计过程数据的处理信息的质量息息相关，大数据对于会计核算、会计监督以及会计职业人员的专业职务资格的校验、会计信息的质量保证等都将具有重大影响。在大数据的背景下，会计信息将会更加符合规范，这对于降低与会计信息息息相关的金融风险至关重要。大数据依据海量的信息、快速的数据流动、众多的数据形式，对金融行业的整个过程提供实时的监管，这是具有革命性意义的。在风险控制方面，现代金融尤其要适应大数据。所谓金融风险就是金融资金在未来时间下发生损失的可能性，而风险控制就要对这种可能性进行科学性预测。在大数据的背景下，每一个面对风险的主体和客体的这种基本信息都在大数据当中反应，这就降低了传统金融行业当中因为信息获取不充分、数据不完善而导致的风险。大数据的数据不断流动、信息不断更新，实时分析研判的特征恰恰就迎合了时代的需要，为众筹金融的发展提供了坚实的基础。

（三）众筹金融以大数据为基础

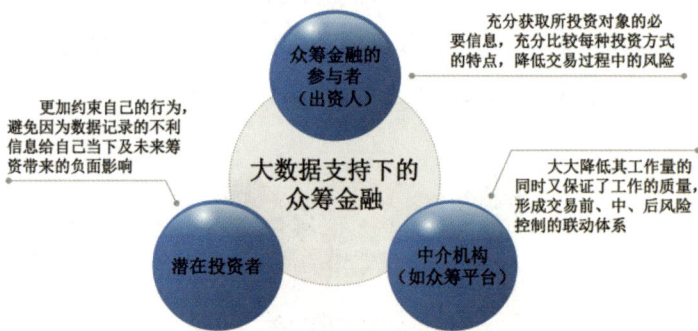

图 2-13　大数据如何发挥基础作用

众筹金融的发展离不开大数据。在大数据的背景下，每个主体的行为信息都以数据的形式被记录，信息更加透明。众筹金融的参与者（出资人）可以充分获取所投资对象的财务状况、资质、信用情况、投资回报率等必要信息，充分比较每种投资方式的特点，降低交易过程中的风险。而每个需要筹资的主体或者说潜在的筹资者在大数据的背景下，必然会更加约束自己的行为，避免因为数据记录的不利信息给自己当下及未来筹资带来的负面影响。作为众筹项目发起人的监督者和辅导者的中介机构，因其特殊身份决定了功能的复杂及责任的重大。大数据的运用在大大降低其工作量的同时又保证了工作的质量。利用大数据实现及时反应的特点，广泛获取众筹金融交易信息，通过专业整理、分析，从中建立起完备的交易用户个人信息数据库，形成交易前、中、后风险控制的联动体系，通过征信系统对于用户交易信用的大范围、高密度信息披露，这不仅解决了传统途径中的耗费时间长、所需人力物力大、主观性强、风险控制成本高等问题，更降低了交易人的金融风险和损失。

大数据的构建需要真实准确的原始数据，需要完整全面的处理分析系统，对此应加强职能部门与社会大数据研究机构的合作，由职能部门提供第一手涉网经济素材为研究范本，由研究机构依托国际知名的最新开源网络数据挖掘分析工具（如 Orange、Storm 等），共同研发适用于涉网经济犯罪信息的采集挖掘工具，加强技术手段对信息采集的支撑力度，改变目前主要依靠人力、效率过低的现状。

图 2-14　大数据的构建需要多方共同努力

无论是上文提到的征信体系、安全认证或是电子证据，在现今的背景下，都必须配合大数据的收集、处理与分析。只有借助于大数据的收集分析才有可能建立起一整套完备、翔实的征信体系；而电子证据的收集、整理以及最终形成可以作出定性结果的证据，也必须依靠大数据的支持。大数据在整个众筹金融的风险防控当中必须贯穿于交易的前、中、后等各个环节，为众筹金融线上交易的安全运行提供足够的信息支持，以确保交易的安全、平稳运行。

由此可见，大数据的构建和利用对于金融基础设施的建设、对于众筹金融的顺利长久发展具有决定性的影响。

2014 年 2 月，马云在阿里巴巴的一封内部邮件中做了如下判断："我们正在从以控制为出发点的 IT（信息技术）时代，走向以激活生产力为目的的 DT（数据技术）时代。"①"DT（数据技术）时代"的标签引起了业界的普遍重视和广泛讨论。

图 2-15　从信息技术时代到数据技术时代

由此我们不难看出大数据在激发生产力中的重要作用。由于大数据在数量、多样性、生成速度和提供价值上表现不凡，在电商、游戏、搜索、支付、地图等领域，大数据已经建立起了其适用领域的相对优势。所有数据都是实时在线的、是被自然记录而不是有意收集的。数据的应用会构成一个闭环，而且在每一次应用之后数据会使得业务在前一层次的基础上升级优化。数据投入与此前的物质投入相比，利用效率进一步提高，而且大部分数据会在分析的过程中生成新的知识和信息。可以预见的是，在当今时代，数据技术与能源技术、机械技术一起驱动着经济的发展和生产力的提高。

二、大数据是金融的第四种价值

（一）大数据自身就是一种可交易的资产

大数据是继支付清算、资金融通、风险防范之后金融的第四种价值，

---

① 参见王丹、李晟昀：《"互联网＋"时代运营商的大数据业务路径》，《通信企业管理》2015 年第 6 期。

它不仅是"互联网＋"时代金融市场重要的基础设施，其自身就是可以作为资产进行交易的对象。

1. 大数据是有价值的

在互联网时代，信息数据呈爆炸式增长，"大数据时代"的说法得到了越来越多的人的认可。而最早提出大数据时代已经到来的机构是全球知名的咨询公司麦肯锡。麦肯锡在研究报告中指出，数据已经渗透到每一个行业和业务职能领域，逐渐成为重要的生产因素；而人们对于海量数据的运用将预示着新一波生产率增长和消费者盈余浪潮的到来。[①]《DT 时代：从"互联网＋"到"大数据 ×"》一书中进一步阐述了大数据 4V 的特点，即：Volume（大量）、Velocity（高速）、Variety（多样）、Value（价值）。

图 2-16　大数据的 4V 特点

我们说在大数据时代数据是一种资产，那么就要了解一下资产的概念。所谓资产，是指任何个人或机构、公司所拥有的任何具有商业价值、能够带来效益的东西。资产可以是现金，也可以是实物，而在信息经济时代，数据成为一种重要的资产，借助技术手段进行数据分析所产生的信息结果可以产生巨大的商业价值。

大数据使得曾经看似无用的庞杂数据借助技术手段，经过恰当的融汇分析就可以得出有价值的信息，产生现实效益。在信息经济时代，个人数据不仅具有社会价值，也具有商业价值。在 Informatica 的主席兼首席

---

① 参见韦雪琼、杨晔、史超：《大数据发展下的金融市场新生态》，《时代金融》2012 年第 7 期。

执行官苏哈比·阿巴斯看来,信息时代最有价值的资产就是数据。一个人的数据的价值也许仅限于分析这个人的情况,而大数据汇集了更大领域、更多范围的数据,这样,众多单个人的数据汇总起来就产生了更为广泛的社会意义,可以用于了解一个地区、一群人的多方面的情况,进而可以将这些有用的信息加以有效利用,转化为经济效益。

当今社会是一个消费社会,在市场经济下,了解消费者的需求以及潜在需求,并在此基础上制定有针对性的发展战略是企业成功发展的必要条件。在金融行业,越来越多的金融公司为了实现洞察市场行为和客户行为、评估客户风险、降低借贷风险系数、提高经营提高效率等目的,会广泛搜集数据资料,利用各种分析工具对海量数据进行分析。因此,作为分析资源的大数据就显得尤为重要。"互联网+"催生的大数据变革作为金融市场新型基础设施带动了整个金融环境的变化,大数据是众筹金融赖以生存、发展、壮大的土壤,大数据的商业价值便显现出来,有其市场需求。

此外,征信体系、安全认证或是电子证据,在现今的背景下,都必须配合大数据的收集、处理与分析。只有借助于大数据的数据收集分析才有可能建立起一整套完备、翔实的征信体系;而电子证据的收集、整理、最终形成可以作出定性结果的证据也必须依靠大数据的支持。大数据在整个众筹金融的风险防控当中必须贯穿于交易的前、中、后等各个环节,为众筹金融的线上交易的安全运行提供足够的信息支持,以确保交易的安全、平稳运行。

利用大数据实现及时反应的特点在于,其能广泛获取众筹金融交易信息,通过专业整理、分析,从中建立起完备的交易用户个人信息数据库,形成交易前、中、后风险控制的联动体系,通过征信系统对于用户交易信用的大范围、高密度信息披露,使防范工作有效提升,突出提前防范,减少交易人的经济损失,实现风控零起点。

2. 大数据的供求现状

数据的供求现状也决定了数据可以作为一种资产进行交易。市场是社会分工和商品经济发展的产物,市场机制的核心是所有权实现了交换。大数据作为一种资产形成交易市场是基于块数据的形成方式和价值。大量不同领域、不同企业的条数据通过融合、分析可以形成块数据，块数据在形成时便具备了新的社会或商业价值，可以创造出新的社会服务模式或商业模式。

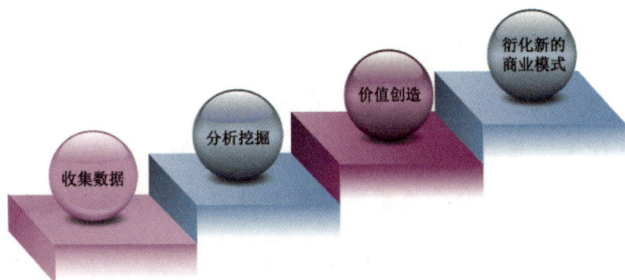

图 2-17 大数据如何重构传统行业

在互联网经济时代，人们的生活与信息网络具有密切的关系，网上购物、社交、搜索、投资以及实地办理业务等，都产生了大量的数据。但是，目前这些数据孤立、分散地分布在不同的行业、机构、公司，所以，大数据技术的推广应用必然意味着这些分散数据以某种方式进行关联融合。而且，中国数据信息消费市场规模巨大，增长很快。随着网络能力的提升、居民消费能力的增强，新技术、新产品、新服务，不断激发出新的数据消费需求，促进了大数据交易市场的形成和发展。将大数据作为一种有交换价值的资产进行交易不仅是一种商机，也是市场发展趋势。

大数据时代已经来临，在大数据时代，数据是一种有价值的资产，可以用于交易，至于数据交易所产生的信息安全隐患问题、隐私泄露问题等，则是数据交易需要进行完善、规范的地方。

（二）大数据是国家战略的一部分

大数据是中国"互联网＋"战略的重要支撑，"互联网＋"的任何产业，都将产生千亿价值的数据价值。数据将超过石油、黄金成为全球最重要的资产，而数据只有通过交易才能体现其资产价值。政府数据公开所产生的价值，尤其是通过清洗、建模分析、交易，能创造几万亿的新兴产值。贵阳大数据产业创新符合国家"大众创业、万众创新"的号召，因为一个省的数据体量是 BAT 的几倍，没有任何一个机构能垄断大数据产业。

大数据交易所将成为中国继证券、期货、商品之后的第四个最重要的交易场所，因为数据的交易是可以无限复制并反复交易的资产。

【案例】我国首家大数据交易所——贵阳大数据交易所

贵阳大数据交易所是全国乃至全球首个大数据交易所，面向全国乃至全球提供数据交易服务，秉承"贡献中国数据智慧 释放全球数据价值"的发展理念，旨在推动政府数据公开、挖掘各个产业的大数据价值，推动中国的技术创新、社会进步，引领全球产业的发展，成为全球最重要的交易所。贵阳大数据交易所利用大数据交易所的平台，规范数据交易行为，保护数据交易各方的合法权益，提供完善的数据交易、结算、交付、安全保障、数据资产管理和融资等综合配套服务。其业务包括：数据清洗、数据定价、建模分析、平台开发、技术服务、数据交易、数据确认、交易监督、数据金融。

1. 大数据交易有哪些数型

大数据交易所进行交易的数据不是底层数据，而是数据清洗建模分析的数据结果，买方在交易所购买的数据是融合了众多数据卖方的数据源。大数据交易品种达三十多种，比如金融大数据、医疗大数据、政府大

图 2-18 贵阳大数据交易所会员单位

图 2-19 贵阳大数据交易所可交易的数据类型

数据、社交大数据等。

这些大数据类型可大致归类为政府大数据、医疗大数据、金融大数据、企业大数据、电商大数据、能源大数据、交通大数据、商评大数据、消费大数据、教育大数据、社交大数据、社会大数据。不同的数据类型对

数据品种	核心数据类型	对应客户群体
政府大数据	政府统计大数据，政府审批数据等	适用性非常广泛
医疗大数据	病历数据、就诊数据、药品流通	医药公司、医疗设备公司等
金融大数据	企业数据、个人数据、个体户数量	银行、小贷公司、互联网金融公司
企业大数据	中小微企业数据、外资企业数据等	银行、小贷公司、互联网金融公司
电商大数据	商品交易数据、商品流通数据等	适用性非常广泛
能源大数据	石油、天然气等所有相关的数据	能源企业
交通大数据	停车场数据、车辆位置数据等	车联网、汽车公司、汽车后市场
商品大数据	电子标签数据、商品物流数据等	供应链相关企业
消费大数据	个人消费数据、个人征信数据等	金融机构、汽车公司、消费品公司
教育大数据	学习轨迹数据、教育消费数据	教育类机构
社交大数据	与社交相关的所有数据	适用性非常广泛
社会大数据	与社会管理、政府管理有关的数据	政府相关部门

图 2-20 交易所可交易数据的适用客户群体

应着不同的客户群体。

2. 大数据交易如何定价

大数据进行数据定价有三种模式：协议定价、拍卖定价、集合竞价。数据价格的高低受到数据的实时性、数据样本覆盖面、数据完整性、数据品种、时间跨度、数据深度的影响。不同品种的大数据价格机制是不一样的，实时价格主要取决于数据的样本量和单一样本的数据指标项价值，而后通过交易系统自动定价，价格实时浮动。数据交易的最终价格，由卖方与交易所最终确定。交易所将针对每一个数据品种设计自动的计价公式，数据买方可以通过交易系统查询每一类数据的实时价格。

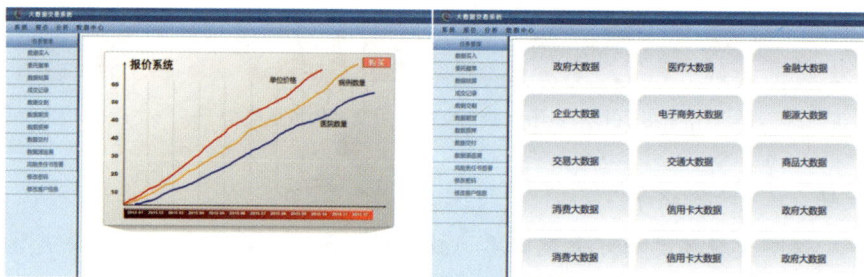

图 2-21　数据自动计价连续交易

3. 大数据金融工具及衍生品体系

贵阳大数据交易所以大数据为资源基础开发了一系列大数据金融工具及衍生品体系。"大数据指数"是基于大数据资源开发一系列的指数产品，指导相关的依赖数据的公司或者政府部门工作，类似基金指数、海运指数等。"大数据基金"由贵阳市政府出资设立大数据产业引导基金，撬动社会资本，聚集大数据领域的风险投资及 PE 资本，5 个亿引导资金将撬动 50 个亿的社会资本。"大数据期货"具备调节数据交易市场价格的特点。"大数据信托"针对大数据产品或者公司发行信托产品，将一个大的数据包进行价值拆分，而后发行，可以由任何人来购买相关的信托产品，类似大数据众筹概念。"大数据担保"，即数币充分的结合大数据金融衍生品。此外，目前很多公司，除了数据价值本身以外，公司没有任何可以衡量的价值资产，这个时候交易所可以为其提供数据融资业务，也就是进行"大数据融资"。

4. 大数据交易所十大标准及规范

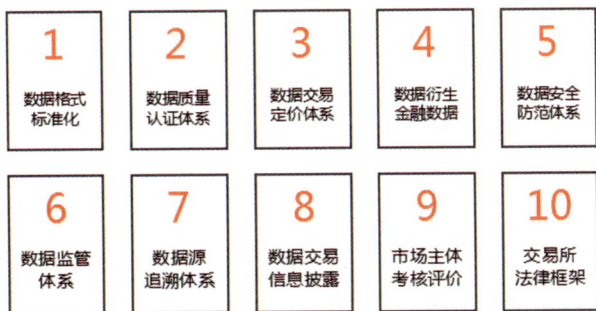

1	2	3	4	5
数据格式标准化	数据质量认证体系	数据交易定价体系	数据衍生金融数据	数据安全防范体系

6	7	8	9	10
数据监管体系	数据源追溯体系	数据交易信息披露	市场主体考核评价	交易所法律框架

图 2-22 贵阳大数据交易所的十大规则

三、国外大数据浪潮前沿动态①

大数据是信息技术领域的又一轮革命，它已经成为全球范围内加速企业创新、促使政府管理透明和引领社会变革的一把利器。在创新商业模式、提高产业竞争力方面处于举足轻重的地位。这也无疑会成为国家竞争的前沿阵地。纵观全球，以西方发达国家为首的世界各国政府和大型企业都在布局大数据战略，如联合国的"数据脉动"计划、美国的"大数据"战略、英国的"数据权"运动等。这些都有力地推动了大数据市场化、产业化的进程。本书将主要介绍美国、英国、澳大利亚和法国、日本的大数据发展前沿信息，以便读者能更加清楚地了解国外大数据发展的最新动态。

表 2-1 国外大数据浪潮前沿动态

	政策文件	相关举措	发展目标
美国	2012年3月29日《大数据研究和发展计划》	推行开放数据的一系列举措，建立数据开放平台，为数据的共享提供了可能	开发能对大量数据进行采集、存储、维护、管理、分析和共享的最先进的核心技术；加快科学和工程学领域探索发现的步伐，加强国家安全，转变现有的教学方式；扩大从事大数据技术开发和应用的人员数量

---

① 参见大数据战略重点实验室：《DT 时代：从"互联网＋"到"大数据 ×"》，中信出版集团 2015 年版。

73

	政策文件	相关举措	发展目标
英国	2011 年 11 月：发布对公开数据进行研究的战略政策	2010 年："数据权"的概念，随后推出了新的执政纲领 2012 年 12 月：成立开放数据协会 2013 年：签署《开放数据宪章》 2013 年 4 月：针对相关工作进展情况发布了自我评估报告	更快占领大数据时代的有利位置
德国	2011 年：提出"工业 4.0"的概念 2013 年："工业 4.0"战略纳入《高技术战略 2020》	将物联网和服务网应用于制造领域，在智能工厂中实现数字和物质两个系统的无缝融合，实施重点在于信息互联技术与传统工业制造的结合	使企业的生产效率提高 30%，在第四次工业革命的道路上占领先机，巩固德国的竞争地位
法国	2013 年 2 月 28 日：政府数字化路线图相继制定"创新 2025 规划"、"新工业法国规划"	为公民创建一个值得信赖的环境；制定新的数字化契约，传播数字化文化，提高公共服务的效率，促进公共服务的现代化；应对网络空间的国际挑战；建立大数据孵化器	为年轻人提供更多的就业机会；提高企业竞争力；在数字经济领域推动法国价值的实现
澳大利亚	2012 年 10 月：《澳大利亚公共服务信息与通信技术战略》 2013 年 8 月：《公共服务大数据战略》	制定信息资产登记簿，跟踪大数据分析的技术发展，制定大数据最佳实践指南，总结明确大数据分析面临的各种障碍，强化大数据分析的相关技术和经验，制定数据分析指南	提高其公共服务的效率，增强政府的公信力和权威
日本	2013 年 6 月：安倍内阁正式公布了新 IT 战略——"创建最尖端 IT 国家宣言"	开放数据、数据流通、创新应用	把日本建设成为一个具有"世界最高水准的广泛运用信息产业技术的社会"

（一）美国

在大数据所带来的重大机遇面前，美国毫不迟疑地抓住了它，并且于 2012 年 3 月 29 日正式发布《大数据研究和发展计划》，率先将大数据上升为国家战略。《大数据研究和发展计划》旨在提升美国从海量的数据中获取知识和洞见的能力，并且着力要实现三个目标：（1）开发能对大量数据进行采集、存储、维护、管理、分析和共享的最先进的核心技术；（2）利用这些技术加快科学和工程学领域探索发现的步伐，加强国家安全，转变现有的教学方式；（3）扩大从事大数据技术开发和应用的人员数量。① 随后，美国国家科学基金会、能源部、国防部、国家卫生研究院、国防部高级研究计划局、地质勘探局作为第一批被纳入《大数据研究和发展计划》的联邦政府部门参与到了推动大数据的技术研发这项工作当中。与此同时，美国积极推行了开放数据的一系列举措，建立了数据开放平台，从而为数据的共享提供了可能。

（二）英国

除了美国之外，英国也很早就开始关注大数据了。2011 年 11 月，英国就发布了对公开数据进行研究的战略政策。卡梅伦在 2010 年提出了"数据权"的概念，随后英国便推出了新的执政纲领，推进政府数据开放，提高了公众的社会参与度。2012 年 12 月，英国又成立了开放数据协会。2013 年，八国集团领导人在爱尔兰签署了《开放数据宪章》。除此之外，英国还于 2013 年 4 月针对相关工作进展情况发布了自我评估报告。从中我们可以看出，英国在大数据研究方面的前期投资力度是很大的。这对于构建数据分析系统和人才梯队，吸引民间资本，以更快占领大数据时代的有利位置，具有十分重要的作用。

（三）德国

德国于 2011 年首次在德国汉诺威工业博览会上提出"工业 4.0"战略的概念。2013 年，德国联邦教研部与联邦经济和技术部正式将"工业 4.0"战略纳入了《高技术战略 2020》。德国认为，工业革命可以分为四个阶段，第三次工业革命引入了电子与信息技术，在此基础上，如果德国可以广泛地将物联网和服务网应用于制造领域，在智能工厂中实现数字和物质两个系统的无缝融合，德国就可以在第四次工业革命的道路上占领先机，巩固德国的竞争地位。德国"工业 4.0"战略打出"确保德国制造业的未来"的口号，是德国将信息化的时代特征与工业化历史进程紧密结合的战略。这一战略的实施重点在于信息互联技术与传统工业制造的结合。

---

① 参见 *"Big Data Research and Development Initiative"*，http：//www.whitehouse.gov/sites/default/files/micro-sites/ostp/big_data_press_release_final_2.pdf，最后访问时间：2015 年 1 月 7 日。

通过机械和机械之间的互联和信息流转，未来的生产过程将变得更加快捷。据德国国家科学与工程院估算，"工业 4.0"可以使企业的生产效率提高 30%。在"工业 4.0"战略下，生产企业如果能够增强对大数据的处理能力，整个行业就能更快地迈向数字化与信息化的新阶段。[①]

（四）法国

2013 年 2 月 28 日，法国数字化领域的政府研讨会提出，法国政府数字化路线图，阐述了法国要实现以下目标："通过数字化建设，为年轻人提供更多的就业机会；利用数字化提高企业的竞争力；在社会建设和数字经济领域推动法国价值的实现。"从中不难看出这个路线图旨在通过大数据实现法国从个体、企业和国家三个层面的突破和发展。就业是民生之本，企业是一个国家经济发展的重要活力之一，社会建设则是维护国家稳定的重要举措。法国政府的数字化路线图将从以下几个方面来实现：为公民创建一个值得信赖的环境；制定新的数字化契约，传播数字化文化；[②] 提高公共服务的效率，促进公共服务的现代化，应对网络空间的国际挑战。为此，法国创建了企业孵化器和高科技园区，并且通过建立大数据孵化器来支持大数据产业的发展。法国中小企业和一些政府相关部门都推出大数据规划，法国政府也相继制定了"创新 2025 规划"、"新工业法国规划"，以积极支持大数据产业的发展。

（五）澳大利亚

澳大利亚一直在努力营造公共领域信息公开的良好环境。2012 年10 月，澳大利亚政府发布了《澳大利亚公共服务信息与通信技术战略》，2013 年 8 月又发布《公共服务大数据战略》。《公共服务大数据战略》中列举了 2014 年 7 月前需完成的六项大数据行动计划：制定信息资产登记簿，跟踪大数据分析的技术发展；制定大数据最佳实践指南，总结明确大数据分析面临的各种障碍，强化大数据分析的相关技术和经验；制定数据

---

① 参见马丽：《大数据时代的德国信息化战略》，《学习时报》2014 年 11 月 10 日。
② 参见柳一辰：《法国政府数字化战略》，《现代产业经济》2013 年第 3 期。

分析指南。从中可以看出澳大利亚政府旨在通过大数据平台来提高其公共服务的效率，增强政府的公信力和权威。这也是大数据运用于公共服务的一个典型案例。

（六）日本

2013年6月，安倍内阁正式公布了新IT战略——"创建最尖端IT国家宣言"。该"宣言"全面阐述了2013—2020年期间以发展开放公共数据和大数据为核心的日本新IT国家战略，提出要把日本建设成为一个具有"世界最高水准的广泛运用信息产业技术的社会"。[①] 在这一战略下，日本将通过开放数据、数据流通、创新应用这几项举措来建立国内的大数据平台。在日本，已经有"NEC——活用脸部数据"、"NTT DATA——成立大数据商务推进室"、"Draffic——位置信息服务"等应用大数据的平台推出，这也将为日本"创建最尖端的IT国家"奠定较为坚实的基础。

以上发达国家的大数据发展情况，我们不难看出大数据的发展还是要靠政府去带动的。因为这是一项非常庞大的工程，项目前期研究所需的资金还是很多的。除此之外，政府也应该给予相应的政策和制度方面的支持，以保证大数据的研究工作得以顺利有效地进行。

第四节 "互联网+"时代众筹金融的征信系统

一、信用是金融的根基

金融活动是伴随着贸易出现的，金融解决了商品贸易过程中跨时间、跨空间的物质交换问题。金融活动主要的表现形式包括货币的发行与回笼、存款的吸收与付出、贷款的发放与回收等，这些货币流转的过程与信用的广泛发展是密不可分的。以麦克鲁德等学者为代表的信用创造学派也提出过"信用创造资本，信用就是货币"的观点。信用是金融体系的根

---

① 参见张明：《当前国际政府数据开放进程》，《国际研究参考》2014年第9期。

基，没有信用，金融体系便无法运转。国家用法律规定货币的法定支付能力并发行货币，就可以通过控制货币的发行来实施促进经济发展货币政策。国家财政短缺时，可以发行国债来筹集资金，货币和国债的发行，依靠的就是国家信用；如果没有国家信用，就会发生通货膨胀，国债发行困难，实体经济也将受到打击。企业积累的信用，可以顺利获得融资，从而抢占商机；企业如果失信，经营将受资金制约，盈利能力受到影响，财务状况进一步下降……良好的个人信用，可以顺利取得贷款，实现提前消费未来的收入，提高生活质量，增加幸福感；而不珍惜个人信用的后果，就是只能使用当期的收入，如果急需用钱也无处可借，只能承受高利贷的沉重负担。因此，信用对金融体系有着至关重要的作用，和我们的日常生活也紧密相连。

传统金融体系中，银行信用是信用体系的核心。商业银行最基本的职能就是信用中介，银行解决了资金供给方和需求方之间信息不对称、不充分的问题。银行的负债业务把社会的闲散资金集中到银行，再通过资产业务将资金投向各个经济部门，商业银行充当了资金贷出者和借入者之间的信用中介，实现了资金的融通。然而，以银行为主导的间接融资方式的主要问题是融资成本较高，银行的管理成本和利润最终都以手续费、利差等方式转嫁到了融资者需要付出的实际利率之中，而这种融资成本的抬高给小微企业带来的负担尤甚，小微企业面临着融资难、融资贵的问题。为降低小微企业的融资成本，我国正在优化信贷结构，发展直接融资市场，为小微企业融资提供便利。在直接融资中，由于没有信用中介，投资者需要对资金使用者的信用状况进行充分了解。因此，发展直接融资市场需要解决的关键问题就是借款者的信用评价机制。

二、"互联网＋"时代征信的新维度

在传统金融中，银行主要依据融资人财务和信用状况对其进行信用评价。就企业而言，主要是审查其盈利能力、偿债能力、营运能力、偿还意愿等方面；就个人而言，主要是审查个人的资产状况、收入状况、信用记录等信息。银行的信用评价体系是基于信用主体财务状况和信用记录进行的评估，银行本身也掌握着企业和个人大量的财务行为记录，便于获取数据进行分析。

在众筹金融时代，大数据技术使得对个体在网络上的微观行为进行整合分析成为可能。网络上存在着大量与个人身份密切相关的行为信息，这些信息是个人在真实的上网过程中留下的足迹，这些信息呈现碎片化，分布在互联网的各个角落，而通过大数据技术，可以挖掘出这些行为信息隐含的潜在联系，从互联网的虚拟世界中还原出一个人的身份特征，并对其进行信用评价。互联网金融的发展，使征信除了从财务状况、信用记录的维度之外，还能从身份特征、行为偏好、人际网络等维度分析信用状况，为征信业带来了广阔的发展空间。

三、现行的征信模式

依据互联网征信系统经营主体的不同，可划分为电商平台交易行为数据的征信模式、网贷平台自主开发大数据征信模式、创建同业信息数据库征信模式三种。

（一）电商平台交易行为数据的征信模式

该类型的征信模式以阿里巴巴、京东为代表，阿里巴巴利用电商平台所积累的用户交易数据，构建自己的信用数据库，将其商业化的信用审核数据应用于其他金融机构或自身小贷业务中。阿里巴巴征信模式的核心是互联网上的客户信息采集与挖掘分析技术，具体来说就是其早期在电商平台推出的两款安全保障产品：诚信通和支付宝。诚信通是一款企业信用量化产品，为会员建立一份诚信档案，包括企业身份认证、证书与荣誉、客户反馈、资信参考和在阿里巴巴上的交易记录；而支付宝是一款支付工具，其作为交易资金保管的第三方中介，记录了交易中的物流、资金流和商流的信息，并且只有消费者收到商品并满意时，支付宝才将消费者预付的货款通过自身的资金托管账户划款给商户。

作为阿里金融的主要服务对象，小微企业低额度、高风险、信用审核成本高的痼疾，利用电商平台环境透明、信息共享的特点，阿里将客户交易的每一笔信息和数据储备起来。企业和个人的账户资金状况被实时掌握，且通过电子商务数据库完成，实现了几乎零成本地获取客户各类信息。[①] 海量的数据信息可与客户潜在的融资需求相结合，并借助其平台将阿里的业务向金融领域扩展。

【案例】芝麻信用

芝麻信用管理有限公司是蚂蚁金服旗下独立第三方信用评估机构，是由电商平台推出的征信模式的典型代表。其通过分析整合阿里巴巴、蚂蚁金服长年积累的用户相关信息以及外部合作机构提供的数据，从信用历史、行为偏好、履约能力、身份特质、人脉关系五个纬度，推出了"芝麻信用分"，对用户的个人信用情况进行评分。经过近两年的信用模型研发设计及相关系统建设工作，芝麻信用于 2015 年 1 月 8 日正式在杭州西湖区成立，实缴注册资金 5000 万元，成为中国人民银行允许开展个人征信业务的首批试点机构之一。

芝麻信用目前已经实现接入的公共数据源包括公安部户籍人口、教育部学历学籍、工商企业登记、法院失信被执行人（司法判决）、车辆驾驶员等，将要接入的还有社保、民政婚姻登记等。

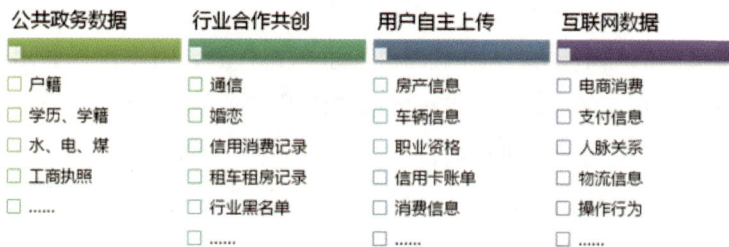

图 2-23　芝麻信用接入的数据

1. 芝麻分

芝麻分是由蚂蚁金服旗下独立第三方信用评估机构——芝麻信用管理有限公司，依据客户在互联网上的各类消费及行为数据，结合传统金融

---

① 参见钟曜璘、彭大衡：《阿里征信模式对我国金融征信体系建设的启示》，《征信》2014 年第 2 期。

借贷信息，以及其他替代性数据等方方面面的信息，运用大数据及云计算技术等方式，通过逻辑回归、模型提升决策树、随机森林等模型算法，对上述海量信息数据的综合处理和评估，在用户信用历史、行为偏好、履约能力、身份特质、人脉关系五个维度客观呈现个人信用状况的综合分值。芝麻分的分值范围为350至950，分值越高代表信用越好，相应违约率相对较低，进而较高的芝麻分可以帮助用户获得更高效、更优质的服务。

芝麻分的构成：

(1) 信用历史：过往信用账户还款记录及信用账户历史；

(2) 行为偏好：在购物、缴费、转账、理财等活动中的偏好及稳定性；

(3) 履约能力：稳定的经济来源和个人资产；

(4) 身份特质：在使用相关服务过程中留下的足够丰富和可靠的个人基本信息；

(5) 人脉关系：好友的身份特征以及跟好友互动程度。

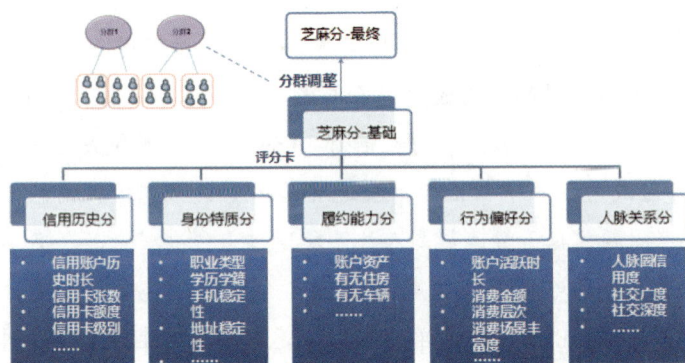

图 2-24　芝麻分的构成

2. 拓展多维度征信应用场景，推出多样化信用产品

芝麻信用推出的信用产品覆盖了出行、住宿、购物、金融、社交以及民生这六个场景。芝麻信用推出的信用产品的代表之一便是"信用签证服务"，用户使用芝麻分和芝麻信用报告就可以申请新加坡和卢森堡签证，不需要再提交资产证明、在职证明或者户口本等复杂资料。支付宝用户可以开通自己的芝麻信用功能，登录阿里旅游网站的签证平台查看自己的芝麻分。据了解，以芝麻分在 700 分以上申请新加坡签证为例，只需上传护照、照片、受理表三份资料就可进行在线支付。3—4 天后，申请人会收到相应的电子签。与新加坡签证相比，卢森堡签证更具诱惑力，因为它是 26 个欧洲申根国之一。现在只要芝麻信用积分达到 750 分以上，用户就可以通过阿里旅游办理卢森堡的"信用签证"，一旦拿到申根签证就可以畅通无阻地出入 26 个欧洲申根国家，包括意大利、比利时、丹麦、芬兰、法国、德国、冰岛、奥地利、希腊、卢森堡、荷兰、挪威、葡萄牙、西班牙、瑞典、匈牙利、捷克、斯洛伐克、斯洛文尼亚、波兰、爱沙尼亚、拉脱维亚、立陶宛、瑞士、列支敦士登、马耳他。信用签证服务的推出简化了出国签证办理的手续及流程。此外，芝麻信用通过与"一嗨租车"等三十多家公司开展合作，使芝麻分较高的用户，可以享受到租车免押金、酒店住宿先住后付款等由于良好的信用带来的增值服务。

3. 与最高法合作，加大信用惩戒力度[1]

良好的芝麻分带来的生活上的便利，以及今后芝麻信用平台与招聘录用、奖学金发放、贷款利率等相结合将大大增加信用评分对人们日常生活的影响，将推动我国征信体系的完善，并进一步促进互联网金融的发展。另外，芝麻信用的作用还体现在与最高法合作加大信用惩戒力度上。随着我国商业形态的发展，如何在电商、O2O、SNS 等新兴商业领域约束"老赖"行为成为了一个新话题，而芝麻信用等民营征信机构的出现正好解决了这一问题。据了解，最高人民法院通过专线将"老赖"名单（即失信人执行名单）共享给芝麻信用，"老赖"们的失信违约记录实时同步到其个人芝麻信用。借助这一名单的数据，芝麻信用也能够直接辨别出"老赖"，更好地在芝麻信用平台上约束"老赖"的行为。根据最高人民法院《关于限制被执行人高消费的若干规定》，被列入最高法"老赖"名单的个人，需要面临一定的信用惩戒。例如不能乘坐飞机、列车软卧、购买奢侈品等。最高人民法院与全国航空公司、铁路系统等机构联动，可以有效地约束"老赖"的行为。最高人民法院引入芝麻信用后，其"老赖"名单上的个人在芝麻信用合作商户处的消费购物行为也将依法受到约束。"老

---

[1] 参见高国华：《让"老赖"无所遁形》，《金融时报》2015 年 7 月 2 日。

赖"们将无法通过淘宝、天猫平台购买旅游度假产品、保险理财产品，也无法在蚂蚁小贷等公司申请个人贷款。这样的平台联动，一方面能够实实在在地约束"老赖"行为，另一方面也帮助商家直接过滤了违约风险高的客户，保护商家的利益。最高人民法院方面认为，借助芝麻信用这样的个人征信体系，能够更好地帮助司法机关执行信用惩戒，更能帮助整个社会树立守信的好风气。芝麻信用方面表示，本次与最高法的专线连接开拓了一种新的信用惩戒方式，是最高法科学利用线上互联网数据的标志性事件。

（二）网贷平台自主开发大数据征信模式

该类型的征信模式以宜信、陆金所、拍拍贷等较大型的网贷平台为代表，其特点是网贷平台自建客户信用系统，并将所收集的数据信息服务于自身平台业务中。

【案例】拍拍贷[①]

拍拍贷在历经 8 年、依托 600 万在线用户、积累近 40 亿条数据的基础上，发布了基于大数据的核心风控系统"魔镜风控系统"，该风控系统增添了多渠道多维度的海量数据，包括用户在网上的信用行为、网络黑名单、相关认证、网上行为数据、社交关系数据以及第三方渠道及维度等。"魔镜风控系统"能够准确预测借款标的的风险概率，并且能够基于准确风控评级制定风险定价，其整合数据首先基于严格的六大环节风控流程，获取每个借贷用户 2000 多个字段信息，然后经过筛选、转化、加工，最终形成对每个借贷标的准确风险概率预测。"魔镜风控系统"自 2014 年 8 月上线以来，共处理了约 50 万笔借款，并对其中约 30 万笔借款作出了基于风险评估的定价，并对可能逾期的概率作出了预测。该系统未来除了不断优化引入更多的维度，还将开放第三方征信的接口并输出各类征信产品。

---

① 参见张竞怡：《征信是门好生意》，《国际金融报》2015 年 4 月 6 日。

【案例】宜人贷①

宜信公司旗下的宜人贷业务，基于宜信 9 年来对其市场和客户的了解以及在风险管理上的积累，加上客户细分和互联网大数据技术的运用，逐渐建立起了一套独特的征信风控体系。首先，宜人贷通过宜信多年积累对各类客户了解的经验，对用户特征和行为进行深入地了解和体系化研究，从而能对用户群体作出细分，进而对各类细分用户群体采取不同的风险策略。其次，宜人贷除将用户群定位于优质资产，在借款信用审核中还基于互联网技术，通过专业的决策引擎、大数据分析模型等进行严格筛选把控，用户申请借款的行为数据和在网络上的其他数据都成为了宜人贷征信风控模型中的重要参考依据。而宜人贷的"极速模式"借款服务便是通过大数据风控技术创新，实现了无须提交财产证明和信用报告，只花 10 分钟便能快速的完成借款审批流程，极大提高了融资的效率。

（三）创建同业信息数据库征信模式

该类型征信模式主要是以网络金融信息共享系统（NFCS）、小额信贷行业信用信息共享服务平台（MSP）为代表的同业信息数据库通过采集 P2P 平台借贷两端的客户信息，向加入该数据库的 P2P 平台等提供查询服务和相应的征信产品。以 NFCS 为例，其是由上海资信有限公司设计开发，实现 P2P 借贷行业信息共享的全国性、专业化电子服务平台。系统收集了 P2P 借贷机构业务开展过程中产生的、包括贷款申请和偿还在内的全部信用交易信息，同时向 P2P 机构提供查询服务。该系统的定位不仅仅服务于网贷企业，其最终目的是打通线上线下、新型金融与传统金融的信息壁垒，具体来说主要有以下三个目标：（1）实现网贷企业之间的信息共享，为网贷风险管理提供支持；（2）尝试整合记录借款人线上线下融资的完整债务历史；（3）探索研究网贷业务与传统信贷业务的不同之处，为网贷企业定制与传统征信服务不同的征信产品。②

---

① 参见张云中：《宜信公司：用大数据征信应对挑战》，《国际商报》2015 年 4 月 2 日。
② 参见何卫东：《浅议我国微型金融征信服务体系的建议》，《中国商贸》2014 年第 29 期。

（四）新型征信模式评析

"互联网＋"背景下的新型征信模式相较传统的征信模式有诸多的亮点：第一，互联网征信的数据范畴更大、内涵更深，传统征信中的数据主要来源于银行记载的相关借贷信息的积累和叠加，而互联网征信主要是获取征信对象在线上的行为数据，数据量庞大且更为全面，易于通过这些数据判断征信对象的性格、心理等更为深刻的信息，以此来对其信用状况进行推断。第二，互联网征信的新模式是对市场征信行为的有益尝试。由于我国传统征信体系一直以来的不健全、不开放，直接导致了我国征信行业发展的滞后。央行的征信系统中记载的是自然人或企业与银行交易的信用状况，而企业之间、自然人之间、企业与自然人之间交易的信用状况却没有，这就出现很大一块空白。互联网征信的主体为电商企业、网贷平台等互联网企业，它们收集数据的渠道和范围广泛，同时互联网技术在征信过程中的运用极大地降低了数据采集的成本，它们自身建设的征信体系能够覆盖更多的自然人用户和中小微企业，且其征信系统也主要运用于小额融资授信领域，市场化特征和服务实体经济特征显著。

同时，电商企业、网贷平台自建的征信系统也存在一定的弊端，虽然各平台都拥有基于多年数据积累的征信风控体系，但从总体来看各家征信系统还处于"单打独斗"的阶段，各家征信系统之间缺乏有效的信息共享机制，我国小额融资机构在零售信贷决策过程中存在的征信服务供给不足、自行征信成本高且时间长等问题，导致个人在不同平台之间"拆东墙补西墙"套利或诈骗的现象屡见不鲜，不能有效控制多重负债、欺诈等授信风险，也难以对借款人的违约失信行为进行有效规制。①

四、征信存在的问题

尽管我国现有的征信实践活动为探索适合中国国情的征信模式发挥了重要的作用，但是要大力推进互联网金融背景下征信工程的进步和发展，其仍然面临着诸多挑战。

---

① 参见祁勇祥、华蓉晖：《中国需要怎样的征信体系?》，《上海金融》2014 年第 11 期。

（一）法律法规过于简单抽象，针对当前蓬勃发展的互联网金融缺乏针对性的规定

当前，《征信业管理条例》肩负起了为我国征信业发展提供法律依据的重任，其对征信机构和征信业务作出了原则概括性规定。上无更高效力层级的法律文件，下无可以具体配套落实的实施细则，这就使得本就比较单薄的征信立法在现实面前显得更加无力。另外，《征信业管理条例》没有就征信业在互联网背景下发展的特殊要求作出针对性的规定。

（二）个人信息保护存在重大风险

由于征信涉及对个人、企业信用信息的加工、处理等环节，在传统金融的模式下，可以通过规范征信组织的行为来加强对个人信息的保护。但是在互联网金融时代，由于个人的很多行为是通过互联网平台来操作完成，互联网企业会自动记录个人交易和信用信息并永久保存，这与《征信业管理条例》规定的"未经信息主体同意，不得擅自采集个人信息"的精神相违背。同时，当前的征信过程对大数据技术的采用，在庞大的数据信息中，信息种类多样，信息主体分散，很难对个人的信息保护采取有效的保护措施。另外一个不容忽视的客观现实是，我国目前网络信息保护的核心技术并不发达，数据库保护网的建立往往外包给征信机构以外的企业，这就进一步提升了信息保护的风险。

（三）征信业缺乏统一的标准

国家层面而言，我国尚无统一的信息分类和采集标准，也没有统一的行业、部门标准，这导致了我国当前征信行业很难朝着规范化的方向发展。在互联网技术的推动下，现在各类信息体现出跨部门、跨行业的综合性特点，如果缺乏统一的标准，征信业发展过程中必然会出现乱象丛生、良莠不齐的怪象。更为严重的问题不同行业、不同机构会采取各自的信用评价方法和指标，最终可能会导致对同一对象作出大相径庭的评价结果，这将大大降低征信的公信力和影响力。

（四）信息垄断现象严重，严重限制了信用信息共享机制的建立

我国征信业的现状是有实力的企业均在努力加强自身的信用信息库的建设，考虑到对自身商业信息和客户信息的保护，掌握大量信用信息的企业筑起了信息保护的高墙，这就从根本上阻断了多行业、多企业信用信息共享的可能。信息不能实现共享，一方面会加大国家建立统一的征信系统的成本，加大信用信息整合的难度；另一方面，各个企业对客户的信用信息也只能是片面不全的，这会直接影响到信用评估报告的准确度。

五、互联网征信模式的发展趋势

（一）建立健全征信数据库之间的信息共享机制

互联网征信的创新模式拥有诸多的优势，而传统央行的征信模式也仍可在互联网时代下充分运用大数据、云计算等先进技术，实现互联网征信模式与传统征信模式的优势互补，从而打造传统征信模式的升级版。具体的做法有：第一，探索将符合一定条件的互联网金融龙头企业的征信数据库与中国人民银行征信系统相对接，扩大国家金融基础数据库的信息范围，也可以弥补央行征信系统中小微企业信用数据的缺位状态；第二，完善互联网金融征信平台的建设，探索建设与国家金融信用基础数据库存在映射关系的互联网金融征信系统，尤其需要加强互联网征信中各平台征信数据库的衔接与整合；第三，未来互联网征信平台之间的信息共享路径不妨考虑签订平台间的协议，同时辅以一定的利益激励机制以促进各平台共享信息资源的动力。

（二）完善互联网征信监管机制

目前我国征信行业主要受到《征信业管理条例》的规范，但"互联网＋"时代的互联网征信对大数据、云计算等技术的依赖性强，《征信业管理条例》在面临传统征信行业从未出现过的问题时明显力有未逮，因此加强和完善互联网征信监管机制显得十分迫切。第一，应当明确互联网征信的数据采集原则、方式、使用途径等重要内容，建立互联网征信信息采集、使用授权和不良信息报告制度；第二，健全互联网上身份认证、网站

认证、数字认证等安全认证制度，加强对信息主体的保护，构建对信息主体的多渠道保障和救济机制；第三，变革传统的征信监管理念，实现监管方式从机构监管向行为监管的转变，强化在监管过程中的技术支撑——充分运用大数据、云计算等技术实施全流程监管。

（三）加大互联网上的失信惩戒力度

由于当前互联网征信中碎片化的数据库模式，产生了不少人在不同平台之间失信的现象，互联网金融服务中对失信者的惩戒措施和力度仍有待加强。未来的征信行业将会不断应用互联网新科技技术加大对失信行为的惩戒，抑或引入互联网征信产品与经济社会生活某一方面的对接。芝麻信用与最高院的合作正是提高失信惩戒力度的手段之一，通过对失信被执行人的日常消费行为的限制，线上线下共同惩戒"老赖"。

（四）实现征信行业从官方主导向民间发展的转变

国外征信行业的实践表明，社会征信业的发展对信贷业务的扩张，进而促进社会经济发展会起到显著的推动作用。由于民间征信机构将目标市场定位于零售信用和小企业借贷，他们善于运用统计分析的大规模筛选技术使大量小额贷款申请的处理符合成本—收益原则，还能把从各渠道采集来的数据加工成特殊的产品和服务。不仅可以向市场提供信用报告外，还有偿提供信用评分和投资组合的监控应用等增值服务，能契合小额贷款机构的需求，便于贷款人更好地了解借款方信用，更迅速地作出授信决策，并提高信用风险管理水平。因此，与普惠金融业相匹配的征信体系是社会征信体系，目前我国的社会征信体系尚处于起步阶段①，未来的发展方向便是充分利用民间的资本发展社会征信行业，并结合互联网企业在积累互联网上用户行为大数据的优势，打造"互联网＋"时代的征信新模式。

---

① 参见祁勇祥、华蓉晖：《中国需要怎样的征信体系?》，《上海金融》2014 年第 11 期。

第五节 "互联网＋"时代众筹金融的安全认证

一、我国信息安全认证的现状分析

近年来，受需求及政府政策的推动，信息安全产业规模不断扩大，企业数量也不断增加。有数据显示，自 2008 年以来，国内信息安全行业市场规模增速远高于全球市场平均水平。

尽管如此，我国信息安全市场整体的发展水平仍落后于欧美发达国家，信息安全方面的投入在整个 IT 行业总投入中的占比还较低，未来我国信息安全市场仍有巨大潜力。信息安全行业当前表现为增速快、产品多、分类细、领域广，但品牌集中度低。

如本章第二节中所述，手机 APP 支付、二维码支付等形式的移动支付已在国内盛行，用户通过手机转账、消费、理财、使用电子虚拟化的储值卡等需求不断上升，同时对手机端的隐私保护、版权保护、O2O 伪品防范也提出了新的需求。

由于针对网银交易的安全保护手段已基本完善，USB Key、OTP 动态令牌的采购需求稳定，用户使用习惯固化。而移动支付的安全工具仍存在较大空缺。因此，在目前具有持续风险和威胁的移动互联网环境中，为移动支付用户提供有效的身份认证和交易保护，同时具备良好的使用体验，实现其大力发展手机银行应用和服务的发展战略。

由此可见，只有解决好安全认证问题，才能兼顾便捷性与安全性，在提高用户满意度的同时，保障其资金与个人信息安全。

二、国内外众筹金融安全技术发展趋势

安全担忧已成为制约人们使用网上支付工具的重要障碍，对于资金安全和个人隐私保障是目前手机网民最迫切的用户诉求。

在自带设备办公（BYOD）成为流行趋势的当下，国外结合随身智能

设备终端的全新身份认证技术（绑定随身携带的智能终端设备、地理位置确认并随时保持在线）正在发展形成，并已产生企业级的商业应用，获得包括风投、企业用户在内的市场认可。为此，应当鼓励国内企业借鉴海外创新技术研发创新，并积极引导其在市场中的推广运用，帮助众筹金融的从业者在具有持续风险和威胁的移动互联网环境中，有效实现互联网身份认证及交易安全保护，扩大客户的服务口径，并大胆地将金融服务由实体柜台延伸到智能移动终端。

随着移动互联网的飞速发展，安全身份认证技术也呈现出了一些趋势上的变化。

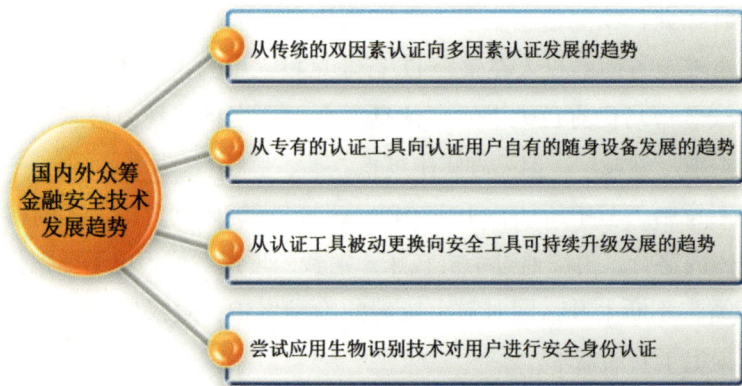

图 2-25　国内外众筹金融安全技术发展趋势

（一）从传统的双因素认证向多因素认证发展的趋势

双因素（2-factor）认证是目前银行等金融机构在广泛使用的身份认证方式，它由用户自己知道的因素（what-you-know），如用户名、密码等，和用户已有的因素（what-you-have），如 UKEY、动态口令牌、SIM 卡等两部分组成。而移动互联的发展给每个人带来了更多的可以作为身份认证的因素，比如每个用户自有的移动终端所携带的设备指纹、地理位置以及用户交易的时间、交易行为数据等等，都可以作为用户身份认证的多因素（multi-factor）认证。

（二）从专有的认证工具向认证用户自有的随身设备发展的趋势

目前银行等金融机构向用户分发专有的认证工具，比如各银行分发银行专有的 UKEY、动态口令牌等，这需要银行进行硬件的采购、物流、分发、客服等流程，而现在的趋势是每个用户都已经自带了一个随身的硬件设备——智能手机，使用用户这个随身设备（BYOD：Bring-your-own-device）来对用户进行身份认证，也逐渐成为发展趋势，因为这样让银行等金融机构可以从硬件的一系列流程中解放出来，成本节约的同时，也极大地提高了用户的便利性。

（三）从认证工具被动更换向安全工具可持续升级发展的趋势

传统的硬件认证工具，在设计的时候，它的安全级别就是固定的，一旦有新的欺诈手段攻破了它的安全设计，只剩下更换工具这一条路。比如一代 UKEY 更换到二代 UKEY，就是因为对中间人交易篡改的欺诈防范需求。银行等金融机构需要一种能够持续安全升级，无需更换认证工具的手段，像杀毒软件的工作模式，只需要病毒库的升级，就可以应对未来可能出现的安全风险，同时可以快速地进行响应。

（四）尝试应用生物识别技术对用户进行安全身份认证

人体的生物特征，比如指纹、虹膜、声音、面目等，这些过去一般应用在物理环境中的身份认证方式，也部分地尝试应用于移动互联网业务中。但是因为人体的生物特征存在不可修改的天然特性，一旦生物特征数据被盗用，将造成无法修改的灾难问题。所以生物特征的身份认证，更多是在本地对数据进行认证，不进行网络传输，比如 iphone5S 之后推出的 TouchID。同时，越来越多的政府和机构，认识到人体生物特征的使用，不可避免地和个人隐私保护冲突，这方面的尝试一直在争论中进行。

三、国内安全认证领域未来发展的展望和建议

第一，国内的银行等金融机构绝大多数已经在应用 UKEY 这样的 PKI 解决方案进行用户的身份认证。这是由国家电子签名法引导形成的市场格局。这样的基础建设资源应该尽力在移动互联网上继续应用。将 PKI 技术与用户的随身设备 BYOD 结合，探索安全、便捷的创新身份认证

方式。

第二，安全认证技术应考虑可持续升级的设计概念。避免安全工具需要更换而带给银行等金融机构的巨大采购成本和时间成本。

第三，生物技术的应用，应更注重个人隐私上的保护。防止出现个人生物特征数据泄露可能造成的灾难风险。

第四，从事以身份认证为核心的信息安全产品经营，分别受信息产业与安全主管部门的监管，产品用于银行等金融行业时，同时还受金融主管部门的监管。除上述行业主管部门监管以外，还受到全国信息技术标准化委员会以及国家质检总局直属的中国信息安全认证中心、国家质检总局授权的中国信息安全产品测评认证中心、公安部计算机信息系统安全产品质量监督检验中心以及国家信息安全产品认证管理委员会在安全标准和产品测评认证方面的管理。党的十八届三中全会提出设立国家安全委员会，表明国家已将信息安全提升至国家战略层面，因此需要改善信息安全行业目前多头管理的局面，实现统一监管，从而进一步提升监管效率，帮助行业做大做强。

图 2-26 国内安全认证领域未来发展的展望和建议

【案例】小微封移动身份认证解决方案

来谊金融公司的小微封移动身份认证解决方案，是基于将银行等金融账户与用户随身设备绑定，通过对随身设备中的特征数据进行认证，实现对用户身份认证。小微封移动解决方案包括后端的认证服务器系统和移动端的 APP 或 SDK 两部分组成。

小微封创新地采用了双通道的方式，将业务通道与认证通道分离，从而从根本上防止了网络钓鱼、中间人等网络欺诈手段。系统架构如下：

小微封可以与 PKI 的认证方式结合，让用户自带的智能手机成为银行的移动 U 盾。让数字证书与设备指纹绑定，从而从传统的防止数字证书、密钥被复制，转而防止被盗用的数字证书、密钥被非法使用。

小微封对目前的个人信息泄露的各类欺诈手段有天然的防范效果。因为黑客虽然可能使用用户的个人信息，比如用户名、密码、短信等，却无法同时获得用户的随身设备。而用户手机的遗失，除了可以快速发现报失外，获得手机的人也无法短时间获得用户的用户名和密码，从而无法对绑定的账户进行欺诈。

小微封方案的原理与特点：

第一，多因素双通道设备认证方式。

通过采集智能设备上的硬件信息、地理位置、操作系统信息、执行环境信息、应用程序特有数据、服务器注入信息（如：PKI 数字证书）以及用户可扩展的近场蓝牙设备指纹等多因素，以移动端 APP 或 SDK 与认证服务器建立独立的安全设备认证通道的方式，对移动智能设备进行准确识别。

第二，智能设备风险分析管理。

跟踪移动智能设备上的各类数据的更新变化，准确跟踪设备的正常使用变化，如部分硬件升级、软件持续下载更新等，给客户良好体验。同时以动态采集设备指纹的方式，有效防止设备指纹数据的复制重放攻击。

第三，PKI 数字证书整合。

改变了数字证书在移动端的应用方式：从单纯的防止数字证书被盗用，到将数字证书与设备指纹绑定，从而防止因数字证书的丢失而被非法使用的风险。同时自有专利的移动端密钥分发保护方式，进一步加强了移动端密钥和数字证书的安全性。

第四，兼容现有认证体系。

双通道的认证方式，与任何已有的安全体系架构均可兼容。无须推翻或重建现有的认证体系。

第五，可扩展、可选择、可升级。

(1) 可以根据业务安全需求，扩展与各类蓝牙移动硬件的结合。可以与活体识别、生物识别等各类身份认证方式灵活扩展。

(2) 可以根据业务安全需求，业务自主选择安全保护方式：设备指纹认证、PKI 数字证书认证，或两者都需要。

(3) 可以通过对服务器端算法和客户端 SDK 升级的方式，快速的预防和应对未来可能出现的风险，而不必须更换认证工具或手段。

第六，用户安全随身，有效防止各类个人信息泄露风险。

智能手机随身随地为用户增加一把随身的安全钥匙，无须额外工具。这使得个人信息泄露的风险从根本上得以解决，黑客即使盗用了用户的个人信息，也将因为无法获得用户的随身智能手机，无法完成账户盗用，给用户安全随身、体验灵活简单的感觉。

第七，多平台、多渠道兼容。

让用户的手机成为移动 U 盾，业务平台兼容 Windows、Mac、Linux 等各个操作系统，同时可以为 PC、Pad、手机等各渠道提供服务。同时也没有浏览器兼容维护的问题。

第八，解决短信钓鱼、短信木马等日益增多的安全风险，节省认证短信成本。

第九，无须认证工具的分发采购、时间成本，可快速被大量用户应用。

第六节 "互联网＋"时代众筹金融的电子证据

"互联网＋"时代最显著的特征在于互联网技术和信息通信技术的广泛应用，在此背景下，众筹金融交易活动中风险的有效防范和救济是一个不可回避的重大问题。交易前风控与交易中风控的目的在于防范风险，其中的重要内容在于对交易过程中的一系列电子文件的处理，以避免损失的发生；交易后的风控则着眼于在风险与损失已经产生之后，尽可能地挽回损失，而其中最基础的环节依然是对交易过程中所产生的电子数据进行证据法上的认定。获取充足的证据以证明自身合法权益受到不法侵害是获得赔偿的前提，只有在准确可靠的电子证据的基础上，我们才可能确定交易的损失范围，落实具体责任，提供补偿援助等。因此，电子证据贯穿于整个众筹金融交易活动。下面我们将介绍电子证据的特点以及有效发挥其证据作用的几种形式。

一、电子证据的特点

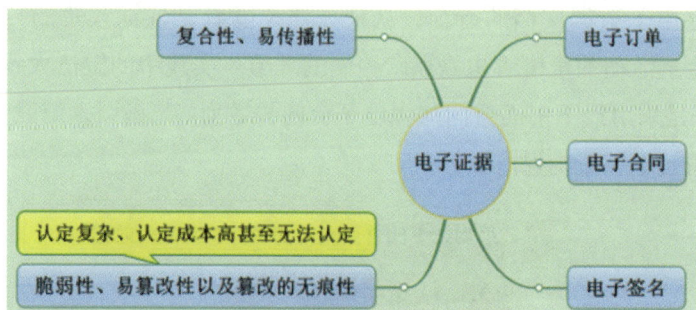

图 2-27　电子证据的类型与特点

2012 年新修订的《刑事诉讼法》与《民事诉讼法》将电子数据作为独立的证据类型加以规定，电子证据正式登上司法实践的舞台。关于电子证据的确切含义，目前理论界尚未形成统一的认识，在法律上通常把电子证据定义成计算机系统运行过程中产生的以其记录的内容来证明案件事实的电磁记录物。

互联网时代大量出现的电子证据对传统的证据制度造成了极大挑战。例如在司法审判实践中，法官通常要求当事人提供证据材料的原件。然而在互联网金融领域，大量的经营与交易活动都在线上完成，以电子订单、电子合同、电子签名等电子数据的形式呈现。电子数据和一般的网络信息一样，一方面具有复合性、易传播性的特点；另一方面则有脆弱性、易篡改性以及篡改的无痕性的缺陷。上述的缺陷会导致电子合同在司法实践中作为证据使用时认定复杂、认定成本高甚至无法认定的问题，很大程度上限制了互联网金融活动中的电子合同作为电子证据发挥作用。

二、确保电子合同法律效力的不同方式

在互联网金融交易过程中，主体间权利义务的调整通过一系列的电子合同来实现，为确保电子合同的法律效力，使之在交易纠纷中具有证据能力和证明力，一方面，可以从证据的关联性、真实性、合法性的角度入手，判断出电子合同的法律效力有无以及大小；另一方面，可以从证据活动的证据收集、保全、补强等环节出发，适当借助电子合同外的因素，选择可靠的安全措施确保电子合同的法律效力。

保存电子数据文档的行为，从证据法角度看是证据收集的行为，从互联网金融活动的角度看也是风险控制的环节。实践中的做法大致有三种类型：一是采用线下书面合同加强电子合同的效力；二是引入第三方机构；三是利用技术手段确保有效性。

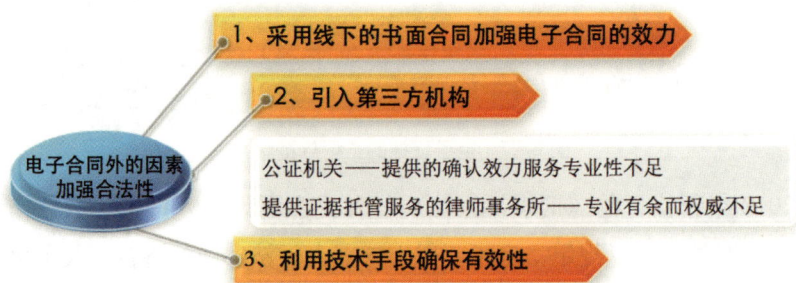

图 2-28　确保电子合同法律效力的不同方式

（一）线下书面合同方式

这种方式通常表现为互联网金融中的融资平台（如 P2P 平台）与融资者在线下订立一系列书面合同，用来佐证借款事实。

这种方式的直接出发点就是证据法上的补强证据规则。补强证据规则，是指某一证据由于在证据能力上有瑕疵或弱点，不能单独作为认定案件事实的依据，必须依靠其他证据的佐证，证明其真实性或补强其证据价值的规则。因为电子合同易被篡改，所以用书面合同来补强。虽然想法很

直接，但在实践中无疑会使交易变得更加烦琐与不便，不利于发挥互联网金融的便捷性特征。

（二）引入第三方机构

这种做法在实践中常常表现为网上融资平台与外部的第三方机构合作，由其为电子合同的效力提供某种形式的确认。这里的第三方机构大致有公证机关或提供证据托管服务的律师事务所两类。

引入第三方机构的做法是从有利证据保全的角度出发的。证据保全是对那些有灭失风险或今后难以取得的证据，由人民法院按照当事人申请或主动依据职权采取先行措施加以固定或保护的行为。引入第三方机构先加以确认走在了保全程序的前面，是一种未雨绸缪的行为。但实践中也多少存在问题，因为上述两类机构在权威性和专业性上多少存在缺陷：公证机关可以对合同效力提供权威的认证，由于对技术领域的技术条件与知识的缺乏，加之需要的公证周期长，因而使得其提供的确认效力服务专业性不足；律师事务所则相反，专业有余而权威不足。

（三）利用技术手段

这一方面的手段较多，如可信时间戳、电子签名的电子认证以及电子合同系统等方式。

【案例】可信时间戳①

可信时间戳是由中国科学院国家授时中心与独立运营的民间公司共同建设和保障的联合信任时间戳服务中心签发的一个电子凭证，用于权威证明电子数据文件的产生时间和内容完整性。

目前已经在司法实践中有所运用，在网络仲裁中同时也得到认可并写入广州仲裁委的网络仲裁规则中。2008 年 11 月 25 日，深圳市龙岗区法院公开宣判的知识产权纠纷案"利龙湖"一案就是时间戳技术在国内司法实践中的首次应用。目前，北京市网贷行业协会已经全员通过《TSA

---

① 本案例原始资料由联合信任时间戳服务中心提供。

可信时间戳协议》作为行业标准在互联网金融企业中进行推广和应用，为了快速解决纠纷，广州仲裁委发布了《网络仲裁规则》，在仲裁规则中也明确了可信时间戳作为电子证据有效性证明的可采信方式。

1. 我国可信时间戳服务机构基本情况

为了解决电子数据的原始性认定问题，2006年起，由国家授时中心牵头，在原信息产业部的大力支持下，开始规划和建设我国可信时间戳服务体系，采用院企合作的模式，建设了我国目前唯一具有法律效力的可信时间戳服务中心——联合信任时间戳服务中心（www.tsa.cn），并于2007年对外提供服务。国家授时中心承担着我国的标准时间的产生、保持和发播任务，其授时系统是国家不可缺少的基础性工程和社会公益设施，并被列为由国家财政部专项经费支持的国家重大科学工程之一。联合信任时间戳服务中心由国家授时中心负责时间的溯源和守时保障及相关技术支持，联合信任负责市场运营和对客户的技术支持工作。目前在国家授时中心和大连建设分别建设了两个服务机房，互为备份，保障了系统可以长期持续稳定的对外签发时间戳。该中心运营以来，已经在司法、知识产权保护、医疗卫生、档案、电子商务、金融等多领域开展了服务，所签发的时间戳已经得到司法的认可。

2. 时间戳的类型与可信时间戳的技术原理

按产生方式的不同，可以将时间戳分为普通时间戳（Time Stamp 简称 TS）和可信时间戳（Trusted Time Stamp 简称 TTS）两种类型。普通时间戳是由时间戳服务器产生的，但因为可以在事后重新生成过往时间戳，其时间的权威性得不到保障，所以这种时间戳只用于系统内部，不能作为事后责任认定的法律凭证；可信时间戳（TTS）是由权威时间机构（国家授时中心）保障并进行授时和守时监测的时间戳服务机构（Time Stamp Authority 简称 TSA）产生的时间戳。

可信时间戳的技术原理是将用户的电子数据的 Hash 值和时间绑定，并由产生可信时间戳的机构对 HASH 值和时间进行数字签名，签名后按照时间戳标准进行封装成时间戳电子证书，如下图所示：

可信时间戳的基本作用是用于证明电子数据的存在时间和内容完整性。其中特殊的可信时间戳可以将数据摘要等信息一并封存在时间戳内，

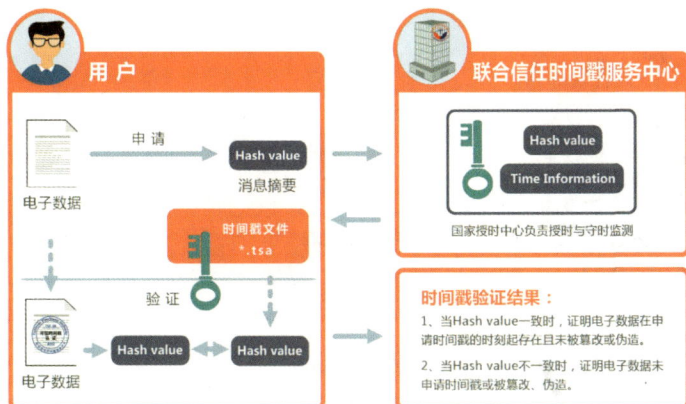

图 2-29　可信时间戳技术原理

用于数据的提取和证明。

3. 可信时间戳的法律效力以及在互联网金融中的应用

在以众筹为代表的互联网金融领域，电子数据和电子文件被广泛采用，比如投资标的的发布、投资合同、交易记录、确权文件等，如何保障这些电子数据文件具有法律意义上的"原件"形式是一个关键问题。《电子签名法》第五条对电子数据的原件形式有明确的规定：符合下列条件的数据电文，视为满足法律、法规规定的原件形式要求：其一，能够有效地表现所载内容并可供随时调取查用；其二，能够可靠地保证自最终形成时起，内容保持完整、未被更改。

结合可信时间戳的基本技术原理和司法实践，可信时间戳是保障这些电子数据文件法律效力的一种有效方式。

如何在互联网交易实践中应用可信时间戳？以电子合同为例，如果想要确保电子合同的效力，就要使之具有唯一性和不可篡改性。这就要求电子合同具有 3W 属性，即什么人（WHO）在什么时间（WHEN）签了什么内容（WHAT）的问题。

可信时间戳通过生成 PDF 格式的电子合同，采用出资人的数字证书、协议确认甚至视频签约等方式进行签署。平台和居间人、担保公司的签署需要使用第三方 CA 机构签发的数字证书进行签署，签署后进行可信时间戳认证以保障其签署时间和防止事后重新签署。大致流程如下：

综上，因为由国家授时中心负责时间的溯源和守时保障及相关技术

电子数据、电子文件　　＋　　可信时间戳　　＝　　电子数据原件

基本电子签名　　＋　　可信时间戳　　＝　　可靠电子签名

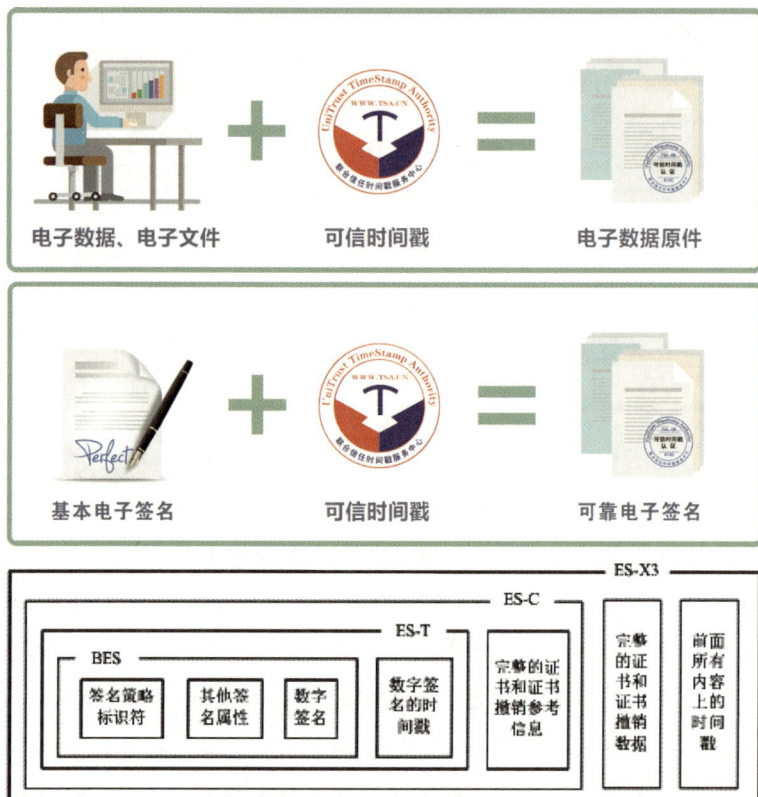

图 2-30　可信时间戳的法律效力

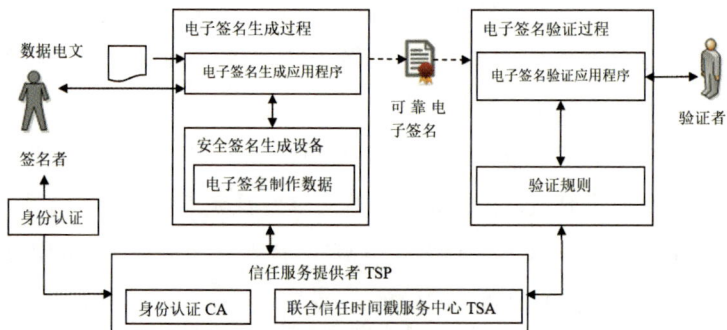

图 2-31　可信时间戳如何应用于电子合同

支持，国家授时中心的守时监测功能可以保障时间戳证书中的时间的准确性和不被篡改，包括时间戳中心自己在内的任何机构都无法对时间进行修改。所以可信时间戳技术直接确认电子合同基本的证据属性。从"自最终

形成时起，内容保持完整、未被更改"角度使电子合同满足了合法性要求。从"生成、储存或者传递数据电文方法的可靠性"角度使电子合同满足了证据的真实性要求。

与以上两类方式相比，使用可信时间戳认证电子合同，电子数据无需第三方托管，既避免了信息泄露的风险，又使电子数据的原始性法律效力有了第三方保障。

第七节 "互联网＋"时代众筹金融的制度政策

一、《非银行支付机构网络支付业务管理办法（征求意见稿）》解读

2015年7月31日，央行公布关于向社会公开征求《非银行支付机构网络支付业务管理办法（征求意见稿）》的公告，对第三方支付的业务范围、客户管理、业务管理、风险管理与客户权益保护、监督管理、法律责任等作出明确的规定。

《非银行支付机构网络支付业务管理办法（征求意见稿）》对网络支付进行了限额管理，规定每个客户的第三方支付账户每日累计金额不能超过5000元，对综合类支付账户、消费类支付账户分别规定年累计20万元、10万元限额。同时，其中第三方支付账户余额仅指存在于第三方支付公司的虚拟账户，对于第三方账户开立、转账都作出严格的限制。未来支付机构的"互联网＋"道路将迎来一定考验，进而对互联网金融行业产生深远影响。

第三方支付机构资金沉淀受限，理财模式遇冷。大额消费将不能走网络清算通道，需要回归银联，直接减少支付机构的资金沉淀；同时《非银行支付机构网络支付业务管理办法（征求意见稿）》要求每个账户的开立需采用3—5种以上方式进行交叉验证，增多验证程序将使支付机构丧失大量潜在用户。第三方机构收入规模将呈现下降，依靠理财销售业务盈利的空间变小。

另外我们可以看到，创新性支付未纳入管理范围，未来仍有发展空间。相比 2014 年央行下发的《支付机构网络支付业务管理办法》草案中叫停二维码支付等面对面支付的条款，此次《非银行支付机构网络支付业务管理办法（征求意见稿）》并未涉及，这样一来，一方面为创新性支付的发展留有一定空间；另一方面也显露出政府鼓励第三方支付机构引领金融创新发展的政策意向。

《非银行支付机构网络支付业务管理办法（征求意见稿）》旗帜鲜明地指出当前或者很长一段时间支付结算的核心仍然是银行，第三方支付作为小额便捷支付服务商与银行支付清算形成互补。支付账户不具备银行账务所具备的转账、提现、投资理财等功能，不能吸纳存款沉淀资金池，并且不能为金融机构提供资金托管服务。虽然实际上目前很多第三方支付机构特别是支付宝、微信支付等利用开展互联网金融相关业务，开展了类银行业务，甚至开展了金融服务集团的相关金融服务活动。但支付账户只能向自己的银行账户转账（只能限定在小额转让），第三方不能绕开银行实现大额的全面的资金清算。

《非银行支付机构网络支付业务管理办法（征求意见稿）》强调银行快捷支付模式和银行网关模式不受影响，而将对第三方支付为客户开立的支付账户进行限额管理，其中综合类账户年累计额不超过 20 万元，消费类账户年累计额不超过 10 万元；支付机构如采用不少于两类要素，但其中不包括数字证书、电子签名，单日累计 5000 元限额，仅采用一类验证要素甚至不采用验证要素单日累计金额应不超过 1000 元。单笔金额不足 200 元的小额支付业务及公共事业费、税费缴纳等收款人固定且定期发生的支付业务的交易验证权利则放给第三方。

（一）《非银行支付机构网络支付业务管理办法（征求意见稿）》出台的原因、背景和意义分析

从央行发布的公告中我们可以看出，央行称此《非银行支付机构网络支付业务管理办法（征求意见稿）》主要目的是为了规范非银行支付机构网络支付业务，防范支付风险，保护当事人的合法权益。客观地说，虽然《非银行支付机构网络支付业务管理办法（征求意见稿）》给民众带来

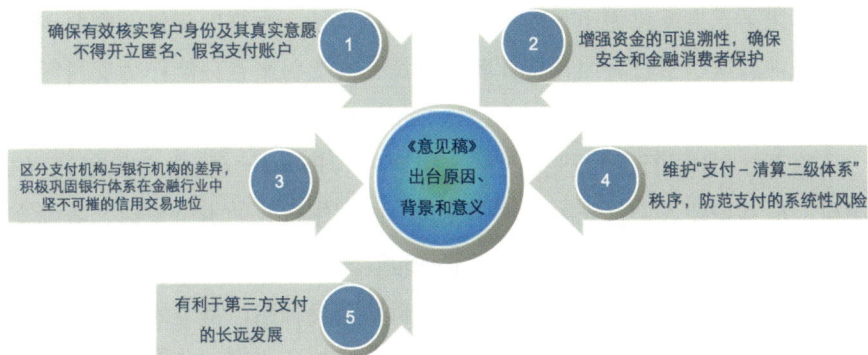

图 2-32 《非银行支付机构网络支付业务管理办法（征求意见稿）》
出台的原因、背景和意义

了一些不便，如开立账户需要的资料增多、转账不便等，但是总体来看，从当前的中国国情实际来说，《非银行支付机构网络支付业务管理办法（征求意见稿）》实施还是利大于弊的。

第一，在开立账户的认证要求方面，认证要求多确实增加了用户开立账户的时间成本，也可能使一些不能开具证明的群体无法开立账户，但是认证要求高的初衷是确保有效核实客户身份及其真实意愿、不得开立匿名、假名支付账户。就是由于有匿名、假名支付账户的存在，社会上各种金融诈骗行为才会层出不穷。因此要求的开户认证有利于反洗钱，有利于打击网络诈骗、网络赌博等金融安全行动中的资金追溯和路径追踪。

第二，有关转账方面，在《非银行支付机构网络支付业务管理办法（征求意见稿）》的第三章"业务管理"中，除了对账户转账进行了规定，还提到了其他很多重要的信息。例如，"支付机构不得威胁客户办理或者变相办理现金存取、信贷、融资、理财等业务"、"支付机构应当确保交易信息的真实性、完整性、可追溯性以及在支付全流程中的一致性，不得篡改或者隐匿交易信息"。《非银行支付机构网络支付业务管理办法（征求意见稿）》第二十八条还规定，支付机构应当承诺无条件全额承担此类交易的风险损失赔付责任。有些人将其解读为提高转账成本、增加转账麻烦等，都是对条款的误解。央行实则是为了增加资金的可追溯性，确保安全和金融消费者保护。

2011 年，中国人民银行开始为第三方支付公司颁发牌照，主要目的是为了让第三方支付为电子商务的发展提供支持。互联网支付的牌照实际上是一种通道型支付牌照，持此牌照的第三方支付平台只能作为支付结算的通道，而不能截流用户的资金，违背了这个牌照设立的初衷。

第三，《非银行支付机构网络支付业务管理办法（征求意见稿）》的颁布，根本是要人们首先要正视"支付"与"银行"的本质差别，鼓励支付机构发展通道业务，促进金融行业规范化。自央行颁发《支付业务许可证》以来，累计有270多家第三方支付机构获得牌照，基于云数据技术的业务模式在监管上难度较大，违规风险随之增加。此次《非银行支付机构网络支付业务管理办法（征求意见稿）》从高层意志上区分了支付机构与银行机构的差异，防止支付机构出现"银行化"、"银联化"，实质上积极巩固了银行体系在金融行业中坚不可摧的信用交易地位，鼓励支付机构可大力开展通道业务，有利于维护金融行业稳定、长期健康发展。

第四，央行是为了维护"支付—清算二级体系"秩序，防范支付的系统性风险。银行、商户与消费者间形成支付结算的法律关系，银行间形成清算的法律关系，两个层次彼此分明，相互衔接。清算体系是一个由央行控制的非盈利性后端服务平台，防止支付机构"银行化"是为保证清算体系作为金融市场基础设施在运转上的稳定、高效和安全性，从而进一步维护支付体系的安全，防范系统性支付风险，保障公众支付的权益。

第五，有利于第三方支付的长远发展和转型。央行将其第三方支付界定为小额有深远意义。目前中国的移动端的第三方支付机构（包括支付宝和微信支付等）和互联网金融表面很繁荣，实际上还存在很多缺陷和不足。中国的移动金融和移动支付还是靠以支付宝、微信支付等为代表的互联网支付。而在国外，真正的移动支付、移动金融不仅是互联网公司，还需要移动端的电信运营商、银行、银联等全面参与，形成多层次多元化的良性互动的竞争格局。支付宝的支付方式是线上互联网支付，必须要通过二维码扫描等方式打通线下，这个过程非常困难，也不一定是最好的方式。在移动支付市场也有更多的竞争主体。所以我国当前应该鼓励电信运营商、中国银联包括银行，参与到移动支付市场来竞争。央行在贵阳、宁波等地区做了一些很好的试点。笔者曾在贵阳就移动金融试点调研了一年多。电信运营商和银联、银行等主体共同参与移动支付的发展，尤其是跟民生、市民卡、社会保障卡等结合在一起，取得了很好的效果。而其跟当地的市政建设、地方政府的信息工程建设、便民工程建设结合起来。仅仅靠微信、支付宝支付还不够，需要更加安全可靠的方式，如 NFC 近场支付模式。总之，移动支付的发展需要更多的竞争主体。央行将第三方支付限定为小额，因为移动支付更多地应用在小额支付场景。目前把第三方支付限定为小额是权宜之计，着眼于未来，移动金融的技术进步会实现大额的支付清算。

（二）新规对第三方支付机构意味着什么

随着互联网金融的发展，一些第三方支付平台规模越来越大。一些第三方支付平台已经越过了自己的职责界限，而《非银行支付机构网络支付业务管理办法（征求意见稿）》就是要控制第三方支付企业的资金总量和金融业务范畴。要谨记自己的出发点和落脚点："服务于电子商务的发展"，明确自身"平台"职能定位，支付机构不得从事银行业等金融机构间的资金转移。

因此对于那些发展规范、坚守职责的第三方平台来说，《非银行支付机构网络支付业务管理办法（征求意见稿）》带来的是更多的发展机会，而不是发展上的限制。但是，据笔者了解，实际上因为支付定价机制的不合理以及监管的不到位等原因致使第三方支付机构真正规范经营的非常少。因此，个人判断，第三方支付市场将面临大洗牌。《非银行支付机构网络支付业务管理办法（征求意见稿）》扼杀了第三方支付构建独立账户沉淀出资金池的盈利路径，并提高了经营的技术门槛。也就是明确不能做银行的存贷业务，汇也只能是小额。但是拥有网商银行牌照的第三方支付公司（只有支付宝和微信支付）竞争优势明显，将在本轮的大浪淘沙中实现进一步的规模扩张。《非银行支付机构网络支付业务管理办法（征求意见稿）》要求在为客户开立综合类账户时需要面对面验证或者在线完成五种以上外部渠道的交叉身份验证，开立消费账户则需在线为客户完成三种以上交叉身份验证。其中外部验证渠道包括但不限于政府部门数据库、商业银行账户信息系统、商业化数据库等能够有效验证客户身份基本信息的数据库或系。加上业务范围的限制，第三方支付的市场份额将大幅萎缩。

有数据显示，截至 2014 年，中国第三方移动支付、第三方互联网支付业务交易规模达 59924 亿元和 80000 亿元，其中约 36% 和 15% 的交易规模是用于申购基金、投资理财等投资金融服务。假设可以开立综合金融账户的客户占总客户的 10%，第三方支付的市场份额将萎缩 22% 以上，这部分市场份额将被银行纳入麾下。

（三）新规对"互联网金融"意味着什么

《非银行支付机构网络支付业务管理办法（征求意见稿）》第八条第二款"支付机构不得为金融机构，以及从事信贷、融资、理财、担保、货币兑换等金融业务的其他机构开立支付账户"，此规定意在强调各项资金收付均应给予其银行账户办理，以对相关机构进一步清晰资金流向、加强资金监管、避免风险传递。

在此《非银行支付机构网络支付业务管理办法（征求意见稿）》出台之前，被称为互联网金融"基本法"的《关于促进互联网金融健康发展的指导意见》已经明确了第三方支付机构由央行监管，同时在《关于促进互联网金融健康发展的指导意见》的第十四条中说明，"客户资金第三方存管制度。除另有规定外，从业机构应当选择符合条件的银行业金融机构作为资金存管机构，对客户资金进行管理和监督，实现客户资金与从业机构自身资金分账管理。"明确地向外界传达了互联网金融机构包括 P2P、股权众筹平台中客户的资金要存管到商业银行，所以对于这次《非银行支付机构网络支付业务管理办法（征求意见稿）》的出台符合社会的预期。至于这次针对第三方支付机构的监管办法对互联网金融行业的影响，笔者想从以下几个方面进行探讨。

1. 新规对 P2P 意味着什么

对于 P2P 公司，就短期而言这是一个坏消息，就长远发展而言这又是一个利好的消息。对市面上目前大量 P2P 公司来说，面临投融资账户托管主体未来的变更和调整。过去互联网野蛮生长的一段时间里，监管层模糊的态度使得大家对于像 P2P 网络借贷充满着质疑，银行面对这一新生的事物一直是观望态度，特别是早期央行对各银行下发的一个做好风险隔离的通知使得基本没有银行愿意去为互联网金融机构做资金的托管。在

P2P 网络借贷行业里面，能否找到一家银行为其进行资金托管，是该平台"合法"与否、公信力高低的重要衡量标准。所以在过去的几年时间里，平台为了不触及监管红线即不触及客户的资金，从而选择第三方支付机构作为托管机构成了唯一的选择。所以从以 P2P、股权众筹为代表的互联网金融机构诞生的第一天起，就盼望着银行作为他们资金的托管方。部分 P2P 平台已经或者计划和银行进行合作。宜信公司旗下纯线上 P2P 平台宜人贷与广发银行达成了全面的 P2P 资金托管合作，中国民生银行也与人人贷、积木盒子、金信网等多个 P2P 平台签署了战略合作协议，其中，积木盒子的民生银行资金托管系统已经正式上线。

目前银行托管的模式具体有以下两种：第一种是建立双层账户或虚拟账户体系进行资金清算。借款人与投资人在平台注册账户之后，同步在商业银行生成一个二级账户或者虚拟账户，两个账户实时同步，前台交易，后台划拨资金。商业银行对二级账户或虚拟账户进行管理，避免平台挪用客户资金。第二种模式是通过网上银行系统进行资金清算模式。投资人及借款人需持有商业银行的个人账户并开通网银，平台的托管账户只做项目对应合同的资金流转使用，托管账户不能提现或者改变资金流向。其实不管哪种托管模式，银行仅仅是托而不管。① 商业银行都未对借款人情况和提交的资料进行真实性审核，无法规避平台通过虚拟借款标的方式来归集资金。

此次《非银行支付机构网络支付业务管理办法（征求意见稿）》正式地将银行作为互联网金融机构唯一的资金托管机构，央行此次通过关于资金托管的规定明确规定了银行在资金托管方面的义务，加强投资人保护，为 P2P 行业发展建立秩序，并鼓励银行协助 P2P 行业健康发展的思路。对整个网络借贷行业的成长有非常积极的作用。

首先，要求 P2P 网络借贷平台上客户的资金全部由银行托管，从而可以消除银行对 P2P 网络借贷平台通过第三方支付机构放在银行的资金"托而不管"的局面，极大地减少了中间账户的风险和避免平台设立资金

---

① 参见赵向伟、郭晓伟：《试论 P2P 网贷银行托管的必要性和可行性》，《中小企业管理与科技》2015 年第 4 期（下旬刊）。

池的风险。

其次，可以避免平台挪用客户资金的风险。目前一些 P2P 公司采用的第三方支付资金存管、托管模式存在一定的漏洞，平台机构仍然可以通过一定的方式控制资金的流向，不能在真正意义上实现资金隔离，存在严重的道德风险。

再者，可以确保借贷行为的真实性、资金流与交易的一致性等，减少借助平台进行洗钱、套现等扰乱金融市场秩序的违法行为，但是需要明确的是资金托管最多只能起到一个追查、留痕的作用，对与伪造投资项目所引起的跑路事件是无能为力的。

但是，银行托管 P2P 网络借贷机构的客户资金，是否真的有想象的那么美好呢？事实上，就目前银行的运行机制来说，道路是比较艰辛的。首先，P2P 平台资金流转的复杂性远非传统银行机构所能想象的，银行在做好风险隔离的前提下需要大量的基础设施建设和成本投入。其次，仅仅是银行的收费就会把 P2P 平台吓跑。例如，资金需求方 A 的某项目需要资金在 P2P 互联网平台的借款，单笔平均三四百元，可能对应十个投资人。每一笔的资金划转如果都适用银行最低三五元的收费，划转几回本金就不见了。这么高的收费与金融脱媒、降低交易成本的初衷背道而驰。

建立银行资金托管制度是回应了行业发展对于资金安全、金融安全和投资者保护的需要，它的建立是有利于 P2P 网络借贷的健康发展，符合互联网金融"基本法"的精神。一方面，互联网金融产生并得到快速发展，在于其金融脱媒和低交易成本，不能解决交易成本的问题，对于 P2P 网络借贷无疑是一个硬伤；另一方面，央行针对银行的资金托管责任应当制定更加具体的细则，明确规定银行在资金托管方面的权利义务，从而彻底解决"托而不管"的现象。

加之，中国很多做 P2P 的都是从高利贷或别的传统行业转行过来的，缺乏足够风控能力和专业能力。因此，目前的 P2P 做起来还是走银行那套过度依赖担保、过度刚性兑付的老路。本来应该让 P2P 行业发挥传统金融做不到的功能，如去中介化、打破刚兑、打破过度依赖担保等；但实际上，在现实中国的金融环境和征信体系中，信息不对称导致恶性循环，央行将 P2P 界定为纯信息中介，是基于当前国情。不否定未来有更多创新，只不过现阶段还是做纯信息中介更好。

2. 新规对股权众筹意味着什么

关于《非银行支付机构网络支付业务管理办法（征求意见稿）》对于众筹的影响需要结合国内众筹不同的商业模式具体分析。"众筹"一词来源于对英文单词"Crowd Funding"的翻译，其逻辑基础是项目方或者创意方通过互联网网络平台发布筹资信息，以求在规定的时间内筹集一定数额的资金，并承诺给投资者一定形式的回报。投资者先把资金打入平台提供的一个设在第三方支付机构的虚拟账户或者托管银行的托管账户内，如果在规定的时间内成功筹集了所需要的资金，那么平台将虚拟账户内或者银行的托管账户内的钱一次或者根据项目的进展分批打入项目方的账户；如果项目募集资金失败，那么平台将资金原路返还给投资者。在我国股权众筹最大的问题是投融资双方的信任问题。投资者担心把钱投给创业者而创业者跑路，创业者则担心投资人承诺的资金无法及时到账，从而企业产品的研发、营销无法顺利进行。不同于 P2P 网络借贷的资金托管，在股权众筹中资金的托管方更多扮演的是网购交易中支付宝的信用担保的角色，在一定程度上解决了我国征信体系不健全而导致的信用问题。

这次《非银行支付机构网络支付业务管理办法（征求意见稿）》要求互联网金融机构的资金托管只能由银行托管，总体银行作为众筹平台的资金托管机构具有天然的优势，这对于众筹行业的发展是非常大的利好。银行的风险控制无论在硬件还是软件都是具有第三方支付机构不能比拟的优势。

3. 新规对互联网理财意味着什么

依据该《非银行支付机构网络支付业务管理办法（征求意见稿）》第八条的规定：支付机构不得为金融机构以及从事信贷、融资、理财、担保、货币兑换等金融业务的其他机构开立支付账户。支付机构虽然不能为互联网金融企业开立支付账户，但仍可为其提供支付通道服务，将付款人的款项划转至企业的银行结算账户。因此该《非银行支付机构网络支付业务管理办法（征求意见稿）》对以"余额宝"为代表的宝宝理财产品是不会产生影响的。

2013 年诺贝尔经济奖得主席勒教授在《金融与美好社会》一书中阐述了一个基本道理：金融不应该高高在上，因为金融源于交易，是为商业和生活服务的。而支付作为现在商业最为重要的金融基础设施，更应该自我反思，与时俱进。这次央行针对第三方支付机构网络支付业务出台的《非银行支付机构网络支付业务管理办法（征求意见稿)》，对第三方支付机构支付账户的监管以及要求支付机构不得为从事信贷、融资、理财、担保、货币兑换等金融业务的其他机构开立支付账户，都能隐隐约约地看到对此次股灾中场外配资所带来风险的重视。在金融市场上安全与效率一直在博弈，金融的创新需要自由的空间，同时金融又与风险同在。所以这次的《非银行支付机构网络支付业务管理办法（征求意见稿)》笔者总体上是认同的。第三方支付机构支付账户的不透明、客户资金安全保障措施弱是一个不争的事实，但是，我们也要认识到互联网金融发展能有今天的局面，其很大程度上是互联网公司依赖与第三方支付机构在各种场景中的深度开发而造就的。第三方支付机构的便捷、高效、低成本的支付方式是银行所不能做到的，所以在银行托管成为主流模式的背景下，银行和银联等传统金融机构如何实现更便捷和低廉的交易成本，关系到互联网金融发展的未来。总而言之，在适当监管的基础上，要为金融创新留有发展的空间。

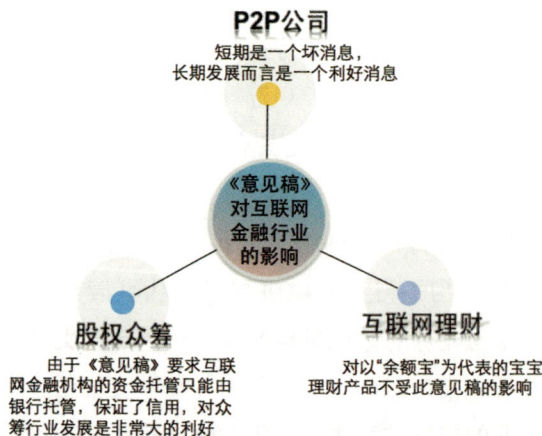

图 2-33 《非银行支付机构网络支付业务管理办法（征求意见稿)》
对互联网金融行业的影响

二、《非存款类放贷组织条例（征求意见稿）》解读

8月12日，国务院法制办就《非存款类放贷组织条例（征求意见稿）》向社会公开征求意见。客观上来说该《非存款类放贷组织条例（征求意见稿）》对于防范我国的民间金融市场的风险具有重大进步意义。

近年来，"三农"中小微民营企业融资难一直是社会关注的重点。小额贷款公司等非存款类放贷机构作为金融体系的重要补充形式，为缓解中小微企业的融资的困境发挥了不小的作用。但同时，长期缺乏法律层面的规定、非存款类放贷机构合法性判断标注模糊、多头监管带来的监管主体不明确，造成监管的形式化、真空化，难以发挥有效监管的作用。特别是以P2P为代表的互联网金融借助互联网技术拓展了非存款类放贷组织放贷的形式和边界。在此背景下，该《非存款类放贷组织条例（征求意见稿）》的出台有利于规范民间金融活动，有效防范非存款类放贷组织可能导致的社会风险。但是出于各种原因，该条例意见稿的出台并非包治百病的药方，很多行业痼疾仍然没有得到解决。

笔者将从以下几个方面解读此次《非存款类放贷组织条例（征求意见稿）》。

（一）监管的对象

根据《非存款类放贷组织条例（征求意见稿）》的第二条，非存款类放贷组织，是指经营放贷业务但不吸收公众存款的机构。第三条进一步对"经营放贷业务"的概念进行了解释，所有以发放贷款为业务并从中获取利益的行为，包括虽未宣称但是实际从事放贷业务的主体，全部纳入监管的范围。

非存款类放贷组织目前有很多形态，此次《非存款类放贷组织条例（征求意见稿）》监管的对象大体可分为三类：

第一，以投资咨询公司、资产管理公司、担保公司等名义经营放贷业务的机构将告别野蛮发展的状况。

第二，随着互联网金融的兴起，出现了利用网络突破地域限制发放

贷款的小额贷款公司、为 P2P 网络借贷平台担保变相突破杠杆率限制的小额贷款公司与担保公司，以 P2P 网络借贷平台融入资金的非存款类放贷组织也将纳入监管的范畴。P2P 平台中的代表性企业，如有利网、积木盒子等与小额贷款公司等紧密合作的平台将纳入监管。另外，《关于促进互联网金融健康发展的指导意见》中所指网络小额贷款，比如阿里小贷和京东白条亦须受该条例监管。

第三，非金融机构放贷组织，比如小额贷款公司等持有地方牌照的经营贷款业务的普通公司也将纳入统一监管的标准，改变过去地方监管标准、尺度不一致导致的无序发展。

但是典当行、证券期货经营机构、消费金融公司、汽车金融公司、贷款公司等非存款类放贷组织"血统纯正"，持有银监会颁发的金融牌照，因此不适用该条例。

图 2-34 《非存款类放贷组织条例（征求意见稿）》的监管对象

（二）监管原则

在监管方式上，非吸收存款类放贷机构不吸收公众存款，不具有较强的外部性，因此国际上通用的做法是非审慎监管。但在这个《非存款类放贷组织条例（征求意见稿）》中，我们可以发现一个非常有意思的现象，就是监管层一方面想采用国际通用的非审慎监管原则，另一方面，《非存款类放贷组织条例（征求意见稿）》的后半部分又有审慎监管的具体规定，有些地方的规定超过了对银行业金融机构的监管要求。这体现了中国家长式的监管风格和对市场自律监管的不放心。例如《非存款类放贷组织条例（征求意见稿）》中第四十四条所规定的债务催收条款，体现出中国市场的特殊国情，也体现出一行三会的分业监管体制导致的监管的矛盾。

（三）监管方式

根据《非存款类放贷组织条例（征求意见稿）》第七条的规定，中国人民银行和银监会在金融监管协调部际联席会议制度的框架内出台监管规则，指导地方政府具体监管，以经省政府授权的实施监管管理措施的部门行政许可的方式，进行日常监管。实现中央统筹，地方具体监管。这种做法是比较切实可行的。笔者早在《金融服务统合法论》和《金融消费者保护统合法论》（法律出版社2013年版）所建立的"金融统合理论"中提出，为了维持鼓励创新与防范风险的高度平衡，必须建立中央和地方的双层监管体制。我们国家幅员辽阔，地区之间经济总量差异性比较大，对民间借贷的需求也不一样，因此授权给省一级的监管部门进行事前监管，既可以控制多头监管带来的政府监管懒政，地方政府还可以根据本地区的情况控制非存类放贷机构的数量。

与此同时，如《非存款类放贷组织条例（征求意见稿）》中第三章第十九条中指出，地方监管部门可以根据辖区内非存款类放贷组织的整体资信情况、盈利能力等因素，合理确定非存款类放贷机构通过发行债券、向股东或银行金融机构借款、资产证券化融入资金的比例。这类机构的准入是由省级层面批准，那么监管标准在省内应该都是一致的，没有监管套利的空间。

这种监管方式其实也是国际惯例，如在美国由各个州进行具体监管，州监管部门有权审查和批准牌照申请、指导年度审查或者被许可人的检查、接受和审查年度报告、申请强制执行、调查消费者投诉。

但是《非存款类放贷组织条例（征求意见稿）》没有非常明确地划分央行与银监会在监管中的角色分工与各自承担的义务，条例的内容也是宏观、微观相混杂，违背了央行管宏观、银监管执行的通行规则，在监管细节比如机构资料报送要求里也出现了许多平行而无序的规定。可以预见，今后，央行、银监会、全国性行业协会、各省主管部门之间的协调难度是巨大的。

（四）贷款组织的具体监管制度架构

1. 提出内部治理和风险控制要求

为解决农民资金互助合作社等组织因内部治理不合理导致的违规操作，《非存款类放贷组织条例（征求意见稿）》指出设立非存款类放贷组织必须是以有限责任公司和股份有限责任公司的形式。同时对公司董事、监事和高级管理人员参照银行类金融机构提出了任职要求。对借款人的信用情况、贷款用途、还款能力等进行审查，在贷款发放后持续跟踪调查贷款投向和借款人的还款能力；建立贷款损失拨备、贷款减免和呆账核销制度。

2. 降低了准入门槛

《非存款类放贷组织条例（征求意见稿）》第十二条规定了非存款类放贷机构的注册资金准入门槛，有限责任公司的注册资本不得低于等值500万元人民币，股份有限公司的注册资本不得低于等值1000万元人民币，而且为实缴注册资本。这与一些地方小贷公司设立门槛相比大幅偏低。如上海规定，小贷公司设立门槛大幅提高到2亿元，此前规定为有限公司注册资本最低2000万元，股份公司最低5000万元。但是最低500万元的实缴注册资本对于很多放贷组织来说成本仍然很高，笔者建议对于小范围的具有互助性质的小额放贷组织应当有一定的豁免制度，对于这类组织采取注册制。

3. 拓展了融资渠道

根据《非存款类放贷组织条例（征求意见稿）》第十九条规定，非存款类放贷组织的资金来源，除了自由资金外，还可以通过发行债券、向股东或者银行金融机构借款、资产证券化等方式融入资金。这样期待可以改变过去非存款类放贷机构"无钱可贷"的局面。小贷公司的杠杆加大，化解由此带来的非法集资等非法途径获取资金而带来的系统性风险，这应该是非常利好的政策，也是符合我国多层资本市场建设的要求和国际的通用做法的。国际上，非吸收存款类放贷机构虽然主要利用自有资金从事贷款发放和信用支持业务，如在美国，非存款类放贷机构可以通过向金融机构贷款、发行债券或股票、资产证券化等方式获取资金，墨西哥甚至还探索了发行商业票据和中期票据的方式融资；但是我们要看到，尽管条例给小贷公司留下了发行债券、向股东或金融机构借款、资产证券化等资金来源通道，但这些通道资金的成本已接近或超过银行贷款利率，以贷放贷的高息模式下小贷机构的安全性根本无法得到保证。笔者参与了重庆金融资产交易所和浙江金融资产交易中心的小额贷款公司等的收益权资产证券化的业务设计讨论和课题论证，实际上通过层层的担保等架构设计，小额贷款公司的融资成本还是偏高。阿里小贷也在深圳证券交易所发行过债券来融资，但这也仅仅是一个案例，没有大规模开展。总体而言，小额贷款公司的融资太高，也给实体企业带来高融资成本，一般高达18%左右。在中国当下从事实体经营的企业中，又有多少有能力覆盖这么高的资金成本？

4. 拓展了非存款放贷组织经营的范围

根据《非存款类放贷组织条例（征求意见稿）》第八条和第十五条的规定，确定了省一级范围经营活动可以不受限制，但是对非存款类放贷组织经营地域是有限制规定的，第十五条规定"跨省、自治区、直辖市经营放贷业务的，应当经拟开展业务的省、自治区、直辖市人民政府监督管理部门批准，并接受业务发生地监督管理部门的监督管理"。这种规定仍然停留在传统监管的思维上，同时也是立法技术上的失误。在互联网时代，

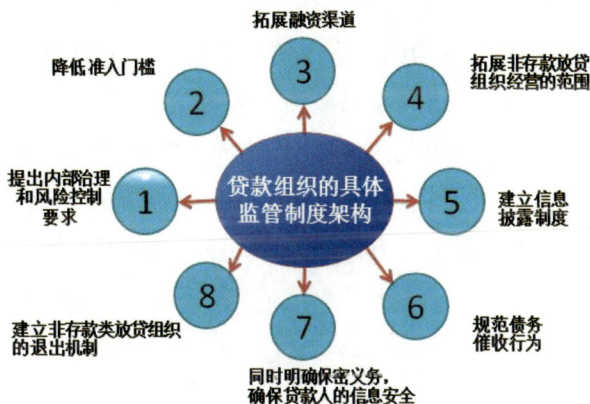

图2-35 贷款组织的具体监管制度架构

借贷的形式早已经突破了物理的边界，所以这点并不适合网络小贷。

5. 建立信息披露制度

该《非存款类放贷组织条例（征求意见稿)》的第二十一、二十二条规定了非存款类放贷组织的充分信息披露的义务。

6. 规范债务催收行为

《非存款类放贷组织条例（征求意见稿)》第二十九条第一款明确了债务催收的基本原则以及选择外包方式催收的基本要求，并且在该条的第二款列举出了债务催收时禁止性行为。这是非常具有中国特色的条款。

7. 明确保密义务，确保贷款人的信息安全

8. 建立非存款类放贷组织的退出机制

明确非存款类放贷组织退出条件、退出程序及债权债务的转让、承接与处理规则、对经营不善的非存款类放贷组织实现有序退出。

（五）《非存款类放贷组织条例（征求意见稿)》对 P2P 的影响

根据央行等十部委 2015 年 7 月 18 日发布的《关于促进互联网金融健康发展的指导意见》的规定，P2P 只能做信息中介平台，该《非存款类放贷组织条例（征求意见稿)》只针对从事放贷业务的主体，P2P 理论上不属于该监管的范围。目前 P2P 行业成为非法集资的高发地，据统计数据显示，2014 年 P2P 网络借贷平台涉嫌非法集资发案数、涉案金额、参与集资人数分别是 2013 年全年的 11 倍、16 倍和 39 倍。此类案件有一些是以 P2P 为名行集资诈骗之实；另有一些则是从传统民间借贷、资金掮客演化而来，以开展 P2P 业务为噱头，主要从事线下资金中介业务，开展大量不规范的借贷、集资业务，极易碰触非法集资底线。①

但是，对于那些借 P2P 之名做经营放贷业务的机构，自然要接受该条例的监管，根据《关于促进互联网金融健康发展的指导意见》中的规定，对于那些真正从事信息中介的平台，具体的监管细则银监会正在紧锣密鼓地加紧制定。

---

① 参见闫瑾：《非存款类放贷机构实行牌照监管》，《北京商报》2015 年 4 月 29 日。

第三章

众筹改变理财

——"互联网+"时代的理财产品

第一节 "宝宝"类理财产品的高调崛起

一、"宝宝"的强势来袭

自 2013 年年中阿里集团与天弘基金跨界合作设立余额宝以来，"宝宝"类理财产品作为一种本质为货币基金的理财产品，因其本身具有的低门槛，即时购赎且免费，安全风险较小等优势，很快抓住了理财产品市场的痛点，自问世以来，如雨后春笋般迅速发展。

随着社会公众投资理财需求的扩张，越来越多的平台主体看到了"宝宝"类理财产品存在的巨大市场，因此在其总规模迅速扩张的同时，种类也在不断增多。根据《华宝证券 2015 中国金融产品年度报告》，按照发行主体的不同可将"宝宝"类理财产品分为基金类、银行类、第三方支付类、第三方销售类等几种类别。其中，到目前为止的基金类"宝宝"产品有 32 个，银行类"宝宝"产品有 25 个，第三方支付类"宝宝"产品有 14 个，第三方代销类"宝宝"产品有 8 个。

基金类"宝宝"产品是由各大基金公司推出的理财产品，是具有余额理

图 3-1 "宝宝"类理财产品的分类

财功能的货币市场基金。例如，中银基金推出的中银活期宝，长城基金推出的长城工资宝，广发基金推出的钱袋子，招商基金推出的招财宝，等等。

银行类"宝宝"产品是以各大银行作为发行主体，包括国有银行、股份制商业银行、城商行等发行设立的余额类理财账户，通过与该银行旗下的直属基金公司发行的基金绑定的方式发行。

第三方支付类"宝宝"产品是指由拥有第三方支付牌照的平台作为发行机构，与基金公司合作携手推出的理财产品。此类"宝宝"产品通常与基金公司的某只基金绑定，收益风险共担。

第三方代销类"宝宝"产品则是指由具有基金代销资格的第三方理财机构、财经网站、证券投资咨询公司发行设立的余额理财账户。代销机构的产品实质上与所对接的基金实行一体化管理。目前，第三方代销类"宝宝"产品有同花顺的收益宝、众禄基金的众禄现金宝、和讯的活期盈、数米基金网的数米现金宝、天天基金网的活期宝、好买基金的储蓄罐、金融界的盈利宝、凤凰网的凤凰宝等共 8 款产品。

随着互联网金融监管的日益加强，各大银行纷纷调低银行卡转入"宝宝"类产品的资金限额，从而降低了"宝宝"类产品的灵活性和收益性。此外，央行取消了"提前支取不罚息"的政策红利条款，使得货币基金原有的特权及优势不再。另外，"宝宝"类产品虽然规模和种类都在增长，但是其功能普遍比较单一，同质化严重，在投资收益率下降的趋势下，没有创新业务模式来留住投资者。此外，自 2014 年年底以来，央行已经进行了多次降息、降准，宽松的货币政策也使得"宝宝"类产品对投资者的吸引力降低。再加上新的理财方式层出不穷，且逐渐为社会公众所熟知，票据理财、P2P 类产品收益较高，也极大地分散了"宝宝"类产品原有的投资者。

二、"宝宝"们给我们带来了什么

虽然"宝宝"类理财产品目前的收益率和规模都不复从前的辉煌，但其本身所带来的众筹理财思维却成为这场变革中最宝贵的财富与力量，对传统的理财产品产生了巨大的冲击与变革。一直以来，传统金融机构宣传"以客户为中心"、"加强产品创新，满足客户需求"等口号，但在金融资源高度垄断的背景下，很难期待金融机构会真正地以客户为中心。余额宝站在客户的使用角度和使用习惯来研发、设计产品，提高客户参与度，改善了客户体验。客户体会到参与的乐趣，自主地进行传播，为余额宝的扩张增加了无形的力量。除此之外，余额宝带来的更多的是一种思维的革命。用户思维、简约思维、流量思维、跨界思维、社会化思维、大数据思维正在改变着我们过去对事物的看法，过去我们认为合理的现在可能变得不合理了。比如，过去我们认为做金融的是金融家，谁都没想到做互联网的会在金融领域引起如此巨大的一场变革。

第二节　众筹思维下的理财产品观

在当今时代，尤其在互联网与金融相结合的领域，唯一不变的就是"变"。自阿里凭借余额宝强势进军传统金融市场以来，"草根"和"跨界"成为众筹金融的代名词。余额宝的出现带来了一场思维的革命，它唤醒了人们可以对以往我们都认为理所应当的事物说"不"的意识。购买理财产品、基金产品过去都是高富帅的游戏，但"宝宝"的出现改变了这一游戏规则。在众筹金融的时代，"变"才能"通"，"通"才能"达"。

一、如何做到"变"

首先，笔者认为未来的理财产品市场要秉承普惠的精神。所谓普惠精神就是让最广泛的大众群体获得实惠，通过获取广泛的群众基础取得制度合法性。互联网金融出现之前，金融理财产品是富人的专利，而处于长期金融抑制和负利率环境下的大众群体只能看着其资产贬值、缩水。让社会公众都有参与的机会是"变"的精髓。

其次，要有免费和流量思维。从国内当前互联网发展形势来看，免费已经成为消费者的主导理念。免费服务做得好，才有可能吸引大量消费者参与，才有可能让消费者愿意花钱购买增值收费服务。这是一个顾客体

图 3-2 理财产品如何"变"

验的过程，更是一个吸取流量的过程。从国内主流互联网企业的成功经历来看，只要拥有了足够多的用户，就拥有了市场份额和风险投资基金的支持，同时也就具备了潜在的盈利能力。

再次，要有简约思维。普惠思维下的理财产品市场，金融企业服务的客户一开始就定位于草根阶层，相对于中产阶层与富人阶层而言，其财力较弱，投资理财观念及相关知识也较为缺乏。这决定了在理财产品设计方面，企业一定要走平民化道路，降低产品与服务的理解难度，简化操作流程，提供傻瓜式的产品与服务。另外，未来的金融理财产品在为消费者提供相对于传统金融服务产品较高收益的同时，也具备较高的风险。[①] 因此，在产品与服务充分简化的同时，企业需用尽可能容易理解的方式及时、完整、清晰、真实地向客户告知各种潜在风险，简约而不简单。

二、如何做到"通"

笔者所强调的"通"主要是指跨界思维，互联网＋金融所产生的巨大变革就是这种"通"的体现。有人可能会怀疑：木匠能当好裁缝吗？巴菲特合伙人查理·芒格，一直是跨界思维的推崇者。他将跨界思维比喻为"锤子"，而将需要创新的问题看作是"钉子"，"对于一个拿着锤子的人来说，所有的问题看起来像一个钉子"。[②] 阿里、京东一个个过去跟金融毫

---

① 参见徐二明、谢广营：《互联网普惠金融发展趋向：一种制度性创业视角》，《中国流通经济》2015 年第 7 期。

② 参见朱丽：《跨界思维是"普世智慧"》，《中外管理》2014 年第 9 期。

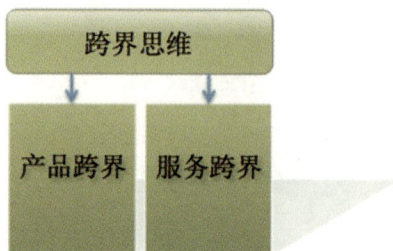

图 3-3 理财产品如何"通"

不相干的互联网巨头，成立蚂蚁金服、京东金融，转眼变成一个个金融巨头，干了很多传统金融机构没干的活。众筹金融企业如何开发并响应客户需求，进而通过技术与管理创新推出合适的产品和服务，对于其抢占市场份额尤为重要。在这种思维下，产品和服务的跨界也就变得容易理解。很多行业的创新都是外行进来才引发的，金融行业也需要搅局者，需要那些外行的人进来。互联网是一个真正的无边界事物，其触角可能发展延伸到任何一个实体领域。众筹金融建立在互联网的基础之上，继承了互联网跨界思维与兼容能力的优质基因，更容易通过产品与服务跨界拓展市场，开发新的客户。①

三、如何做到"达"

此处的"达"便是"变"和"通"之后所要达到的目的。众筹金融这个新兴的领域，不仅集中体现了跨界思维与合作的智慧，更是将互联网与金融这两个领域的优势所在得到最大程度的发挥。众筹金融所要实现的"达"就是要实现真正的普惠金融，它依据互联网以服务客户为中心的宗旨，借力互联网方便、快捷的特点，以广大的中小投资者为服务对象，打破金融垄断，让投资者手上的资金和市场上流通的资金都得到充分利用，实现金融市场的竞争以及资源的优化配置。

---

① 参见徐二明、谢广营：《互联网普惠金融发展趋向：一种制度性创业视角》，《中国流通经济》2015 年第 7 期。

第三节　"互联网＋"时代理财产品的华丽转身

在众筹思维下的理财产品观指引之下，众筹理财产品层出不穷，"变"而"通"，"通"而"达"，实现了"互联网＋"时代理财产品的华丽转身。众筹理财是一种利用普惠、简约和跨界思维，对传统理财产品进行重构的新兴理财模式。它利用互联网的长尾效应，低成本地将众多的草根投资者的小额资金集结起来，大批量团体购买准入门槛高的金融理财产品。互联网、大数据与金融的完美结合，让跨界的行业优势得以最大化发挥，产生了变革性的力量，衍生出了新兴的理财模式，即众筹理财。这种新型理财模式使众多的中小投资者能够以较低的价格享受到优质的金融商品和服务，同时也将投资风险最大化地进行分散。前述的众多"宝宝"类理财产品便是众筹理财的集中体现，众筹理财的兴起让每一位客户都能平等地享有高收益的理财服务，这是真正的"草根金融"。同时，互联网平台利用其强大的金融大数据收集、分析与处理能力，为众多的金融消费者提供多样化、风险适当的众筹理财产品。

图3-4　如何做众筹理财产品

一、借力众筹，理财产品转向长尾市场

（一）大幅度降低理财产品的资金门槛

很多的传统投资工具具有较高的投资门槛，动辄需要几百万甚至几千万的资金，这让众多的中小投资者望而却步，而众筹理财产品与互联网的完美结合，突破了传统理财产品高资金门槛的限制，让众多普通投资者可通过抱团的方式购买高门槛、高收益的理财产品，从此这些优质的理财产品"飞入寻常百姓家"。互联网众筹理财产品的准入门槛非常之低，甚至可以说基本没有门槛，无申购、赎回费用，一定意义上将金融投资带入到人人可投的"全民理财时代"、"大众金融时代"。

【案例】众筹理财低门槛，开启全民理财时代

百度与嘉实基金合作推出的金融理财产品对接"嘉实 1 个月理财债券 E"，嘉实 1 个月理财债券 E 将绝大部分资产投资于银行协议存款，而协议存款最低起存金额一般为人民币 3000 万元，并且需要一次性存入，仅有金融机构才有银行间市场的参与资格，一般的零散户和普通网民不具备拥有此种金融服务的资格。① 百度此举最大的亮点在于，通过与嘉实基金的对接，普通的投资者 1 元即可享受到相应的金融服务。

截至目前，从申购金额门槛来看，银行系和互联网系宝宝全部做到了 1 分钱起购，几百几千元的小成本理财产品增多，甚至连商业银行都纷纷推出了类余额宝货币基金来与互联网金融企业分一杯羹，这也成为职场新人、低收入群体的理财渠道。从 2014 年年初开始，工商银行、中国银行、农行、建行先后推出了薪金宝、活期宝、农行快溢宝、速盈。

表 3-1　四大行"宝宝"类理财产品情况一览

银行	名称	基金代码	货币基金	申购门槛
中国建设银行	速盈	000693	建信现金添利	100 元

---

① 参见姜业庆：《锁定银行协议存款　"团购金融"搅局年末理财市场》，《中国经济时报》2013 年 12 月 18 日。

银行	名称	基金代码	货币基金	申购门槛
中国工商银行	薪金宝	000528	工银瑞信薪金 A	100 元
中国银行	活期宝	000539	中银活期宝货币	1 元
中国农业银行	快溢宝	660007	农银汇理货币 A 等	1000 元

众筹理财产品聚集了互联网用户的力量，将众多"散户"手中的钱汇集成为大钱，增加了投资者与金融机构"砍价"的砝码，使广大中小投资者的小额资金也能获得大额资金投资的高收益率，为客户减少了交易成本，同时提高了竞争力，实现了"小资金共赢大收益"。

（二）去中介化，降低理财成本

传统理财产品的管理成本通常较高，这其中的一大原因就是传统理财模式需要多个金融中介在多个环节连通融资方和投资方，而金融中介的运作需要高昂的成本，如银行运营的成本、资金托管的成本、项目管理的成本等，这些成本最终都将转嫁给客户，从而降低了投资的真实收益，也使实体经济承受更多的负担。众筹理财的新模式让投资者能以最短的路径直接投到融资的项目上，中间的通道就会缩短很多，降低了中间过程的成本，因此实体经济承受的融资利率就会低一些，负担就会减轻，而投资者也能享受到更高的收益。

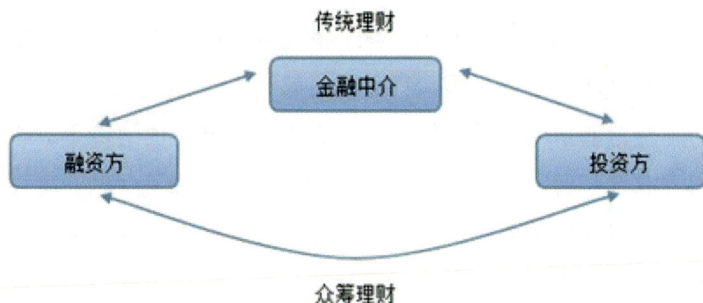

图 3-5　众筹理财去中介化

众筹理财利用互联网技术，最大限度地减少了资金借贷需求匹配的中间环节，并减少了人工工作量，融资成本大幅下降，使其与传统理财相比，在收益上更有竞争力。高收益的优势又吸引更多优质的客户，使得资金规模扩大，成本进一步摊薄，构成良性循环，推动众筹理财规模加速增长，对理财市场势必产生革命性的影响。

二、大数据成为连接金融与实体经济的纽带

图 3-6 大数据是实体经济与金融的纽带

　　未来的众筹金融将服务于更多的领域，与实体经济跨界合作。不同于传统金融的混业经营，众筹金融理论所指的跨界不仅是金融行业内银行、证券、保险、基金、信托的混业，更重要的是金融行业与实体经济更广泛、更深度的融合。而这一跨界得益于大数据的发展，在"互联网＋"时代，"无数据，不金融"已经成为行业内的流行用语，众筹理财之所以能撼动传统理财产品市场，很大程度上有赖于互联网技术发展中的大数据处理能力。金融的本质是资金的融通，在大数据金融的语境下，将资金置于互联网大数据平台之上，拓宽了金融的范畴，增加了金融的维度，使融资的需求能够更加简单地展示出来。通过依托互联网技术的数据收集、分析和处理能力，收集各个领域的用户行为信息，挖掘潜在的关联性，从而利用实体经济中最真实、最直接的第一手信息为投资者提供决策参考，尽可能地消除在加工处理信息过程中造成的失真，使投融资与实体的需求更紧密地结合起来。

【案例】娱乐宝——众筹理财跨界影视投资，融娱乐、消费、保险于一体

2014 年 3 月，阿里巴巴宣布推出专注影视娱乐投资的理财产品"娱乐宝"，普通网民出资 100 元，就可以在手机淘宝中的娱乐宝预约页面，选择感兴趣的项目投资热门影视剧作品。首期四个项目总投资额为 7300 万元人民币，其中影视剧项目投资额为 100 元 / 份，游戏项目的投资额为 50 元 / 份，预期年化收益 7%，每个项目每人限购两份。娱乐宝还为"投资人"准备了多种娱乐权益，如粉丝有机会参加剧组探班、明星见面会等，使这项投资更具吸引力。娱乐宝提供了一个大众化的投资平台，拉近了普通网民和文化产业之间的距离。未来，大众"投资人"甚至可以决定一部电影可以由谁来导演，由谁来当男一号、女一号。普通网民，同样具有"造梦造星"的权利。① 阿里巴巴通过推荐引擎、数据算法等方式，收

图 3-7 娱乐宝的作用

① 参见张春伟：《阿里巴巴推"娱乐宝"可投资影视，百元起步预期收益 7%》，http://ted.ifeng.com/intemet/detail_2014_03_26/35161266，最后访问时间：2015 年 7 月 1 日。

图 3-8　娱乐宝在移动端购买

集了大量用户行为偏好数据，以用户的喜好作为出发点，充分利用人气明星强大的号召力，大幅减少了电影投资的盲目性，提高了投资回报率，成为电影票房的制胜法宝。这种模式让阿里巴巴颇为受益。

正如余额宝的本质是一款由天弘基金推出的"增利宝货币基金"一样，娱乐宝的本质其实是与国华人寿、太平洋保险、华夏保险等保险公司合作的保险产品。但是，娱乐宝并非只是一个金融产品和投资工具，而更多的是一个连接影视作品和粉丝的新的途径，它颠覆了过去消费者只能被动接受的传统电影模式，粉丝和明星之间可以借助娱乐宝建立一种真实的联系。

在移动端销售，可以把握住人们碎片化的时间。

设定较低的投资上限，即使投资失败也能承受。具体投资对象可自由选择，既能迎合消费者喜好，也免去了上映宣传的费用。

图 3-9　娱乐宝的投资上限于自主选择

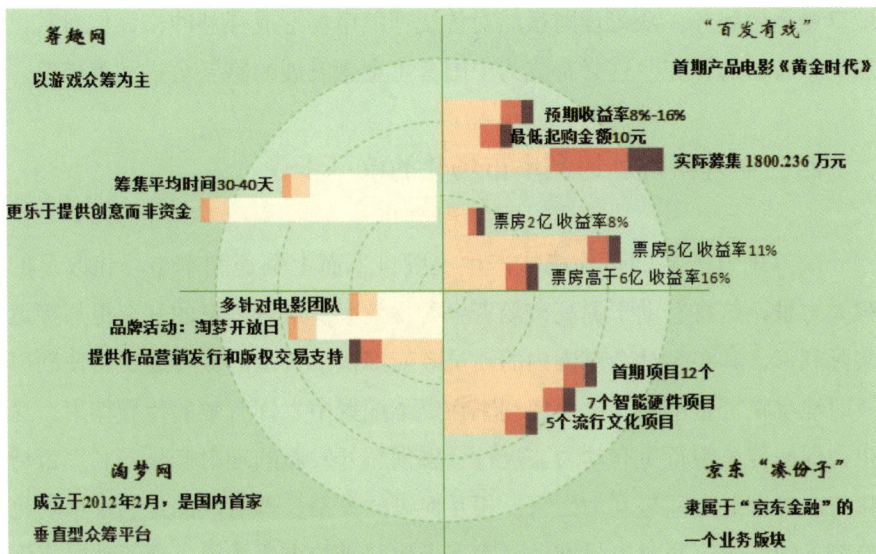

图 3-10　国内其他类似产品

　　大数据金融是金融创新的重要时代表现，也正是因为有了大数据技术，让众筹理财有了可以扎根生存的土壤，有了可以开疆拓土的实力，更有了可以紧密结合实体经济的变革性影响。试想，如果没有互联网大数据平台，就不能在分散在各行各业的实体经济之间建立纽带，也不能让投资者在更加开放、透明的平台了解各类投资信息与风险，互联网金融企业也无法更为精准地找到自身理财产品的目标客户群……正是因为有了大数据技术的支持，众筹金融才能有跨界合作的能力，众筹理财产品才能迸发出无限的激情与活力。

三、催生"草根金融"，真正实现普惠金融的价值目标

　　众筹理财是真正的"草根金融"，它拓宽了资金筹集与投资者理财计划选择的范围。从更为重要的一个层面来说，众筹理财让中国跨入了"全民理财时代"，也让普惠金融理念得到了更加广泛的普及。普惠金融的理念和众筹理财的精神——小额、面向低收入群体、风险分散——不谋而合。众筹理财诠释的理念是：让每一个人都能以可负担的方式自由、平等

地享受金融服务。众筹理财虽然对传统理财市场形成强烈冲击，但对其也形成了有益的补充，这必将成为中国普惠金融发展的重要契机和突破口。

四、众筹理财加速利率市场化的改革步伐

众筹理财产品的运作模式产生一股自下而上倒逼利率市场化改革的强大力量，这将有助于提高市场资金配置效率。众筹理财的利率更加接近实际利率，其在全社会范围内的动员效应加快了资金的流转速度，使利率及时地反映资金供求，从而使利率在资本配置中发挥有效的传导作用。这也会促使传统银行更有动力去进行金融创新开发新的理财产品。利率市场化与众筹理财之间是互为因果、相互促进的关系。理财产品是利率市场化趋势下的产物，同时也是推动利率市场化前进的重要手段。众筹理财作为金融创新的重要组成部分，其快速发展增加了投资者在理财产品方面的多元化选择，也可以为将来利率市场化改革进程中市场利率水平的确定提供重要的参考，以保证理财产品市场利率水平的科学性。

第四章

众筹改变银行

——"互联网＋"时代的债权众筹

第一节　债权众筹概述

债权众筹（Lending-based crowd-funding）是指投资者对项目或公司进行投资，获得其一定比例的债权，未来收回本金并获取利息收益。尽管2013 年以来，债权众筹在我国蓬勃发展，但其光鲜的背后也频频出现平台倒闭、跑路，甚至有"短命"P2P 平台上午上线，下午跑路。从平台自身的运营来看，除了恶意诈骗的平台，主要问题在于同质化严重，风险管理缺失。在监管措施不断完善的背景下，未来债权众筹的安全性和规范性将不断提高，兼并重组将加速，大平台将占据主流。债权众筹平台想要脱颖而出，必须深耕行业细分和垂直领域，实现差异化经营，并且更为紧密地与实体经济结合，围绕龙头企业的供应链金融和对于扩大内需有重要意义的消费金融将蓬勃发展。

党的十八届三中全会明确了市场在资源配置中的决定性作用，债权众筹即是市场配置资源的重要体现。它所形成的市场化定价机制、信用数据以及运作模式都对金融体制改革有深远影响。

第二节　P2P 网络借贷

一、P2P 网络借贷概述

P2P（Peer to Peer）网络借贷作为债权众筹的典型表现形式，已经在国内生根发芽，发展壮大，成为我国金融体系的重要组成部分。P2P 网贷具有低成本、快捷、便利的特点，其健康发展有利于聚集社会上的闲散资金，惠及小微企业和个人。

自 2007 年第一家民间借贷网络平台诞生以来，P2P 网络借贷平台发展迅猛。经过近 6 年的发展，P2P 网络借贷模式成为近年来互联网金融领域最火爆的话题。网贷之家统计的数据显示，截至 2015 年 6 月我国 P2P

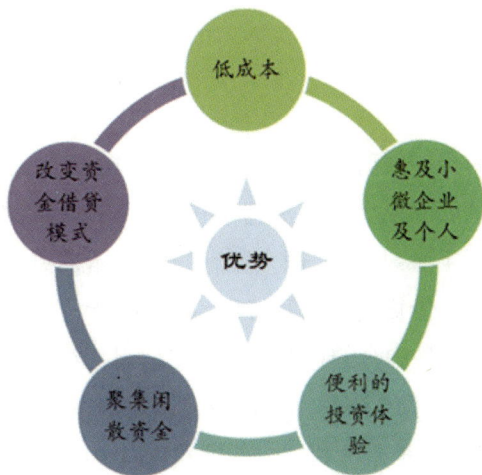

图 4-1 P2P 的优势

借贷公司达到 2028 家，月环比增长 4%；P2P 借贷公司的交易规模达到 659.56 亿元，月环比增长 8%，总贷款余额达 2087.26 亿元。然而，如火如荼的 P2P 网络借贷发展中的问题也逐渐显现。2011 年 7 月 21 日，正式运行刚一年半余，已经积累了 10 万用户，自称"中国最严谨的网络借贷平台"的哈哈贷宣布因资金问题关闭运营。银监会随即印发了《关于人人贷有关风险提示的通知》，要求银行业金融机构严防民间借贷风险向银行体系蔓延。

网贷之家监测数据显示，仅 2015 年 6 月已经有 125 家 P2P 网贷平台出现困难或倒闭。预计 P2P 网站关停事件还将继续蔓延。一方面，市场规模逐渐放大；另一方面，所潜藏的风险也逐渐显现。

《关于促进互联网金融健康发展的指导意见》进一步明确个体网络借贷（即 P2P 网络借贷）要坚持平台功能，为投资方和融资方提供信息交互、撮合、资信评估等中介服务，强调 P2P 网络借贷机构是信息中介，主要为借贷双方的直接借贷提供信息服务，不得提供增信服务，不得非法集资。而目前，我国 P2P 网络借贷平台大多并非纯信息平台，有的甚至平台自身提供担保，这些提供增信服务的平台不符合《关于促进互联网金融健康发展的指导意见》的要求，面临转型甚至倒闭。

二、P2P 的产生和发展

基于互联网的金融创新自 2005 年在英国首次出现，之后以 Zopa 为代表的网络借贷模式席卷欧美。在美国，并不将 P2P 网贷看成是金融创新，而是将其定位为"类金融"，并嵌入原有的金融体系中，美国《消费者信用保护法》将互联网借贷纳入民间借贷的范畴，赋予其合法地位。P2P 网络借贷平台，作为一种中介的存在，旨在纯信用、纯线上对借贷双方进行撮合，是正规金融体系的补充，体现着普惠金融的特质。国外的 P2P 网贷模式可以分三类：一是非营利公益型模式，以 Kiva 为代表；二是单纯提供中介服务的标准型模式，以 Prosper 为代表；三是复合中介型模式，以 Zopa、Lending Club 为代表。其中，复合中介型模式是对纯信用模式的一种异化。《哈佛商业评论》将 P2P 网络借贷平台称为"2009 年最具突破性的创新"。

图 4-2　P2P 的产生与发展

P2P 网络借贷，作为个人对个人的资金和信息匹配，是一种基于信用的点对点式的资金融通过程，通过 P2P 信贷公司搭建网络平台，借款人（borrower）和出借人（lender）可在平台进行注册，需要资金者发布信息（简称发标），有闲散资金者参与竞标，一旦双方在额度、期限和利率方面达成一致，交易即告达成。① 主要满足于小额信贷的需求而出现在普惠金融的理念中，具有满足个人资金需求，提高社会闲散资金利用率的作用。就其本质而言，P2P 网络借贷就是民间借贷与现代互联网技术的联姻，而平台在这个过程当中不仅扮演类似"媒婆"的角色，起到撮合作用，更为重要的是，发挥风险管理与风险定价的作用。以 Lending Club 为例，其在 Fico 评分的基础上对借款人信用进一步深入分析，得出更加细化更加精准的信用评价结果，进而适用不同的借款利率。Lending Club 的借款年化利率在 5.99%—32.99% 之间，信用状况越好，违约风险越低，对应的利率也就越低。对于信用状况良好的借款人而言，低于信用卡约 18% 的年化利率，还不上信用卡的人可以先从 Lending Club 平台上借钱还给银行，之后再还 Lending Club 平台上的借款。这样既不至于影响个人的信用评价，也只需负担相对较低的利息。

国外的 P2P 网络借贷主要有以下典型特征：第一，P2P 平台起居间作用第一，在线进行。资料与资金、合同、手续等全部通过网络实现。第二，借贷门槛低。每个人都可以成为信用的传播者和使用者，信用交易可以很便捷地进行②，每个人都有参与的可能性。第三，出借人单笔投资小，风险分散。出借人将资金分散给多个借款人对象，同时提供小额度贷款，使得风险最大程度分散。

图 4-3　P2P 的特点

2007 年中国第一家纯线上网贷平台拍拍贷正式成立时，平台只做线上的交易撮合，承袭了国外的纯信用无担保的运营模式。在发展过程中，

---

① 参见李博、黄亮：《互联网金融的模式与发展》，《中国金融》2013 年第 5 期。
② 参见谢平、邹伟伟、刘海二：《互联网金融模式研究》，《新金融评论》2012 年第 1 期。

为了确保资金安全，逐渐开辟了线上线下并行运营的方式，切割传统纯信用平台的业务，将风险剥离到第三方担保公司等专业机构。很多平台与担保公司合作，为债务人提供担保，使投资者免去了后顾之忧。P2P 业务在2013 年后迅速发展壮大起来。

三、P2P 网络借贷的典型模式

（一）信息平台模式

图 4-4　P2P 平台将无数个投资者与借贷者连接起来

1. 纯信息平台模式概览

如上图所示，在纯信息平台模式下，P2P 平台实质上是形成了一个"信息池"，该池的信息是借贷者的借款标，投资者通过在平台上了解相关的借贷者的信息决定是否进行借贷以及借贷的额度。平台成为了一种信息媒介，基于借贷双方的需求进行撮合，借贷双方直接签订债权债务合同，平台不吸收存款、不发放贷款、不提供担保的纯信用纯线上运营模式。美国 P2P 网贷行业巨头 Lending Club 即借助美国的大数据信用系统，做纯信息平台模式的网络借贷。在这种模式中，平台居中向借贷者和贷款者双方提供信息，并进行撮合，因此它与双方之间存在居间合同关系；借贷者与贷款者之间由借贷而产生借贷合同关系。平台不承担任何风险，因此，此模式适合短期、小额的借贷。这种模式优势就在于规避非法集资风险，但其弊端就在于投资者承担过高的风险。

2. 纯信息平台模式存在的风险

虽然纯信息平台可以快速、高效、规范透明、成本低地实现借贷，但是，从上文可以看出，在该模式中平台只承担信息发布的功能，无担保、无抵押，加之我国信用体系尚不完善，投资者承担了更多的风险，易产生违约等问题，且违约成本相对较低，这会使得投资者顾虑重重，不利于平台的持续发展，因此，目前国内真正属于纯信息模式的平台很少。

随着国家对于 P2P 行业的监管加强，此前采用纯信息平台模式的 P2P 企业也逐渐作出了转型。例如，此前采用纯信息平台模式的拍拍贷开设债权转让平台，2014 年 11 月 6 日，拍拍贷的债权转让功能正式上线，投资者可以根据自身资产状况，流动性需求自愿提出债权转让申请且同时满足以下条件的债权才可以进行交易：（a）原始借款标为信用等级系数较高、风险较低的借款标的；（b）原始借款标没有处于逾期状态；（c）原始借款标成功还款一次。这种进行债权购买者的收益由两部分组成：待收利息、本金折价。相比较于原始借款，此种将债权转让进行线上化、平台化，具有以下特点：一是收益更高，因为除待收利息外，还有本金折价的收益；二是安全性更高，因为在债权交易时就对安全性提出了明确的要求；三是投资回收较快，因为债权的剩余期数已经明显减少。

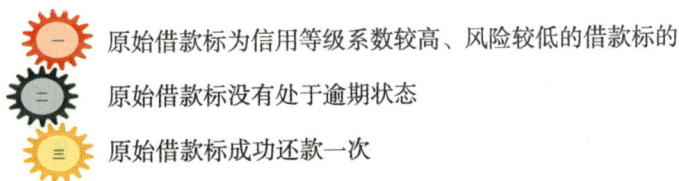

原始借款标为信用等级系数较高、风险较低的借款标的

原始借款标没有处于逾期状态

原始借款标成功还款一次

图 4-5 拍拍贷的债权转让条件

此外，2015 年 1 月 4 日，拍拍贷与中国光大银行上海分行正式签署了平台风险备用金托管协议，该合作的"风险备用金账户"首期资金人民币 1000 万元为拍拍贷自有资金投入，后续资金则来源于拍拍贷向"逾期就赔"专区的借款人所收取的费用，拍拍贷将在收取的该费用中按照借款人的信用等级等信息计提风险备用金进行专户管理。当借款逾期超过 30 天时，拍拍贷会根据平台本身的"风险备用金账户使用规则"，对于逾期借款进行补偿，通过风险备用金向投资人垫付此笔借款的剩余出借本金或本息。

（二）担保 / 抵押模式

1. 第三方担保模式概览

上文已经提到了纯信息平台所面临的挑战，这也正是 P2P 进入中国

图 4-6　P2P 担保模式

之后整个行业面临的挑战。P2P 进入中国之后，基于信用体系不完善的现实，大量采用担保模式。根据提供担保的主体可以分成平台提供的担保、第三方机构提供的担保（担保公司、小额贷款公司等具有担保资质的机构）和借款人的抵押（以房产和汽车等财产）。由于平台自身的担保备受质疑，实践中的担保大多引入第三方担保以及借款人的抵押。在这种模式中，担保关系依附于借贷关系，第三方担保机构与借款人之间形成担保关系。

2. 第三方担保模式存在的风险

引入第三方担保模式也并非是 P2P 行业的万全之策。其所面临的挑战主要是：（1）担保公司自身担保能力有限，随着业务规模的扩大，担保制度并不能发挥作用；（2）国内具有担保资质的机构也是鱼龙混杂，在确定担保机构方面存在一定风险，不能确保高质量的担保责任主体；（3）交易环节的增加，必将会增加 P2P 借贷的成本，成本最终还是会转嫁到投资者身上；（4）目前征信系统缺失，担保模式产生风险集聚的效果，一旦大规模违约产生连锁反应，将导致系统性风险。

（三）风险备用金模式

1. 风险备用金模式概览

P2P 网络借贷模式中的风险备用金（实践中也称"风险保障金"、"本金保障金"等）来源于平台自有资金以及按一定比例从借贷资金中收取的资金，该笔资金专门用于融资者不能如期履约的情形。例如，人人贷平台在每笔借款成交时，提取一定比例的金额放入"风险备用金账户"，若借款出现严重逾期（即逾期超过 30 天），就根据规则通过"风险备用金"向理财人垫付此笔借款的剩余出借本金或本息。

2. 国内 P2P 平台的风险保障金制度

国内的风险保障金制度目前主要是针对单笔交易的类型。目前，人人贷、你我贷等平台公司的风险保障金制度都具有典型特点。同时，这些 P2P 平台的风险保障金制度在内部也存在着一定的差异。

（1）人人贷的风险备用金制度[①]

风险备用金专门用于在一定限额内补偿人人贷平台所服务的债权人由于债务人的违约所遭受的本金或本息的损失，即当债务逾期还款超过30 日时，人人贷平台将提取相应资金用于偿付债权人应收取的本金或本息金额。当债权人享有了"风险备用金账户"对某笔逾期债权赔付金额的足额偿付后，该债权对应的借款人其后为该笔债权所偿还的本金、利息及罚息归属"风险备用金账户"；如债权有抵押、质押及其他担保的，则平台代借款人处置抵押质押物的所得等也归属"风险备用金账户"。

表 4–1　人人贷风险备用金计提与垫付规则

产品类别	成交借款风险金计提比例		逾期 / 严重逾期借款风险金垫付范围	垫付资金来源
信用认证标	AA 级用户	0%	未还本金	人人贷风险备用金
	A 级用户	1.0%		
	B 级用户	1.5%		
	C 级用户	2.0%		
	D 级用户	2.5%		
	E 级用户	3.0%		
	HR 级用户	5.0%		
智能理财标	大于等于 1%		未还本金；逾期当期利息；垫付等待期利息	人人贷风险备用金
实地认证标	大于等于 1%		未还本金；逾期当期利息	1. 实地认证机构风险备用金；2. 人人贷风险备用金
机构担保标	0%		未还本金；逾期当期利息	合作机构

---

① 参见人人贷，http://www.renrendai.com/help/security/security!detail.action?flag=bjbz，最后访问时间：2015 年 7 月 5 日。

对于风险备用金的管理问题，人人贷首先会建立风险备用金账户对风险备用金进行管理。"风险备用金账户"是指人人贷为所服务的所有理财人的共同利益考虑，以人人贷名义单独开设并由其管理的一个专款专用账户。"风险备用金账户"资金当前全部来源于人人贷根据其与借款人签署的协议向其所服务的借款人所收取的服务费，人人贷在依协议向借款人收取服务费的同时，将在收取的服务费中按照贷款产品类型及借款人的信用等级等信息计提风险备用金。

另外，人人贷还规定了有限偿付规则，即风险备用金对债权人逾期应收赔付的偿付以该账户的资金总额为限。当该账户余额为零时，自动停止对理财人逾期应收赔付金额的偿付，直到该账户获得新的风险备用金。而当"风险备用金账户"内金额超过当时平台上所有债权本金金额的10%时，人人贷有权将超出部分转出该账户并自行支配。

（2）你我贷的风险备用金制度①

和人人贷的风险备用金相同，你我贷的风险备用金是基于你我贷所有客户的共同利益、为有效控制风险，专设的专款专用账户。

你我贷向债务人收取平台服务费的同时，将根据服务类型及债务人的信用等级等计提一定比例的风险备用金，计提的风险备用金将存放入"风险备用金账户"进行专户管理。此处你我贷于人人贷存在很大差别。即你我贷是从本金中直接按比例提取风险备用金，而不是从服务费中提取。

和人人贷相同，当债务人逾期还款超过30日时，你我贷将按照"风险备用金账户"资金使用规则从该账户中提取相应资金用于偿付债权人应收取的本金或本息金额。此外，你我贷也规定和人人贷相同的有限偿付规则。即"风险备用金账户"资金对债权人逾期应收金额的偿付以该账户的资金总额为限。当该账户余额为零时，自动停止对该债权人逾期应收金额的偿付，直到该账户获得新的风险备用金。而即当"风险备用金账户"内金额超过你我贷平台上所有债权本金金额的10%时，超出部分作为你我贷的风险备用金账户管理费，归你我贷所有。

---

① 参见你我贷，http：//www.niwodai.com/baozhang/，最后访问时间：2015年7月5日。

表 4–2 你我贷风险备用金计提与垫付规则

服务类别	成交借款风险金计提比例			逾期 / 逾期超过 30 天借款风险金垫付范围	垫付资金来源
	风险级别	账户管理费（一次性）	借款管理费（按月）		
企业贷	A 级用户	0.00%	0.10%	未还本金；逾期当期借款利息；垫付等待期借款利息	你我贷风险备用金
商户贷	B 级用户	0.50%	0.20%		
车贷	C 级用户	1.00%	0.30%		
网商贷	D 级用户	2.00%	0.40%	未还本金	你我贷风险备用金
物业贷	E 级用户	3.00%	0.50%	未还本金；逾期当期借款利息；垫付等待期借款利息	你我贷风险备用金
薪金贷	F 级用户	3.50%	0.60%		
净值贷	0%			未还本金；逾期当期借款利息	你我贷风险备用金

3. 国外 P2P 平台的风险保障金制度

表 4–3 国外 P2P 平台的风险保障金制度

P2P 平台	风险保障金制度名称	针对风险	担保范围	法律关系
Funding Circle	破产保障制度	平台	本金	担保法律关系、信托法律关系
Zopa	安全卫士	个人	本金、利息	担保法律关系
RateSetter	风险储备金	个人	不明	担保法律关系、信托法律关系

由于欧美国家有比较完善的个人信用评级体系，针对个人风险的防控比国内相对容易，所以目前在国外 P2P 平台下主要建立的是针对平台自身风险的破产保障制度，而不是针对单笔交易的风险保障金制度。

（1）针对 P2P 平台的风险保障金制度——Funding Circle 的破产保障制度

Funding Circle 虽然没有建立针对投资人的风险保障金制度，但却建立了一套比较完善的破产保障制度。Funding Circle 平台承诺一旦平台公司出现歇业甚至破产的情况。Funding Circle 平台会将所有未清偿的贷款转让给第三方服务商（a third party back-up servicer）。这个第三方服务商叫作链接金融外包有限公司（Link Financial Outsourcing Limited），链接金融外包有限公司是一家贷款评级服务公司（a S&P rated servicer of loans）。这家公司在 Funding circle 平台倒闭或者歇业后会向借款人索要还款，还给投资者。这样就在一定程度上解决了在没有针对投资者建立风险储备金的情况下，一旦 P2P 平台出现破产倒闭的情况，投资者将无法获得补偿的问题。而第三方因是服务商自然与投资者形成了担保法律关系。

目前，Funding circle 平台的客户账户以信托的方式在巴克莱银行持有安全账户，因此客户账户中未借出的资金也会由巴克莱银行补偿。[①]

（2）针对单笔交易的风险保障金制度

P2P 平台单笔交易的风险保障金制度是指，P2P 网络借贷平台一般会通过一定的方式吸收一部分资金建立一个资金池。一旦在交易过程中借款人出现逾期不能还款的情况，P2P 平台就会先通过风险保障金对投资人进行赔付，然后再向借款人追偿。这样做实际上是在出现违约时，由 P2P 网络借贷平台先行保障投资人的利益，平台自己进行风险承担。

A. Zopa 的"Safeguard"制度

英国的 Zopa 公司从 2013 年 5 月开始实行"Safeguard"（安全卫士）制度。Safeguard fund 的资金来源于借款人所支付的服务费。该笔风险储备金用来赔付借款人不履行债务时出借人的本金和利息的损失。可见，平台本身对投资者提供担保。目前具体的提取比例还不得而知。Safeguard fund 资金是由一家非营利组织 P2PS Limited 作为受托人来管理，P2PS 对 Safeguard 储备金的用途负责。[②] 并且 Zopa 明确表示，Zopa 在不发生风险的情况下对这笔资金无权管理。由于 P2PS Limited 并不是一个第三方支付公司，也不隶属于 Zopa 管辖下，因而所有风险储备金由 P2PS Limited 进行管理还较为安全。而在赔付完投资者的损失之后，债务会由专门的收债公司（debt collection agency）去进行追偿。

---

① 参见 https：//support.fundingcircle.com/entries/22555011-What-happens-if-a-borrower-becomes-insolvent-before-repaying-a-loan-，最后访问日期：2015 年 7 月 1 日。

② 参见 http：//help.zopa.com/customer/portal/articles/1103840-what-is-the-zopa-safeguard-，最后访问日期：2015 年 7 月 1 日。

B. RateSetter 的 "Provision Fund" 制度

RateSetter 是第一家将 "Provision Fund"（风险储备金）引入 P2P 网络借贷的公司。[1] "Provision Fund" 资金同样来源于借款人借款时所付的服务费。RateSetter 会根据客户的信用等级等因素，按照不同比率来提取风险储备金。RateSetter 明确表示，"Provision Fund" 属于出借人，基于信托完全独立于 RateSetter 公司。[2] RateSetter 的 "Provision Fund" 制度是类似于国内 P2P 平台的风险保障金制度的。在此情况下，平台利用收取的资金池为投资人提供担保。而出借人与平台针对风险储备金还存在信托法律关系。

4. 风险备用金模式分析

（1）倒闭潮中风险保障金分析

笔者对部分问题网贷平台进行了调查，发现它们设置风险保障金制度的平台较少，但是大部分承诺提供本金或本息保障。例如，近期因存在庞氏骗局而倒闭的鹏城贷，为保障理财人资金安全制订了投资保障方案，包括逾期补偿和坏账垫付两部分，都是针对借款人出现逾期情况。并且为此设立了专项资金，名为"坏账准备金"。但从事实上来看，此"坏账准备金"并不存在。

笔者认为，从问题平台是否存在风险保障金制度的数据来看，大部分问题平台不存在该种制度，规定该种制度的平台是否真正存在这笔赔付专用资金也是问题。而现在国内存在此种制度的平台如人人贷、你我贷都运作十分良好。可见，风险保障金制度确有其保障风险的作用，并且这笔资金需要得到良好的监管才能发挥其功效。

（2）风险保障金制度的分类

目前风险保障金制度主要有两大分类：一类是专门针对单笔交易中借款人逾期不能按时还款时出现的风险设立的；另一种则是针对 P2P 平台本身出现的风险而建立的。在第一种情况下，P2P 网络借贷平台一般会通过一定的方式吸收一部分资金建立一个资金池。一旦在交易过程中借款人出

---

[1]　参见施俊：《再思 P2P 行业乱象》，《新财经》2013 年第 11 期。

[2]　Cf. "What I earned from peer-to-peer savings", Martin Lewis, London：*The Telegraph*, 24, Oct, 2013.

现逾期不能还款的情况，P2P 平台就会先通过风险保障金对投资人进行赔付，然后再向借款人追偿。这样做实际上是在出现违约时，由 P2P 网络借贷平台先行保障投资人的利益，平台自己进行风险承担。另一种模式下，P2P 平台大多都会和独立的担保公司或是小额贷款机构进行合作，由第三方公司对 P2P 平台可能产生的倒闭破产等风险提供担保。如前所述，由目前 P2P 网络借贷平台可以看出，针对 P2P 平台本身的风险设立的破产保障制度在性质上很类似于传统金融机构的存款保证金和保险保障基金等。而针对单笔交易设立的风险保障金更多的是保障单个投资人的利益，并不涉及 P2P 平台的安全问题。

（3）风险保障金制度存在的合理性

A. 风险保障金制度能激发行业的集体信心

每个人都要作计划或为某些事情作出决策并且期望这些计划或决策产生预期的结果，但经验告诉我们，计划并不是一成不变的，期望也不一定总能朝着预想的那样实现。有时计划不能实现是因为其建立在不现实的基础上，但更多的情形是因为，在计划实施过程中由于一些偶然原因造成的随机事件的发生而使其受到影响。为了减轻由于偶然原因而发生的事件对决策者的不利影响，保险行业就应运而生。所谓保险，就是对随机事件在某些个体上的发生而导致的经济上的严重损失所给予的保护。风险保障金制度作为一种民间借贷市场上的"保险"制度，就是借鉴了保险统计学的理论基础，在基于损失的发生系随机小概率事件的前提下，由全体投资者集体承担随机小概率损失的风险。这种风险共担的保险机制，能够在很大程度上减少投资者在平台投资过程中由于偶然因素引起的随机性损失的风险，增加投资者在投资过程中的正效用。

B. 风险保障金制度提供一种有效的市场退出机制

风险保障金制度通过对陷入困境的 P2P 平台中的投资者实施及时的资金救援，提供一种有效的市场退出机制，起到防范风险，最大限度地保护投资者利益，维护金融体系稳定的作用。

C. 风险保障金制度有利于降低交易成本

互联网技术的运用给金融交易成本的降低起到了关键性作用。依照杨小凯等人的逻辑，交易成本可以进一步地划分为外生交易成本和内生交易成本。内生交易成本是市场均衡与帕累托最优之间的差别。通俗地说，内生交易成本是人们在交易中争夺分工的好处，每个人都希望分得更多的好处，而不惜减少别人从分工中得到的好处。这种机会主义行为使分工的好处不能被充分利用，或使资源配置产生背离帕累托最优的歪曲。外生交易成本则是指在交易过程中直接或间接发生的那些费用，它不是由于决策者的利益冲突导致经济扭曲的结果。① 在众筹金融领域，内生交易成本表现为由道德风险和逆向选择而损失的那部分合作剩余。当达成交易合意所需要的信息越多时，受到信息成本的限制交易合意越难以达成一致，由此而致的内生交易成本就会越高昂，以至于在一定程度上会导致合约不能达成。② 在"互联网＋"时代，P2P交易双方突破了传统金融依靠家族血亲关系、种族、地缘、宗教信仰等因素而形成的社会群体性约束降低交易成本，交易参与各方更多的不存在社会关系的交叉。而风险保障金制度通过降低投资者的信用风险和信用风险下的违约救济成本将在一定程度上缓解由于信息不对称下交易合意达成的成本。

（5）风险保障金制度存在的必要性

A. 信息不对称引起的挤兑风险

随着行业的不断规范，优胜劣汰机制在P2P领域逐渐形成并发挥作用。经营不善的P2P平台在激烈的市场竞争中陷入危机甚至破产倒闭将是不争的事实。风险备付金可在一定程度上增强投资者信心，防止在信息不对称条件下，仅由于部分投资者权益损失而产生连锁反应，导致大面积的平台挤兑现象，甚至波及传统金融机构，引发系统性风险。

B. 羊群效应引起的集体非理性

随着信息经济学和博弈论对微观经济理论的重新表述，经济学在分析人的行为时，更加注重信息的不对称以及预期的不确定性对人的行为的影响，人的有限理性、对信息观测及认知能力的差异被认为是从众行为产生的根源。从表面来看，在金融市场上，投资者个体的行为总是表现为具

---

① 参见杨小凯、张永生：《新兴古典经济学与超边际分析》，社会科学文献出版社2003年版，第90—91页。

② 参见刘瑞明、白永秀：《交易成本、风险合约与民间借贷》，《制度经济学研究》2008年第4期。

有一定的理性特征，但个人的理性行为却导致了集体行为的非理性和羊群效应。[1]

在 P2P 行业存在着巨大的利润空间和市场需求，加上 P2P 平台市场准入的低门槛，[2] 大量的 P2P 平台缺乏有效的风控能力和经营管理，平台发展就存在明显的羊群效应，助推了近年来 P2P 行业的火爆发展。投资者基于不对称的信息和从众心理，纷纷涌入 P2P 行业。P2P 平台也会留住涌进的投资者，向投资者允诺提供本金担保等一系列保障机制，甚至出现虚构债权的诈骗情形。P2P 平台也就逐步偏离纯信用的中介角色，异化而承担了更多的担保责任。

(6) 风险准备金存在的风险

总体上看，风险准备金有以下风险：第一，备用金额不足。每笔借款标提取的服务费较之借款标都比较低，加上备用金的增信效用，会吸引更多投资者，随之必然导致总额不断增加，则备用金额就会显得不足。第二，备用金账户的独立性。虽然平台与银行签订托管协议，由银行对该账户进行托管并披露相关信息，但是该账户实际控制权是在平台手中，因此可能存在账户虚空、被挪用等情形，不能真正起到风险保障的作用。第三，风险备用金及其利息的归属问题也一直存在争议。第四，《关于促进互联网金融健康发展的指导意见》明确 P2P 平台为信息中介，不得增信，而风险备用金则有违反该原则之嫌，可能为之后出台的监管细则所禁止。

(四) O2O 加盟模式

1. O2O 加盟模式概览

虽然 P2P 平台在借款标的发布之前已经进行了一定程度的信用审核，但是较之银行等金融机构，现阶段 P2P 平台在信息收集、信用审核、信用评级等方面还存在不足，这也正是 P2P 网络借贷的软肋所在。此前发

---

[1] 参见饶育蕾、盛虎：《行为金融学》，机械工业出版社 2010 年版，第3—5页。王稳：《行为金融学》，对外经济贸易大学出版社 2004 年版，第26—37页。

[2] 目前的 P2P 网贷平台基本上都是以两种身份注册：一是投资类咨询公司，二是网络技术类电子商务公司，市场准入门槛很低。

生的多起 P2P 平台"跑路"事件提出警醒，网络的虚拟性更容易使得融资者提供虚假信息，骗取贷款，最终坑害投资者。为了更好地保障投资者债权的实现，防范借贷欺诈，线上线下联动、总部分支互动成为确保收集信息的真实性和信用评价的正确性的一条路径。

例如，你我贷采用 O2O 模式，在线上完成标的收集，在线下进行信用审核等工作的 O2O 模式，线下与线上相互转化。线上评估，线下征信；线上交易，线下管理；线上推广，线下受理，借助 O2O 模式建立风控体系。该平台运作等主要是通过收取服务平台费，而且主要是跟借款人在收取，对于投资人目前是没有收取的，但是平台创始人严定贵也表示，如果今后借款人从任何地方都可以获取借款，从供不应求变成供大于求的时候，平台反过来会收投资人的费用。因为作为平台方，主要是参与撮合，是为了满足不同需求提供服务，如果说某一个阶段，某一方是供不应求的，那可能在收费方面的理念或者是规则就不复存在了，只能寻找一些市场需求，平台提供需求，得到需求的同馈，赚取佣金。

2. O2O 加盟模式的风险

通过线上线下的联动，可以在资信审核环节提高平台的审核质量，尽可能将风险防范于未然，但这并不意味着线下的审核就可以完全消除风险，投资者进行投资时仍需谨慎。O2O 加盟模式的最大风险来源于道德风险，平台对线下加盟商的控制力有限，由于服务费来源于借款人，难以避免加盟商因利益驱动而美化借款人，违反保护投资者的初衷。

【案例】你我贷的风险防范措施

你我贷通过运用数据征信实现量化风险定价，并结合使用费埃哲 FICO 信用评分技术，形成了具有自身特色的风险控制生态系统。大数据征信可以覆盖到无法或很少在银行留下信贷记录的群体，如学生、工人、自由职业者、个体工商户等。你我贷通过各种互联网信息维度的数据获取、设备技术的运用，有效提炼、整合最真实的数据。对整合的数据进行综合、交叉分析将数据转化为影响征信的各个变量。将变量根据一定的权重或者组合回归的方程构建征信评价的数学模型。最终依靠足量的数据测试以形成可靠的征信评分体系，量化风险。

此外，你我贷还运用一些高科技的 IT 设备和工具，辅助完成信贷决策。比如：通过人脸、语音、指纹等生物特征识别；测谎设备、人体行为分析工具来判别信息的真实性，防范欺诈。

（五）债权转让模式

1. 债权转让模式概览

严格意义上，债权转让并不属于 P2P 网络借贷，债权转让更像是债权的证券化。虽然经过一系列中间环节，最后实现了投资者与借贷者之间的债权债务关系的形成，但是，第一级的借贷关系发生在第三人与借贷者之间，平台充当了债权转让的交易平台，且交易双方为投资者和第三人，而借贷者只是在第一级借贷关系中的债务人。根据《合同法》的规定，可转让债权，债权人在转让债权时只需通知债务人即可，债权转让无需取得债务人的同意。

例如，宜信采取债权转让与风险备用金并用的模式，平台承担了投资理财的功能。这种模式下第三方个人先行放贷给借款人，再将债权拆分打包成各种理财产品转让给投资人，借贷双方并不直接发生债权债务关系。其中，第三方个人一般为平台的内部人员，与 P2P 网贷平台高度关联，平台则主要负责将债权打包成理财产品对外销售，因而也可以说是一种信贷资产证券化的过程。平台收益来源包括：债权转让费 1%—2%；风险金 2% 以及借款人的借款利率和出借人收益率差额。

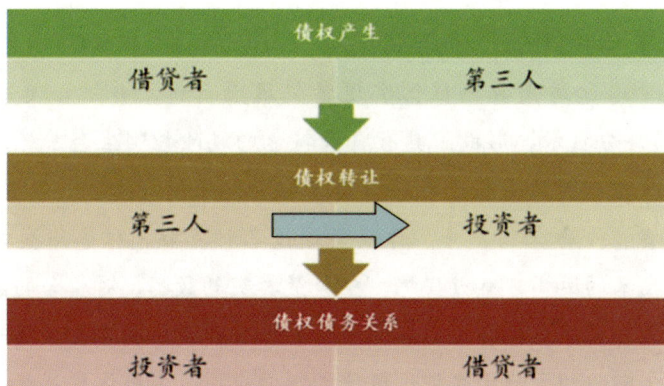

图 4-7　债权转让模式的 P2P

2. 债权转让模式的风险

债权转让模式中，投资者与借贷者之间并无直接的关系，而是通过中间平台实现债权的转移和资金借贷的匹配，此处最大的风险就在于虚假债权，即平台发布虚假或不实的债权，吸收更多的投资人，那么就存在非法集资之嫌。

四、P2P 平台的差异化运营模式

（一）共享经济的代表——信用共享模式

共享经济其核心就是合理调配和极大化利用闲置资源。此类模式的 P2P，借款人通过共享好友的信用来获取应得的低利率，信用共享的过程也是建立信用和风险碎片化、代偿保险化的过程。好友越多，共享信用越多，借款成本则越低。美国的 Vouch 与国内新成立的信资邦均采用此模式，利用信用共享解决信用风险大、风险管理成本高、融资成本高的问题。

信资邦风险管理的模式主要包括：第一，风险分散，每个好友在单笔

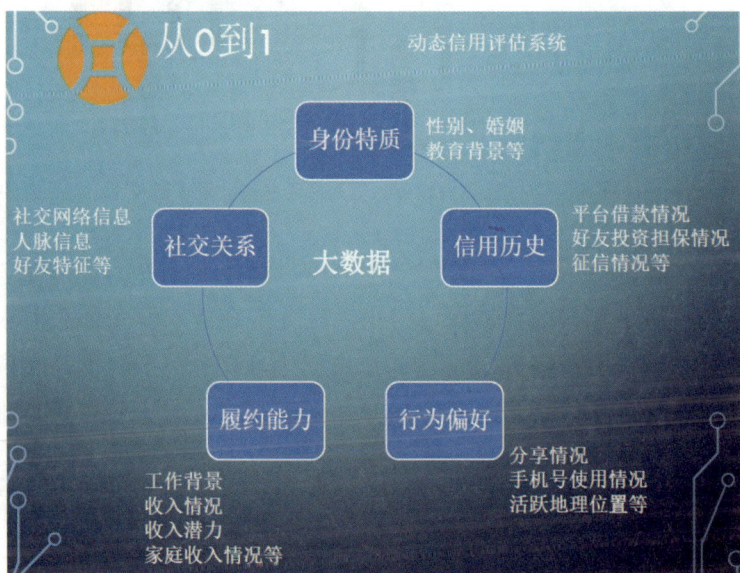

图 4-8　信用共享的基础

图 4-9　Vouch 的商业模式

借款中共享的信用有限，充分分散风险；第二，好友代偿，借款人违约，由共享信用的好友代为偿还；第三，好友代偿后可以通过社交圈进行追偿，提高违约成本，降低风险；第四，设置黑名单，对于多次逾期或违约的客户则降低授信额度或禁止在该平台借款、共享信用。

图 4-10　好友支持越多，信用共享越多，利率越低

（二）深耕细分领域——以微贷网为例

微贷网立足车贷细分领域，为小微企业、个体户及有创业需求的个人提供网络借贷中介服务。截至 2015 年 8 月 12 日，已有 293949 位投资人通过微贷网共投资 144.03 亿元，历史交易 213507 笔，投资人共赚取收益 2.99 亿元，平台风险准备金达 3116.30 万元。

1. 微贷网商业模式

（1）模式介绍

微贷网采用线上发标融资和线下借款审核结合的模式。线下，通过各地营业部开发借款用户，挖掘借款端并进行后续借贷管理；线上，平台发布标的信息供投资人选择投标，进行融资。平台工作模式如下图：

图 4-11 微贷网工作原理

微贷网目前的业务架构是：加盟商仅作为业务端口，进行业务开发；业务流程的操作和规范由总部派驻人员执行；风控和财务由总部输出。完整的借贷业务流程分线上和线下两条线平行进行，投资人主要需要在微贷网线上平台进行注册认证，方可进行账户充值，充值后可以对平台公布的标的信息进行浏览，选择合适的标的物进行投标。而在线下，主要是对借款人的审核管理，从营业部人员对借款人的资料审核开始，进而由风控专员和估价师进行风评估价，再交由总部进行终审，若审核通过，进行抵押登记和 GPS 的安装后发放贷款。具体流程如下所示：

表 4-4 微贷网的投融资流程

线上（投资人）流程	线下（借款人）流程
Step1：网站注册，进入微贷网网站，注册个人信息。	Step1：业务初审，由业务员对借款人的证件和资料进行简单核实。
Step2：实名认证，填写认证信息，总部信息审核。	Step2：风险评估，风控专员对客户资料风险点进行披露，车辆评估师进行估价，出具车辆评估报告。
Step3：自动投标，账户充值，完成自动投标设置。	Step3：总部终审，审核全部资料，进行评估授信，给出终审意见。

线上（投资人）流程	线下（借款人）流程
Step4：完成投资，提交申请，排队或手动投标。	Step4：签订合同，抵押登记，如果是质押，将车辆保存在指定停车场，如果是抵押，在车辆隐秘处上安装多个GPS。
	Step5：发标放款。按照客户的风险评级，在平台上发标融资，满标后把资金打给借款人。
	Step6：贷后催收。由专人负责监控GPS系统运行情况，或者检查停车场车辆情况，提醒客户到期还款和催收。

图4–12　微贷网的工作模式

（2）模式特点

A. 以"车"为资产端打造重资产平台

微贷网精耕P2P车贷领域，以车作为资产端具有便于定价、周期灵活、额度小、风险易控和处置方便的优势。

B. 加盟模式扩大业务范围、分散风险

微贷网发展各地的营业网点，采取门店加盟的方式，该模式容易进行快速复制和推广。一方面可以挖掘借款人，扩大车贷市场；另一方面也可以分散平台风险，当然也对平台的风控能力提出了较高要求。

C. 专业风控团队和投监会保驾护航

微贷网总部设立风控部，拥有专业的风控人员和先进的风控技术来合理控制借贷流程中的风险。同时，公司设立投资人监督委员会，对微贷的业务运作全程监督，更好地保障投资者资金安全。

2. 风险防范措施

微贷网的母公司杭州锐拓科技有限公司是国内唯一一家具有银行和电信催收双资质的专业公司，与银行和电信部门多年的深度合作积累了较多风控经验。平台的风控管理主要体现在以下三个方面：

（1）"小额＋分散"的风险管理原则

"小额"原则体现在平台的平均借款金额在 10 万元以下，不做抵押类的大额度借款；"分散"原则表现为借款人分散在不同的地域、行业、年龄层次，借款人之间具有相互的独立性，有效地控制了违约风险。

（2）标准化的风险管理框架

A. 贷前调查

贷前调查包括借款人准入、尽职调查和评级授信。微贷网一方面应用车管所的相关系统来核实车辆的所有权和抵押登记信息；另一方面与专业的反欺诈服务供应商合作，借助其海量数据和分析系统，实现对借款人信用风险的更好控制。

B. 贷中审查

额度管理：微贷网利用风控模型、信贷工厂模式来判断借款客户的违约风险，分析其贷款额度是否适用。

抵质押管理：微贷网会与借款人签订借款合同及抵质押合同，将相关信息登记到车管所的车辆管理系统并为车辆安装 GPS 并检查其运行状况。

标的管理：标的信息审核通过提交系统后，微贷网根据每个标的的具体情况设计标的放标时间和标的适用的产品类型，并提交系统进行统一管理。

放款管理：微贷网工作人员在标的管理系统中通过不同的渠道对合格标的进行批量放款。

C. 贷后管理

贷后管理主要指预警管理。对于车辆异常行为，风控人员会通过电话和探访对情况及时进行了解和处理。对于即将到期的客户，微贷网会在临近还款日期前与客户取得联系，并进行三次提醒。

D. 逾期处理

回收管理：对于可能出现逾期还款的情况，平台一般要求借款人提前还款或者给予一定的宽限期，或协助进行延期处理。

催收管理：微贷网在催收上更多采取软性措施，比如在借款人遇到财务问题时，让财务规划师介入并施加合适的心理压力管理而非威胁施压；当借款人拒不还款并失联时，公司通过与电信运营商以及多家银行建立起的密切关系对借款人进行追踪。

车辆处置：当无法避免地出现坏账的情况，微贷网通过法律诉讼和对抵押车辆进行处置来维护借款人的合法权益。

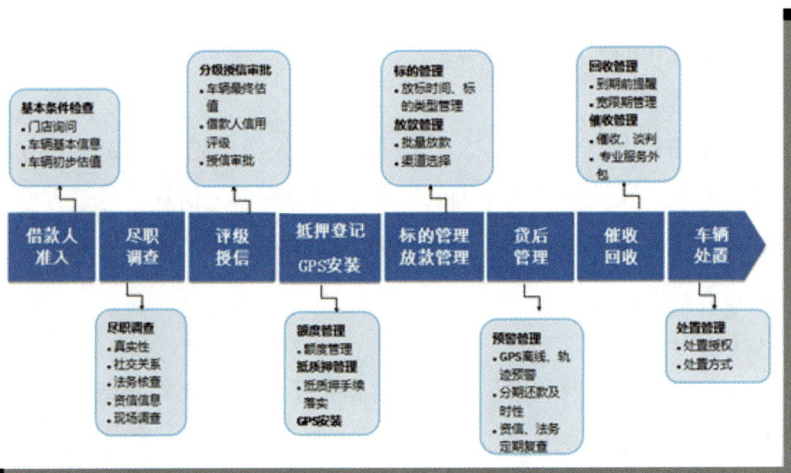

图 4-13　微贷网风险管理流程图

（3）本金保障计划

2014 年 5 月，微贷网与平安银行签署全面金融服务战略合作协议，同时为规范平台经营，保护全体借款人的共同权益，开始实施本金保障计划。自计划实施以来，平台出资 1500 万元作为初始资金，并按照月交易量的 0.3% 计提风险准备金，交由平安银行托管。

截至 2015 年 8 月 12 日，微贷网坏账率为 0.23%，同时平台风险准备金达 3116.3 万元，拨备覆盖率达 156%，拨贷率达 2%。

3. 微贷网车贷经典案例

2013 年的一天下午，微贷网萧山营业部接到同行另外一个营业部的电话，有一位客户需要抵押劳斯莱斯幻影贷款 400 万左右，借款时间 1 周。时间非常紧急，客户要求当天下午 4 点半前就要提到款。

营业部启动紧急事件协作程序，客服部、风控部、督察部、运营部、市场部……汽车评估员、汽车档案调查员、审核员、录入员、财务……，车主一到，看车、检查、评估、背景调查、信息录入、资金调动……整个流程立即启动。全过程 1 小时零 5 分钟，车主顺利贷到 380 万元。

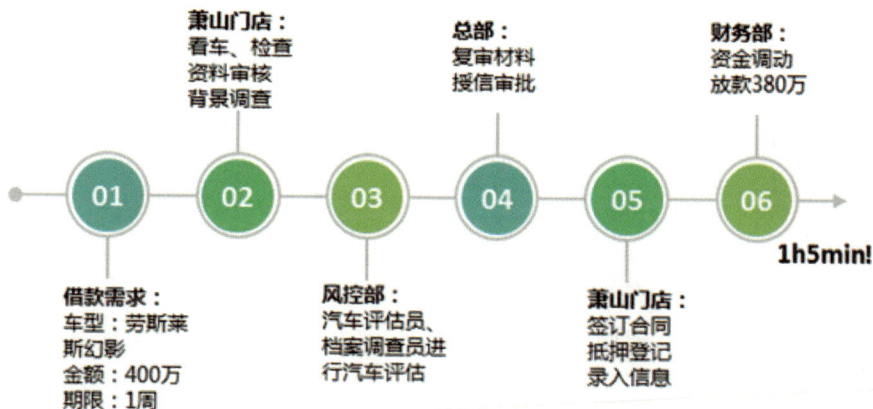

图 4-14　微贷网借款案例流程

（三）与交易所合作模式——以 PPmoney 为例

1. 运营模式

PPmoney 将放贷对象定位为需要再融资的小贷公司、典当行以及有应收账款保理项目的核心企业。无论多么知名的小贷公司，初次合作的资产包上限不超过 300 万元。

PPmoney "交易所合作模式"：首先从线下 AA 评级小贷公司中进行项目筛选，并将若干非标企业债权打包成标准化的小贷资产包，然后由 PPmoney 母公司（广东太平洋资产管理有限公司）和第三方担保公司（国有融资性担保公司）买断小贷资产包，并签署回购协议，在此协议下，小贷公司在到期日前须溢价回购该资产。到期后，投资人将从回购款中得到回报。有资质的产权交易所会登记及托管资产包，信息全程公开披露，交易所还会监控资金流向、本息分配。

PPmoney 采用的"交易所合作模式"，简单地说，所有的资产都在交易所挂牌，杜绝虚构，相当于建立了"信用的护城河"。

"护城河"由四个方面组成：（1）小贷公司承诺资产回购；（2）如果

小贷公司不回购，其公司股东要补充回购；（3）选取第三方机构进行担保；（4）投资人对资产具有追偿权。举个例子，若一家小贷公司放贷1300万元款项，它按上述流程进行打包、在交易所登记然后在网贷平台上销售，标价为1000万元，协议约定到期后小贷公司必须回购。若小贷公司经营困难，则由其股东补充回购。同时，在交易过程中引入第三方机构担保。

值得一提的是，如果前三重防护都失效了，投资人还对原始借出人具有追偿权利。为什么呢？最核心的逻辑是，投资人买下了这个标的，此模式形成的不是借贷关系，而是买卖关系，它规避了平台自融、虚假标的等风险。

2014年3月上线的"安稳盈"产品就是PPmoney探索与国有交易所合作模式的代表，预期年化收益约为7%—10%。目前PPmoney已经与全

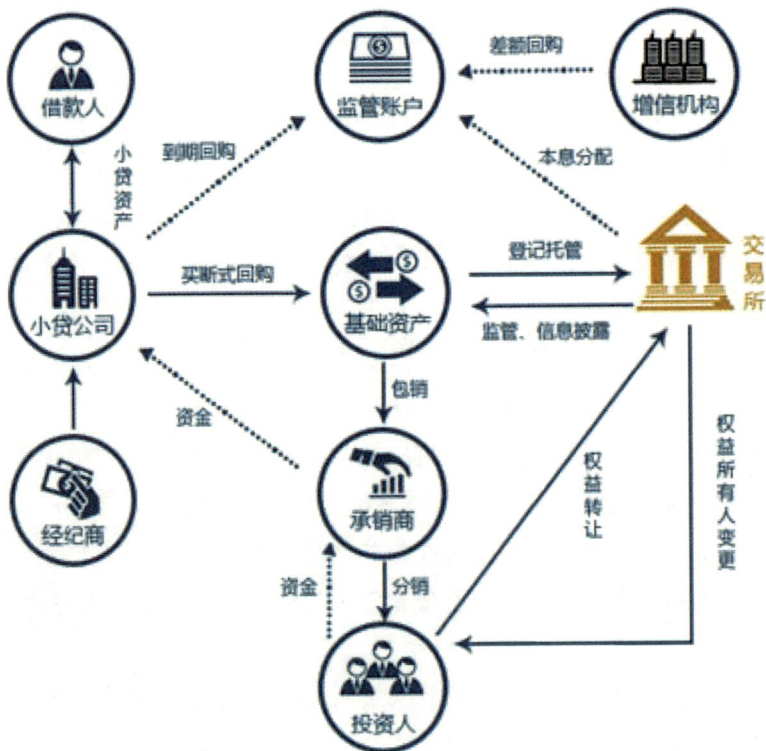

图4–15　PPmoney 运营原理

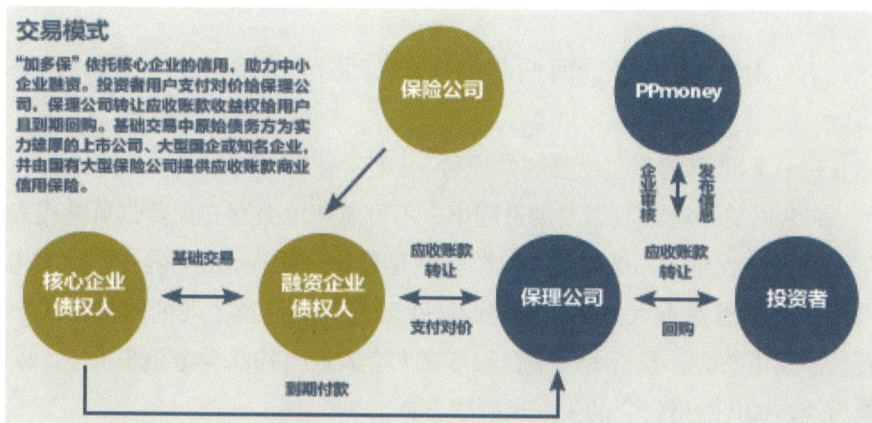

图 4-16 PPmoney 交易模式

国 16 家地方交易所展开合作，并且平台总业务收入中有近半比例来自于"安稳盈"产品。

2. 风险防范措施——全平台保险化模式

"全平台保险化"是 PPmoney 在投资者保护的深度和广度上作出的新尝试。"加多保"产品的面世，是打开全平台保险化的新契机。

"加多保"是 PPmoney 针对 20 万亿应收账款保理市场精心设计的一款产品。该产品的最大特色便是进入了保险，使其安全保障机制达到了一个新的高度。在产品安全设计方面，"加多保"具体有以下四条"护城河"：(1) 选择大型国企、上市公司、知名企业等优质核心企业为兑付企业；(2) 融资企业承担有追索权的连带付款责任；(3) 融资企业实际控制人及其所有股东承担连带付款责任；(4) 与保险公司合作，对应收账款保理进行承保。

"加多保"为保险全面进入互联网金融起到示范作用，把投资者资金安全装进了厚实的保险箱。随着该产品的深化，全平台保险化的程度将逐步加深，保险将覆盖至全平台产品。"加多保"的推出仅仅是"有保险，更安全"的第一步，接下来不仅仅在产品端，还会在投资人资金，甚至在平台网络硬件设备上都将"镶嵌"有保险。

五、P2P 网络借贷所面临的风险与防范

（一）P2P 网络借贷所面临的风险

P2P 网贷平台在我国发展过程中，不可避免地会存在风险，风险代表了未来投资收益的不确定性，风险管理是现代金融理论的核心之一，P2P网络借贷也需要重点关注其风险。从我国现有的几类主要的网贷模式来看，涉及借款人、投资者、平台和第三方个人或机构四类金融法主体，以此为线，P2P 网络借贷的主要风险如下：

1. 由借款人引发的风险

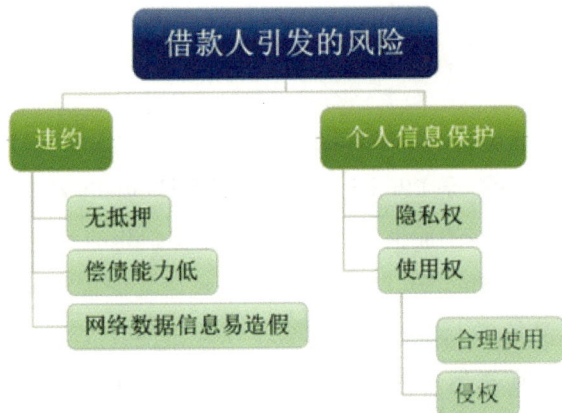

图 4–17　借款人引发的风险

不同的网贷模式都是为了更好地满足资金需求者即借款人的融资需求，这种融资需求造就了 P2P 网络借贷行业的巨大利润空间，然而借款人所引发的风险也是不言而喻的，主要表现在：

第一，违约风险。P2P 网络贷款平台的服务对象通常是无法提供抵押担保、被排斥在传统金融服务门外的借款人，其偿债能力通常较弱。对于纯信用无担保的线上营运模式，当借款人出现违约情形时，该损失就会转嫁给贷款人或者网络贷款平台，这就要求完善的借款人信用信息。① 各

---

① 参见黄叶、齐晓雯：《网络借贷中的风险控制》，《金融理论与实践》2012 年第 4 期。

P2P 网络借贷平台在进行交易撮合时，主要是根据借款人提供的身份证明、财产证明、缴费记录、熟人评价等信息来评价借款人的信用，这些数据易造假且并不全面，加上我国征信系统不完善，单纯依靠网络来实现信息对称性和信用认定的模式的难度和风险较大。不同于国外 P2P 网贷平台仅提供网络信息认定服务，国内的 P2P 网贷平台普遍出现异化而承担了线下审核的机能，出现了诸如担保型和债权转让型等模式。①

第二，个人信息保护的风险。各大 P2P 网络借贷平台在对借款人信用评级的过程中，会获取大量客户的个人信息。而客户信息不受侵犯，是消费者最基本的一项权利。在网络环境下，借贷业务的全过程采用电子数据化的运作方式，客户的交易行为均以网络为载体，网络的开放性也导致了客户隐私方面的风险。各类交易信息，包括用户身份信息、账户信息、资金信息等要通过互联网传输，并暴露给网络借贷平台，因此存在客户私人信息被非法盗取的风险，另外，还存在网络借贷平台利用客户信息获取非法收益的风险。② 获取到的借款人信息存在所有权和使用权的问题，对使用权而言，还存在着对信息的使用边界问题。

2. 由投资者引发的风险

投资者是 P2P 网贷模式中资金来源的一方，一般情况下，投资者利用其闲散资金进行理财投资。但由于成为投资者手续便捷，门槛低，借贷关系的形成完全出自意思自治，P2P 网贷平台无法对其资金来源合法性进行审查，交易平台很有可能沦为投资者洗钱或从事高利贷等违法犯罪的场所。虽然平台每笔贷款金额额度有限，但投资者总体投资额度没有最高额限制，出借人的资金来源和社会关系不明确，同时没有相关部门审核验证，无法保障资金来源的正当性、合法性，因此大大增加了通过平台进行洗钱的可能。③

---

① 参见陈芳：《我国 P2P 网贷平台的法律风险及防范对策》，http：//www.weiyangx.com/128372.html，最后访问时间：2015 年 7 月 7 日。

② 参见吴晓光：《论 P2P 网络借贷平台的客户权益保护》，《金融理论与实践》2012 年第 2 期。

③ 参见陈芳：《我国 P2P 网贷平台的法律风险及防范对策》，http：//www.weiyangx.com/128372.html，最后访问时间：2015 年 7 月 7 日。

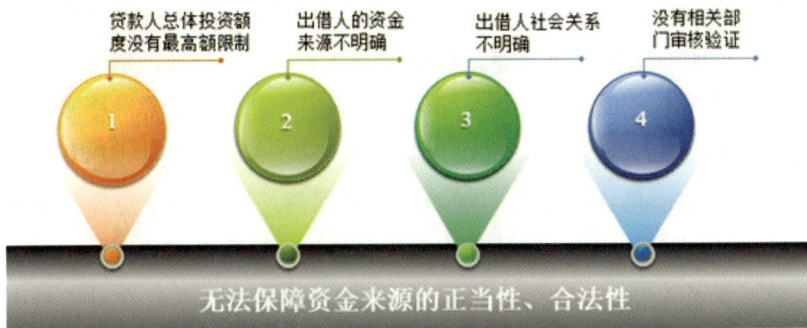

图 4-18　投资人引发的风险

3. 由 P2P 网贷平台引发的风险

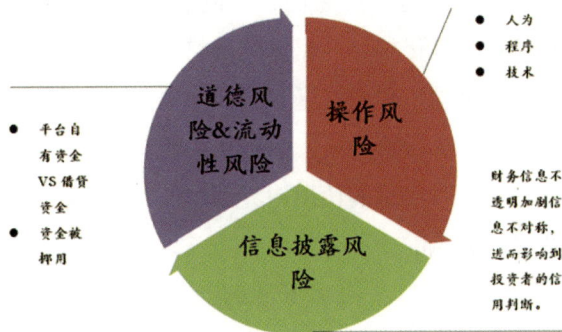

图 4-19　P2P 网贷平台引发的风险

　　无论是中介服务型网贷平台，还是异化了的担保型和债权转让型网贷平台，平台都是信息、资金的集中地，因而也是风险的高危区。其风险主要体现在：

　　第一，道德风险和流动性风险。平台的资金池引起的资金沉淀存在资金被挪用的道德风险，加之平台资金托管机制尚不健全，平台内部资金结构不透明，此类道德风险就更加容易发生。此外，资金链一旦断裂，极易引发挤兑风潮。而且，异化之后的 P2P 模式因为资产证券化对流动性提出了更高的要求，同时高杠杆性也放大了流动性风险。

　　第二，操作风险，主要源于人为、程序、技术三方面。P2P 网贷平台的从业者没有相应的资质要求，在平台建设、维护、运营和风险防控的过程中，可能由平台工作人员的不规范操作引发错误，造成损失。同时，平台本身的安全性也值得注意，平台遭遇黑客攻击可能造成客户信息的泄漏、平台的瘫痪等问题。

第三，财务信息披露风险。目前少有 P2P 网贷平台公布其经过审计的财务报告。财务信息的不透明也就加大了投资者对平台信用预期的不确定性，投资者权益就容易受到侵犯，也加大了监管的难度。

4. 由第三方个人或机构引发的关联风险

在异化之后的担保型和债权转让型两种模式中，存在第三方个人、担保公司或小额贷款公司。P2P 网贷平台都与这些第三方高度关联，从而引发关联风险。

在担保型模式中，若平台自身提供本金保障，从而将借款人的风险转嫁到 P2P 网贷平台会增加平台的运营压力，若平台本身存在坏账风险，平台也难以履行担保责任，这种风险内部化的方式并不是防范风险的有效措施。《融资性担保公司暂行管理办法》规定，担保公司所担保的金额不得超过其净资产的 10 倍，而事实上国内的平台常常以各种方式规避监管，超过此限，甚至有的平台进行假担保，其关联公司根本不具备担保能力。

（二）国外 P2P 风险防控措施及对我国的启示

1. 国外关于 P2P 的监管措施

鉴于以上纯平台模式来源于国外，国外对此也进行了长期的探索，

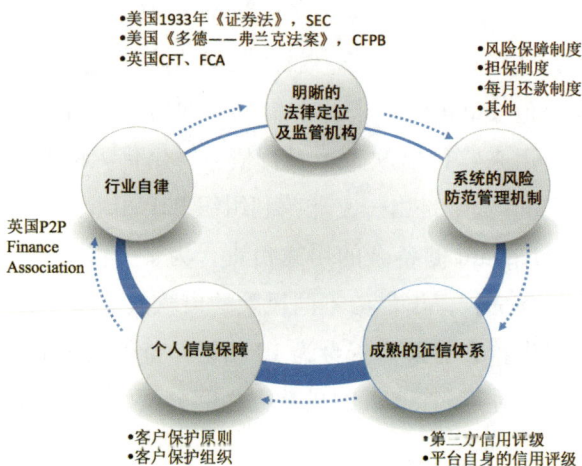

- 美国1933年《证券法》，SEC
- 美国《多德——弗兰克法案》，CFPB
- 英国CFT、FCA

- 风险保障制度
- 担保制度
- 每月还款制度
- 其他

明晰的法律定位及监管机构

系统的风险防范管理机制

行业自律

英国P2P
Finance
Association

个人信息保障

成熟的征信体系

- 客户保护原则
- 客户保护组织

- 第二方信用评级
- 平台自身的信用评级

图 4-20　国外 P2P 的监管措施

总结出一些防范风险的措施，我们可以以此借鉴。

第一，明晰的法律定位和监管机构。美国 1933 年的《证券法》规定，美国认为 P2P 的交易属于平台发行证券的行为，归美国证券交易委员会监管。知名网贷公司 Lending Club 和 Prosper 经过一段时间的自由发展，2007 年、2008 年都曾受到停业整顿，在向 SEC 注册并获取相关州的许可证之后才重新开业，并接受 SEC 的监管；美国国会在《多德－弗兰克法案》颁行之后，对绝大多数网络借贷行为接受 SEC 监管的方式进行了豁免，将其纳入到消费者金融保护署（Consumer Financial Protection Bureau，CFPB）管制的范围。

英国的 Zopa 具有公平交易委员会颁发的信用执照并加入反欺诈协会，还是行业自律组织——人人贷金融协会（P2P Finance Association）的创始会员之一，受到英国公平贸易局（Office of Fair Trading，OFT）监管，2014 年将会受英国金融行为监管局（Financial Conduct Authority，FCA）的管制。

第二，针对平台的风险防范，有系统的风险管理和控制的机制。国外 P2P 网贷平台普遍建立有风险保障金制度、分散贷款制度、每月还款制度等风控措施。英国的 RateSetter 是第一家将"Provision Fund"（风险储备金）引入人人贷的公司。"Provision Fund"资金来源于借款人借款时所付的服务费，根据他们的信用等级等因素，提取比例有所不同。"Provision Fund"属于出借人，基于信托完全独立于 RateSetter 公司。Zopa 从 2013 年 5 月开始实行"Safeguard"（安全卫士）制度，如果借款人不履行债务，这笔债务一般会被卖给收债公司（Debt collection agency）。Safeguard Fund 资金来源于借款人的借款通过时所支付的服务费，该笔储备金用来赔付借款人不履行债务时出借人的本金和利息的损失。Safeguard Fund 资金是由一家非营利组织 P2PS Limited 作为受托人来管理，P2P 对 Safeguard 储备金的用途负责。为了分散风险，国外的 P2P 平台都会强制拆分贷款，出借给不同风险的借款人。其中 Zopa 设定贷款人贷给某个特定借款人的最低资金为 10 英镑；贷款人不能将全部资金借给一个对象，必须在超过 50 人的借款人之间分配。①Zopa 会自动将出借

_____

① 参见崔彬彬：《把脉海外 P2P》，《理财》2013 年第 1 期。

人的资金分割为 10 英镑的小包，出借人再选择对每个借款人如何分配。借款人可以借入 1000—15000 英镑的借款，期限为 3 年或 5 年。借款资金均按月偿还，提前还款不会收取任何违约金或罚息。[①]Zopa、RateSetter、Funding Circle、Lending Club、Prosper 等平台都明确规定借款人必须在每月规定的还款日期将每月规定的还款金额和服务费打入指定的专用账户，确立每月还款制度，保证贷款人的投资回报。

此外，有些平台还将担保机制引入网络借贷，Prosper 账户资金有特定的保险公司为其做担保，每个投资者的资产受联邦存款保险公司（Federal Deposit Insurance Corporation，FDIC）设立的总额保险，防止资金被挪用或不能追回。Funding Circle 公司没有风险储备金制度，但借款人有贷款的个人担保，一旦借款人不能还款，Funding Circle 公司会向担保人讨债，来偿还投资者的款项。

第三，针对借款人信用的审核和评定，国外 P2P 网贷平台都有基于第三方信用评级机构或平台自身的信用评级机制，充分利用其发达和成熟的征信体系。Prosper 利用借款人在 Experian 公司的信用记录以及其内部的评分标准来为借款人评级。Zopa 一般根据 Equifax、Call Credit、Experian 等信用评级机构的记录确定借款人信用评分，分为 A*、A、B、C 和 Y（代表 Young，指年龄为 20—25 岁的借款者，尚无信用记录）等级别。Funding Circle 则由平台自身的信用评估团队，为每个客户作出风险等级从 A＋、A、B、C 到 C－五级，并根据风险等级确定利率。由此，美国已经建立起较为完善的社会诚信体制。

第四，针对借贷双方的个人信息，国外 P2P 网贷平台有具体明确的客户信息保护机制。例如美国的 kiva 要求必须遵守客户保护原则（The Client Protection Principles），要求平台对客户信息保密，并畅通投诉解决途径。还建立一个专门保护客户的组织——The Smart Campaign，其宗旨是联合各个小微金融企业，使客户成为产业的驱动力。

第五，针对行业的迅猛发展，有行业组织进行自律管理。行业的发展不仅仅依赖于外部的监管，也需要行业内部的自律管理来规范行业的发展、

[①]　参见陈道富：《英美人人贷行业的发展和管理（下）》，《中国经济时报》2013 年 1 月 25 日。

维护行业的整体利益和声誉。在英国有 P2P Finance Association（人人贷金融协会），成员包括 Funding Circle、RateSetter、Zopa、Thincats、Lendinvest、Lendloaninvest 等六家公司，制订操作准则（Operating Principles），规范英国 P2P 行业的发展。

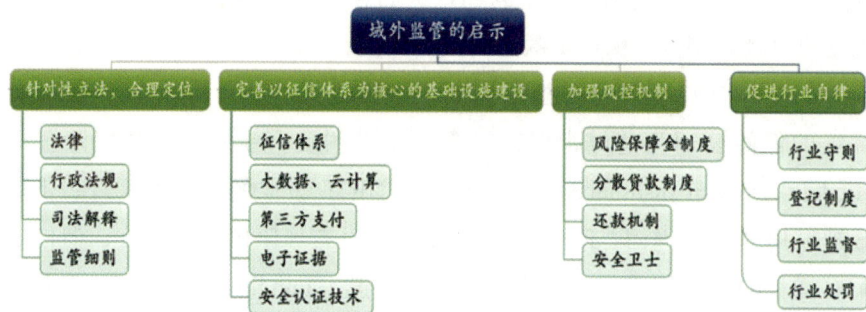

图 4-21　域外监管的启示

2. 我国 P2P 网络借贷风险防范之完善

结合美国、欧盟和英国对于 P2P 网络借贷风险的防控措施，我们可以吸取经验教训，着重关注以下几点：

第一，加强针对性立法，准确定位 P2P 网络借贷。为明确民间借贷的法律地位，美国《消费者信用保护法》将互联网借贷纳入民间借贷的范畴。英国也有《消费者借贷法》作为保障。因此，我国需要加强对于 P2P 的立法，包括全国性的法律规定及行政法规、部门规章以及相关司法解释。虽然我国目前已经确定由银监会对 P2P 网络借贷进行监管，但是具体监管细则还未出台，因此，现在的法律法规滞后于网络发展的步伐和 P2P 发展的速度。

第二，完善以征信体系为核心的基础设施。金融就其本质而言是一种信用形式，在借贷过程中信用信息的审核以及信用等级的界定直接影响到借贷资金的规模。

再次，加强风险防控机制。国外 P2P 网络借贷形成了系统的风险管理和控制机制。平台普遍建立了风险保障金制度、分散贷款制度、每月还款制度等风控措施。例如，对于风险保障金制度，英国 Zopa 从 2013 年 5 月开始实行"Safeguard"（安全卫士）制度，是平台本身对投资者提供担保。对于平台破产保障制度，英国 Funding Circle 平台承诺一旦平台公司出现歇业甚至破产的情况，Funding Circle 平台会将所有未清偿的贷款转让给第三方服务商，在一定程度上解决了在没有针对投资者建立风险储备金的情况下，一旦 P2P 平台出现破产倒闭的情况，投资者将无法获得补偿的问题；再如美国 Lending Club，已经和 Portfolio Financial Servicing Company（组合金融服务公司）在备份和后继服务方面达成协议，在这个协议下，如果 Lending Club 平台出现破产情况，PFSC（组合金融服务公司）随时可以为贷款者收回自己的贷款。

需要强调的是，中国亟须有关部门（目前是银监会）加强对 P2P 网贷的监管。美国的行业运作良好，很大程度上得益于严格的监管，注册资本高昂，监管程序、内容都非常细致，目前仅有 Prosper 和 Lending Club 两家公司获得了执照，可见其门槛之高，同时也有效避免了行业乱象。

最后，促进行业自律。需要行业自身做好管理工作，做好信息登记与有效管理，促进行业内部的互相监督，保障网络借贷的合法、有序进行。

第三节　债权众筹的新趋势（一）
——互联网＋消费金融

消费金融，是指由金融机构向消费者提供的以消费为主要目的的信贷服务，可以为有消费需求但资金流动性不足的消费者提供流动性资金。消费金融能够有效地刺激消费，拉动内需，扩大商品销售，加速商品流转的有效手段，从而间接产生促进企业回笼资金，扩大再生产，拉动经济增长，促使国民经济平稳运行的作用。消费金融的范围涵盖了各种商品，包括住房、汽车、住房装修、耐用消费品、教育、医疗、旅游等。随着我国社会经济的发展，消费金融的商品种类将会越来越丰富。我国的消费金融行业尚处于发展初期，目前的消费金融产品可大致分为个人住房贷款、信用卡、普通消费贷款、综合消费贷款、个人旅游消费贷款、国家助学贷款、个人汽车消费贷款几类。

互联网消费金融是指金融机构依托互联网技术开展的消费金融业务，

它利用互联网的先天优势，降低了信息成本，也降低了融资门槛，打破了传统融资的局限性；同时它利用互联网技术开创了个人消费用途融资的全新模式和债权债务关系，是互联网金融创新中适应金融市场化的重要创新性产品之一，和其他互联网金融产品一样，具有高效、快速、便捷、低成本的特征。由于消费金融服务在提供过程中涉及消费者个人信用信息的采集，因此依托互联网平台开展消费金融业务可以大幅降低管理成本并提高效率，各大金融机构已经开始积极布局互联网消费金融这一市场。同时，可以将用户在历史消费过程中形成的消费行为大数据集中处理并应用统计学等科学方法进行分析，为消费金融提供决策参考。

一、互联网消费金融模式探析

互联网消费金融平台是指以互联网为媒介，以提供信贷服务为主的产品。在消费者缺少流动资金而又希望进行消费时，互联网消费金融产品可以为消费者提供良好的流动性。目前，国内已经出现以"京东白条"、"天猫分期"等多种消费金融产品为代表的互联网消费金融业务。

（一）电商消费信贷——以"京东白条"为例

"京东白条"是京东商城于 2013 年年底推出的一款面向京东用户的消费金融服务业务，目前仅对京东用户授予借款资格。京东金融表示，未来消费金融将在扩大用户覆盖面、拓展消费场景上部署，同时未来将与移动终端进行衔接，发展到移动金融。用户可以选择两种还款模式：第一种是用户可以选择最长达 30 天的免息付款模式；第二种是使用分期付款模式，京东收取分期服务费。在取得良好市场反响之后，京东金融平台又先后推出了"校园白条"、"旅游白条"、"安居白条"等白条系列金融产品。

1."京东白条"的运营模式①

（1）申请

京东白条的合格申请人限于京东注册用户。

---

① 参见 http：//help.jr.jd.com/show/helpcenter/150.html，最后访问时间：2015 年 7 月 19 日。

图 4-22　京东白条网页画面

（2）审核

在线审核，由京东根据该客户消费记录、配送信息、退货记录、购物评价等多个数据作出评估，流程十分简单。据京东白条方面称，最快一两分钟即可完成审核并发放贷款。

（3）借款数额

京东白条根据顾客以前的消费记录，评判客户的消费能力，并以此划分等级确定借贷额度。根据京东白条的规则，每在京东上消费 1 元，将获得对应 1 点战斗力。例如，在京东上消费 3000 元，将获得 3000 战斗力，每消费一次，获得一个战斗场次加成。之后，京东根据战斗力数值将客户划分为多个等级，前三等级客户的借贷额度为 15000 元。

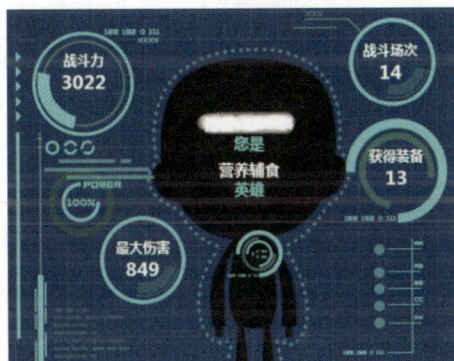

图 4-23　客户借款限额以战斗力计算

（4）借款费用

京东白条有两种模式：一种是 30 天以内的短期借贷，30 天以内还款的免收利息。另一种模式则是分期模式，根据借款的时间长短确定不同的利息。根据用户的信用评级，确定不同的服务费率。利息标准如下：

表 4–5　京东白条服务费率[①]

分期期数（月）	分期服务费率（月）
3 期	0.5%—1%
6 期	0.5%—1%
12 期	0.5%—1%
24 期	0.5%—1%

计算标准为：借款利息＝分期服务费率＊分期期数，与同期商业贷款利率基本持平。

（5）借款用途

根据京东白条的使用规则，京东白条下的贷款仅限于"购买京东网站的全部实体产品，但不包括礼品礼券、虚拟商品、贵金属产品等投资性产品"。换言之，京东白条是典型的消费借贷，禁止顾客将资金用于消费以外的用途。

（6）还款期限

相较于传统银行借贷，京东白条的还款方式较为灵活，用户可以随时还款、提前还款而不受约定期限的限制。

（7）违约金

到期后未还款，京东白条并不会立即确认用户违约，而是以电话短信等方式提醒用户。多次提醒后仍未还款的，收取违约金。违约金为每日0.03%。

2."京东白条"相比传统消费信贷的优势

白条可在一分钟内在线实时完成申请和授信过程，而服务费用约为银行类似产品的一半。线上授信以及低价的服务费是"京东白条"的强有

---

① http：//help.jr.jd.com/show/helpcenter/148.html，最后访问时间：2015 年 7 月 19 日。

力的卖点。

图 4-24　京东白条的优势

3. "京东白条"授信方式的创新之处

"京东白条"的信用管理模式是当下互联网"大数据"技术下诞生的产物。如案例中介绍，只有京东商城的用户才可申请京东白条。这是因为京东的用户会在其平台上通过消费等形成一系列的行为数据，包括用户基础属性信息、购买行为与偏好、支付而产生的资金流信息和部分银行信息以及物流端而产生的地理位置等线下非结构化数据等。京东金融通过对这些不同维度的数据间进行相互校验，从而可以对用户收入水平、支付能力、还款能力、还款意愿等维度进行全方位的综合判断，最后确定授信额度。

图 4-25　京东白条运营模式

（二）O2O 模式——达飞消费金融

深圳前海达飞金融服务有限公司成立于 2014 年 7 月，致力于向银行等传统金融机构服务范围之外的人群提供低额分期贷款业务的消费金融服务。

1. 目标人群

达飞金融将自己的目标客户设定为消费的长尾人群，具体是指收入较低但稳定、无信用记录和收入中等、基本无信用记录、工作固定的两类目标群体，其 70% 的客户为 18 岁至 25 岁的蓝领工人与学生。消费金融有三种主要工具，即信用卡、电商小贷和消费贷款。信用卡定位于中高收入客户，显然不适用于消费的长尾人群。电商小贷只针对网上商户及购物用户，提供分期贷款服务，在我国网购人数仅占中国总人口的 24%，目标市场十分受限。达飞金融则是运用长尾理论，改变过去消费金融主要面向少数中高收入人群的发展现状，将 80% 的潜在群体推向前台，为他们提供消费金融服务。

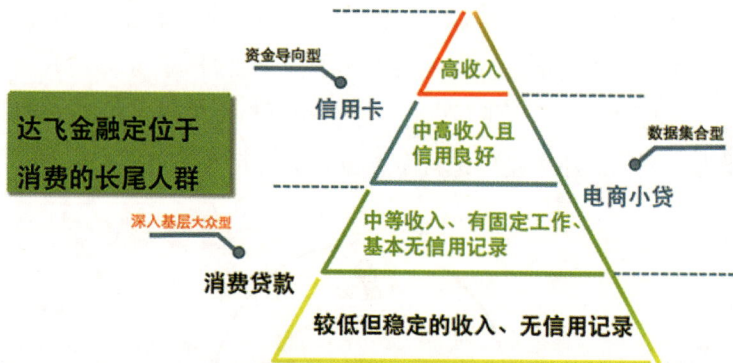

图 4-26　达飞金融定位于消费的长尾人群

2. 营销模式——O2O

达飞金融采取的是 O2O 的营销模式，客户通过前往在二三线城市中开设的线下网店，挑选产品并匹配相应的消费贷款，提交商品贷款申请，经审批后获得贷款并提取商品。同时，达飞金融利用互联网进行二次营销，为优质线下客户提供线上产品，客户可通过微信公众号申请贷款，经

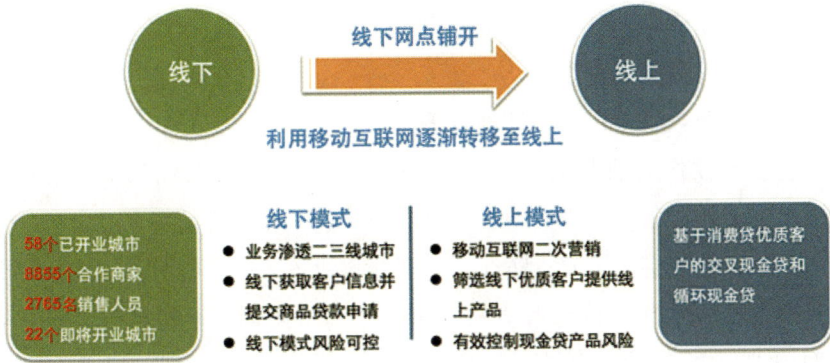

图 4-27　达飞金融 O2O 营销模式

过后台集中审核后线上签订合同并发放贷款。线下与线上结合的模式使得达飞金融获取到了客户的第一手信息，保证了产品风险的有效控制。

3. 业务模式——与信托公司合作三方共赢

达飞金融的业务运营主要涉及信托公司、消费贷款服务公司（即达飞金融）和客户这三个环节。信托公司作为独立的机构在整个运营中起着资金通道和融资渠道的作用，由其为客户发放和回收贷款，信托公司与达飞金融共同分享收益。在这样的业务模式中，达飞金融能够真正成为一个贷款服务方，其为客户提供审批、客服和催收服务，为信托公司提供客户推荐、客户信息管理的相关服务。这种业务模式使得达飞金融的业务分工

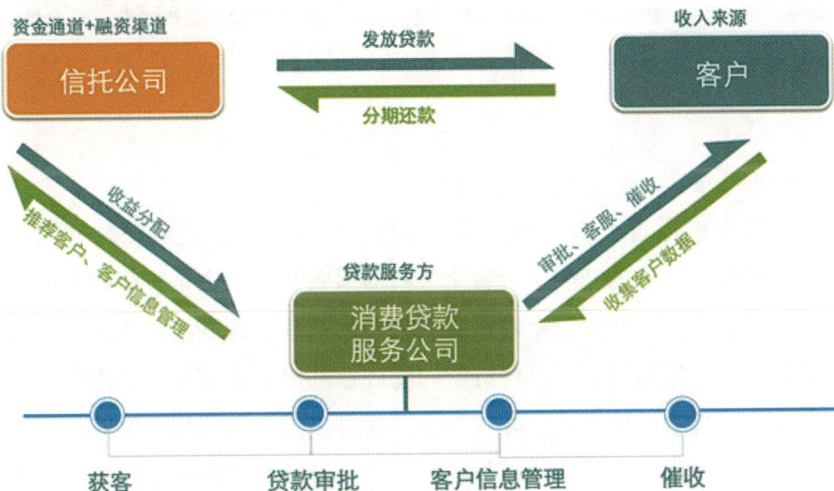

图 4-28　达飞金融的运营模式

明确，主要围绕获客、贷款审批、客户信息管理和催收这四个方面开展业务，并控制了资金风险。

4. 应收账款管理——逾期催收策略

应收账款作为消费金融服务提供商的一项资产在公司的资产管理中是重点关注的对象。达飞金融通过自己设计的一套完整的逾期款项催收系统，对逾期款项搭建了五重防线。逾期催收业务采取了针对不同客户评分及逾期程度而实施不同催收方法的策略，其将逾期程度按照到期日、逾期 31 天、逾期 91 天、逾期 181 天以上进行划分，并匹配了从本人加联系人共同提醒、多部门配合催收、登门拜访至法律诉讼等不同程度的相应催收策略。该种逾期催收策略使得达飞金融 12 个月的贷款不良率为 1.46%。具体逾期款项催收策略如下图所示：

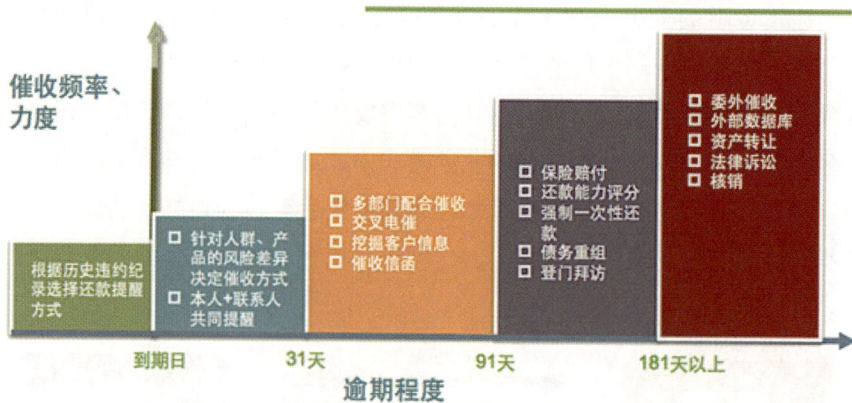

图 4-29 催收方式

5. 核心能力——全流程运营管理

达飞金融通过资金管理、风险管理、账户管理、应收账款管理这四个方面对所有业务的开展进行着全流程的运营管理：资金管理能够保障可持续的资金来源，并对资金进行科学管理；风险管理则通过评分卡及决策模型在风险可控的基础上进行贷款的发放；账户管理实现了客户账户的实时监管，随时掌控风险；应收账款管理通过多重步骤流程确保应收账款的回收。资金、风险、账户、应收账款的协同管理系统保证了业务的有效且可持续的开展。

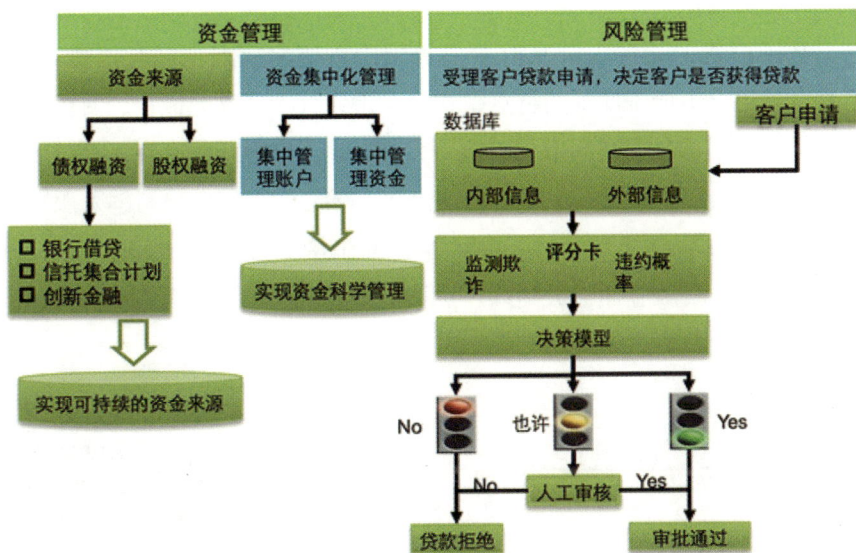

图 4–30 资金管理与风险管理

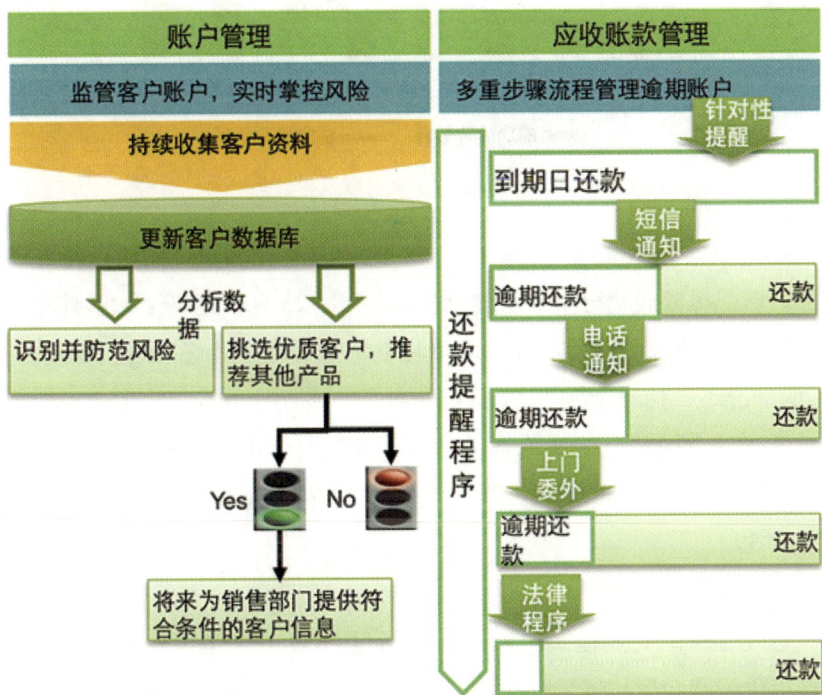

图 4–31 账户管理与应收账款管理

6. 业务数据

基于消费的长尾人群具有收入稳定、可支配收入少、有消费需求、不符合信用卡申请条件等的特点，达飞金融设计了贷款金额小、月供少的消费贷款产品，公司利润增长较快。另外，达飞金融还为有良好还款记录的老客户设计了贷款用途灵活、平均8000每笔、年化贷款利率及服务费为33%—50%的交叉现金贷产品，客户可在移动互联网端随时申请，并且审批迅速，贷款金额当天到账。达飞金融实现了从线下消费贷款模式到移动互联网消费金融模式的转换。

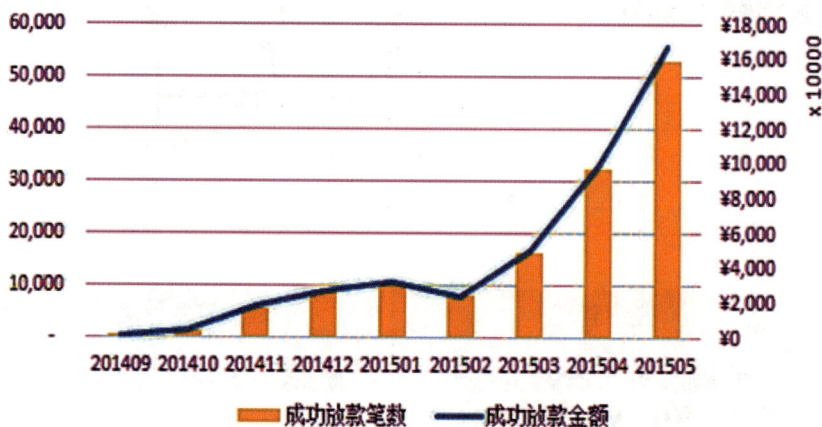

图4-32　达飞金融贷款业务数据

业务数据表明，达飞金融的用户偏好4000元以下，期限一年左右的产品，产品风险较为分散。截至2015年7月23日，达飞金融累计贷款总额6.2亿元，贷款笔数20万，申请贷款笔数29.9万。在行业不良率均值7%的情况下，达飞金融12个月的贷款不良率为1.46%。按生命周期模型测算，当前合同量已能覆盖当前成本，并预计2015—2017年将分别实现收入3.39亿元、20.48亿元、30.23亿元，分别实现利润为−1.37亿、6.80亿、10.39亿。

7. 案例分析

达飞金融的商业模式可以概括为通过O2O的营销模式为消费的长尾人群提供消费金融服务，同时与信托公司合作为业务的开展提供资金通道和融资渠道，并通过对资金、风险、客户账户、逾期账款这四个方面的全流程运营管理确保消费贷款服务业务的有效开展。该种商业模式为达飞金融带来了自成立以来业务规模上的迅速扩大，低于行业平均水平的不良贷款率，以及未来较为可观的盈利水平。

但是，该模式也存在一些问题。

第一，达飞金融提供的消费贷款产品的利率较高。目前由达飞金融提供的贷款利率居于30%至50%之间，这不符合其服务于消费长尾人群，即广大中低收入消费者的公司定位及初衷。这一方面是由于当前消费贷款的利率普遍很高，另一方面是由于其引入信托公司，增加了价值链条，从而推高了贷款利率以确保双方收益。未来利用互联网对消费行为的评估，达到对信息的交流和沟通成本的降低，从而进一步降低达飞金融提供的消费贷款的利率水平，真正达到普惠金融的水平，是未来互联网消费贷款公司重要的发展方向。

第二，达飞金融的商业模式易被复制。自消费金融公司的试点在全国展开之后，消费金融公司已遍地开花。2015年以来，已有重庆百货、小商品城、海印股份、南京银行、苏宁云商等上市公司参与组建消费金融公司，在这片蓝海中的竞争将越来越激烈。达飞金融的商业模式具备可复制性，或将被新成立的消费金融公司相继模仿，这就需要达飞金融公司坚持对商业模式的持续创新，随时调整战略，扩大自己在消费金融领域的市场份额，实现价值增值。

（三）针对特定主体的消费信贷——以"先花花"为例

众筹金融模式创新的核心在于避免同质化，消费金融亦是如此。抓住特定主体的不同特点进行商业模式的设计是一条提供差异化消费金融服务的可行思路。本书以2014年6月5日上线的大学生消费借款平台"先花花"为例，介绍时下颇为流行的大学生信用贷款服务。

1."先花花"模式介绍

（1）申请

"先花花"的申请对象仅限于在校大学生。用户注册时，需要提交学生证、身份证照片及相关学生信息，由"先花花"在公安身份信息系统核实之后，方可通过申请。

图 4-33 "先花花"界面

（2）信用额度

"先花花"的信用额度根据学生提交的信息真实情况和相信情况确定。初次使用的用户，信用额度一般在 1000 元左右，最高授信额度在 3000 元左右。

（3）运营方式

不同于传统借贷模式，"先花花"为大学生的信用背书，无须学生缴纳费用，即允许学生在信用额度内先行消费，然后再按约定还款。除能够完成缴纳话费等日常消费活动之外，"先花花"与高校周边商店、电商等存在业务合作，学生可在指定电商平台或学校周边商店进行"先消费、后还款"的业务。

（4）利息标准

根据"先花花"的介绍，其利息标准为 2%／月，远高于银行同期贷款利率。

（5）违约金

超过当月最后还款期限，仍未还清账单金额，将自动进入逾期还款状态，同时产生逾期还款滞纳金，滞纳金是按照未还款金额的 5‰ 按天收取，10% 封顶，同时记入信用记录。

（6）还款方式

按时还款，不得提前。

2. 案例分析

大学生消费借贷在传统上属于银行信用业务的盲区——根据银监会

规定，商业银行不得为大学生办理信用卡。因此，从这个角度出发，高校信用借贷满足了大学生消费借贷的愿望，具有一定的创新性。大学生的活动范围较为固定，一般不会出现贷款后找不到人的情况。但是，针对大学生的消费信贷也存在一定的风险。首先，目前的社会诚信体系尚不健全，违约成本低，给大学生提供的消费信贷很可能像助学贷款一样存在较高的违约率。其次，学生证、校园卡等证件防伪功能差，很容易被伪造，以此来作为身份验证的依据存在较高风险。最后，大学生借贷团队大多没有电商运营基础，信息数据收集能力较弱，难以对客户的信用水平进行真实评价，因而多采用固定利率而非信用风险调整利率。高额的利息（例如年化24%的贷款利率）也让没有稳定收入来源的大学生望而却步。因此，此类大学生消费借贷公司，大多依靠优惠补贴、打折等方式吸引客户，客户黏性较差，运营模式有待改善。

二、互联网消费金融与传统消费金融的比较

消费金融有促进消费、激活经济之功效，互联网消费金融更是将消费过程和信贷紧密地联系在一起，加快了商品销售速度，使消费者更多更快地享受到产品和服务，这种经济贸易与金融紧密结合的方式，突破了传统金融的局限，使金融更好地为商品贸易服务。互联网消费金融与传统消费金融存在着一些差异，可以从以下几个方面进行分析。

（一）资金融通方式不同

银行传统信贷的完成，大致包括以下几个部分：存款人把钱存放在银行，作为贷款资金的来源；银行选择合格的资金需求者，把钱贷给借款人；借款人按照与银行协定的还款期限、还款方式、还款金额等归还贷款；存款人在需要取用资金的时候，也可以随时从银行提取。

互联网的消费金融中，金融活动的目的是为了增加消费。在电商平台消费的消费者成为了资金的需求方，电商平台通过利用消费者的已付资金以及对供应商的应付账款，成为名义上的资金供给方。在此过程中，金融中介的角色重要性大大弱化，金融活动更多的是为商品贸易服务。

消费者在电商平台进行消费时，支付清算是通过以下流程完成的：消费者在产品供应商网站选购商品→产品供应商向第三方支付平台发送支付请求→消费者选择银行卡种→第三方支付平台向银行支付网关发送扣款请求→消费者通过银行支付网关进行在线支付→银行支付网关向第三方支付平台发送支付结果→第三方支付平台向产品供应商发送结果通知→产品供应商验证支付结果后向消费者提供服务→产品供应商向第三方支付平台提供订单支付查询→第三方支付平台定期向产品供应商结算货款。

该流程中加入了消费贷款之后，弱化了银行的作用。银行更多地作为支付中介，定期地从消费者个人账户移出信贷还款，或者定期向供应商账户划拨清算账款，而不是像之前在发放贷款方面有很大的决定权。这个从信贷流程中就可以看出。

（二）贷款发放机构的利润来源不同

传统银行在发放贷款时的利润来源是贷款的利息，而电商在发放贷款时看重的并不仅仅是这一点。

从功能上看，电商消费金融允许用户先消费、后付款，并且像传统信用卡一样支持3—24个月的分期付款模式，这一产品似乎没有更大的竞争力，但需要看到其背后的战略用意。电商消费金融是专门为消费者定制的互联网金融产品，是为了提升电商平台核心竞争力的一款产品。它与信用卡一样，可以起到刺激用户在网络购物时进行消费。从金融发展的历史来看，也可以发现实体企业是消费金融市场发展的重要推动者。美国运通公司就是其中的典型代表，其在发展旅行社业务和快递业务的过程中，让客户能够先消费后付款，如今美国运通公司已经成为一家提供世界一流的信用卡与旅行支票等金融产品的大型金融机构。

另外，这种消费金融的分期业务，还可以为电商带来丰厚的利润回报。如果没有这款产品，用户在网络购物时要想分期付款，只能使用信用卡的分期付款业务，利润全部被银行获取。借助消费金融业务，电商平台拥有的庞大现金流被充分利用，而且可为其自身带来丰厚的利润回报。

消费金融的付款手续费也是一笔利润来源。一旦电商消费金融用户形成规模，利润还是相当可观的。这样既刺激了用户消费，又充分利用手中的现金流，还可以赚取手续费，同样一笔信贷在电商手中就创造了更多的利润。

（三）用户信用信息的获取渠道不同

传统银行发放贷款时，通过对消费者进行面对面交流、实地考察以及消费信用记录等，从各个角度进行分析，比如要对个人进行包括流动性资产、不动产、应收应付款等在内的资产项分析，工资、奖金、佣金等的收入项分析，信用卡、营业负债等的负债项分析，还有一些综合性分析。而电商可以根据已有的数据，对用户的消费记录、配送信息、退货信息、购物评价等数据进行风险评级，免去线下的工作环节，节省了大量成本，这也可以作为利润的一项来源。

（四）消费者的用户体验不同

电商现在提供的消费金融和信用卡的作用方式大致相同，但与消费的紧密结合使消费金融更加有竞争力。只有资金与消费紧密结合在一起时才构成完整的闭环。所以从这个角度来说，互联网消费金融会给消费者更好的用户体验，从而增加自身的竞争力，抢占在消费金融市场的份额，为之后更大规模的资金获利打下基础。

互联网消费金融在资金融通方式、获利来源、用户信息获取渠道以及用户体验等方面的创新，使其在未来还有更多的发展可能，一旦全面推出市场，必将给传统金融消费带来不小的压力。

第四节　债权众筹的新趋势（二）
——互联网+供应链金融

供应链金融（Supply Chain Finance，SCF）是 20 世纪末随着供应链管理的兴起以及信息技术的发展，源自商业银行金融创新的一种新兴融资模式，供应链金融通过特定的产业链将核心企业及其上下游中小企业联系起来，形成一个稳定的"产—供—销"链条。供应链金融的参与主体包括核心企业、融资企业、商业银行、物流企业；运作方式为商业银行根据核心企业的信用状况对相关联的中小企业进行授信融资，同时通过控制上下游企业的资金流、物流、信息流，把针对单个企业融资时不可控风险转变为供应链企业整体可控风险。

一、传统供应链金融模式

（一）供应链金融的产生

在金融脱媒、企业脱贷、巴塞尔协议 III 的严厉监管等多重背景下，各商业银行基于谋求转型和提升核心竞争力的需要逐渐着眼于中小微企业融资的市场。自 2006 年深圳发展银行成功推出供应链金融服务后，国内各大商业银行也相继推出自己的供应链金融服务，商业银行的业务范围不仅得到拓展，同时产生了良好的社会效应与经济效应。如下表所示，目前国内四大商业银行均推出了供应链金融业务：

表 4–6　国内四大行的供应链金融业务

银行	供应链金融品牌	推出时间	针对客户	产品特点
中国工商银行	国内保理、商品融资、订单融资等系列组合	2010 年	侧重于贸易金融领域	针对不同业务，特点不同
中国建设银行	融链通	2010 年	中小贸易客户	通过供应链金融服务方案将银行融资支持延伸到供应商，提高赊销比例，减少自身资金使用，降低采购成本；借助供应链融资，通过回购承诺等信用方式，将自身信用延伸到分销商，拓宽销售网络渠道
中国银行	融易达、融信达、通易达、融货达等系列组合	2007 年	融易达业务适用于以赊销为付款方式的货物、服务贸易及其他产生应收账款的交易；融信达适用于希望规避买方信用风险、国家风险，并已投保信用保险的客户	融易达特点：利用核心企业空间额度

银行	供应链金融品牌	推出时间	针对客户	产品特点
中国农业银行	供应链融资易	2009年	专门针对产业链配套中小企业的包括票据融资、应收账款质押、银行保理等业务在内的多元产品组合	弱化中小企业对企业财务报表等"硬指标"的要求，转而注重对供应链交易结构和具体细节的分析，通过对核心企业的信用状况和偿债能力的把握，对供应链上的单个企业以及上下游链条上的若干企业提供融资等金融服务，从而降低了中小企业银行融资的门槛

（以上资料根据各银行官方网站）

（二）传统供应链金融三大模式

传统供应链金融模式包括应收账款融资、预付账款融资、融通仓融资三种模式。[①]

1. 应收账款融资模式

应收账款融资模式一般适用于供应链上游企业，主要为了解决处于核心企业上游的中小企业在发出货物至收到货款期间的融资需求。在该模式下，融资企业、核心企业、银行作为主要参与各方，融资企业以其对于核心企业可预期的应收账款债权作为担保从而取得银行授信。另外，银行还可要求核心企业提供反担保，在上游融资企业还款出现问题时及时让核心企业承担偿还责任，进而降低商业银行所应承担的融资风险。具体来说，适用应收账款融资模式的中小企业在获得银行的融资前，一般还要接受银行对其进行的风险评估，但银行的风险评估不仅仅局限于中小融资企业，还涉及核心企业的还款能力、交易风险甚至对于整条供应链上的风险把控。应收账款融资模式有效解决了中小企业的短期资金需求，使其顺利开展新的生产经营活动，同时也提升了整条供应链的运作效率。

2. 预付账款融资模式

预付款融资模式一般适用于核心企业的下游中小企业融资，用以解

[①] 参见闫俊宏、许祥秦：《基于供应链金融的中小企业融资模式分析》，《上海金融》2007年第2期。

决下游经销商向核心企业欲购买生产资料进行生产活动期间的资金短缺问题。预付款融资模式以保兑仓融资为主，保兑仓融资是指以核心企业的承诺回购为前提，由融资企业向银行申请以核心企业在银行指定的仓库中的既定仓单为质押标的物，且由银行控制融资企业的提货权，从而获取银行贷款的模式。在保兑仓融资中，除了融资企业、核心企业和银行外，通常还引入了仓储监管企业，仓储监管企业主要负责对质押物品进行监管及价值评估。保兑仓融资模式中，银行通过第三方的仓储监管企业、与核心企业签订承诺回购合同两种方式来降低贷款的风险，而融资企业通过保兑仓业务获得分批支付货款和分批提取货物的便利，有效缓解下游经销企业一次性全额付购货款可能带来的生产经营压力。

3. 融通仓融资模式

存货融资是指融资企业以其存货为质押标的物来获取银行贷款的融资方式，融通仓融资模式是基于存货融资方式，引入第三方物流企业并由其提供的金融与物流相结合的综合融资模式。具体来说，融资企业先将存货质押于第三方物流企业指定仓库，再向银行申请贷款；银行在对企业的存货、交易风险以及整条供应链的运作状况进行综合判断的基础上，结合第三方物流企业对于质押存货的验收、价值评估、监管时所出具的相关证明材料，作出授信与否及其额度的决定。在一定的条件上，商业银行还可能授予第三方物流企业一定的授信额度，让其直接对接融资企业的贷款和风险管理，降低融资的成本并提升产销供应链的整体效率。融通仓融资主要以仓单质押、存货质押两种方式为主，而中小企业将以前商业银行不愿意接受的动产存货转化为动产质押物品，构筑了中小企业与商业银行的融资新路径。

二、供应链金融的理论基础

从金融理论的角度来看，信息不对称理论、交易成本理论以及委托代理理论是供应链金融产生和发展的基础，① 这三个理论在互联网时代下

---

① 参见李志强：《基于交易成本理论的互联网金融与中小企业融资关系研究》，《上海经济研究》2015 年第 3 期。

被赋予了新的内涵。

（一）信息不对称理论

信息不对称是指中小企业比商业银行或其他金融机构更加熟悉自己的经营情况和财务状况，商业银行或其他金融机构只能通过中小企业公开的财务报表等信息去判断企业的发展状况，并最终决定是否向企业发放贷款。由于存在信息的不对称，因此中小企业可能修饰自身的财务报表，骗取商业银行的信任从而发放贷款，也正是由于这种原因，使得商业银行对于中小企业实行严格的信贷配给，这加剧了企业融资的困境。当市场上存在信息不对称时，一方面会出现"劣币驱除良币"的奇怪现象，另一方面也会出现逆选择和道德风险。当企业的贷款利率处于一个较低的水平时，增加贷款利率所带来的边际效益要大于逆向选择和道德风险所带来的风险成本；但是当利率上升到一定的高利率水平之后，增加贷款利率所带来的边际效益要小于逆向选择和道德风险所带来的风险成本。换言之，信息不对称的存在，使得商业银行或其他金融机构的贷款利率存在一个上限，超过这个利率放出的贷款的期望收益是低于贷款上限利率的期望收益的，这也就是为什么商业银行或其他金融机构宁愿使用信贷配给的方式也不愿意通过提高贷款利率来满足中小企业的融资要求。

传统的供应链金融在解决信息不对称理论所产生的问题时，主要依靠核心企业所提供的交易信息，即通过分析上下游企业与核心企业的历史交易信息以及本次真实交易的信息来分析中小企业是否满足商业银行的授信要求。在这样一个过程中，可能会出现人为造假等信用风险——上下游企业为了获取商业银行的信任，通过贿赂或者其他方式让核心企业或其工作人员向商业银行提供虚假的交易信息，商业银行或其他金融机构据此发放的贷款将会有很大的风险。不过，随着互联网的发展，可以使得这样的虚假信息被最大限度上的剥离。互联网供应链金融可进一步解决信息不对称所产生的问题。近年来，以阿里巴巴、京东为代表的电商金融的蓬勃发展，可以说是针对信息不对称的成功探索。其借助大数据降低了中小微企业的征信与融资成本，信息不对称的局面得到极大的改善。

（二）交易成本理论

由于中小微企业和商业银行所掌握的信息不对称，后者为了防范贷款的风险，必然需要花费一定的时间和精力去进行调查和研究，这便会增加商业银行的交易成本，降低了商业银行期望的收益，从而使得其不愿意给中小微企业进行授信融资。

供应链金融的出现，特别是近年来快速发展的互联网供应链金融，有效降低了商业银行的交易成本。首先，互联网的发展带动了供应链金融的规模经济，从而降低了交易成本。供应链金融最本质的特点在于其并非根据某一单一企业的财务状况来判断是否授信，而是将整个供应链视为一个整体，从供应链的视角去分析是否应对中小企业授信。而供应链的一个最大特点又在于其循环往复性，因此商业银行在受理中小企业的贷款申请时，并不需要每次都进行详尽而细致的调查。互联网的出现，使得上下游企业与核心企业的交易信息被更为真实地记录下来，如果中小企业本身并没有发生根本性的经营改变，其历史交易数据就能够被有效的用来作为风险分析的重要数据。同时，互联网供应链金融打破了地域的障碍，使得全国的中小企业都可能成为某个商业银行的客户。由于供应链中的企业其商业行为基本上具有同质性，因此大量的经验使得商业银行或其他金融机构降低了交易成本，并由此产生了规模经济的效益。其次，互联网供应链金融的全程线上模式也能够有效的降低交易成本。最后，封闭式的运行降低了交易的不确定性，并加强了资产的专用性。由于在互联网供应链金融中，核心企业、中小企业与商业银行或者其他金融机构的合作是一个长期的合作，中小企业的融资目的也并非是解决企业一时资金短缺的问题，因此三方在长期合作的过程中，必然会产生一种共赢的机制。长期的合作减少了中小企业与商业银行或者其他金融企业的信息不对称，双方之间的交易的不确定性也得以有效的降低，其交易成本随之下降。

（三）委托代理理论

委托代理理论是指假设每个经济人都是理性的，其行为都是自利的，因此在委托代理关系中存在着代理成本。由于委托人和代理人的各种经济利益目标的不一致性，代理人可能会作出有损委托人利益的行为，在供应链金融中也概莫能外。在供应链金融中，委托代理理论主要探讨的是商业银行或者其他金融企业如何处理好与第三方物流企业之间的委托代理关系，通过设计一套行之有效的制度，进一步降低商业银行或者其他金融机构的代理成本和贷款风险。另外，由于第三方物流企业对于中小企业的业务比银行更为熟悉，通过委托代理的关系，也能够有效地解决中小企业与商业银行或其他金融机构信息不对称所造成的额外风险。在互联网供应链的金融时代，通过大数据的收集和分析，能够从第三方物流企业与中小企业的业务往来中分析出中小企业的经营状况（特别是与货物流通有关的状况），委托第三方物流企业对中小企业的质押物进行监管，从一定意义上而言也是可以减少信息不对称所带来的弊端。

三、"互联网＋"时代供应链金融新模式

在信息化时代中，互联网技术在社会经济生活、国民经济各行业中的应用范围愈加宽泛，借助于互联网技术中的移动支付、大数据、云计算、社交网络、搜索引擎等技术，诞生了具备资金融通、支付结算和信用中介职能的互联网金融新兴业态。从前述对于供应链金融的介绍中，我们可以了解到供应链金融市场目前的发展空间巨大，因其有效实现了商流、物流、资金流、信息流的四流合一，风险管理难度相对较低，同时也给产业、银行、中小企业等带来了多方共赢的效果。根据前瞻网的数据，我国供应链金融市场规模目前已经超过了 10 万亿，预计到 2020 年可达到 20 万亿，存量市场空间巨大。

未来互联网和金融发展趋势一定是相互融合的，如果两者不走融合的道路，单纯依靠互联网技术将很难获得成功；金融机构如果不利用互联网技术武装自己，也将会被时代淘汰，因此，供应链金融将借助互联网金融寻求进一步发展的突破点。

（一）传统供应链金融模式面临的困境

商业银行所提供的传统供应链金融模式虽然在一定程度上改善了中小微企业融资难、融资贵的现象，但仍面临门槛高、操作难、审批手续烦

琐、信用风险大等问题，所以在国内市场上一直不温不火，甚至距离中小微企业越来越远。具体来说，主要体现在以下几个方面：

1. 风险控制水平和技术的局限性

传统供应链金融模式缺乏足够的操作经验与风险控制工具。供应链金融虽然以核心企业的信用水平作为商业银行放贷融资的基础，但为了避免逆选择和道德风险的产生，商业银行仍有必要通过解决信息的对称性对供应链可能产生的风险进行全局监控。商业银行基于宏观金融监管的要求，并不能像电商企业一样利用互联网平台自由地进行大数据的搜集与分析，所以商业银行供应链金融模式仍仅局限于传统的征信范围与方式。

2. 供应链金融风险传导机制的特殊性

供应链是由生产相关产品的上下游企业共同组建而成的，整条供应链中具有众多的参与者，各企业在规模大小、经营水平、管理模式方面均有不同，在生产经营过程中难免会遭遇到一些内外部因素的影响，当影响的相关因素不断增大时就会对供应链上下游的企业产生影响。例如，2014年7月22日上海福喜因使用过期肉被媒体曝光后，处于供应链福喜企业下游的麦当劳、必胜客、肯德基、汉堡王、德克士等企业就受到了严重影响，当供应链不能正常运作时，处于供应链中相关企业的融资问题就随之产生。

3. 供应链金融中的估值风险

供应链金融模式下的存货融资和预付账款融资两种类型中，由于供应链中生产企业的产品具有很强的变现能力，故商业银行常以产品作为融资的抵押品。但在市场经济的条件下，产品的价格很大程度上受到社会供求关系的影响而波动，此时若第三方物流企业对存货的估值能力不足或者存货的价格波动较大但是银行融资额的设定没有及时根据市场价格变化作出相应的调整，银行的贷款就会产生风险。

4. 供应链金融中核心企业存在转嫁财务成本的便利

由于核心企业在供应链中处于核心地位，上下游企业的融资都依赖于核心企业，商业银行对于供应链上中小企业的融资也有赖于核心企业的信用状况，这样就更加凸显了核心企业在整条供应链中的优势地位。核心企业有可能利用自身的便利条件在应收账款、预付账款方面对供应链上下游的中小企业施加苛刻的条件，以此占用中小企业的资金来降低自身的财务成本，而居于弱势地位的中小企业往往被迫接受核心企业转嫁财务成本的安排，结果通常造成了中小企业的利润向商业银行和核心企业转移，最终使整条供应链上的生产经营环境逐步恶化。[①]

（二）互联网＋供应链金融新模式

在"互联网＋"时代大潮中，传统金融行业通过与互联网技术相结合以寻求转型升级的道路，传统供应链金融模式也应当顺应互联网金融的大趋势，通过整合互联网时代的资源优势来实现传统供应链金融的转型升级。

供应链金融与互联网的融合发展将会呈现出一系列新的特点：第一，供应链中运作的速度快，交易的速度快、付款的速度快、融资的速度快、物流的速度快；第二，供应链金融信息化特征明显，进而衍生发展出流程标准化，最后进一步发展成平台化；第三，相关产业间相互融合的趋势愈发显著，与供应链金融相关的商贸业、物流业、制造业、金融业跟市场之间形成一体化的局面；第四，供应链金融去担保化，在充分利用互联网大数据的前提下，征信成本逐渐降低，互联网进一步消除了供应链金融模式中的信息不对称现象。

笔者在目前众多互联网供应链金融表现形式中，总结归纳出以下三种主要的互联网供应链金融新模式。

1. 商业银行传统线下供应链金融的线上化

该模式又被称为"供应链金融web2.0"，主要是商业银行传统供应链金融互联网化的过程，即利用互联网平台在线整合与衔接供应链金融的资金、物流、商务等信息，以实现银行、核心企业、上下游企业、物流企业之间信息的共享，降低供应链金融参与主体相互间的信息不对称，有效弥补信息半径。在此模式下商业银行也可以充分利用线上信息对供应链的金融风险进行实时监控，进而提升供应链管理与服务的整体透明度并对供应链上的中小微企业进行综合授信。

---

① 参见李琰：《供应链金融的经济影响分析》，《西南金融》2015 年第 2 期。

　　具体来说，该模式主要是传统应收账款类融资、预付账款类融资、存货类融资三类线下供应链金融模式的线上迁移，除了加入互联网元素，其他的操作过程与原来基本一致，但该模式的重要价值在于增强了整条供应链的信息共享、促进供应链上各企业的在线协作、完善商业银行风险控制与资金融通的机能。目前，国内多家商业银行都相继推出了自己的线上化供应链金融服务，比如民生银行的保理及供应链融资系统、光大银行的汽车供应链金融线上融资系统、平安银行的供应链金融 2.0、招商银行的智慧供应链金融平台、中信银行的新一代电子供应链金融等。

　　【案例】平安银行的线上供应链金融①

　　面对互联网时代、大数据时代，商业银行供应链金融正在从"线下"转战"线上"。当前，平安、民生、中信、光大、兴业等多家银行在线上供应链金融领域发力，实现从"线下手工处理"到"线上多系统集成"的转变。伴随 web2.0、大数据技术的成熟和发展，线上供应链金融系统也需要加强上下游企业的协作，增加信息互动功能。

　　早在 2009 年深发展就率先推出线上供应链金融服务，随着大数据时代的到来，供应链金融系统与物流监管系统进行更为紧密的实时数据交互，这也对银行供应链金融服务提出更高要求。平安银行最近完成的一项对 800 多家企业进行的供应链管理调查显示，企业对供应链协同趋势与可见性存在需求。数据显示，75% 的受访企业认为企业建立的上下游供应链体系需要合作共赢，无论是在产品和业务流程设计，还是在生产计划与预测或信息共享等方面需要开展广泛的合作与交流，有近 70% 的受访企业希望能够借助网络技术和供应链管理系统了解上游供应商的财务状况、库存和生产计划等信息，超过七成的企业也表达了希望获取下游经销商的财务状况、销售计划、库存等信息的诉求。

　　供应链金融 web2.0 以互动、协同、可视为理念，利用成熟互联网和 IT 技术构建平台，连接供应链的上下游及各参与方，包括核心企业、中

---

① 参见丁翊轩：《平安银行首推供应链金融 2.0》，《中国贸易报》2012 年 12 月 20 日；肖中洁：《银行暗战线上供应链金融》，《中国经营报》2012 年 12 月 31 日。

小企业、银行、物流服务商等，实现各方的信息交互、业务协同、交易透明；并通过对相关各方经营活动中所产生的商流、物流、资金流、信息流的归集和整合，提供适应供应链全链条的在线融资、结算、投资理财等综合金融与增值服务。例如，一家汽车生产厂商内部 ERP 系统与平安银行线上供应链金融系统对接，将经过贸易背景审核的经销商融资需求数据发送给线上供应链金融系统；平安银行在此基础上通过全电子化的数据进行出账审核，半个小时即可发放贷款；厂商即时得到出账结果，据此安排生产计划。当经销商赎贷时，可以先通过网银提交申请，线上划转资金；平安银行据此审核，全电子化流程，5 分钟即可通知厂商（或监管方）放贷。该厂商以此助力经销商获取融资，扩大销售规模，从而提升自身的产销量，稳定供应链运作。

【案例】"互联网＋供应链金融"：招商银行小企业 E 家①

招商银行小企业 E 家于 2015 年 6 月 15 日发布"互联网＋供应链金融"创新模式与解决方案，旨在以互联网的开放模式无缝整合供应链的信息流、资金流、商流、物流、单据流，打造"支付＋投资＋融资"一站式解决方案。

传统的供应链金融特点是：封闭性、自偿性、特定性，核心企业与合作银行建立封闭的业务模式和交易流程。而小企业 E 家的"互联网＋供应链金融"模式将实现开放性、广泛性、柔性供应链。以互联网开放模式整合供应链的信息流，面向广泛的供应链上下游企业提供创新型交易及融资工具，由互联网来发挥供应链要素优化配置的决定性作用，帮助供应链根据市场变化作出快速反应。该方案通过利用小企业 E 家，以"支付中介"的身份切入供应链的生产经营环节，避开供应链融资业务最常发生的伪造与商业纠纷信息，与协作企业共同构建产业互联网金融平台生态，形成产业互联网金融可持续经营模式，沉淀和积累大数据，由互联网来发挥供应链要素优化配置的决定性作用，最终实现产业金融的互联网转型和轻

---

① 参见周文静：《突围供应链金融，招行打造银企开放账户》，《中国证券报》2015 年 5 月 14 日。

型发展，破解中小企业融资难题，实践"企业开放式融资的互联网模式、企业供应链资产证券化的互联网路径"。

2. 基于互联网平台的电商供应链金融模式

电商供应链金融模式是指互联网电商企业基于其自有平台，在获得监管机构的小额贷款牌照后，运用旗下小贷公司的资金向中小企业发放贷款、向消费者提供消费信贷融资的一种模式。该模式以京东、阿里巴巴、苏宁为典型，它与供应链金融 web2.0 最大的区别在于贷款的资金来源于电商企业自身而非商业银行，最大的特色在于电商企业可以依据其自营平台上的过往交易大数据对平台上的中小企业开展综合授信，有效解决传统的供应链金融中参与各方信息不对称、操作过程复杂等问题。

电商供应链金融模式下还可细分为基于 B2B、B2C、C2C 三类电商供应链金融模式：

（1）基于 B2B 的电商供应链金融模式

此类型模式主要包括电子仓单融资和电子订单融资（电子订单融资具体包括电子订单买方融资与电子订单卖方融资两种）。

（2）基于 B2C 的电商供应链金融模式

此类型模式主要包括基于平台式 B2C 电商供应链金融和基于商城式 B2C 电商供应链金融两种，平台式的 B2C 电商供应链金融主要通过电商平台给予买家或消费者订单融资、卖家订单融资，商城式的 B2C 电商供应链金融主要给入驻商城的供应商提供应收账款融资服务（例如京东、苏宁等）。

（3）基于 C2C 的电商供应链金融模式

该类型主要包括买家或消费者订单融资、卖家订单融资两种，其结构形式与基于平台式的 B2C 电商供应链金融相类似，但区别在于前者向网络个人卖家提供融资服务，后者向网络企业卖家提供融资服务。

基于互联网平台的电商供应链金融模式虽可以充分运用大数据技术，但囿于目前互联网电商企业所持有的小贷牌照的缘故，无法更大规模地吸收公众存款，因而其融资的资金规模也较小。

【案例】互联网电商企业供应链金融服务——唯品会①

2014 年 6 月唯品会通过广东省金融办的审批，拿到了小贷公司的牌照，这意味着唯品会可正式开始经营小贷业务，与阿里、京东、百度等多家互联网电商巨头同台竞争供应链金融。唯品会小额贷款的设计构想主要是依托母公司唯品会的电商平台，对供应链条上的供应商和会员这两个群体分别提供融资服务。针对供应商的借贷有两个设计方向，一个是 100 万元以内的普惠小额，高频随借随还，包括合同在内，完全通过线上完成；另外，则是针对优质客户 300 万—500 万元左右的抵押贷款，例如库存抵押，这与银行的操作方式并无二致。唯品会小额贷款公司在初期并不考虑盈利的多少，小贷的供应商贷款利率设定在 7%—8% 的区间，紧盯银行同类型产品甚至比银行更低，只需赚到 2—3 个百分点的毛利率覆盖掉万一出现的不良贷款。目前，唯品会还在申请类似于支付宝的第三方支付平台，希望通过对个人的消费信用进行评级来发放消费类贷款，例如分期付款买车买奢侈品等。

【案例】保利网：中国首家互联网供应链金融平台②

互联网与金融的融合生长，给供应链金融模式带来了挑战与机遇，也成为传统保理金融模式增强竞争力和转型升级的重要途径。作为服务实体经济与中小微企业、创新供应链金融模式的举措之一，由上海甬赢金融信息服务有限公司创办的保利网将供应链金融和互联网技术相融合，通过搭建在线投融资平台和结算平台，降低传统金融的服务门槛，实现对大中小客户金融需求的全面覆盖。既让全方位金融服务覆盖到产业链上下游众多中小企业，又盘活了核心企业的资金链，特别是破解了中小微企业普遍存在的"融资难、融资慢、融资贵"难题。

大企业的上下游配套企业大多是中小企业，普遍存在融资困难的问

---

① 参见王薇薇、潘青萍：《唯品会被曝用 8000 杂牌充数：有厂就合作》，《理财周刊》2014 年 7 月 14 日。

② 参见胡利民：《以互联网金融推动"普惠金融"》，《金融时报》2014 年 4 月 3 日；许赤瑜：《大浪淘沙：互联网金融发展的路径选择》，http://www.ccidnet.com/2015/0804/10007565.shtml，最后访问时间：2015 年 8 月 10 日。

题，这一情况造成了供应链失衡，让整个链条缺乏活力。在此背景下，供应链金融成了整个产业中不可或缺的部分，目前保利网推出的供应链金融服务有按供应链流程提供的产品，如订单融资、动产质押、应收账款。未来的金融服务在整个供应链经济中的占比将仅次于生产销售，并远大于信息化和配套服务产值。保利网通过"线上＋线下"的方式做更接地气的供应链金融，目前国内中小微企业资产的60%为应收账款，如何盘活应收账款对于企业来说意义重大，企业可以通过供应链金融业务转让应收账款获得贸易融资，从而加快资金周转。保利网的业务适应了提升国内、国际竞争力的需要，线上供应链金融在速度、额度、便捷性方面，都比线下更胜一筹，因此吸引了众多中小微企业客户。传统供应链金融一次出账最快也要半天的时间，90%以上的时间是在进行业务办理的等待，客户为此需要消耗较大的时间成本，而线上供应链金融利用程序进行操作，免去了相应的复杂人工手续，大大节省了等待的时间。

另外，从额度上来看，互联网天生的大数据特征，一方面保证了数据的真实性、时效性；另一方面，也保证了处理过程的准确性，使得保利网更加准确了解客户的信用情况，从而额度相对灵活。"线上＋线下"的业务模式，可以有效地减小资金风险，同时更接地气，更了解中小微企业的实际需求，也能够弥补纯线上模式的不足。据业内人士分析，目前国内从事供应链金融行业的民营企业数量还很少，像上海甬赢这样专业打造互联网供应链金融平台的公司在业内还是首家。中国首家互联网供应链金融平台——保利网的开创将对行业的发展起到积极的促进作用。

3. 商业银行供应链金融与电商平台相结合模式

银行供应链金融的平台化指商业银行运用自有资金，通过自营或与第三方电商平台协作的方式，为中小企业提供线上的供应链金融服务，解决网商贸易融资的问题。商业银行供应链金融与电商平台相结合模式主要包括基于自营电商平台的银行供应链金融、基于与第三方电商平台协作的银行供应链金融两种类型：

（1）基于自营电商平台的银行供应链金融

此类型供应链金融模式主要是由商业银行独自开发运营电商平台，

通过 B2B、B2C 的方式向供应链上的中小企业、网商提供金融服务。其中，基于自营 B2B 电商平台的银行供应链金融提供包括应收账款网络保理、电子订单卖方 / 买方融资等服务；基于自营 B2C 电商平台的银行供应链金融提供消费者订单融资、卖家订单融资等服务。

目前，国内部分商业银行都推出了基于自营电商平台的供应链金融服务，比如中国银行的"聪明购"、民生银行的"信用卡商城"、招商银行的"非常 e 购"、农业银行的"生活 e 站"、交通银行的"交博汇"、工商银行的"融 e 购"等。

（2）基于与第三方电商平台协作的银行供应链金融

此类型供应链金融模式主要指商业银行与第三方电商平台跨界合作，商业银行提供自有资金，电商平台提供技术与信息，银行、第三方电商平台、物流企业、核心企业、供应链上其他企业协同合作开展供应链融资活动。与第三方电商平台协作的银行供应链金融模式也存在 B2B、B2C 两种方式，前者提供包括电子订单卖方 / 买方融资、应收账款网络保理、电子仓单质押融资在内的系列服务，比如建设银行与金银岛、敦煌网联合推出的"e 单通"、"e 保通"；后者一般为商业银行与第三方商城式电商企业合作，为商城的供应商提供应收账款保理融资服务等，比如中国银行与京东商城合作推出的京东供应商应收账款融资服务。

【案例】京东商城与中国银行合作推出供应链金融服务[1]

京东供应链金融服务于 2012 年 11 月 27 日上线，京东商城与中国银行北京分行签署战略合作协议，双方将向京东的合作供应商提供金融服务。京东当时的供应商超过 1 万家，此举的目的是通过提供融资支持，帮助供应商加快资金流转。京东的金融服务包括 B2B 和 B2C 两部分，其中 B2B 部分对供应商提供融资和投资服务，融资包括：订单融资、入库单融资、应收账款融资、委托贷款融资；投资包括：协同投资信托计划、资产包转移计划等。

---

[1]　参见赵楠：《京东商城涉水供应链金融领域，叫板阿里巴巴》，《第一财经日报》2012年 11 月 28 日。

　　在这些融资中，京东商城扮演供应商与银行之间的授信角色，而资金的发放由银行来完成，其中京东供应链金融服务的贷款利率在基准利率基础之上上浮 10%—30%。京东供应链金融服务上线后，曾遭到外界质疑，认为其"抢占小商家利润"，但京东随后便强调其所推出的是"供应链金融服务"，是利用京东的规模和信用帮助供应商从银行获得资金，并不占用供应商的资金。

第五章

众筹改变证券市场

—— "互联网 +" 时代的股权众筹

第一节 股权众筹的崛起

在我国现行的法律规范下，向公众募集资金的典型且唯一的方式是上市公司公开发行股票的行为，而任何其他形式的面向社会大众的公开募股行为都被认为是非法集资行为，受到严格的控制和打击。股权众筹的出现，打破了传统的融资模式，挑战既有证券市场。随着国家政策的逐渐明朗，"大众创业、万众创新"的指导思想逐渐落入实处，股权众筹这一融资模式受到前所未有的关注。在未来的资本市场上，股权众筹将会带给我们什么样的改变与机遇呢？从学术研究的角度，本书所说的股权众筹是指广义上的股权众筹，既包括互联网上公开小额股权融资，也包括互联网上非公开的私募股权融资。本章将会通过对国内外现有众筹案例与平台的分析，结合法律未来的发展方向，为读者们剖析股权众筹将会对传统金融市场格局产生怎样的影响。

一、股权众筹的概念

《关于促进互联网金融健康发展的指导意见》将股权众筹（Equity-based Crowdfunding）定义为通过互联网形式进行公开小额股权融资的活动。中国语境下的"股权众筹"有着不同于传统众筹概念的含义。目前我国的股权众筹，多为创意者或小微企业等项目发起人，在众筹平台的网站上建立属于自己的页面，用来向出资人介绍项目情况，并向公众募集小额资金或寻求其他物质支持。严格意义上来讲，在中国并不存在股权众筹得以扎根的法律土壤和制度环境，现有的所谓"股权众筹"平台，如创投圈、天使汇、大家投等，通过限制投资者资格、人数或投资金额等方式避免被视为非法公开发行股票的平台，因而现阶段中国所谓的"股权众筹"实质上是一种私募或者说半公开的融资行为。

股权众筹模式能有效填补小额信贷和专业机构投资者之间的空隙，为初创企业和小企业提供更大数额的启动资金，帮助高成长性初创企业融资。随着互联网金融的快速发展，作为天使投资有力补充的众筹融资形式得到了飞速发展，在不到十年的时间里，众筹模式不仅在发达国家兴起，也在发展中国家迅速扩展。有数据显示，2013 年全球互联网众筹平台约500—800 家，交易额在 51 亿—60 亿美元之间。世界银行发布报告称，到2025 年全球发展中国家的众筹投资将达到 960 亿美元，其中约 460 亿—500 亿美元在中国。继 2011 年全球第一家股权众筹平台 Crowdcube 上线后，其他代表性众筹平台如美国的 Angelist、法国的 WiSeed 也相继出现，促进了各国在国际金融危机之后的就业增长和经济复苏。如德国的Companisto，自 2012 年成立以来，促成了近 16000 笔融资，总额达 450万欧元。美国的 Wefunder 成立以来，共有 29908 名投资者参与，融资超过 1800 万美元。

【案例】WiFi 万能钥匙股权众筹①

2015 年 6 月 16 日，为时两周的 WiFi 万能钥匙股权众筹项目已正式融资成功。WiFi 万能钥匙，顾名思义，即一个 WiFi 共享平台，目前有近6 亿用户，月活跃用户超过 2.7 亿。WiFi 万能钥匙原计划通过股权众筹筹集 3250 万元人民币，每份 130 万元，每人可认购多份。缴纳 30 万元的保证金将优先从缴纳保证金的人群中选择，没有入围的则退还全部保证金。其退出机制为：项目交割一年后，投资人将在限定时间内拥有一次按实际投资额全额无息退出的机会；若交割 5 年届满项目未能上市，投资人可按实际投资额年复利 5% 的回报方式退出。

6 月初，该股权众筹融资方案推出后有 6000 多位投资者参与认购，由于结果远超预期，WiFi 万能钥匙决定增发 0.5% 的股权，将众筹股权增至 1%，筹资额扩大到 6500 万元。最终结果是：认购金额 77 亿，超募 237倍，认缴额 6500 万元，总筹资金额平均划分为 50 份，每份占股 0.02%。

股权众筹的创新能力是惊人的。2015 年 6 月 18 日，互动百科拆解

---

① 参见刘泓君：《WiFi 万能钥匙股权众筹高达 77 亿认购额的启示，让用户成为股东》，http://www.tmtpost.com/1026036.html，登录日期：2015 年 8 月 17 日。

VIE，并计划在拆解 VIE 之后启动新三板做市，预计 2016 年年末之前完成新三板挂牌。创建于 2005 年的互动百科网是全球最大中文百科网站，致力于为数亿中文用户免费提供海量、全面、及时的百科信息，并通过全新的维基平台改变全球中文用户分享知识的方式。互动百科启动拆解 VIE，融资上亿元，天使客股权众筹平台从中拿到 300 万的份额。也就意味着，天使客平台的投资人可以以众筹的方式投资于互联网巨头，这将会是股权众筹运作模式的一次突破。

二、股权众筹的特征与优势

众筹之所以有这样的快速发展，得益于其相对于传统投融资的鲜明优势——小额、分散的特点。借助于互联网技术的发展，股权众筹得到飞速发展，各式各样的众筹平台应运而生，成为有效连接筹资人和出资人的媒介。2014 年 5 月 29 日，陈金胜、刘思宗在《中国经济导报》上发表题为《草根众筹取代精英投资，或许未来只是时间问题》的文章，认为众筹拥有高效的资源配置作用，能让零散的小额空闲资金迅速聚集起来，从而创造投资价值；从信息角度来看，投融资双方信息了解更为对称。中小投资者能更多了解项目细节、项目执行情况等，项目方更清楚自己项目的吸引力到底有多大、有多少资金可以支配、产品有多大市场。这种"花小钱，办大事"的模式，同时解决了资金供需双方的难题。一方面，众筹平台能帮助初创型小微型企业解决普遍存在的融资难题，为其提供低成本且便利的资金支持，促进企业发展；另一方面，能给中小投资者一个平台，让他们不再被排斥于企业投资之外，也能分享初创型中小企业的成长收益。

股权众筹借助互联网的力量，发展速度迅猛。股权众筹改变了初创企业的风险融资模式，可以通过更加便捷的渠道获得融资资金，充分发挥其为实体经济服务的巨大潜力。"嘀嘀打车"和"黄太吉煎饼"就通过众筹分别获得了 1500 万元和 300 万元的启动资金，迅速发展成颇具影响力的创业企业。可见，股权众筹正在解决中小微企业融资难的问题上发挥出积极的作用。

图 5-1　股权众筹的特征

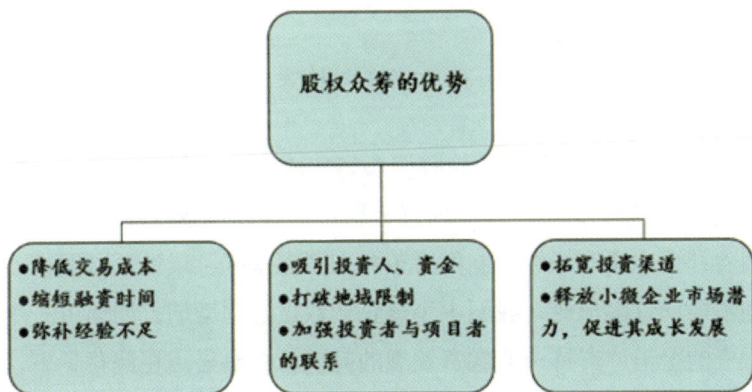

图 5-2　股权众筹的优势

　　股权众筹模式的优势在于不仅能够降低交易成本、缩短融资时间，而且能够弥补投资人专业经验不足的缺陷，真正实现低成本、高效率。众筹平台能够为创业者吸引到足够多的投资人，最大限度地吸引资金；打破地域的限制，为平台的参与者提供线上线下的多元化活动，进行免费的市场宣传和市场检验，加强潜在投资者与项目者的联系；通过众筹方式，创业者得到的不仅仅是资金，还有资源、人脉、宣传、品牌，让投资人成为自己的用户，而且还能互动；还能够拓宽投资者狭窄的投资渠道、打破唯有投资机构才能参与股权投资的界限，满足投资人投资需求。因此通过股权众筹，能释放小微企业的市场潜力，汇聚众多"潜在大使投资人"力量，激活拥有优良项目的小微企业的市场潜力，促进其成长和发展。

三、股权众筹在我国的发展

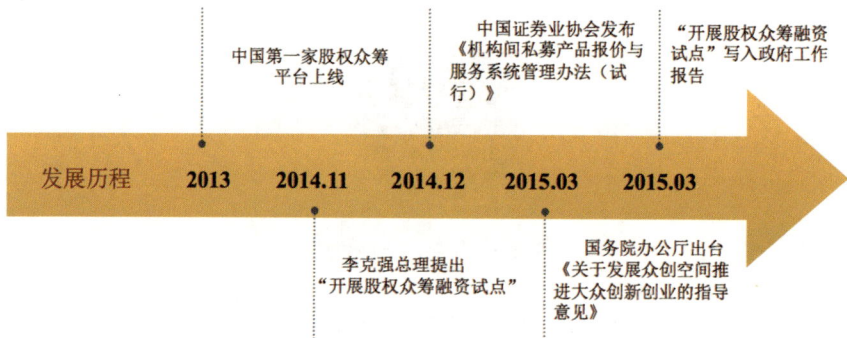

中国第一家股权众筹
平台上线

中国证券业协会发布
《机构间私募产品报价与
服务系统管理办法（试行）》

"开展股权众筹融资
试点"写入政府工作
报告

发展历程　2013　2014.11　2014.12　2015.03　2015.03

李克强总理提出
"开展股权众筹融资试点"

国务院办公厅出台
《关于发展众创空间推
进大众创新创业的指导
意见》

图 5-3　股权众筹在我国的发展路径

如上文所述，"本土化"的股权众筹实质上是一种半公开、分散化的融资行为，一定程度上弥补了现有金融市场难以覆盖小微融资需求的缺失。随着社会主义市场经济制度改革步入"深水区"以及互联网带动下的万众创新格局日渐形成，我国中小微企业数量急剧增加，如何进一步拓展民间融资的渠道、支持企业融资发展的问题日益凸显。在此背景下，股权众筹和其他互联网金融创新工具一道，成为改善融资困境、激发市场活力的有效手段。

上海交通大学互联网金融研究所与京北智库共同发布的《2015 中国股权众筹行业发展报告》显示，截至 2015 年 7 月底，除去 5 家即将上线平台（众友众筹、创业 e 家·众虎筹、云投汇、蚂蚁达客、平安众筹）以及 3 家统计信息不明确的平台（海立方、投易赢、好项目）外，共有 113家平台开展股权众筹业务。其中，交易额突破 5000 万大关的平台共有 23家。根据世界银行《发展中国家众筹发展潜力报告》的预测，到 2025 年，中国的众筹融资规模可达 500 亿美元。

此外，股权众筹也逐步获得监管者的认可。2014 年 11 月，李克强总理在国务院常务会议中提出进一步采取有力措施、缓解企业融资成本高的问题，其中特别指出"开展股权众筹融资试点"，股权众筹迎来突破现有制度瓶颈的发展良机。

政府明确而有效的监管对股权众筹行业很有必要。

首先，股权众筹提供的金融服务和产品具有很强的公共性质，尤其有利于解决中小企业融资难的问题。股权众筹的发展在一定程度上可以降低交易成本，促进社会信用发展，从而增加整个社会的福利。具有公共性质的股权众筹就需要具有公共权力的机构进行有效监管。正如笔者率先提出的，股权众筹将是多层次资本市场构建的重要组成部分，通过众筹的方式可以募集资金来实实在在地支持创新。

其次，为了维护公共信心，也必须对股权众筹进行监管。政府的有效监管可以在一定程度上消除市场的负面因素，减少信息不对称，遏制道德风险和逆向选择，同时消除监管层面的不确定性，增加消费者对股权众筹行业的信心，避免消费者对股权众筹行业采取过度谨慎态度。监管办法一旦出台，各大平台就有了行为准则，不必再担忧可能沦为非法集资。在从业者、专家与监管部门的充分交流协作下，法律法规的进一步完善会使得股权众筹行业发展得更为健康。

最后，从防范风险的角度而言，必须对股权众筹进行监管。股权众筹是一个高风险行业，多人参与的特性又导致其风险具有一定的传染性，必须借助于政府或政府授权的机构来防范和化解金融风险。对封闭式的常规风险投资而言，并不会受到针对开放式的股权众筹监管政策影响。

2014 年 12 月 18 日，中国证券业协会公布了《私募股权众筹融资管理办法（试行）（征求意见稿）》，规定了股权众筹融资的性质、股权众筹平台、融资者、投资者、备案登记、信息报送、自律管理等内容。2014 年，中国证券业协会发布《机构间私募产品报价与服务系统管理办法（试行）》并建设报价系统。报价系统是经中国证监会批准设立的为机构投资者提供私募产品报价、发行、转让及相关服务的专业化电子平台。报价系统作为我国多层次资本市场体系的底层架构，集私募市场互联互通，私募产品报价、发行与转让，私募机构、私募产品信息展示与服务等功能于一身，致力于为金融机构和专业投资机构发展私募业务提供全方位服务。①

---

① 参见朱宝琛：《中证协开通机构间私募产品报价系统》，《证券日报》2014 年 8 月 16 日。

2015 年 7 月 18 日发布的《关于促进互联网金融健康发展的指导意见》，对股权众筹的性质、定位、监管与学界之前的呼吁基本吻合，也回应了社会对于股权众筹的需要。《关于促进互联网金融健康发展的指导意见》将股权众筹融资定义为主要是指通过互联网形式进行公开小额股权融资的活动，明确了三点：第一是股权的融资，而非债权融资，不需要承担还本付息等债权融资的法定义务；第二是小额，即通过股权众筹方式所融资的资金有额度上的限制；第三是公开融资，表明股权众筹融资中投资者的广泛性，资金来源的宽泛性；第四是互联网化，股权众筹融资是通过互联网形式所进行的资金募集活动；第五是非直接性，股权众筹融资必须通过股权众筹融资中介机构平台进行，企业自己不能直接以股权众筹融资方式来募集资金。

央行对股权众筹的定位是我国多层次资本市场的有机组成部分。股权众筹的出现呼应了"大众创业、万众创新"，股权众筹的目的是服务创新创业，为小微、初创型企业服务。因而，股权众筹的融资主体是解决小微企业、初创型企业。《关于促进互联网金融健康发展的指导意见》也明确了股权众筹的监管方是证监会。

学界之前的建言在本次《关于促进互联网金融健康发展的指导意见》中得到了一定程度的实现：承认股权众筹小额发行豁免，同时增加相应的有关投资者、融资者、众筹平台的条款，明确其权益义务，才能实现股权众筹的良性发展。同时，在放低准入门槛的基础上加强监管，有利于实现"宽进严管"，推进我国的金融监管模式由分类监管向行为监管和行政监管相结合的转变。这次《关于促进互联网金融健康发展的指导意见》对于包括股权众筹在内的互联网金融的健康发展都是利好信息，期待未来会有更合理的监管制度、更理性的参与者、更完善的市场，三位一体的中国式股权众筹体系将是中国经济新常态的重要组成部分。

2015 年 1 月 7 日，深交所通过旗下子公司深圳证券信息有限公司与股权众筹平台天使汇合资成立了北京天使汇国际传媒有限公司，旨在合作孵化国内创新企业，扶持优质中小企业上市，共同打造良性健康的创业生态。笔者认为，此举有利于引导普通投资者投资高科技行业，投入到中小企业中去。深交所与天使汇所搭建的平台可能成为未来的网络交易所，好的股权众筹项目在成熟以后就可以去深交所上市。可以说，股权众筹已经逐步成为我国金融市场中的重要一员。众筹金融尤其是股权众筹模式的崛起，克服和丰富了我国场外市场发展的瓶颈和困局，逐步成为发展我国多层次资本市场的重要基石。

股权众筹主要是为创意产业特别是手机应用提供"第一桶金"。如风险投资一样，股权众筹的投资风险大，而且投资者倾向于对失败可能性大而成功后的预期收益非常诱人的高新产业的投资。另外，由于私募的特征，我国的股权众筹最重要的环节在于投资者的审核阶段。"领投＋跟投"的创新模式为众筹的安全性提供了一定保障。我国的股权众筹的运营甚至会进行到融资合议达成后的融资阶段，这种全方位的服务体现了我国的国情，即初创企业等中小企业不仅在资金方面处于弱势，在法律服务方面也急需支持。我国的股权众筹在经手资金方面与P2P网络借贷平台最初的发展一样仍是一个未知数。未来的监管需要关注平台的资金流转问题，防止各类风险的发生。因而，股权众筹将成为构建我国多层次资本市场中的重要一坏。

第二节　我国股权众筹平台的七大类型

纵观我国现有的股权众筹平台，无论是运营模式或是流程操作都具有较大的相似性。但随着股权众筹发展的深入，股权众筹平台数量的增多，为了能在同质化的竞争中脱颖而出，不少股权众筹平台已发展出适应自身平台定位的垂直产业链，进一步细分市场，形成了各自独特的运营思路。此外，平台除了提供促成投融资本身的服务，还提供更多人脉、资源帮助企业发展，以解决钱以外的问题。下面，笔者将介绍我国股权众筹平台主要六种运营模式。

一、股权众筹"平台中的平台"——中证众创平台

中证众创平台（原名中证众筹平台）是中证机构间报价系统股份有

限公司依托机构间私募产品报价与服务系统搭建的私募股权众筹公共平台，平台报价系统参与人作为中介机构开展股权众筹业务，提供交易管理和后台运维等公共服务，因此也被业界称为"平台中的平台"。

该平台与目前其他的互联网众筹平台互为补充、相得益彰，不相互替代，均是众筹市场的重要组成部分，是支持"大众创业、万众创新"，解决中小微企业融资难题，支持实体经济发展的又一重要渠道。

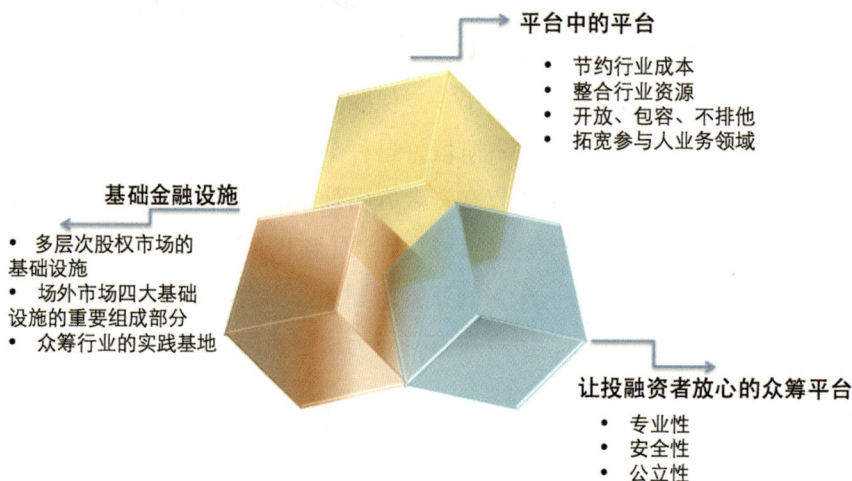

平台中的平台
- 节约行业成本
- 整合行业资源
- 开放、包容、不排他
- 拓宽参与人业务领域

基础金融设施
- 多层次股权市场的基础设施
- 场外市场四大基础设施的重要组成部分
- 众筹行业的实践基地

让投融资者放心的众筹平台
- 专业性
- 安全性
- 公立性

图 5-4 中证众创平台定位

中证众创平台根据《证券法》、《公司法》、《合伙企业法》、《私募股权众筹融资管理办法（试行）（征求意见稿）》、《机构间私募产品报价与服务系统管理办法（试行）》等法律法规、自律规则，制定《机构间私募产品报价与服务系统股权众筹平台业务指引（征求意见稿）》，以指导众筹平台的业务开展和管理工作，拓展企业直接融资渠道，保护投资者合法权益。

中证众创平台主要服务于证券公司、私募基金和专业投资机构等，参与人的准入遵循开放性原则。符合条件的中国证券业协会、中国期货业协会、中国证券投资基金业协会、中国上市公司协会或中国证券业协会认可的其他自律组织会员均可自愿申请注册成为报价系统参与人。个人合格投资者及非参与机构可以通过报价系统参与人间接参与众筹平台。

中证众创平台的上线时间较晚，2015 年 1 月 28 日才正式启动，但项目融资实力强。首批上线的 10 个股权众筹项目涉及领域较广，包含户外用品生产与销售、体育产业、农业、高科技、互联网安全、文化传媒等行业。其中，有 5 个项目已有投资者进行了认购，首日累计募集金额 557 万元。

中证众创平台最大的特点是它并不直接对接融资方，而是由经报价系统认证的报价系统参与人作为中介机构将融资项目推荐到众筹平台。对融资者的真实性审核义务交由中介机构负责，平台本身不负审核责任。

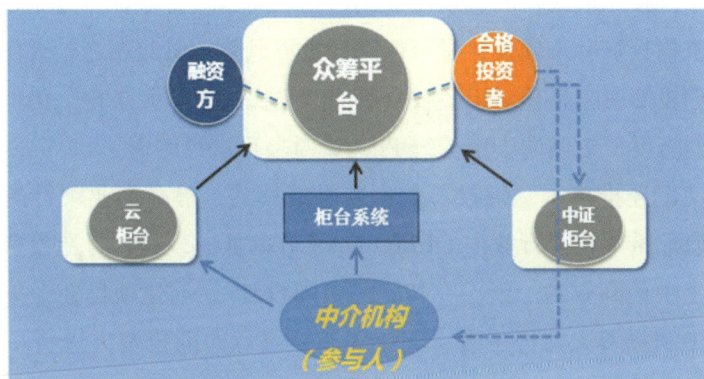

图 5-5 中证众创平台主体关系图

二、对接传统 PE/VC 的股权众筹平台——天使汇、原始会、创投圈、因果树、合伙圈、云筹

根据《2014 年互联网股权众筹盘点报告》中的数据显示，天使汇、原始会、创投圈三家股权众筹平台在 2011—2014 年间共计发布 48394 个项目，占到国内所有股权众筹平台项目总数的 98%，获得融资的项目为 274 个，占到总体获投项目的 83.7%，融资金额 13.2 亿元，占到总体的 85.4%。其中，创投圈发布项目数量最多，达 30304 个，占到三家总和的 62.6%，但获投率仅 0.1%，单个项目的平均融资额为 571 万元。天使汇发布 16090 个项目，获投率则达到 1.4%，单个项目的平均融资额为 434.8 万元。原始会发布约 2000 个项目，获投率为 0.45%，单个项目的平均融资额为 1333 万元。

以上二家发展最早的中国股权众筹平台，实质是由传统私募股权投资和风险投资转型而来，在发展初期，其项目的来源和投资更多地是由 PE/VC 达成的。因此我们可以看到，这三家平台的项目数要远超出后期新兴的股权众筹平台，同时单个项目的平均融资金额也是较高的，最少的平均融资额为 434.8 万元。

从数据可以看出这三家平台对于投资者身份的偏好。以天使汇为例，其平台认证的投资人中 60% 是个人投资者，40% 是机构投资者。天使汇推出的"闪投"模式，能实现创业项目在一周内获得融资。而原始会则是倾向由机构投资者来领投，尽可能降低投资风险。由此观之，天使汇、原始会、创投圈三家平台对于股权众筹的"平民化"、"大众化"仍然保持较为审慎的态度，更倾向于由传统 PE/VC 对项目进行融资。

天使汇还推出了"闪投"的创新融资模式，提高创业项目的融资效率。天使汇希望改变行业内 DEMO DAY 效率低的现状，打造投资人和创业者人生中最高效的一天。在特定的"闪投日"，创业项目在上午集中路演，中午和投资人共进午餐，下午和有投资意向的投资人进行一对一私密约谈，傍晚签订投资意向书。根据天使汇数据，从 2014 年 10 月 31 日到 2015 年 2 月 3 日，天使汇共举办了 6 期闪投，55 个项目，303 位投资人，平均每个项目路演结束拿到 10 位投资人意向，平均 40% 的项目一周内完成。

因此，天使汇、原始会和创投圈更像是传统 PE/VC 融资的互联网化，对投资者的身份要求较高，更关注线下路演活动，由专业投资人与创业者面对面交流，快速达成投融资目的。

【案例】因果树

因果树（Inno TREE）更加突出金融与互联网基因的紧密交织与合作，为用户打造独特的使用场景与工具，重新定义产业链分配原则。因果树的投融资过程大致为：对项目进行初步评估筛选，由领投人对项目进行投资决策，普通投资人（跟投人）以财务投资方式进行跟投，并在项目获得收益后进行利益分配。然后再转入线下办理有限合伙企业成立、投资协议签订、工商变更等手续，该项目天使期融资就算胜利完成。

OUR SOLUTION：通过互联网股权投融资服务打造一个开放的生态圈

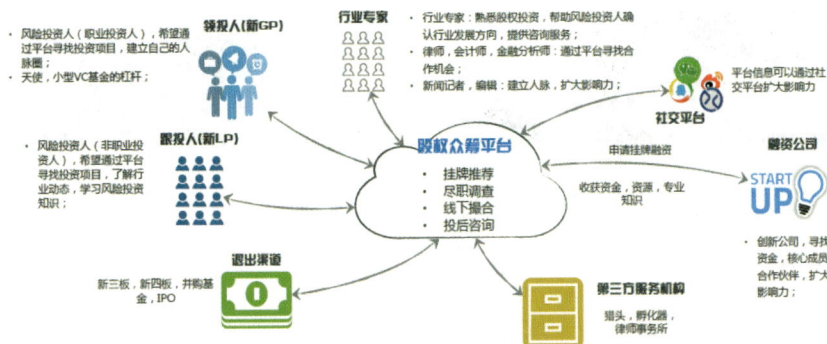

- 风险投资人（职业投资人），希望通过平台寻找投资项目，建立自己的人脉圈；
- 天使，小型VC基金的杠杆；

- 风险投资人（非职业投资人），希望通过平台寻找投资项目，了解行业动态，学习风险投资知识；

辅投人（新GP）

跟投人（新LP）

退出渠道
新三板，新四板，并购基金，IPO

行业专家
- 行业专家：熟悉股权投资，帮助风险投资人确认行业发展方向，提供咨询服务；
- 律师，会计师，金融分析师：通过平台寻找合作机会；
- 新闻记者，编辑：建立人脉，扩大影响力；

社交平台
平台信息可以通过社交平台扩大影响力

融资公司
START UP
- 创新公司，寻找资金，核心成员，合作伙伴，扩大影响力；

股权众筹平台
- 挂牌推荐
- 尽职调查
- 线下撮合
- 投后咨询

申请挂牌融资

收获资金，资源，专业知识

第三方服务机构
猎头，孵化器，律师事务所

图 5-6　以股权众筹平台为核心打造开放的生态圈

OUR STRATEGY：用高频场景吸引用户，用交易服务实现变现

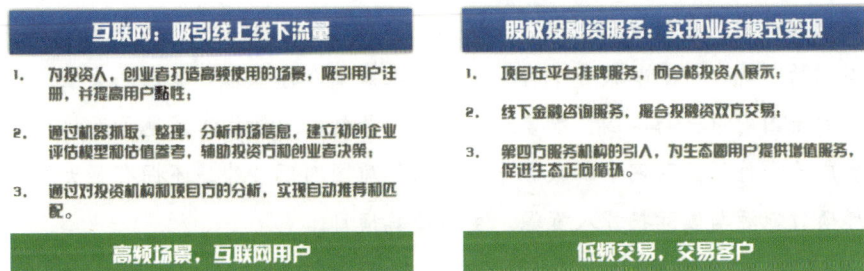

互联网：吸引线上线下流量

1. 为投资人，创业者打造高频使用的场景，吸引用户注册，并提高用户黏性；
2. 通过机器抓取，整理，分析市场信息，建立初创企业评估模型和估值参考，辅助投资方和创业者决策；
3. 通过对投资机构和项目方的分析，实现自动推荐和匹配。

高频场景，互联网用户

股权投融资服务：实现业务模式变现

1. 项目在平台挂牌服务，向合格投资人展示；
2. 线下金融咨询服务，撮合投融资双方交易；
3. 第四方服务机构的引入，为生态圈用户提供增值服务，促进生态正向循环。

低频交易，交易客户

图 5-7　从吸引用户到达成交易

HOW TO MAKE MONEY：股权+跟投+引流

项目孵化，尽职调查，公司宣传，线下路演，招聘，金融机构对接，第四方机构引流

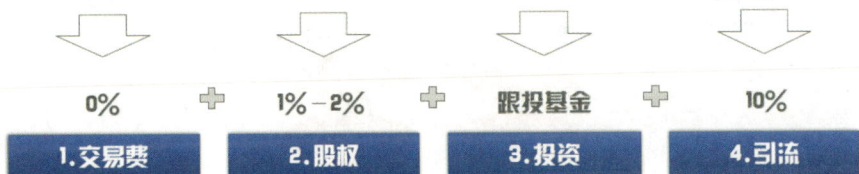

| 0% | ＋ | 1%-2% | ＋ | 跟投基金 | ＋ | 10% |

| 1.交易费 | 2.股权 | 3.投资 | 4.引流 |

图 5 8　因果树运营模式

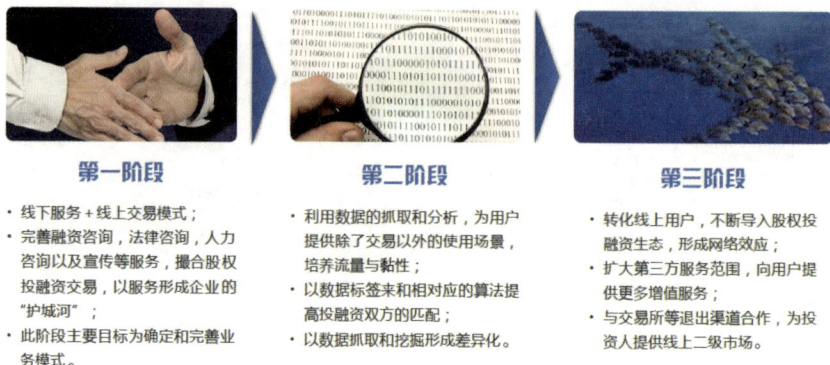

我们的推广策略：O2O2O (Offline->Online->Offline)

第一阶段
- 线下服务＋线上交易模式；
- 完善融资咨询，法律咨询，人力咨询以及宣传等服务，撮合股权投融资交易，以服务形成企业的"护城河"；
- 此阶段主要目标为确定和完善业务模式。

第二阶段
- 利用数据的抓取和分析，为用户提供除了交易以外的使用场景，培养流量与黏性；
- 以数据标签来和相对应的算法提高投融资双方的匹配；
- 以数据抓取和挖掘形成差异化。

第三阶段
- 转化线上用户，不断导入股权投融资生态，形成网络效应；
- 扩大第三方服务范围，向用户提供更多增值服务；
- 与交易所等退出渠道合作，为投资人提供线上二级市场。

图 5-9 因果树的推广策略

【案例】合伙圈——基于众筹的企业全生命周期互联网金融服务平台

北京合伙圈金融信息服务有限公司，简称"合伙圈"，是一家以创新股权投融资服务为基础，以"互联网＋"为特色，专注于创新企业全生命周期的"统合"金融服务平台。合伙圈在众多众筹平台中显得高大上。合伙圈是国内唯一与美国、加拿大、以色列等创新、创投活跃地区及机构开展广泛合作的互联网金融服务平台，除优质国内项目外，还拥有强大的国际项目资源与国际投资人资源，主打高端项目。

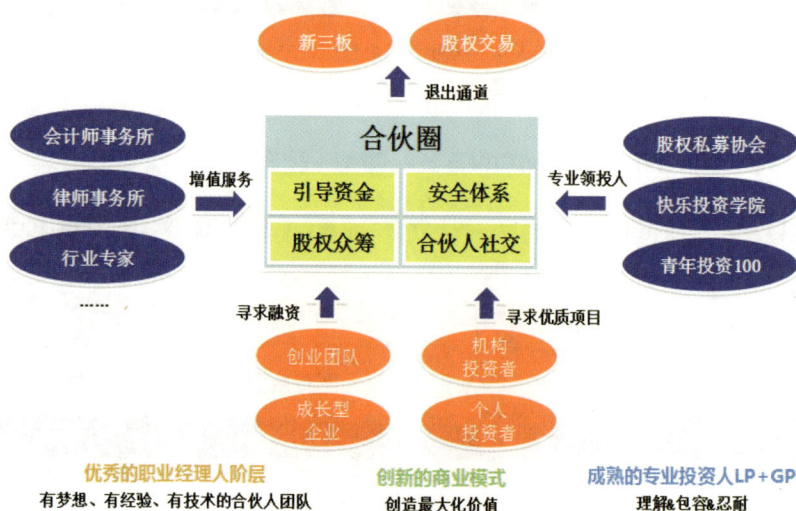

图 5-10 合伙圈的商业模式图

1. 商业模式

业务开展上，合伙圈以"领投＋跟投"模式为主，并一改传统领投人由项目方或其他非专业第三方担任的行业惯例，以合伙圈按专业股权行业标准选出的明星 GP 领投，在解决项目风控问题的同时，解决了明星 GP 的专业能力最大化问题，借此打造出一个股权投资新生态，并运用众筹的全新业态，为企业"筹人、筹智、筹钱"，打造"人合、智合、资合"的新合伙人文化。

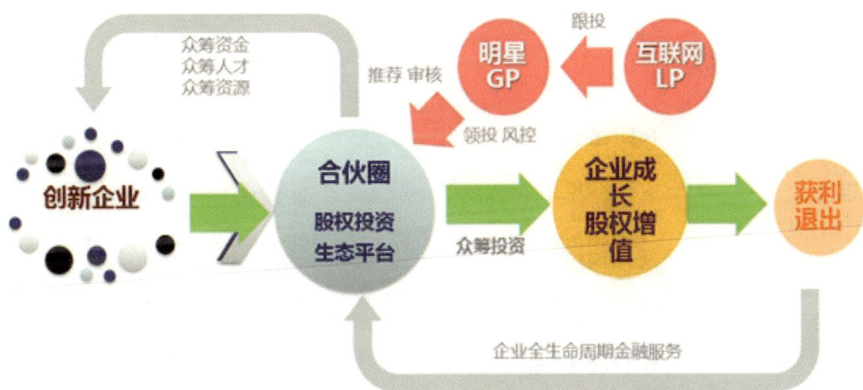

图 5-11　以 GP 为核心抓手的企业全生命周期金融服务

图 5-12　合伙圈 GP 主导下的募投管退

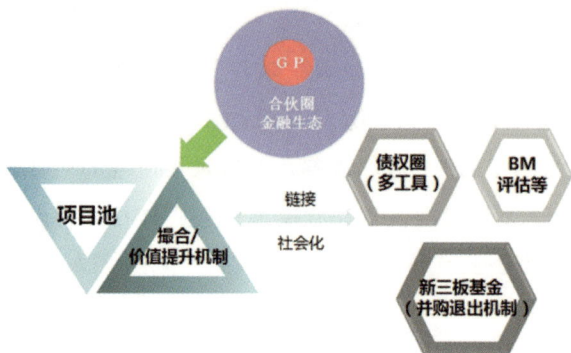

图 5–13 合伙圈的运营模式

2. 风险防范

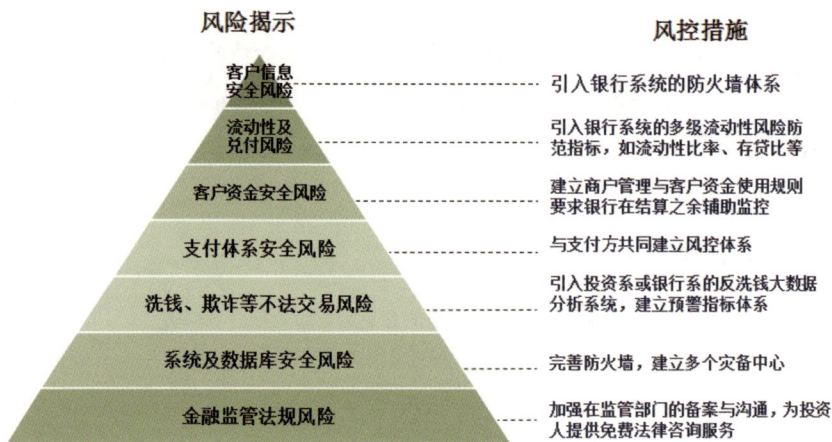

风险揭示	风控措施
客户信息安全风险	引入银行系统的防火墙体系
流动性及兑付风险	引入银行系统的多级流动性风险防范指标，如流动性比率、存贷比等
客户资金安全风险	建立商户管理与客户资金使用规则要求银行在结算之余辅助监控
支付体系安全风险	与支付方共同建立风控体系
洗钱、欺诈等不法交易风险	引入投资系或银行系的反洗钱大数据分析系统，建立预警指标体系
系统及数据库安全风险	完善防火墙，建立多个灾备中心
金融监管法规风险	加强在监管部门的备案与沟通，为投资人提供免费法律咨询服务

图 5–14 合伙圈的风险防范措施

【案例】华生基因

1. 项目简介

华生基因致力于建设基因检测的移动互联网服务平台，为医生和患者提供更便捷、更精准、更节省的基因检测服务，并利用基因检测技术为肿瘤患者提供更精准的个性化治疗方案，同时获得有关肿瘤治疗的大数据，服务于医学。2014 年 12 月华生基因完成股份制改造，总股本 2500 万。当年营收 4150 万元，加权每股利润 0.58。2015 年 4 月底主办券商申万宏源已将新三板申办材料成功提交给股转系统，预计可在 7 月挂牌。

2. 投融资过程

Step.1 明星领投人

合伙圈一直秉持必须有明星领投人，项目方能上线。上线之前，在与明星领投人就项目进行深入沟通后，合伙圈为华生基因项目确定了明星领投人——肖虎，他具有 24 年股票投资经历，20 年风险投资经历，在资本运营、收购兼并、上市公司运作等领域具有丰富经验，个人投资、参与投资、主持机构投资股权项目几十个，所投资多个企业已上市或退出。

Step.2 净值调查

项目路演之前，明星领投人肖虎与合伙圈投资团队对华生基因进行了净值调查，就项目的价格、投资方式、众筹金额进行了进一步的沟通和确定，并且在线上做了预披露，确定路演日期。

Step.3 路演

为了吸引更多的投资人，同时也让大家更加详细的了解项目的情况，合伙圈搭台，为华生基因的项目邀请众多投资机构，并且邀请行业内知名的媒体共同举行了定向邀请性的路演，参会的人员皆经过了严格的筛选，数十家机构与合格投资人到场，现场认投踊跃。

Step.4 项目上线

项目在合伙圈网站上线，并进行资金的募集。预融资总额为 1200 万元，在 30 天的周期内共募集了 1500 万元，超募完成募集。

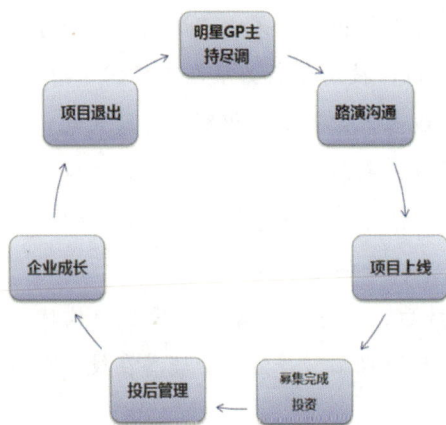

图 5-15　合伙圈的投资流程

图 5-16　合伙圈的盈利方式

Step.5 投后服务

除了为项目提供前期融资服务外，合伙圈还不断跟进项目后期管理与资源对接。截至成书，华生基因已成功在新三板推荐挂牌并同时做市，在合伙圈的独立、积极推动下，华生基因对接了A股上市公司上海莱士，与这家市值千亿的公司共同开发相关领域，并共同挖潜华生基因前期积累的国外近四千家的生物实验室的"富矿"。

【案例】云筹①

云筹集股权融资、创业孵化、筹后管理于一体，建立以"价值"为核心的众筹服务机制，通过价值挖掘、价值传播、价值实现和价值管理，帮助创业者融资、帮助项目成长、帮助投资人增值。

云筹构建的"专业投资、大众筹资"投资模式，既有效控制股权投资中的风险，又给众多高净值人士提供投资优质项目并成为原始股东的机会，并且让传统投资基金的运作模式在募投管退环节均获得互联网化的更新与改造，让大量背后的LP出资人增加参与度，走到投资前台。

1. 云筹商业模式

（1）筹前："云筹七刀"打造标准化产品

在筹前阶段，云筹通过大量产品化结构化的工作，将传统线下项目打造成线上标准化股权众筹产品。在前期项目价值判断和标准化处理的过程中，根据著名天使投资人熊新翔先生提出的科学天使投资方法论——"熊六刀"，结合股权众筹的属性，云筹总结出"云筹七刀"的股权众筹投资方法论：第一，明确用户与用户价值，技术创新必须与市场需求对接；第二，识别项目的市场空间，判断其成长性；第三，识别所处行业的相对竞争状态；第四，评估盈利模式；第五，判断其营销能力和营销手段；第六，辨识团队结构和领袖魅力；第七，看项目是否适合开展股权众筹。

（2）筹中：构建社交化属性的充分信任沟通平台

在筹前阶段完成标准化产品设计后，云筹会在筹中阶段着力构建股权众筹社交化网络环境和社区化信息反馈机制，并注重管理潜在投资人匹

---

① 本案例原始资料由云筹提供。

配和投资意向。通过创业者和投资人之间充分的对接和信息释放，建设双方的信任关系。

云筹的每个项目在上线之前都要先预热，组织线下路演、现场答疑、同步网络直播。同时，还开设了四个投资人微信群，有近两千位投资人入群，项目路演内容都会发至投资人微信群，并定期举行在线答疑会。

（3）筹后：激活领投人，尽责跟投人

经过筹中阶段的深入沟通与对接，获得融资的项目在资金到账之后，便进入了云筹筹后管理阶段。

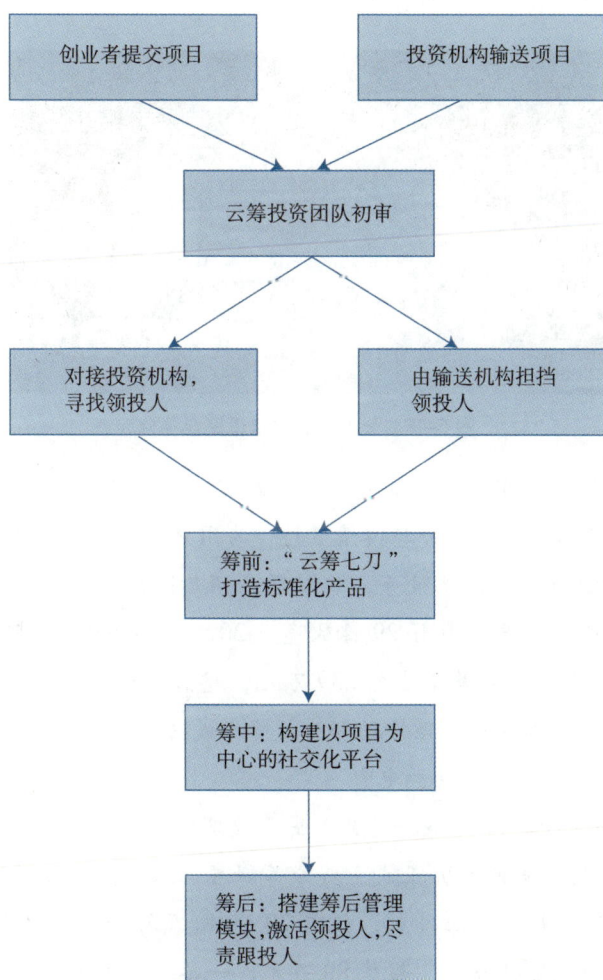

图 5-17　云筹的运营模式

云筹的筹后管理不等于投后管理，投后管理是领投人的职责，而云筹的筹后管理重点在于激发和监督领投人履行职责，贡献价值，帮助创业项目实现筹人、筹智、筹资源。云筹目前有专门的筹后管理团队，对每个项目定期巡视，进行问题诊断、相关孵化和指导，并制作分析报告，反馈给领投人和跟投人，使其了解项目发展进度，充分保证他们的知情权。同时，跟踪监督领投人的尽职情况，当出现领投人缺位的特殊情况时，云筹团队还可以及时补位，代行投后管理职责，对跟投人负责。

2. 平台代表性项目

(1) 云财经股市资讯聚合平台

图 5-18　云财经股市资讯聚合平台

云财经是国内首个以股市消息情报为核心的资讯平台，专注于财经、金融、证券领域的资讯整合与舆情监控，为用户提供集成先进信息可视化技术的多种创新金融信息服务。云财经在预热阶段认筹额便破百万，获得三个投资机构认投。10 月 29 日从晚上 20 点上线，到 24 点下线，短短 4 个小时，云财经一共募集资金 239 万元，超出原先预设融资目标 89 万。2015 年 7 月，云筹筹后管理协助部分投资人成功以 3 倍收益退出。

(2)《阿飞向前冲》动画电影

《阿飞向前冲》是一部讲述少年岳飞故事的动画电影，2015 年 2 月 2 日晚 8 点，《阿飞向前冲》正式上线众筹融资。从预热阶段的过百万意向认筹额，到上线后的读秒冲刺，仅仅 20 分钟，《阿飞向前冲》3D 动画电影众筹融资额达 289 万元，超募 89 万元，一举刷新了中国动画片的众筹历史纪录，远超之前的互联网超人气动画《十万个冷笑话》的众筹金额。

目前这部超励志的动画电影《阿飞向前冲》已顺利进入到中期制作阶段，预计将于 2016 年在全国影院上映。

三、对接"草根"，全民天使的股权众筹平台——大家投

大家投是由深圳创新谷投资的一家股权众筹平台，模式与美国 Wefunder 类似，是中国发展较早的股权众筹平台。大家投网站自身就是靠众筹起家，由创新谷领投、11 位投资人跟投，形成 100 万元人民币融资。这 12 位投资人分别来自全国 8 个城市，6 人参加了股东大会，5 人远程办理了手续，这里面甚至有 4 个人在完全没有接触项目的情况下决定投资。这一背景同样暗示着大家投走的是"草根"路线、平民路线。大家投首创众帮模式初期企业股权投融资业务模式，大大降低了中国众筹投资人的门槛，致力于打造中国全民天使时代。

不同于天使汇、创投圈等平台对投资人的资质有较高的要求，大家投对投资人的审查门槛较低，普通人也可作为投资人进行投资，并且单次投资额度门槛较低。大家投对领投人的资质要求也较天使汇、创投圈等平台的要求低得多。大家投对领投人资质的要求是只要满足以下任一条件即可：第一，两年以上天使基金、早期 VC 基金经理级以上岗位从业经验；第二，两年以上创业经验（只限第一创始人经验）；第三，三年以上企业总监级以上岗位工作经验；第四,五年以上企业经理级岗位工作经验；第五，两个以上天使投资案例。

【案例】大家投

1. 大家投平台介绍

大家投为深圳市创国网络科技有限公司旗下私募股权融资平台，是国内最早开展私募股权融资业务的平台之一，本着"优质项目，大家投资"的经营宗旨，致力于为天使投资人和创业者之间提供专业、高效的投融资对接服务。

大家投借鉴国际经验在国内首创了私募股权融资"领投＋跟投"模式。领投人全部由具有丰富投资经验、项目判断能力及投后管理能力的投

资者担任，其他投资者跟投。领投人需承担相应的项目调研权利与义务，并出具专门的尽职调查报告作为跟投人对投资项目的参考，降低跟投人的投资风险，充分提升投资过程的专业度。在投融资过程中，大家投平台全程保持公正、中立的立场，给予投融双方必要的专业服务与支持。

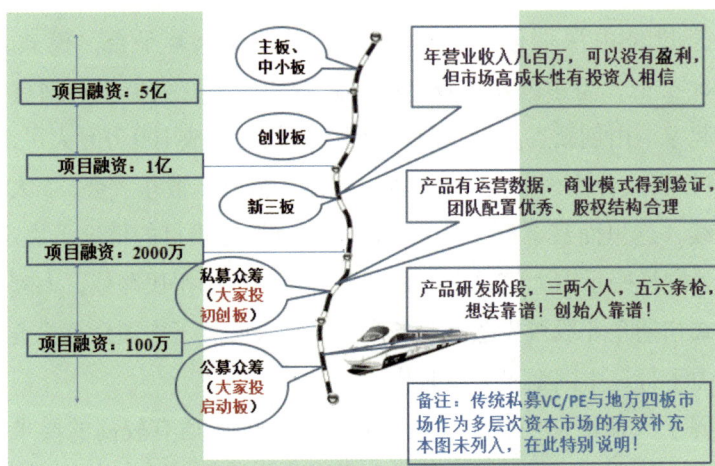

图 5-19　我国多层次资本市场路线图

在融资项目上线前，大家投的投资经理队伍和专家顾问团队通过实地走访、现场会谈等形式进行系统、严格的尽职调查，并采用"投前——投中——投后"的标准化服务为项目方与投资方提供专业化、全流程服务。对于融资项目方而言，在大家投平台上发起项目融资，获得的不仅仅是资金，更重要的是得到来自投资者的专业指导以及丰富的人脉和资源。

截至 2015 年上半年，大家投已为众多项目融资近亿元。其中，在成功融资的项目中，已有多个项目获得下一轮天使投资或 A 轮融资。

2. 大家投商业模式

大家投定位为专业私募股权投融资平台服务商。项目方在平台发布项目融资需求，投资人筛选自己感兴趣的项目，可以进行领投或跟投。项目融资满额后，由领投人和跟投人共同成立有限合伙企业，以有限合伙企业的形式向项目方进行投资。作为平台方，大家投向项目方收取融资额的 5% 作为服务佣金。

例如，某创业者的创业项目需融资 100 万人民币，出让 20% 股份，经大家投平台审核通过后，上线发布融资，参照流程为：

投资人 A：领投 25 万；

投资人 B：跟投 15 万；投资人 C：跟投 10 万；投资人 D：跟投 10 万；……

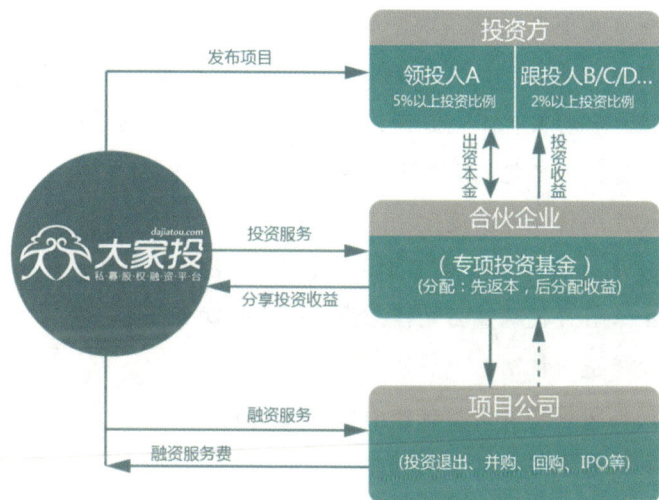

图 5-20　大家投运营模式

大家投商业模式的突出特点：

（1）项目估值市场化（荷兰式竞价）

大家投平台上的每个融资项目均有一个初始估值范围（即项目融资方最低/最高的期望估值范围），每个投资人在约定报价机会内，使用或放弃对项目估值和投资金额的意向报价，如意向报价被项目方接受则视为有效报价，项目方不接受则为无效，报价结束后，项目方接受最低投资估值即为该项目的最终估值，该项目方和全部投资人均以该估值为基础，出让/认购该项目股份。大家投是国内目前唯一推出估值市场化的私募股权融资平台。

（2）商业计划书标准化

综合投资行业属性特质，结合融资方需求，同时针对创业者商业计划书（BP）的特点，建立科学、清晰的 BP 文件标准化系统，并通过平台填报、上传等便捷方式，大大提升了效率，真正实现了创业者商业计划书从文档化到数据化、标准化的革命性转变。

（3）全流程服务专业化

大家投平台提供专业的投融端"投前——投中——投后"全流程服务。为项目方提供从 BP 辅导、项目估值、尽职调查、运营优化等服务；为投资方提供信息披露、投资机会、工商办理、法律支持等线上线下全流程服务。

（4）项目类型多样化

大家投设有启动板、初创板、影视板三个板块，满足不同投资人群的投资偏好。启动板：千元起投，人人可以做天使；初创板：荷兰式竞价模式，项目估值市场化；影视板：人人可以做影视出品人。

（5）投资经理保荐制度

大家投平台实行投资经理责任制，投资经理为项目方提供全程跟踪与支持，保障项目投融资公允性，提升项目管理专业性。

（6）投资退出机制

大家投协助投资退出，投资退出变现更便利。

3. 大家投风险防控机制

大家投平台上线以来，通过系统化的建立与服务，参照项目方"投前——投中——投后"进度过程中，把控投融两端各个环节的风险。

（1）投前管理：项目调研与准入制度

大家投平台对项目上线实行严格的准入制度和投委会决策机制。专业投资经理在项目前期会通过资料研究、实地走访、会谈，进行项目研判，并出具内部调查报告，提交大家投投委会进行合议和投票决策，确定该项目上线与否，并给出合理化融资金额和估值范围。

（2）投中管理：严格信息披露制度

协助领投人、邀请跟投人进行项目情况核实、评估，与项目方商议、确定投资方案。同时出具经项目方、领投人、大家投三方共同确认的《尽职调查报告》，签署项目方与领投人之间的《投资框架协议》，并将报告、协议同步上传至大家投平台，向该项目所有认投人披露，并进行必要的风险提示。此过程中，如发现项目方存在虚假陈述、重大造假等违背商业法则的情况立即终止项目融资。

（3）投后管理：信息披露与监督

投后管理过程中，创业者要定期上传项目季报、年报，向投资人及时公布包括但不限于项目运营情况、财务数据等信息。大家投平台会协助项目方、领投人定期组织线上股东会议，对项目相关情况进行说明、讨论。过程中，如遇项目方存在重大违规行为将及时启动稽查机制，由投资合伙企业委托第三方对项目方进行相关审计。

（4）其他管理

A.专业客户服务

大家投客户服务部门 7×24 小时响应客户的需求，客户可以通过 400 电话、微信、QQ 等多种沟通渠道与平台联系。同时，针对创业者用户，大家投平台项目部专业的投资经理还为其提供一对一的 BP 辅导、项目估值、尽职调查等一系列"投前——投中——投后"管理的专业服务。

B.平台资金管理

大家投投资人所有的资金均委托银行进行监管。投资人认投项目的资金先汇入在银行监管的"投付宝"账户，待认投项目的投资人共同成立的有限合伙企业线下手续全部办理完毕后，由银行监管账户将专项资金划入有限合伙企业基本账户，最后由有限合伙企业的普通合伙人将基本账户中的资金划入被投资项目方。该过程中大家投全程参与监督。

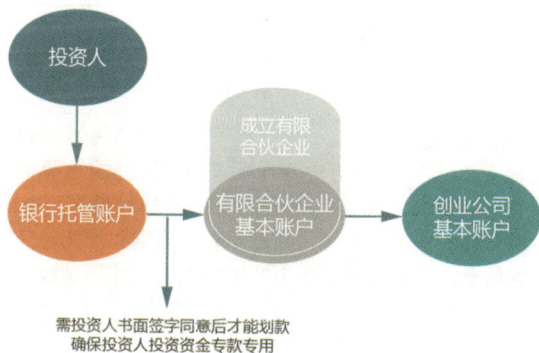

需投资人书面签字同意后才能划款
确保投资人投资资金专款专用

图 5-21　平台资金管理

C.信息安全管理

大家投平台拥有一支专业强、素质高的技术研发团队，团队成员均拥有资深的互联网从业经验。大家投平台新产品版本的发布和网站升级优化均需经过技术团队的反复测试、修正后才正式发布上线。同时，为保证网站的安全与稳定，产品研发部会定期进行网站数据、文件备份以及病毒查杀等维护，并由专人对网站流量进行实时监控和预警，保证网站的正常、安全运转。

4. 大家投经典案例

(1)《花开如梦》

大家投在启动板、初创板的基础上，于2015年5月隆重推出影视板项目。首个影视板项目《花开如梦》由金牌制作人吴毅出品，知名导演刘惠宁掌镜，张嘉译、董洁主演。该项目上线仅25天就成功融资600万，为国内电视剧影视项目融资打响了第一枪。

图 5-22　大家投平台《花开如梦》众筹项目

表 5-1　《花开如梦》众筹融资信息

《花开如梦》基本信息		
项目类型	影视板项目	
项目简介	《花开如梦》是一部反映一家三代女性的爱情与婚姻的故事，以独特视角展现了20世纪中国历史变迁下，中国女性的感情观、人生观和命运的变化。演绎着在不同时代情欲爱恋的悲欢离合，凝固人生的百般况味，以女性的独立和坚韧，经过年轮的磨砺和洗礼，获得更坚实的面对生活的信念，写就最具生命力的美丽人生，并透过她们的命运，以诗意情怀叙述历史的光明与进步。	
融资金额	600万	融资占比	9.09%
上线时间	2015年5月15日	融资成功时间	2015年6月9日
项目亮点	1. 制作班底强大：金牌制作人吴毅出品，知名导演刘惠宁掌镜，张嘉译、董洁主演； 2. 已落实大部分资金：项目总投资6600万，其中6000万资金已落实； 3. 投资收益附加值：参加《花开如梦》开机仪式、拍摄现场探班、明星合影、签名、赠送纪念画册等。	

* 备注：以上信息均为该项目在大家投平台融资阶段信息。

（2）内聘网

内聘网是专注于互联网人才极速推荐的招聘网站，于 2014 年 3 月正式上线，隶属于北京亿联宏谦科技有限公司。内聘网主要为在线招聘模式，通过对求职者与企业双方需求和条件的分析，把相对合适的人推荐到相应合适的职位，求职者可以在内聘网获得速度更快、范围更广、质量更高的推荐机会，企业可以在内聘网上更快、更广、更优质地匹配到理想人才。

内聘网

发起人：neipin2013　北京亿联宏谦科技有限公司CEO　　领投人：手术不带刀　领投金额：￥5万

融资金额	出让股份	认投完成率
100万	10.00%	109%

地区：　行业：移动互联网　阶段：已经有收入

内聘（网站www.1neipin.com，微信服务号neipin）主打通过推荐的方式进行人才招聘。创始人二次创业，第一次在日本创

发布时间：2013-11-25 16:25　融资完成时间：2014-05-09 13:46

图 5–23　大家投平台"内聘网"众筹项目

表 5–2　"内聘网"众筹融资基本信息

内聘网基本信息		
项目所属类型	**初创板项目**	
项目简介	内聘网（www.1neipin.com）主打通过推荐的方式进行人才招聘。创始人二次创业，第一次在日本创业两年，主要是人才派遣业务，做到年收入超过 3000 万日元。二次创业以来内聘网是第二款产品，第一款是职业社交产品。创业 4 年一直在人才服务领域，积累了比较丰富的人才服务经验。网站上线一个月突破 300 家企业，目前积累用户近 40000 人。	
融资金额	100 万	项目估值　　　1000 万
上线时间	2013 年 11 月 25 日	融资成功时间　2014 年 5 月 9 日
项目亮点	1. 团队优势：团队成员拥有多年人力资源管理行业经验和合作创业经历，执行力强； 2. 产品优势：实时简历投递、高效多渠道及时沟通、提升推广速度，用户转化率更高； 3. 资源优势：北大校友圈资源、入驻清华 x-lab 创业扶持平台，得到清华的支持。	

* 备注：以上信息均为该项目在大家投平台融资阶段信息。

内聘网 2014 年 5 月在大家投平台上成功融资 100 万之后，于同年底获得老鹰基金的 300 万投资，并于 2015 年上半年获得近千万 pre-A 轮融资。

四、对接实体店铺的股权众筹平台（即 O2O 模式）——天使街、人人投、众筹客

天使街、人人投、众筹客都是以对接实体店铺为主的股权众筹平台代表。天使街专注于生活服务类的 O2O 企业在天使期、A 轮的融资项目，其融资规模在 30 万到 1000 万之间。人人投针对的项目以身边的特色店铺为主，人人投的项目必须具备有两个店以上的实体连锁体验店。众筹客是专注于吃喝玩乐的同城众筹，旨在为投资人找到身边的商家，为创业者和商家筹钱、筹顾客、筹资源。

天使街、人人投和众筹客三家平台注重投后管理，对众筹成功的创业企业提供丰富的投后管理服务。比如，天使街为小微创业企业提供一站式投融资综合解决方案，不仅帮助项目方迅速融到资金，推动其快速发展，同时提供创业辅导、资源对接、宣传报道等增值服务。而人人投则是凭借有力的推广平台让项目方在线融资的同时也能进行品牌宣传。众筹客宣传的理念是使投资人和商家及其他投资人成为朋友，一起体验创业的乐趣。商家不只需要钱，也需要顾客，更需要各种资源，股东既是顾客也是宣传者，能够让商家生意更好做。

天使街和人人投均与第三方支付平台易宝支付建立合作，确保资金安全。以天使街为例，投资方（领投人和跟投人）、项目方、天使街、有限合伙企业（筹备组）分别在第三方易宝支付平台开通账户，各自资金账户相对独立，由各方自行保管，与众筹平台天使街的账户无从属关系。认购股权时，领投人和跟投人将认购的项目款项打入易宝支付平台的有限合伙企业账户（筹备组），金额打入后即刻冻结，冻结期间，投资方、项目方、天使街、易宝支付都不可使用。众筹客没有选择和银行合作，而是直接通过银行渠道进行资金流动，对于资金安全，众筹客承诺会定期查账，并聘请第三方进行审计。

（一）全国合伙人加盟模式——天使街股权众筹平台

天使街是首批八家中国证券业协会会员单位的股权众筹平台，ICP 认证平台。截止到 2015 年 8 月，平台注册投资人 15 万人，成功众筹项目 24 个，众筹金额达到 1 亿元。

投资人保护：领投人的严格审核；"领投＋跟投"机制，为投资人提供项目审核保障；项目选择已经具有品牌效应的优质连锁项目且品牌持有方具有明显收益增长；提供包括协议回购、股份转让等退出机制。

【案例】天使街众筹项目

1. 特博卡丁车

特博卡丁车射箭俱乐部是由广告媒体人、卡丁车资深玩家孙艳涛和户外资深玩家李帅在 2014 年 6 月 6 日合作成立的。成立最初拥有 1200 平方米初级室内卡丁车跑道，150 平方米 9 条箭道，150 平方米休息区。扩建后拥有近 1800 平方米赛道和 200 平方米射箭馆及 12 条箭道，两馆合计近 300 平方米休息区。众筹前已拥有大量会员，并有过超过 30 次的企业与个人包场，企业客户包括奔驰中国、微软、三星等大型全球 500 强企业，现因业务不断扩张需要再次升级。

众筹成果：(1) 完成 120 万元资金注入；(2) 通过众筹引进专业财务人员及市场推广机会；(3) 投资人通过众筹直接享受会员消费待遇，实现投资与消费的直接转换；(4) 众筹过程中通过线下活动的举办成功吸引奥迪等著名车商 4S 店的关注。

成功经验：该项目是投资性消费的首次成功尝试，股东不仅能获得收益红利，还能直接将投资转化为消费，享受相应的消费回报，通过众筹，成功为项目方对接了专业的财务团队及市场资源，完善项目方的组织结构及经营板块。大众投资人十分注重项目的直接体验转化，相比传统的风投项目，更看重资金稳定且具有良好发展前景的落地项目，对于消费型投资（将投资直接转化为现实消费）的参与热情远远高于纯粹的财务投资。

2. 悦迪妈妈

创立于 2007 年，隶属于北京悦迪正元科技有限公司，是专注于孕期亲子胎教、家庭亲子教育的专业机构。是中国领先的专业胎教机构，是唯一一家专注于 0—2 周岁的特小宝宝早教的家庭亲子课程，创始人聂巧乐老师，首创了"聂巧乐互动体验式亲子胎教法"、"互动体验式亲子早教法"，提出以母亲教育为核心、家庭教育为原则的家庭亲子教育理念，开创了中国自主研发的适合中国文化的教育品牌。"悦迪"品牌是国家商标局正式授权的家庭亲子教育专业的品牌。7 年来聂老师在对 1 万多位妈妈的互动体验教学中，潜心研究，首创了"聂巧乐——互动体验式亲子胎教法"。业务发展需要资金，并需要扩大影响力。

众筹成果：(1) 帮助悦迪妈妈在运营 8 个月之后，获得洪泰基金数百万美元风投，估值增长 10 倍；(2) 完成 200 万元资金注入；(3) 通过众筹引进资深投资人的管理运营经验及各媒体平台的市场推广机会；(4) 更多的人参与胎教行业，对于家庭教育的意识普遍提高，社会意义远远超过商业价值；(5) 众筹过程中成功衔接上下游产业合作伙伴。

成功点：悦迪妈妈项目早期阶段，规模有限，直接进入资本市场有一定的壁垒，通过股权众筹，引入天使资金的同时也获得群策群力的支持与意见，完善 O2O 各环节衔接体系，为下一轮进入资本市场获得洪泰基金的青睐打下坚实基础。

（二）人人投运营模式

对于项目来说，一般要经历立项、审核、路演、预热、正式上线、融资成功、签订合伙协议、融后管理这样一个过程。下面，以某连锁餐厅需要融资开设一家新餐厅为例，解析人人投的运营模式和各个部门在业务过程中所起的作用。

某连锁餐厅张老板需要融资 100 万新开一家店铺，找到了人人投当地分站的负责人，希望通过人人投这一平台进行股权众筹。

当人人投的分站负责人接到张老板项目融资需求之后，便开始进行第一层审核：该负责人判断这家餐厅是否符合人人投众筹的标准。要求是实体店铺，在开第三家及以上的新店或者是该店在该地区拥有独家代理权。这样做的目的就是降低投资人的风险。

审核通过之后，分站负责人将项目递交至人人投分站管理部，人人投分站管理部负责人进行第二层审核：对张老板提交信息完整度（店铺营业执照证、组织机构代码证等）和张老板个人证件（身份证）的合法性等内容进行审核。

通过分站管理部审核之后，分站管理部将项目转交至人人投风控部，风控部负责人进行第三层审核：从企业的基本信息、验资报告（现已取消）、信用状况，还有以前的经营状况，主要包括财务报表，共计14项内容来严格把控。

除以上经营资料之外，对张老板的个人状况审查也是重中之重。例如张老板的个人信用、对创业是否有激情等。

当张老板提交的信息通过风控部审核之后，风控部将项目递交至人人投评审委员会，人人投评审委员会由分站管理部、风控部、融后管理部等部门联合组成，主要职责就是再次审核分站管理部和风控部门审核信息。

当张老板提交信息通过评审委员会审核之后，评审委员会负责人将项目递交至人人投总裁，人人投总裁详细审核张老板提交的项目信息，再结合自己多年行业经验，决定张老板项目是否通过。

当张老板提交信息通过人人投总裁审核之后，人人投总裁就会安排文影部负责人去张老板经营餐厅（总店）所在地实地考察，考察内容主要包括店铺拍摄、张老板及团队主要成员采访、餐厅就餐人员随机采访等。

当文影部考察完毕之后，文影部负责人就会把考察内容递交至人人投综合决策部，人人投综合决策部由人人投高层管理者组成，主要就是结合文影部现场考察内容来决定张老板项目是否通过。

接下来，项目正式上线预热、融资。预热期间，人人投组织项目路演会（一般由多家项目参会）。路演会上，张老板详细介绍老店经营状况和新餐厅的规划内容，并解答在场投资人的疑问。

通过线下路演既可以吸引大量投资人，又能培养项目方的资本市场意识。如果项目路演成功，也得到投资人的广泛认可，下一个阶段就是线上融资。

线上融资时间根据融资金额、所属行业等来决定，一般是20—40天不等。从人人投现在已经上线的项目来看，餐饮行业属于比较热门的投资项目，在预热期往往就会被投资者认购。一旦正式上线就会被投资者秒杀，几十万融资额在几分钟之内就会被众筹成功。所以，根据以往经验，张老板的融资金额应该会很快众筹成功。投资人认购张老板新餐厅股份之后，就会将资金打入第三方支付平台——易宝支付。

对于人人投这样的实体店铺股权众筹平台来说，融资成功并不是工作结束，而是人人投工作的开始。因为融资成功之后，还要进行融后管理。负责融后管理的是融后管理部。融后管理的第一项任务就是让项目方和投资人签订有限合伙协议，然后进行合伙企业注册。

由于现在人人投的会员分布在全国各地，投资人非常分散，所以企业注册并不是轻松的事情。在注册完企业后，人人投会建立官方QQ群和微信群以供股东们监督企业的运行使用，项目方会定期通过QQ群、微信群、邮件及其他方式向股东们汇报企业的经营状况（店铺装修图、资金花费票据等）。

除此之外，人人投还正在完善财务监管系统，将项目方的每一笔交易都能监管起来，尽可能降低投资人的风险，保障投资人的资金都是安全、有序支出。

除了线下部门的工作之外，线上的产品部门和技术部门在整个过程中也起着十分重要的作用。产品部门会介入到项目的整个过程。对于项目融资过程中产生的任何用户体验问题，他们都会及时关注，然后将搜集到的信息提交至技术部门，然后由技术部门作出修改。

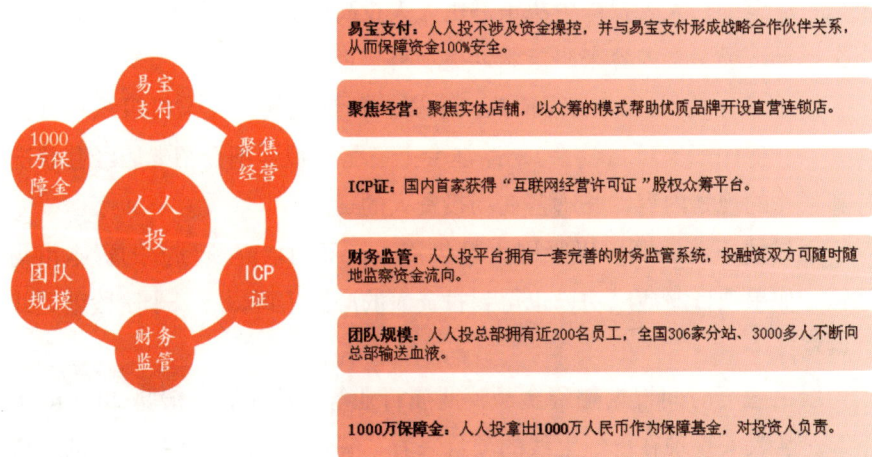

易宝支付： 人人投不涉及资金操控，并与易宝支付形成战略合作伙伴关系，从而保障资金100%安全。

聚焦经营： 聚焦实体店铺，以众筹的模式帮助优质品牌开设直营连锁店。

ICP证： 国内首家获得"互联网经营许可证"股权众筹平台。

财务监管： 人人投平台拥有一套完善的财务监管系统，投融资双方可随时随地监察资金流向。

团队规模： 人人投总部拥有近200名员工，全国306家分站、3000多人不断向总部输送血液。

1000万保障金： 人人投拿出1000万人民币作为保障基金，对投资人负责。

图5-24 人人投众筹流程图

区域分站成立 ➡ 区域分站搜集信息 ➡ 提交项目至分站管理部

七层审核（风控、评审委员会等部门）

融资（融资成功） ⬅ 上线（包装项目） ⬅

签订《合伙协议》 ➡ 选址、开业、注册合伙企业 ➡ 分红

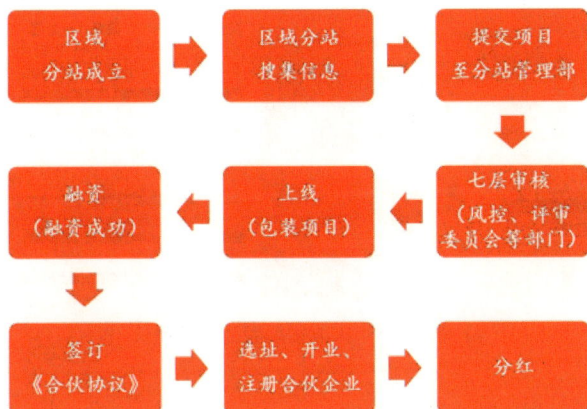

图 5–25　人人投平台项目方流程

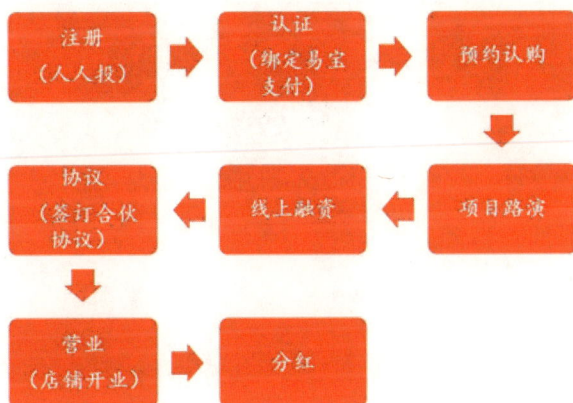

注册（人人投） ➡ 认证（绑定易宝支付） ➡ 预约认购

协议（签订合伙协议） ⬅ 线上融资 ⬅ 项目路演

营业（店铺开业） ➡ 分红

图 5–26　人人投平台投资人流程

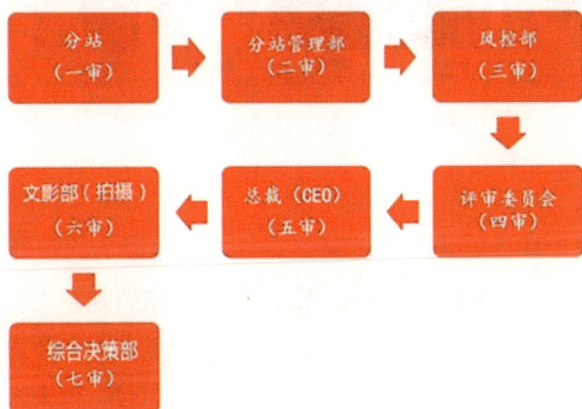

分站（一审） ➡ 分站管理部（二审） ➡ 风控部（三审）

文影部（拍摄）（六审） ⬅ 总裁（CEO）（五审） ⬅ 评审委员会（四审）

综合决策部（七审）

图 5–27　人人投平台七层审核流程图

227

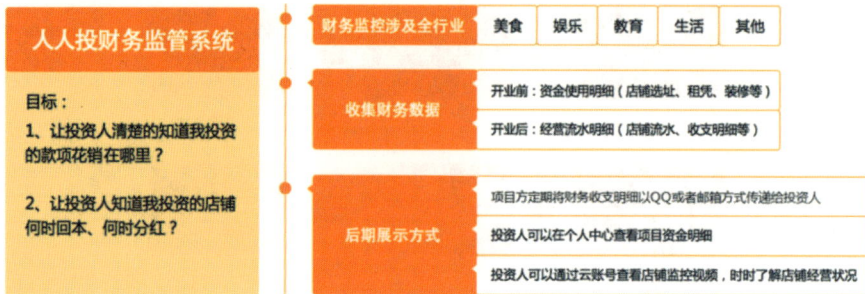

图 5-28　人人投融后财务管理

【案例】至珍饺子

48 小时即众筹成功，开业首月即分红，投资者回报收益率达 5%。

图 5-29　人人投平台"至珍饺子"众筹项目

图 5-30　"至珍饺子"融资、分红过程

（三）专注于吃喝玩乐的同城众筹——众筹客

众筹客是专注于吃喝玩乐的同城众筹，一方面为优秀的创业者和商家筹钱、筹顾客、筹资源，商家不只需要钱，也需要顾客，更需要各种资源，股东既是顾客也是宣传者，让商家生意更好做；一方面为投资人找到身边优质的品牌商家，让投资人获得股权回报，同时，投资人看得见摸得着，更能和商家及其他投资人成为朋友，一起体验创业的乐趣。同城众筹

的魅力在于众筹的人既是老板，又是主流用户。每个股东参与投资的项目，都需要股东贡献宣传、店面、人脉等各种形式的资源，每个股东有很强的参与感。

参与流程：（1）预约股份。投资人对项目感兴趣，可以预约认购；未预约则不能投资。（2）项目方选择投资人。当预约认购到达一定时间后，项目方选择合适的投资人，能给项目方提供帮助的投资人才有机会获得投资机会。项目方选择的基本条件：同城和资源。（3）投资。获得投资资格后，投资人进行打款。若未及时打款，而项目满额后，投资人就失去了投资资格。（4）成为股东。投资成功后，投资人成为股东，将收到投资合同及股东卡。

图 5-31　众筹客投资流程

【案例】唱吧麦颂 KTV

图 5-32　众筹客平台唱吧麦颂 KTV 众筹项目

唱吧麦颂 KTV 和股权众筹平台众筹客的合作首日即遭疯抢，上线不到 6 小时，募集金额破百万；16 小时金额一举超过 300 万，24 小时众筹余额更是突破 540 万，150 余人参与。

五、基于熟人圈的股权众筹平台——爱就投

出于降低风险、保障投资者权益的考量，一些股权众筹平台采用仅在熟人圈中进行募资，通常通过社交软件朋友圈或企业组织等方式传播，如爱就投等。

2014 年年初，爱就投在上海成立。截至 2015 年 7 月 31 日，累计审核项目 307 个，正式上线发布项目 13 个，项目筹资审核通过率为 4.2%；13 个上线项目中，筹资额 14825 万元，累计 824 人有在线认筹记录，线上认筹金额 26046 万元，其中出现一人投资多个项目的现象。单一项目，融资最大的 2530 万元，最小的项目 26.5 万元；单个人，股权投资最高的 150 万元，最低的 6000 元。单一项目投资人数，穿透后最多的 80 人，最少的 16 人，平均 36 人。这些项目的投资人大多来自爱就投员工自己的熟人圈，有一些来自项目融资方的朋友圈，并渐渐积累了一小部分忠实的投资者，成为爱就投的"铁粉"。

（一）如何筛选合格投资人

经过实践，爱就投将同时满足以下三个条件的人设定为合格投资人：第一，对项目有资源的人（通过问卷调查和企业主约谈确定）；第二，充分认识投资风险、能够接受投资损失的人（五次提示：报名平台提示、路演反复提示、打款前短信和电话提示、打款后有一个星期反悔期无条件退款的提示、书面投资协议提示）；第三，投资单一项目不超过个人可支配金融资产十分之一的人（本人承诺）。

（二）什么样的项目最适合爱就投推出

1. 爆款早期项目

要求：（1）成立时间在 2 年以内，尚未盈利，但想象空间巨大，对人类生活有极大突破意义，非常新奇；（2）融资金额在 300 万以下，投后估值低于 3000 万；（3）产品或商业模式经过小试，验证可行，有行业内资深人士愿意领投；（4）未来有产业化或被技术并购的可行性。

比如汽车鹰眼项目，两个年轻工程师经过五年时间试验，在欧洲以500 万人民币作出了应用在工程机械上的样机，下面计划把这个技术移植到汽车上，这个项目只需要 25 万元做样机。爱就投带上汽车领域的多名专家，经过几个月深入考察、交流后推出了该众筹项目，认筹标准最低99 元、最高 1.8 万元，报名的人很多，最后只有 27 名在汽车产业有资源的超级汽车发烧友才有资格入围投资。目前这个项目进展非常顺利，这27 个人几乎都给予了创业者或多或少的支持。国际著名的汽车公司采埃孚中国区副总经理也参与了投资。

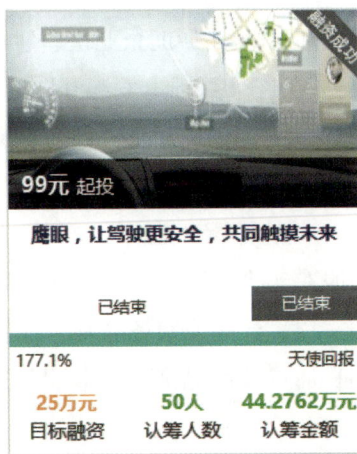

图 5-33　汽车鹰眼股权众筹项目

2. 有扎实传统产业基础且开始转型升级的项目

要求：（1）成立时间 5—7 年，度过一次行业波动周期，团队稳定；（2）主营业务突出，传统业务年营收 3000 万—1 亿元，净利润 300 万以上，连续两年盈利；（3）企业治理规范，即将或已经股改并在新三板、上股交 E 板挂牌；（4）开始转型升级，商业模式或技术是在现有基础上的延伸，且经过小试，验证是可行的。

铂恩塞尔公司是一家在上股交 E 板挂牌的企业，生产户外仿石复合材料，前五年业务发展快速，主营业务收入接近 1 亿，净利润 800 万元，团队稳定，该公司创始团队以"80 后"为主，转型 O2O 刷新业务，立志做立邦第二。爱就投经过与正和岛、阿拉善组织的很多企业家沟通，大家非常看好这个方向，也非常看好这家企业的"80后"创始人，万科的主要负责人和一些知名的企业家也积极支持，在这样的情况下，爱就投发起了一轮互联网私募，结果非常理想。这家公司在这项创新业务中得到了粉丝股东很多支持，尤其是获得了很多免费的渠道资源，转型升级如期进行。

辽宁朝阳坤鹏物流，原来是一家为当地矿场运输铁矿石的企业，这几年矿场生意不好，坤鹏决定做一家矿联网电商平台，把当地几百家小矿场的生意连接周边的几十家下游企业，省市区政府都特别支持，并给予了相当大的政策支持。爱就投在当地投资机构和领投人的配合下，经过几个月的尽调，引进专家和职业团队，帮助企业快速建立运营平台，并在测试阶段就实现了小额盈利。在这个基础上发起互联网融资，最后27名有上下游资源的投资人入围，投资1910万元。目前这家公司即将在上股交E板挂牌。

3. 与生活消费密切相关的健康产业

要求：(1)企业大股东实力超强，有把企业持续经营下去的能力，不缺钱，但是缺消费粉丝；(2)产品或服务非常有特色、有品位，且经过验证非常受客户欢迎；(3)通过"产品消费+兼职代理商+股权/期权"模式组合融资，投资人至少不会亏钱。

颖奕干细胞项目，其主要股东包括台湾首富等共四人，他们累计在这个产业捐款或投资数达十亿元，还控制了美国一家研发干细胞的上市公司，并在台湾建有服务机构，且客户数量已经突破千人，客户回头率超过99%。经过爱就投团队长达8个月的跟踪研究，决定为其在上海的第一家大陆分支机构发起互联网定向私募，起投50万元，100万元封顶，参与投资的人必须在第一年推荐一定数量的客户，否则大股东折价回购股份。这个项目是一个成功的探索。最近准备发起第二轮互联网私募。

贵州梵净山农业，大股东刚刚出售一家工矿，收回数亿元，其中累计投入1亿多元打造当地特色农业，产品非常好，但是销路只局限在贵州周边一带。爱就投为这家公司在华东地区的运营公司发起互联网私募，投资人一定要是"吃货"或者是大酒店的大供应商，而且乐于晒单，起投3万元，最终34人入围。这些粉丝做起义工，帮助传播，非常热闹。

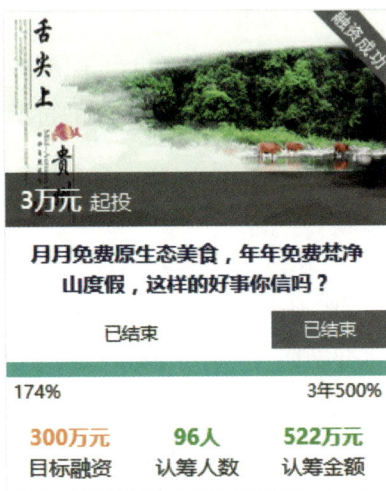

图 5-34 贵州梵净山特色农业项目

（三）项目如何把关

在爱就投平台上所推出的项目都要经过严格尽调、反复论证、内部测试，而且平台主要负责人至少要亲自到企业尽调。同时建立筹审委制度，7 票中必须有 5 名职业投资人、2 名行业资深人士参与投票，5 票通过才可以上线。目前爱就投上线的项目，最短的考察 8 个月，通过率只有 4%。

干细胞项目，爱就投主要负责人亲自走访 9 家类似企业和相关政府部门、访谈 40 个老客户，还亲自跑到台湾花费 20 万元去体验干细胞服务，最后才决定上线。有一个项目已经进入路演阶段，爱就投团队发现因为产品质量在澳洲出现了问题而遇到索赔，便果断暂停，并向投资人做解释，同时进一步保持对企业的跟踪服务。

（四）募资方式是公开还是非公开

爱就投平台上的项目都是在有限的圈子里传播，最主要的方式是爱就投团队与项目融资方团队的朋友圈，此外还有一些紧密合作的企业家组织，如正和岛、阿拉善、同乡会、商会等。目前，在爱就投平台注册的会员有 3000 人，爱就投团队对这些人都基本熟悉，尤其是有过在线中报认筹记录的人，爱就投工作人员都会及时跟他们沟通，了解他们的具体情况，绝对不让不熟悉的人参与投资。

当然，由于不能公开宣传、推广，也严重限制了未知资源和项目方的匹配，降低犯错几率的同时，也降低了创新的可能性。

（五）如何确保资金安全

从便捷性看，投资人看好一个项目，在线支付最容易成交。但是，爱就投团队经过反复思考，还是决定宁可麻烦一点，也要规范、安全。因为投资人有可能是一时冲动而打款，而股权投资是一个高风险、周期长、退出难的投资类型，应该给到投资人充分理性的行为空间。

在具体操作中，爱就投针对所有项目都成立有限合伙企业，指定专业的投资管理公司做普通合伙人，因为还在探索阶段，为了稳妥起见，目前绝大部分项目是由紫槐资本进行管理，个别项目由领投人进行管理。

在资金操作上，路演之后，最终入围的投资人将资金汇往合伙企业，最后在 GP 操作、爱就投监督之下，通过合伙企业投向项目。合伙企业的账号由管理公司（或领投人）、爱就投、银行共同监管，有的项目还要请项目方也参与监管，确保资金不会发生挪用行为。

每个项目完成之后，爱就投向每个投资人出具投资信息鉴证书和所有的工商登记资料，并将网上查询方式公布给投资人。

爱就投成立专门的投后服务部门和维权部门，督促管理公司定期做好投资后的管理报告，并在爱就投的 APP 平台予以发布，投资者有权对报告质量在线打分，并提出疑问，爱就投有专人负责跟踪答疑。

【案例】"土豪"、中产阶级和"草根"，谁才是最佳投资人？

爱就投第一个项目尚九酒店确定的标准是：投资者的企业年销售额 1亿元以上。虽然这些股东对酒店的客源消费给予了很大支持，但是这些人对酒店的生意传播却不起劲，因为这些投资人都觉得投资 50 万到一个酒店，不值得一提。

第二个项目海淘网的想法则是吸引铁杆粉丝，需要有大量顾客反馈体验。因此将起投标准设定为 1 万元，最高不得超过 10 万元，合计不超过 300 万元。这次认筹非常火爆，而且很多中产阶级与"草根"投资人来了，他们非常积极地去体验消费，传播海淘网平台，介绍客户，反馈体验。海淘网在这些粉丝的狂热支持下，获得了快速发展，目前是跨境电商行业少有的上线一年就盈利的纯互联网企业。

这正反两个案例在一定程度上说明，钱多的人不代表就是风险承受能力强、判断项目能力强的人，也不代表就是愿意付出巨大热情帮助企业传播与发展的人，不同的项目应该有不同的目标投资人。

六、对接新三板的股权众筹平台——众投邦

众投邦是由深圳市国富投融网络科技有限公司打造，专注于成长期优质企业的股权众筹平台，主要通过主投（GP）＋跟投（LP）的模式帮助企业进行股权融资。众投邦现已构建了以网络视频路演、线下沙龙、新三板投融资对接会及众投专场对接会议等多渠道的投融资服务体系，使创业者、投资者、平台主办方、会计师事务所、律师事务所以及个体行业专家顾问都能够通过众投邦的平台实现受益。

众投邦成立之初就定位于对接新三板的股权众筹平台，该平台为个人投资者参与新三板市场提供了渠道，特别是对高净值的投资人群。同时，设立众筹项目有限合伙企业参与新三板的定增，更加透明和公开。

【案例】华人天地众筹实现新三板定增①

华人天地成立于 2008 年 2 月，是一家集影视策划、拍摄、演员经纪、后期音频视频制作、专业 3D 特效制作等为一体的文化制作公司。2015 年 2 月 11 日，华人天地发布股票发行方案，计划以 12 元/股的价格向张津、张纪中、深圳市众投一邦有限公司、深圳市文投国富投资企业（有限合伙）4 名投资者定向发行股份。其中，文投国富拟认购 41 万股，公司实际控制人张津认购 25 万股，其舅父张纪中认购 15 万股，众投一邦认购 149

---

① 参见王兆寰：《华人天地引入众筹模式募集资金，新三板定增首尝众筹》，《华夏时报》，http://www.chinatimes.cc/article/47235.html。

万股，合计 230 万股。

在增发对象中，深圳市众投一邦有限公司是为参与华人天地股权融资而设立的众筹项目制企业。众投一邦的资金就是通过众投邦众筹而来的，项目在众投邦平台上线后 3 个月内即完成融资，十多名投资者参与投资。

值得注意的是，与现有众筹的做法不同，华人天地此次增发方案设置了回购条款，保证众筹投资者的收益，收益率达 50%。华人天地在发行方案中承诺：公司目前在册股东承诺，本次发行后，公司 2015 年度扣除非经常性损益的税后利润将不低于 2500 万元。如未能实现上述经营业绩，由公司控股股东张津以每股人民币 18 元价格，现金回购本次对张纪中、众投一邦、文投国富投资发行的股份，其他在册股东承担连带清偿责任。

由于新三板的个人门槛较高，500 万以下的客户无法参与，而股权众筹则没有如此高门槛限制，通过股权众筹对接新三板，可以为投资者提供更多的投资渠道。

七、对接区域性股权交易市场的股权众筹平台——信蓝筹、浙里投

（一）信蓝筹

2015 年 6 月 17 日，青岛蓝海股权交易中心与中信证券联合推出了"信蓝筹"众筹平台。该平台整合了中信证券和蓝海股权交易中心双重优势资源，以"资本市场全产业链的服务＋区域性资本市场"为依托，以互联网为手段，更加强调众筹的金融属性。

青岛蓝海股权交易中心是由中信证券股份有限公司、国信证券股份有限公司、中信证券（山东）有限责任公司、青岛担保中心有限公司以及青岛全球财富中心开发建设有限公司五家机构联合出资设立的。该中心立足于券商控股、财富管理、外向金融和蓝色经济四大优势，引入学院、投资机构、金融机构、认证、猎头、电商等服务机构，为社会上的中小微企

业提供股权、债权和其他权益类产品的登记、托管、转让、投资、融资、结算、过户等服务；同时还提供融资、并购、资本运作及前述业务相关的查询信息、培训、咨询、评级、财务顾问等服务；此外还提供融资理财、委托投资、项目投资、投资管理等业务服务。在此基础上，蓝海股权交易中心提出五项功能定位，包括打造中小企业规范发展的园地、搭建中小微企业的融资中心、构建地方政府政策的试验平台、提供资本中介的延伸服务、完善上市孵化器的基础功能。

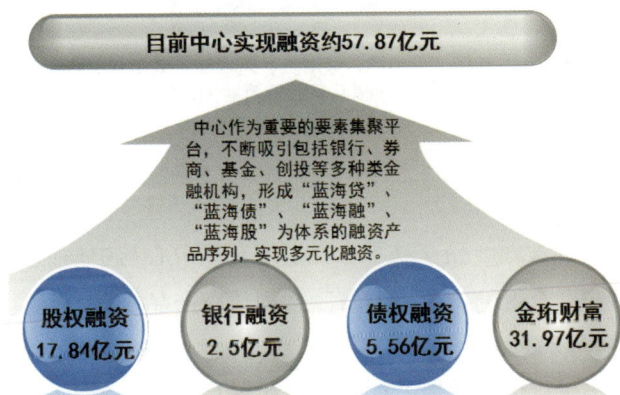

图 5-35　如何搭建中小微企业的融资中心

图 5-36　打造企业综合服务平台

目前青岛蓝海股权交易中心主要拥有以下三大平台业务：

第一，中小企业股权交易平台：包括企业综合展示板、企业挂牌交易板和新三板培育板，具体如下图所示：

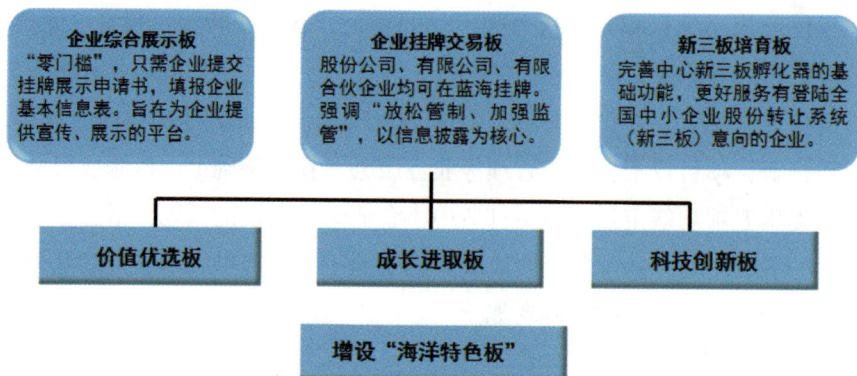

图 5-37　中小企业股权交易平台

第二，财富管理产品交易平台：主要有该中心与中信证券联合推出基于互联网的普惠金融的"金珩财富"系列债权产品。该产品具有转让人自有品牌优势，以及期限灵活、流动性好、产品预期收益率高、投资起点低、产品标准化、风控严格等优势，主要满足广大中小投资者的财富管理需求，是蓝海股权交易中心落实青岛财富管理金融综合改革试验区建设所做的重要创新。自 2015 年 4 月 17 日发布以来，"金珩财富"已发行 31.97 亿元，月平均销售额达到 7 亿元。之后蓝海股权交易中心将借助"金珩财富"品牌影响力，将财富管理不断向商业银行、信托等机构延伸，加速实现投资者和财富管理资源集聚，促进社会财富与中小企业投融资对接。

第三，"信蓝筹"众筹平台："信蓝筹"平台具有客户资源多、项目质量好、投后服务优、风控水平高四大核心竞争优势，可以极大提高资金集聚能力，提升项目融资的成功率，并帮助融资企业规范经营、健康成长。落实到具体实践上，"信蓝筹"结合了"互联网＋金融"、"众筹＋众包"以及"产品＋股权"矩阵式组合等方式来获取资金。

通过"信蓝筹"平台，"千里马"投资管理类公司股权众筹的三位年轻的"投资高手"成功触摸到了"巴菲特梦"，三个项目共筹得资金 3200 万元。除了这些成功案例所涉及的行业之外，"信蓝筹"还计划将众筹扩展到生态农业行业、文化传媒影视系列行业以及生活服务系列行业等。

- **众包服务**

众包服务的参与者包括领投机构、领投人、独立投资顾问、第三方法律、财务服务机构、IT服务者、行政外包服务者等。

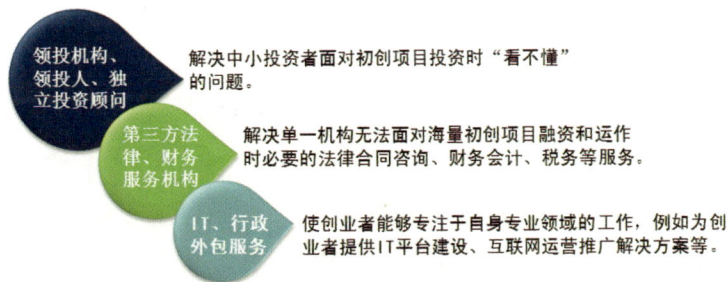

- **领投机构、领投人、独立投资顾问**：解决中小投资者面对初创项目投资时"看不懂"的问题。

- **第三方法律、财务服务机构**：解决单一机构无法面对海量初创项目融资和运作时必要的法律合同咨询、财务会计、税务等服务。

- **IT、行政外包服务**：使创业者能够专注于自身专业领域的工作，例如为创业者提供IT平台建设、互联网运营推广解决方案等。

- **互联网化的评价机制**：用户服务者进行评价，约束其行为，培育信任机制。
- **评价优秀、有价值、具有发展前景的众包服务者**，同样能够通过平台获得融资。

图 5-38 信蓝筹"众筹+众包"模式

图 5-39 信蓝筹"产品+股权"矩阵式组合

　　青岛蓝海股权交易中心作为我国代表性的区域性场外市场，在金融市场中发挥着重要作用。正如我们所知，交易所市场、新三板、区域性场外市场共同构成了我国的多层次资本市场体系，其中交易所市场包括主板、中小板和创业板市场。只有建立了多层次资本市场，不同规模、不同发展阶段和不同行业特点的企业才能各得其所。而同样包含在场外市场的新三板市场与股权市场既有着联系，同时又有着区别。它们之间的联系主要如下图所示：

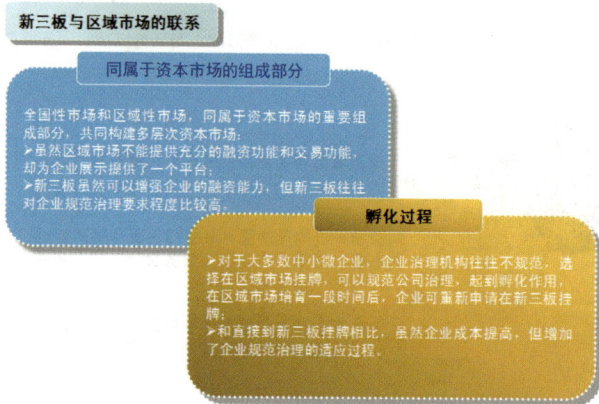

图 5-40　新三板与区域市场的联系

而它们之间又在市场地位、监管机构、转板机制等方面又有着不同。

区别	新三板	区域市场
市场地位	全国性	区域性
监管机构	证监会监督	区域金融办
转板机制	可申请到主板、中小板、创业板市场上市交易	申请到新三板挂牌
股价形成机制	依据股票交易形成价格	依据公司净资产确定股价
市场活跃度	股东人数可以超过200人，交易较区域市场活跃	股东人数不可超过200人，交易不活跃
融资功能	较强	较弱
挂牌成本	50万左右	120万左右

图 5-41　新三板与区域市场的区别

纵观我国几个主要的区域性股交中心，它们之间也存在着细微的差别，具体如下：

从上图也可以看出，我国主要的区域市场都发展得相对较晚，但其功能却不可小视，主要有规范治理、价值发现、直接融资、股权激励、并购重组、股份流动、信用增进和提升形象八项功能。

正是因为区域市场这些独特的功能，区域市场成为了场外市场的基础层次，是股份非公开转让的场所。不久的将来，相信区域市场将会发挥更大的作用，区域市场的发展也将越发繁荣。

名称	天津股权交易所	上海股权托管交易中心	浙江股权交易中心	广州股权交易中心
成立时间	2008年9月	2012年2月	2012年9月	2012年8月
业务格局	一市三板： 有限责任公司板块、股份有限公司板块、基金板块。	一市两板： 非上市股份有限公司股份转让系统（E板）、中小企业股权报价系统（Q板）	五大平台： 融资平台、投资平台、创新平台、互联网金融平台、公共平台	四大板块： 进取板、精选板、成长板、青创板
市场经营特色	"小额、多次、快速、低成本"的成长型中小微企业特色股权融资模式。 1. 每次融资不超过5000万，中小企业按需融资，资金使用效率高； 2. 已挂牌企业一年内可实现多次股权融资，融资效率较高； 3. 从项目启动到完成融资用时3个月左右； 4. 综合成本远低于其他资本市场。	1. 首次提出对挂牌企业不设立年限的限制，不片面强调主营业务突出的要求，并允许企业在进行充分信息披露的前提下带着问题挂牌； 2. 还将陆续推出PE份额转让报价系统、收购兼并发布系统、银企融资对接系统、金融衍生品交易系统、网上多点路演系统等。	1. 浙江股交中心是不以盈利为主要目的公共平台； 2. 是首个尝试私募债、小额贷款公司定向债的股交中心，目前已经成功发行； 3. 目前正在研究可转债、债转股、优先股、小额贷款公司资产证券化等创新产品。	1. 实施"无门槛，有台阶"的挂牌企业准入政策，有限公司也可挂牌； 2. 开拓"先挂牌、后收费"的商业模式，降低企业融资成本和交易成本； 3. 实现股权与债权的对接、直接融资和间接融资的无缝对接，以更低成本和更高效率达成融资目标； 4. 以银行网点为依托的代理开户业务。

图 5–42 全国主要区域性股权交易中心对比

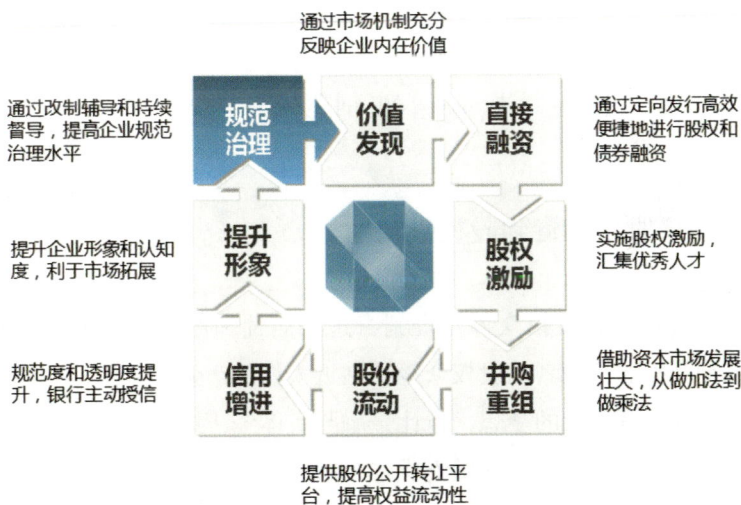

图 5–43 区域市场的八项功能

（二）浙里投

浙里投是由浙交中心设立的，用于对接浙交中心这一股权交易市场。浙里投拥有一套关于股权交易、权益托管、资金三方存管和募集资金专用账户的制度。浙交中心现有挂牌企业近900家，也有众多私募债、权益类产品备案，这些都可以作为平台的项目来源。

与其他股权众筹平台不同，浙里投实行的是推荐人制度。项目发起人要在平台上发布众筹融资意向，须经过浙交中心认可的推荐人推荐，与推荐人签订财务顾问协议。未经推荐人推荐的项目，原则上不得在平台上进行众筹融资。除了浙交中心严格的项目评审，多一道推荐人把关的程序，进一步降低融资项目的运作风险，保证项目的真实性。

为了保障投资者权益，浙里投进行了投资者适当性管理。经实名认证并绑定银行卡后，可以成为二类投资者，每年可投总额不超过5万元的股权众筹投资；账户中资产总值超过30万元人民币后，经申请后每年的股权众筹投资总额可不受限制。此外，浙里投还实行了领投人制度，领投人参与的领投项目金额，原则上不低于项目融资总额的15%。①

股权众筹平台的运营模式应该是多样的。只要平台的运营合法、合规，守住底线，做好投资者适当性管理，管理好风险，那么开展互联网金融业务自然是锦上添花。

第三节　股权众筹如何改变传统证券市场

一、从股票投资到股权投资

社会公众通过股权众筹投资到身边的店铺和产品，既是商家的投资者，也是商家的消费者。股权众筹更贴近人们日常生产生活，既能实现普通社会公众投资创业的梦想，也让金融与实体经济结合得更加紧密，使资金切实流向实体经济，降低融资成本，解决融资难问题。

二、股权众筹是我国多层次资本市场的重要组成部分

经过多年的发展，我国的多层次资本市场已初步形成，目前主要分主板市场、中小板和创业板市场、全国中小企业股份转让系统（新三板市

---

① 参见高翔：《让更多企业享受"治理结构溢价"》，《上海证券报》2014年6月6日。

场）、机构间私募产品报价和服务系统、区域性股权交易中心和股权众筹平台。主板市场服务于行业龙头、大型和骨干型企业；中小板和创业板市场服务于成长期中后期具有自主创新能力的企业；而以全国中小企业股份转让系统（简称新三板市场）和区域性股权交易中心（简称四板市场）为主体的场外市场主要服务于成长初期的小微企业。

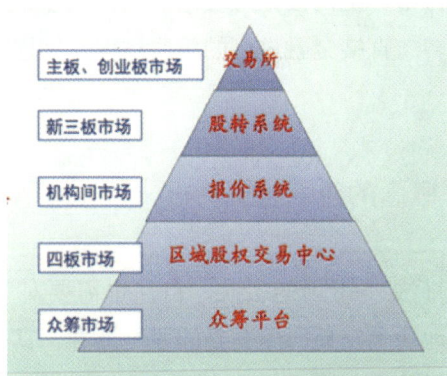

图 5-44　我国多层次资本市场结构图

新三板市场和四板市场具有股权挂牌交易和融资服务、股权托管登记、建立规范的中小企业成长通道和培育基地、资源聚集和金融创新等多种功能。由新三板市场、四板市场组成的完善的场外市场可为更多的企业建立现代企业制度、完善公司治理机制提供一个基础性平台。从服务实体

市场	主板&中小板	创业板	新三板	四板（区域市场）
股东人数	不少于200人	不少于200人	可超过200人	有限：50人　股份：200人
存续时间	存续满三年	存续满三年	存续满二年	存续满一年
盈利能力	近三个会计年度净利润为正，累计超3000万	近两年连续盈利，净利润累计不少于1000万；或近一年盈利，营收不少于5000万，近两年营收增长率不低于30%	具有持续盈利能力	具有持续盈利能力
现金流	近三个会计年度现金流累计超5000万；或近三个会计年度营收超3亿	无	无	无
净资产	最近一期末无形资产占净资产比例不高于20%	最近一期末净资产不少于2000万元，且不存在未弥补亏损。	无	无
股本总额	公司股本总额不少于5000万元	公司股本总额不少于3000万元	无	无
其他条件	保荐人持续督导期为上市当年剩余时间及其后两个会计年	保荐人持续督导期为上市当年剩余时间及其后三个会计年	主券商推荐并持续督导	推荐机构推荐并持续督导

图 5-45　我国多层次资本市场对比

243

经济的角度看，多层次资本市场的本质是对企业风险的分层次管理，应针对企业不同的规模、成长阶段、经营模式和风险特征以及不同的投资人群打造差异化的制度安排，在准入制度、信息披露和交易结算制度等方面实现投融资双方需求的对接。股权众筹更加贴近于大众创业，对于促进小微企业股权交易和融资，鼓励科技创新和激活民间资本，具有不可替代的作用。股权众筹是践行市场型间接金融理论的积极探索，是中国金融市场发展实现从间接金融转向直接金融过渡的重要过程，是连接直接金融和间接金融的通路。

三、"证券"概念的重新定义

股权众筹丰富了资本市场的层次，自然也需要对"证券"概念加以重构，不能再僵化地认为交易所里交易的才是证券，具有证券份额性质的都应纳入"证券"的范畴。可行的方案是导入"集合投资计划"作为兜底概念，具体将在后文的立法建议中进行论述，在此不赘述。

四、募资流程更加灵活

（一）融资前准备

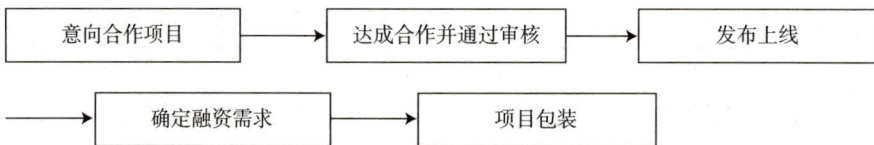

意向合作项目 → 达成合作并通过审核 → 发布上线

→ 确定融资需求 → 项目包装

图 5–46　融资前的准备

（二）线上融资流程

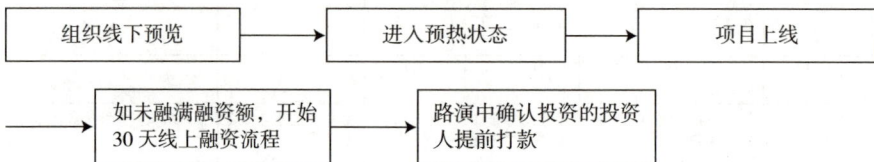

组织线下预览 → 进入预热状态 → 项目上线

→ 如未融满融资额，开始30天线上融资流程 → 路演中确认投资的投资人提前打款

图 5–47　线上融资流程

（三）认证投资人流程

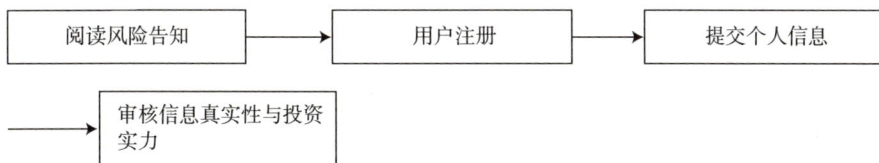

```
┌──────────────┐      ┌──────────────┐      ┌──────────────┐
│  阅读风险告知  │ ───▶ │   用户注册    │ ───▶ │  提交个人信息  │
└──────────────┘      └──────────────┘      └──────────────┘

┌──────────────┐
│ 审核信息真实性与投资 │
│      实力      │
└──────────────┘
```

图 5-48　认证投资人流程

（四）线上投资流程

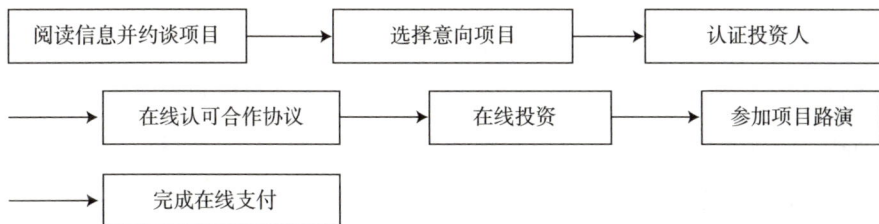

```
┌────────────────┐      ┌──────────────┐      ┌──────────────┐
│ 阅读信息并约谈项目 │ ───▶ │  选择意向项目  │ ───▶ │   认证投资人  │
└────────────────┘      └──────────────┘      └──────────────┘

┌──────────────┐      ┌──────────────┐      ┌──────────────┐
│ 在线认可合作协议 │ ───▶ │   在线投资    │ ───▶ │  参加项目路演  │
└──────────────┘      └──────────────┘      └──────────────┘

┌──────────────┐
│  完成在线支付  │
└──────────────┘
```

图 5-49　线上投资流程

（五）融资后流程

融资后，融资方和融资店铺的投资人可以共同成立有限合伙企业来管理融资后将要新开设的店铺，由项目方充当该合伙企业的普通合伙人，其他投资人为有限合伙人，同时项目方独立负责新开店铺的经营管理，流程为：

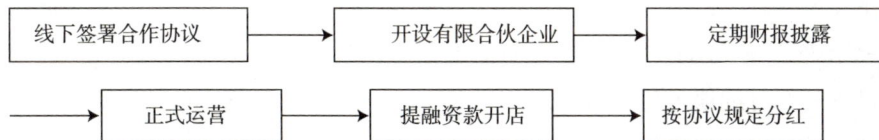

```
┌──────────────┐      ┌──────────────┐      ┌──────────────┐
│ 线下签署合作协议 │ ───▶ │ 开设有限合伙企业 │ ───▶ │  定期财报披露  │
└──────────────┘      └──────────────┘      └──────────────┘

┌──────────────┐      ┌──────────────┐      ┌──────────────┐
│    正式运营    │ ───▶ │  提融资款开店  │ ───▶ │ 按协议规定分红 │
└──────────────┘      └──────────────┘      └──────────────┘
```

图 5-50　融资后流程

此外，为加快融资速度，部分众筹平台推出"快速合投"和"闪投"模式。"快速合投"突出了"快速团购优质创业公司股权"的概念，让靠谱的项目用最快速度找到靠谱的钱。"快速合投"平台上等待融资的每个项目投资周期较短，例如有平台设置为 30 天。它就像团购一样简单高效，可以快速帮助创业者筹集到目标资金，并且投资门槛低，投资 1 万元即可参加"快速合投"。只要达到目标投资额，此次融资就完成了。通过快速合投可以获得超额认购，募资者可以自主分配额度，确保募资者对创业公司的控制权。"闪投"模式包括以下环节：线上初选、线下复选、预路演、参加闪投路演、与投资人约谈、融资谈判、交易达成、媒体曝光和经验分享创投沙龙。

五、投融资模式的丰富

（一）领投人模式

领投人模式是指在少数对项目所在领域有相对丰富经验的投资人（即领投人）指导和带领下，多名跟投人一同对企业进行投资的合投模式。拥有一定领域投资经验和风险承担能力的投资人经过平台审核后获得领投人身份，领投人以其在某一领域的投资经验吸引跟投人加入，共同投资某一项目。因为参与了企业前期发展的重要事务，领投人可以获得跟投人的利益分成以及创业者的股份奖励。不同平台对领投人的资格要求略有差异，以天使街为例，获得领投人资格需要满足以下条件：(1) 3 年以上天使基金、早期基金总监级以上岗位从业经验，或 2 年以上创业经验，或 5 年以上企业总监级以上岗位工作经验，或 7 年以上企业经理级岗位工作经验；(2) 投资过 2 个以上项目；(3) 年领投项目不超过 6 个，有充分时间帮助创业者成长；(4) 协助项目完善 BP、确定估值、投资条款等，完成本轮跟投融资。而天使汇对领投人的要求，除须符合天使汇的合格投资人要求外，还要求：(1) 为在天使汇上活跃的投资人（半年内投资过项目、最近一个月约谈过项目）；(2) 至少有 1 个项目退出；(3) 有很强的分享精神，乐意把自己领投的项目分享给其他投资人。

这种模式的好处是：由领投人推荐的项目，可省去平台审核的环节，直接进入项目融资环节。创业者确定投资意向及领投人，跟投人跟投，在汇集一定的跟投人后达成融资目标，此时线上众筹成功，转入线下企业登记、增资扩股等实体手续的办理流程。这种模式通过领投人的经验降低了投资过程中的风险，同时通过跟投人将部分收益转让给领投人使得领投人愿意分享其经验。由于对双方均有利，这种模式在中国有很大的发展空间。

同时，这种模式有缺陷，主要在于对领投人资质的评估，需要从各个角度对领投人资格进行全面的评审，防止领投人与初创企业之间对跟投人这种弱势群体的欺诈；同时也要增强对领投人投资过程的监管，并注意利益分配，以鼓励、促进有经验的投资者担当起领投人的职责，促进中小企业的发展。另一缺陷在于，这种模式下的项目估值还无法市场化，很多投资人认为项目估值过高，但是跟投人没有讨价还价的权力，参与度降低。一个可以尝试的解决办法是荷兰式询价，在市场化的博弈下寻找估值和融资额的均衡点。

（二）领筹人模式

领筹人旨在挖掘、推荐、完善、领投优质众筹项目，为优秀众筹项目保驾护航。领筹人模式不同于领投人模式。领投人主要是专业投资人，在具体项目中，领投人投资额在总融资额中占比高，风险高收益高。普通投资人在参与众筹项目时可以领投人为参考。领投人模式不可避免地存在两个问题：一是领投人的真实性一直饱受诟病。撇去知名投资人不提，一些项目的领投人信息披露不完全，导致项目发起方自己为自己领投，误导普通投资人。二是专业投资人的逐利特性不利于创新创业的发展。

而领筹人不仅领投众筹项目，更主要的是挖掘、推荐、完善、领投优质众筹项目，为优秀众筹项目保驾护航。领筹人分为产业领筹人和投行领筹人，其中产业领筹人为实体经济领袖，分为传统行业龙头企业领导人（一般为董事长）和创新行业领导人（一般为董事长）；投行领筹人分为传统投资界的知名投资人和创新金融界的投资人新秀。

领筹人将在项目萌芽、成长、发展中扮演重要的角色。尤其是产业领筹人，作为行业龙头企业领导人，拥有丰富的行业经验、完善成熟的供应链体系、店面体系、人才系统，在挖掘优质众筹项目时，可直接向创新创业的中小微企业提供服务，甚至打造一条助力创新创业的"流水线"，将创新创业的中小微企业纳入"流水线"中，为优秀项目提供完善配套服务，帮助创业者摆脱单打独斗的境地，大大提高创新创业企业的成功率。产业领筹人大手拉创客小手的领筹机制对处于存活期的创业企业尤为重要。

领筹理念，尤其是产业领筹人的概念得到了各行各业龙头企业大佬的普遍认可。产业领筹人将众筹金融和实体经济紧密结合在一起，从而推动众筹金融更好地为实体经济服务。

六、股权构架的多样化

在中国目前的股权众筹融资模式中，投融资的方式主要有以下三种：第一，融资企业的组织形式是有限责任公司，投资者通过股权众筹买入股权，成为融资公司的股东；第二，融资企业的组织形式是有限合伙企业，投资者通过买入股权成为该有限合伙企业的有限合伙人；第三，投资者通过股权众筹自行成立有限合伙，该有限合伙再整体入股融资公司或企业。第一种模式下，股东应当在公司章程中加入一定条款，通过一些绝对多数决制度的设置，防止大股东利用简单多数的优势侵害中小股东的利益。在第二种模式下，投资者成为合伙企业的有限合伙人，除在一些重大事项中有参与权以外，并不参与融资企业的管理。这种模式将导致投资者无任何企业管理权力。第三种模式中，投资者以有限合伙的方式进入融资企业，通过有限合伙的方式实现对融资企业的决策行为参与。

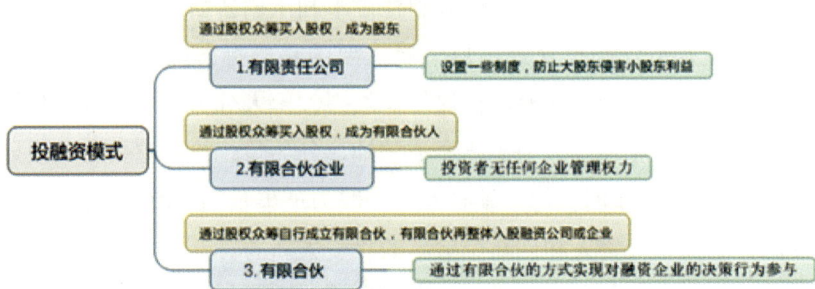

图 5-51　股权架构的不同模式

七、股权众筹给证券市场监管带来的挑战

股权众筹与互联网科技的紧密结合，使得众筹产生了不同于股份公司公开发行股票的诸多特性，例如，融资企业往往处于创业初期，资金需求的额度较小但更为紧迫，投资主体分布广泛而经验及资产较少。因为规范对象的特殊性，如果还将股权众筹纳入现行监管规则和体系进行考量，

则会出现将众筹界定为"私募"的狭隘做法，既扭曲了众筹发展的内在规律，也与鼓励市场创新的精神相悖离；如果不予规范，则很有可能出现投资者保护之殇，引发局部甚至系统性风险。总体来说，这一融资模式为现行监管规则和模式带来如下挑战：

（一）对现行证券发行制度的挑战

股权众筹是依托互联网平台通过股份售让的方式进行融资，其本质与股份发行无异。在我国当前对股票发行实行核准制的背景下，股权众筹首先面临是否非法发行证券的质疑。关于证券发行制度的规定主要见于《证券法》第十条，即："公开发行证券，必须符合法律、行政法规规定的条件，并依法报经国务院证券监管管理机构或者国务院授权的部门核准；未经依法核准，任何单位和个人不得公开发行证券。"公开发行是指"向不特定对象发行证券；向特定对象发行证券累计超过200人；法律、行政法规规定的其他发行行为"。笔者曾谈及，如果将股权众筹界定为非公开发行证券，必须认定投资人的非特定性或仅在200人范畴内融资，相关认定是否得到认可存在疑问，而200人内的融资也天然与"筹资者众"的内生基因不符。

为了维护证券发行秩序、保障核准制的有效施行，擅自发行股票的行为也已纳入《刑法》规范。现行《刑法》第一百七十九条明文规定了"擅自发行股票或公司、企业债券罪"。而根据《最高人民法院关于审理非法集资刑事案件具体应用法律若干问题的解释》第六条的规定，擅自发行股票或公司、企业债券罪犯罪构成的客观方面是未经批准、变相发行或超过人数限制发行股票或债券，其中对"向社会不特定对象发行、以转让股权等方式变相发行股票"如何进行解释的争议较大。既要保护股权众筹存在的合法性基础，又要打击非法发行股票、扰乱金融秩序的行为，使得现行证券发行制度进退维谷。

（二）对金融监管模式的挑战

以民间借贷、众筹为代表的新型民间金融的繁荣，引发了学界对现行金融监管模式有效性的讨论。有学者提出：新的民间融资市场体系向法律规制提出两个挑战：第一，是以主体身份确定监管对象，还是以行为性质作为监管对象；第二，对非金融机构的金融活动应当如何监管，是否需要拓宽法律监管的边界。无疑，股权众筹再次将上述两个问题推到理论探讨的中心。按照传统金融或正规金融的监管路径，监管对象的主体身份对于确立监管规则、采取监管措施至关重要，但并不意味着主体身份是判断监管范围或授权的唯一依据。例如，《证券法》对于证券监管的授权，既有关于按照监管对象（例如证券公司）制定具体规则的规定，也有授权监管部门对证券发行、承销等具体行为进行监管的规定。对于股权众筹而言，理想的监管模式应当是主体监管和行为监管的互补，在我国的既有模式下，更可行的做法是采取以主体监管为主、行为监管为辅的模式。但就规则层面而言，二者均是简单或者没有明确依据，如何确立有效的监管模式亟待解决。

（三）对投资者保护的挑战

尽管我国证券市场的投资者保护工作尚不能令人满意，但伴随资本市场的不断发展，我们已经形成了以《证券法》为纲领的证券市场投资者保护的规则体系。这一体系主要以规范发行人、上市公司、中介机构的信息披露义务及法定责任为主体框架，基本涵盖了传统证券业务领域的各个环节。但股权众筹的出现，对这一体系提出了更加严峻的挑战。首先，其原因在于股权众筹客观上影响到了不特定投资者的利益，但难以归入《证券法》上股票公开发行的范畴，因此缺乏具体的责任规范。其次，股权众筹兼具了投资风险高和投资者专业程度低且风险承受能力弱的特点，对投资保护的需求更加强烈。再次，股权众筹企业一般是初创企业，经营具有较大不确定性，投资者对于公司治理的介入程度不够，信息不对称问题更加严重。最后，即便当前互联网金融的投资者保护问题已经引起了广泛关注，对于红日初升的金融形态，如何在投资者利益保护与鼓励金融创新两个目标之间实现平衡，成为困扰监管部门的一个难题。

第四节　股权众筹风险防范

一、界定投资者审核的标准和操作

在这里可以借鉴《中华人民共和国证券投资基金法》（2013 年 6 月 1 日起施行）第八十八条中对非公开募集基金中合格投资者的要求。《中华人民共和国证券投资基金法》对合格投资者的总体描述是："达到规定资产规模或者收入水平，并且具备相应的风险识别能力和风险承担能力、其基金份额认购金额不低于规定限额的单位和个人。"这里为合格投资者规定了三项要求，即收入上的要求、风险识别能力和风险承担能力的要求、认购金额上的要求。首先，收入上要对个人和机构投资者设定不同的标准，应借鉴一定地域范围内的平均工资标准，考量收入是否超过一般人的最低生活消费要求，以求最大限度地保护投资人。其次，对于风险识别能力应当从投资者从事的行业、投资人以往成功投资的案例来进行考量，以甄别对相关领域没有风险识别能力和经验的个体；而对于风险承担能力，为了不过分地对投资者审核而使其丧失投资的积极性，主要是通过明确的风险提示和对收入的审核来进行。最后，认购金额的要求在股权众筹的角度主要是为了防止一个项目的投资者过度分散，导致权利义务过于复杂而阻却融资进程。

投资者的资格审核应当是形式审还是实质审呢？在互联网金融兴起、微型金融逐渐规模化的背景下，金融服务的便捷化、及时化成为发展之必然趋势。作为股权众筹平台也应当为筹资者和融资者提供相对及时、快捷、安全的交易平台。因此，倘若股权众筹投资者的资格审核是实质审的话，那么不仅会加重平台的审核负担及成本，也会极大地影响到股权众筹的融资效率，降低融资服务的及时性、便捷性；倘若实行形式审的话，那么融资交易的安全性问题便成为关键问题，毕竟过于宽松的投资者资格审核难以发挥实质性作用，平台不对信息真实性负责的免责条款也使得其严格执行审核标准的动力不足。因此，投资者资格审核的宽严程度实质上是一个利弊权衡的过程。笔者认为，基于投资者与筹资者对股权众筹的内在需求，平台对投资者的资格审核应当采取形式审的方式，在此基础上应该对投资者的审核标准进行严格的把握，并要求平台承担一定的审核责任，如因为平台的主观过错导致不满足投资条件的投资者进入到平台进行融资，对投资者或筹资者造成损失的，则应当追究股权众筹平台的责任。唯有如此，才能兼顾效率与安全。

同时，对投资者的进入条件应当进行适当的分类。一方面，既能满足投资能力不同的投资者的投资需求，又能确保不同投资者的投资安全性得到保障；另一方面，实施分类化标准也有利于监督管理的有效实施。

二、与"非法集资"划清界限

股权众筹模式的出现冲击了传统的"公募"与"私募"的界限划分，也使得"非法集资"风险成为股权众筹亟需防控的主要风险之一。金融市场中的集资行为若是缺乏必要的监管与引导，往往容易触发"羊群"效应，投资者的盲目性所造成的跟风效应也往往容易使得投资的人数与投资的规模都急剧膨胀，一旦风险发生便会酿成恶果。因此，法律对该类筹资行为无论是在筹资人数上还是在筹资条件上都有严格的规定。我国《公司法》规定：非上市公司的股东人数不能超过 200 人。所以以原始股权作为回报时，需控制投资人数。《证券法》规定，向不特定或特定对象发行证券累计超过 200 人的行为属公开发行证券，这一行为必须通过证监会或国务院授权的部门核准才能进行。股权众筹作为新兴的融资模式，以互联网作为融资平台，其涉及的人群之广、数额之大往往使其极容易触及法律禁止的"红线"。因此，单纯依靠平台自身运作方式的变通很难完全防范非法集资的风险，必须通过外部监管的加强才能保证股权众筹在法律的框架内稳定运行。然而，要使外部监管能够有效地推进，首要环节便是要完善信息披露制度。平台要完善信息的披露制度必须要有相应的法律进行明确的规定，提出明确的要求。2015 年 7 月 19 日，中国人民银行等十部委发布《关于促进互联网金融健康发展的指导意见》，标志着关于股权众筹规范、创新、发展的指引纲领出炉。2015 年 7 月 25 日，证监会就股权众筹政策表态，称正在抓紧制定股权众筹融资试点的监管细则，将适时向市场征求意见。

三、如何防止项目审核推荐涉及的欺诈

阳光是最好的防腐剂。互联网的发展一方面使得信息传递便捷化，但另一方面虚拟化也极大地提高了欺诈的可能性。因此为了防止项目审核推荐中极易发生的欺诈风险，应尽快建立风险提示、信息披露制度以及信用体制。

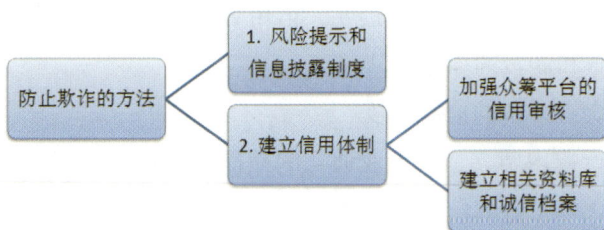

图 5-52　防止欺诈的方式

（一）风险提示和信息披露制度

众筹平台机构应持续开展众筹融资知识普及和风险教育活动，必须向潜在的投资者在显要位置提示众筹中潜在的风险，明确各方责任与义务，并与投资者签订投资风险揭示书，确保投资者充分知悉投资风险以及发生争议的解决办法。众筹平台不得就融资计划向实名注册用户提供具有倾向性的投资分析或投资建议，确保众筹平台在投资风险防范上始终保持中立的态度。同时，中国证券业协会也应当对众筹融资行业发展及风险情况进行检测，并向中国证监会报告。

发行人及其他信息披露义务人应当及时履行信息披露义务，依法披露的信息必须真实、准确、完整，不得有虚假记载、误导性陈述或者重大遗漏。发行人及其他信息披露义务人应就公平披露原则根据定期报告制度公开承诺并履行信息披露义务。

作为众筹中介机构，应制定完善、及时的信息披露制度。不再提供众筹融资服务或因经营不善等原因出现破产倒闭情形的，应当及时公告并

向相关部门报告，并对已有众筹融资计划的后续事宜作出妥善安排。针对项目发行人，为保护投资者利益，发行人要向众筹平台以及投资人定期披露有关项目运行状态的信息，每年提交企业运行和财务状况的年度报告，及时披露影响或可能影响投资者权利的重大信息。存在虚假陈述致使投资者遭受损失的，发行人及其他信息披露义务人应承担相应的民事赔偿责任。

（二）建立信用体制

健全的信用机制对于各行业发展都是必不可少的前提，而国内的信用现状存在个人资产类信息不透明、信用数据体系混乱、虚假信息丛生、缺乏信用审查和制裁的措施等问题。

1. 加强众筹平台的信用审核

在众筹行业内建立适合行业通行的易操作的信用审查机制并非易事，特别是加强众筹平台的信用审核是一种较好的解决办法。目前众筹平台对于项目团体的资产评估审查需要耗费大量的成本，因此，与预期风险的大小相比，众筹平台宁可只做简单深入的资质审核，而并非细致的资产评估。但是，成本高不应该成为信用审查不严格的理由，严格的审查机制主要目的在于为保护投资人利益，为之提供更为透明的项目方信息，增加投资人对于众筹模式的信任，促进众筹在更大的市场上推广和发展。

众筹平台在这种信用制度中应起到关键作用。在信用机制混乱和缺失的当下，在众筹业内建立一套信用机制关键在于众筹平台应对项目方进行信用审核，例如可以对投融资双方进行实名认证，对用户信息的真实性进行必要审核，要求其发布真实的融资计划书，在融资计划书中充分揭示投资风险，并披露募集资金不足或超额募资时的处理办法以及其他重大信息。融资计划书应当包括但不限于创始人及主要管理人员的姓名、从业简历、学历及其兼职情况等信息和监督项目方在成功筹集后的资金使用情况和运作情况。[①] 众筹平台应对融资双方的信息进行妥善保管。

---

① 参见牛思远等：《应对电商巨头涌入，独立众筹平台各显神通》，《南方日报》2015 年 5 月 11 日。

2. 建立相关资料库和诚信档案

在加强众筹平台信用审核的同时也可由相关部门如中国证券业协会，建立融资者、众筹平台及其从业人员从事众筹融资活动的资料库和诚信档案并通过适当方式公布。众筹平台若发现欺诈行为或其他损害投资者利益的情形，应及时终止众筹活动，取消融资者的融资资格，并督促相关各方及时返还全部投资者已缴纳的款项及其利息。对于失信的情况，众筹平台应当对其负部分责任，这样可以加强众筹平台对于项目审核情况的主动性。针对失信的法人、自然人和其他组织建立业内黑名单，并与银行等其他金融机构共享信息。除此之外，还应由相关部门对众筹平台的信用作出信用审核，对信用审核不达标的众筹平台加以制裁；由中国证券业协会对众筹平台开展自律检查，对违反自律规则的机构和个人实施纪律惩戒。

四、如何控制资金流

股权众筹平台的主要作用在于利用互联网对富余资本在筹资者与投资者之间进行优化配置，以提高富余资本的利用效率，从而解决由于信息不对称所带来的资本资源浪费的问题。基于上述认知，股权众筹平台主要是发挥着中介的作用，以撮合投融资交易的实现。一旦股权众筹平台在中介过程中能够控制资金的利用与流动，则投资人的资金便存在为平台所挪用的可能，一旦资金遭受损失而难以弥补，这对投资者与筹资者而言，无疑都是利益的极大损失。因此，出于对资金安全性的考虑，平台是不能经手或负责管理资金的，一般可选择托管给可信任的第三方平台或银行，由投资者与筹资者协商约定向托管方支付一定的管理费用。

另外，众筹平台本身也不得从事与其业务范围相关的融资活动。众筹平台不得通过本机构互联网平台为自身或关联企业融资，不得提供担保或进行股权代持，不得提供股权或其他形式的有价证券的公开转让服务，不得利用平台自身优势获取投资机会或误导投资者，不得向非实名注册用户宣传或推介融资计划，不得就融资计划向实名注册用户提供具有倾向性的投资分析或投资建议，不得从事证券承销、投资顾问、资产管理等证券期货经营机构业务，不得以融资计划的销售业绩作为员工或代理商的奖励标准。

关于入资方式，在法律尚未明文禁止的范围内，允许平台就入资的方式进行适当的创新或变通，以防止踏入法律的禁区。但入资方式的创新或变通又不得违背筹资的安全性要求或法律规定的初衷，否则便会滑向非法的领域。因此，从合理规制入资方式的角度出发，不允许股权众筹平台诱导先成立有限合伙公司再融资，严格限制人数和金额。

五、如何防控知识产权风险

大多众筹项目并没有申请专利权或著作权，无法依据《知识产权法》保护其权益。因此，在一个项目众筹所需的时间里，就会有一些人借此剽窃这个产品创意。盗版商甚至可以通过率先量产的方式在市面上销售仿造品，反而使得众筹项目失去了创新性。

国内的众筹平台目前的做法是对发起人进行提醒，建议项目发起人先申请著作权，再将项目上线以筹集资金。同时也会提供项目著作权申请的相关资料，协助项目发起人获得版权的相关文件，再对项目进行众筹，从而保护知识产权。此外对于创意有核心价值的信息众筹平台会考虑不公开并进行说明。

笔者认为，要让受众在了解众筹项目的基础上保护发起人的创意和知识产权，要从投资者和发起人两方面入手：一方面，众筹平台应提高众筹投资者的准入门槛，对投资者资格进行审核，不能让没有投资意愿的人浑水摸鱼在平台上窃取他人的创意，甚至可以只在平台公开众筹项目的部分创意，让有意愿投资的投资者与发起人进行线下约谈；另一方面，发起人应在其发布的项目信息上多费心思，其项目最核心的创意或技术不能轻易公开，只有在与有意愿投资的投资人进行深入交流后才告知核心创意或技术的所在，以保护其知识产权不受侵犯。

第五节　国外股权众筹法律发展新动向

纵观世界各国的众筹监管模式，都有一个前提，那就是充分承认众筹模式作为一种新型的融资模式，应当对其予以适当监管。无论是欧洲的以现有法律框架将众筹模式归入金融服务提供者或者中介的方式来监管，还是美国通过创设一种新的中介类型的方式来监管，都体现出了这一点。在英国，如果众筹涉及在英国已经受到监管的活动，如投资活动中的交易安排、金融推介方面的沟通等，就属于商业行为监管局的监管对象。

一、美国股权众筹法律发展评析

（一）美国众筹立法历程

随着众筹的发展，在立法与监管方面的必要性和紧迫性也日益凸显，以美国为代表的数个国家纷纷对众筹进行了相关立法或将众筹纳入监管体系中，以帮助众筹规范有序发展。其中，美国于 2012 年颁布的《创业企业融资法案》（*Jumpstart Our Business Startups Act*）对公众小额集资（即众筹）以及其中的发行人、中介机构以及投资者进行了全面详细的规定，成为各国众筹立法的重要参考。

图 5-53　美国众筹立法的历程

2011 年 11 月初，美国众议院通过了《企业融资法案》（*The Entrepreneur Access to Capital Act*），为公众小额集资创建了证券法豁免的安全港制度。其后，《民主化融资法案》（*Democratizing Access to Capital Act*）就投资者投资限额、集资门户以及筹资者监管作出了改变。2011 年 12 月 9 日《网上融资中减少欺诈与不披露法案》（*Capital Raising Online While*

Deterring Fraud and Unethical Non-Disclosure Act）对公众小额集资的投资者单笔投资额进行了更严格详细的区分，限定了投资者年度投资总额，规定了集资门户的义务。

2012年4月5日，美国总统奥巴马签署了旨在完善美国小型公司与资本市场的对接，鼓励和支持小型公司发展的《创业企业融资法案》（《JOBS法案》）。《JOBS法案》同时授权美国证券交易委员会（SEC）制定实施建议稿，出台专门的《众筹条例》（*Regulation Crowdfunding*），以建立一个对依据豁免条款以注册集资门户和经纪商为中介的证券发行进行监管的新机制。2013年10月，美国证券交易委员会根据《JOBS法案》Title Ⅲ正式发布了针对众筹的新规提案。2014年初，SEC发布了《〈众筹条例〉建议稿》和一份长达五百多页的报告，对规则进行了解释和经济分析，并征询业界更多的建议。

《JOBS法案》的主要思路是在承认通过股权众筹模式融资的行为属于证券发行的行为的基础上，将这种发行行为特别立法进行监管。由于此类发行与其他发行模式的不同，通过豁免发行注册的方式降低发行人通过众筹模式筹资的成本。同时，根据众筹模式中的三方关系，将三方的权利义务予以明确。对投资者的投资额度进行限制，以起到保护投资者的目的；对发行人的行为进行规定，施以最低限度的信息披露义务，减少信息披露成本；对众筹平台要求其保持中介的中立性，同时附加投资者教育的义务。

我们可以从美国证券类法规的立法进程来分析，其证券行为的监管力度发生过几次变化。2001年美国安然公司倒闭，将大公司的金融监管漏洞问题抛到了人们面前，于是在这样的背景下产生了《萨班斯·奥克斯利法案》，加强对大公司的金融监管。2008年金融危机以后，由于投资者遭受的巨大损失，美国出台了《多德弗兰克法案》，加强了投资者保护机制。而本次的《JOBS法案》则是在中小企业成长面临融资难题的情况下，通过修改相关证券法规达到放松监管的目的，监管力度明显减弱。

此次《JOBS法案》的监管模式和监管要求是否能够适应市场需求，目前还尚不得知，但《JOBS法案》确属世界上第一部对股权众筹融资进行详细规制的法案，在其法规中体现的三种参与主体分开监管、在保护投资者的前提下尽量减少筹资人筹资负担的思想，值得其他国家借鉴和学习。

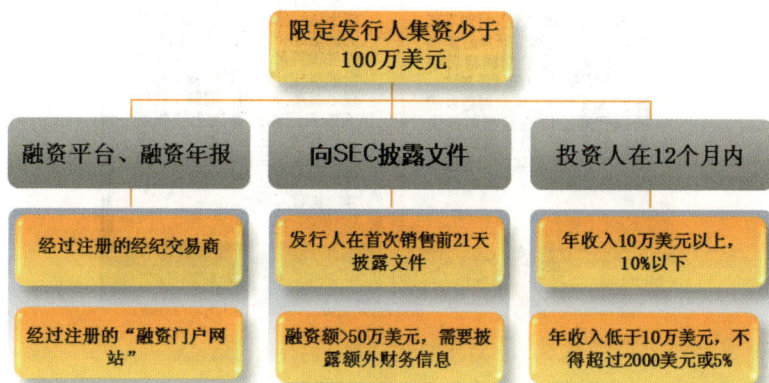

图 5-54　美国《JOBS 法案》关于众筹的内容

（二）基于《JOBS 法案》对众筹平台的分析

根据《JOBS 法案》对众筹融资设定的规则，众筹平台必须"通过经纪人或集资门户进行众筹融资"。集资门户（Funding portal）是《JOBS 法案》创设的一种组织，根据《JOBS 法案》第 304 条规定：集资门户是"作为中介为他人账户做涉及要约或出售证券交易的任何人"。而提案有更进一步的规定，参与众筹的中介机构必须在 SEC 注册为经纪人或集资门户并加入美国金融业监管局（Financial Industry Regulatory Authority，FINRA）或其他全国性证券组织。满足监管条件的集资门户可以免于注册成为经纪商或承销商。

集资门户必须遵守美国《证券法》第 4A（a）条的要求才能获得注册豁免，包括：集资门户需在 SEC 和自律组织注册；按要求进行披露；确保每一投资人了解投资人信息、理解投资风险以及能够承担投资损失；采取措施减少欺诈风险；确保 SEC 和潜在投资人在不迟于销售之前 21 天获得发行人提交的信息；确保发行筹集资金交付给发行人以及允许投资人在适当情形下撤回其投资承诺；努力确保单个投资人的合计投资额不超过法律规定的上限等。

1. 劝诱限制

集资门户还要满足一些禁止性条件：不提供投资建议或推荐，不劝诱

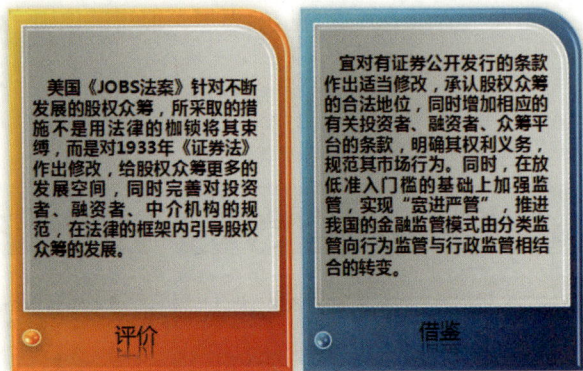

美国《JOBS法案》针对不断发展的股权众筹，所采取的措施不是用法律的枷锁将其束缚，而是对1933年《证券法》作出修改，给股权众筹更多的发展空间，同时完善对投资者、融资者、中介机构的规范，在法律的框架内引导股权众筹的发展。

评价

宜对有证券公开发行的条款作出适当修改，承认股权众筹的合法地位，同时增加相应的有关投资者、融资者、众筹平台的条款，明确其权利义务，规范其市场行为。同时，在放低准入门槛的基础上加强监管，实现"宽进严管"，推进我国的金融监管模式由分类监管向行为监管与行政监管相结合的转变。

借鉴

图 5-55 对《JOBS 法案》的评价与借鉴

其网站上证券的买卖，不能因劝诱行为或该网站上展示的证券的销售情况给予雇员、代理商或其他人补偿，不得持有、管理、占有或者处理投资者的资金，不得参与其他证监会规定的不得参与的行为。

2. 风险提示和投资者教育

众筹平台需要保证每个投资者：其一，阅读按照证监会制定的标准投资者教育材料信息；其二，积极地确定投资者理解可能会损失所有投资的风险，并确定投资者能够承受这一损失；其三，回答关于初创企业、新兴企业和小型发行人发行的风险等级的理解、流动性风险的理解、对证监会规定的其他事宜的理解等问题。

3. 股权众筹平台审查义务

在起到中介平台作用，使投资者与发行人相互连通的方面，众筹平台应做到：其一，根据证监会指定的规则，采取措施减少相关交易中欺诈的风险，包括对每个高管、董事和持有发行人 20% 股权的人进行背景调查、证券执法历史记录；其二，在将股票卖给任何投资者的第一天之前的 21 日内将发行人提供的信息通报给证监会和潜在投资者；其三，确保所有发行收入只有在投资者累计投资的资金达到或超过发行目标以后才交付给发行人，并且允许所有投资者取消他们投资的承诺，具体建议稿由证监会指定；其四，根据证监会制定的规则，确保投资者没有在 12 个月内购买所有发行人发行的 4（6）规定的证券累计超过在 4（6）(B) 中规定的限制；其五，根据证监会制定的规则，采取措施保证从投资者收集的隐私得到保护；其六，不补偿推广者、发现者或者信息提供者因向经纪商或者集资门户提供确认潜在投资者信息的行为；其七，禁止发行人的董事、高管或者合伙人（或者任何起到与这些角色相类似作用的人）从发行人通过中介发行获得任何经济利益。

4. 安全港条款

《〈众筹条例〉建议稿》对门户部分豁免《证券交易法》第 3（a）（80）条的规定，允许门户：其一，设置客观标准，限制其平台上所发行的众筹证券及类型；其二，向发行人提供发行说明的结构和内容建议，帮助准备文件、提供指导等；其三，向非以提供投资者个人身份信息的方式将潜在投资者导引至门户的第三方给予报酬；其四，门户与经纪商互相合作，并向对方提供的服务支付报酬；其五，门户进行自我宣传；其六，拒绝其认为存在欺诈风险或侵害投资者的项目。

5. 合规性条款

《〈众筹条例〉建议稿》规定的合规性条款指：其一，制定书面的政策和服务条款；其二，适用《银行保密法》（BSA）对经纪商记账、档案和账本留存的规定以及《反洗钱法》（AML）的相关规定；其三，适用 S-P 条例、S-ID 条例和 S-AM 条例针对经纪商的有关隐私保护的规定。

6. 忠诚保证保险

《〈众筹条例〉建议稿》要求门户在注册期间必须购买忠诚保证保险（fidelity bond），以增加门户信用保证。根据美国 1970 年《证券投资者保护法》，注册经纪商或交易商是证券投资者保护基金（Securities Investor Protection Corporation，SIPC）的成员，在券商因破产或陷入财政危机而失去偿付能力时，客户可以保证得到赔偿。但由于法案豁免集资门户无须注册为经纪商，因此门户不属于 SIPC 保险的覆盖范围。为保护通过门户进行交易的投资者，规则强制要求以忠诚保证保险作为替代，且每位客户可获赔偿额上限至少为 10 万美金。

（三）基于《JOBS 法案》对发行人的分析

1. 发行人信息披露义务

《JOBS 法案》对发行人（筹资人）作出了如下要求：所有累计有发

行人售予投资者的证券金额（包括在交易前12个月内利用众筹方式出售的证券）不得超过100万美元。同时，发行人应当：其一，将下列信息呈报至证监会、相关联的经纪商或集资门户和潜在投资者，包括发行人的名称、法律形态、地址和网站地址；董事、高管或者合伙人（或者任何起到与这些角色相类似作用的人）的姓名，以及持有发行人股份20%以上者；发行人业务的介绍和业务计划；发行人财务状况的介绍，包括过去12个月发行额度在10万美元以内的需提供纳税证明以及主要高管背书证明的财务报告，发行额度在10万—50万美元的财务报告需经独立的公共会计师审核，发行额度在50万美元以上的需提供经审计的财务报告；关于募集资金的使用目的和意图；目标发行金额，达到目标发行金额的截止日期，筹资过程的信息更新；股票售价或定价方法，在出售前，投资者会被提供最终价格的书面确认，并在合理的机会条件下有权撤回对发行要约的承诺；所有权及资本结构的描述；证监会要求提供的其他基于公共利益和投资者保护的目的信息。其二，至少每年向证监会和投资者披露经营结果报告以及财务报表，同时向投资者、潜在投资者、相关经纪商和门户作出披露。其三，遵守其他证监会基于投资者保护和公共利益而作出的规定。

另外，在美国证监会公布的众筹法案的建议稿中，美国证监会增加了一些《JOBS法案》并没有强制披露的信息，包括：披露向中介支付的发行酬劳；发行人的员工人数；发行人的风险点；发行人债务的陈述；发行人在过去三年进行的豁免发行；关联方交易披露等等。同时也增加了对发行人财务状况（提案对不同融资总额给予了不同的披露要求，对于融资额在10万—50万美元之间的发行人的财务报表还需要交由一个第三方的会计师审查，而那些融资超过50万美元的必须交由一个独立审计审查）、过去三年内股权众筹或发行经历的披露要求。《〈众筹条例〉建议稿》第203条还对发行人提交披露材料的种类和格式施加具体要求，规定了新的C表（招股说明书）、C–U表（进度更新报告）、C–AR表（年报）和披露义务终止时提交的C–TR表（终止报告）。其中，对于C–U表，应当于发行额分别达到50%和100%之日后5日内提交；对于C–AR表，每年提交一次，最迟不超过每一个会计年度之日后。

《〈众筹条例〉建议稿》一些方面在《JOBS法案》的基础上缩小了某些发行信息披露的范围，但在某些方面，证监会根据自身的职权，披露的要求有所提高。更高的信息披露要求固然能提供更好的投资者保护，但也违背了《JOBS法案》的简化程序，减轻企业融资过程中信息披露等负担的目标。

2. 广告行为限制

《JOBS法案》对广告行为作出了一定限制：不得对发行的内容进行广告，除通知投资者通过集资门户或经纪商投资的信息；不得直接或间接向推广发行人支付报酬，除非向证监会披露了可能或已经得到的报酬。

而《〈众筹条例〉建议稿》对广告内容作出了详细规定，规定广告只能包含发行人正在发行证券、中介的名字及能够将投资者导向中介网站的链接、发行的数额、价格、时限、发行人的联系信息。这些信息都是与发行相关的，但又没有一项信息能够透露出发行的具体内容。

（四）基于《JOBS法案》对投资者的分析

《JOBS法案》对投资者的投资行为进行了规定。由发行人向任何单个投资者出售的证券累计金额（包括在交易前12个月内利用众筹方式出售的证券）不得超过：如果投资者年收入或净资产少于10万美元，则不得超过2000美元或投资者年收入或净资产的5%中的较高者；如果投资者年收入或净资产大于等于10万美元，则不得超过投资者年收入或净资产的10%中的较高者，但累计最多不得超过10万美元。

在股权众筹中，目前的出资人范围仅限于经过认证的投资者或者经过众筹平台审核通过的投资者，范围较为确定，资产状况和风险承受能力足以使其成为合格投资者。其法律性质类似于业已存在的私募，只是运行过程中联系募集对象的过程由网下变为网上。出资人的身份为投资者，出资成功后成为项目（创始人团队、公司）的股东。

（五）《JOBS法案》中股权众筹的其他规则分析

在上文提到的出资人——项目发起人——众筹平台的监管框架下还有一些其他相关规定：其一，与州法律关系：众筹豁免制度优先于州法律的注册要求，但是保留州一级执行权力。由于美国实行联邦制，不但联邦政府有证券监管法规，美国大部分州都有自己的证券监管法规——《蓝天法案》。许多小额发行豁免都是因为各州《蓝天法案》的复杂限制导致适用情况不佳，然而《JOBS 法案》的这一规定使得众筹豁免可以方便快捷地适用。其二，转售限制：通过众筹的交易模式所购买的证券在一年内有一些转售限制，除非出售给发行人；成为经注册发行的一部分；出售给规则 D（Regulation D）的 501（a）规定下的经认证投资者；出售给家庭成员（根据 SEC 规则定义）或者原购买者控制下的信托，或者为了家庭成员的利益，或者与购买者的死亡或离婚相关情形或其他类似情形。通过股权众筹获得的股权的转售相当于变向重新发行，因此对转售的限制是必要的。

二、英国股权众筹法律发展评析

在众筹领域，英国一直走在世界的前沿。目前，伦敦已经超越美国的纽约与旧金山，成为全球"众筹之都"。

根据英国第一个众筹目录的记录（Crowdingin.com），目前在英国，不同种类的众筹平台共有 99 个，股权众筹平台是其中发展十分迅速的。以英国最大的股权众筹平台 Crowdcube（www.crowdcube.com）为例，自 2011 年 2 月开始运行，是全球首个股权众筹平台。在该平台上投资者除了可以得到投资回报和与创业者进行交流之外，还可以成为他们所支持企业的股东。

这样的高速发展引起了英国政府的关注，但在发展初期并不规范。英国没有专门针对众筹的立法，而是将其纳入现有的金融监管法律框架进行规制。2012 年 7 月，Seedrs 获得批准，成为第一个被合法认可的、以买卖股权的方式来融资的众筹平台。短短几年间，各类众筹平台相继涌现，现有的金融监管法律框架并不能起到良好的监管作用，例如只有少数借贷类众筹平台作为消费信贷经纪人受到英国公平贸易局监管，而大多数借贷类众筹平台都不作为金融服务提供者被监管。

所以，为了保护金融消费者权益，推动众筹行业有效竞争，英国金融行为监管局（Financial Conduct Authority，FCA）于 2013 年 9 月 23 日和 2014 年 3 月 6 日发布了《关于众筹平台和其他相似活动的规范行为征求意见报告》（*The FCA's Regulatory Approach to Crowdfunding and Similar Activities*，*CP13/3*）以及《关于网络众筹和通过其他方式发行不易变现证券的监管规则》（*The FCA's regulatory approach to crowdfunding over the internet and the promotion of non-readily realisable securities by other media*，PS14/4），对众筹融资这一新型融资方式给予了充分的肯定，为公司融资提供了除银行、风险投资之外的更多选择。

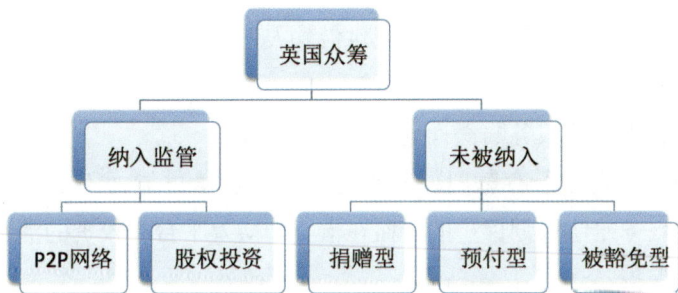

图 5–56　英国对众筹的监管示意图

《关于网络众筹和通过其他方式发行不易变现证券的监管规则》将众筹界定为自然人、组织和企业（包括创业企业）通过网络门户（众筹平台）为其活动进行融资或再融资的行为。FCA 定义了五种主要类型的众筹，即捐赠型众筹、预付型或奖励型众筹、被豁免的众筹活动、借贷型众筹与投资型众筹，只有涉及后两种类型的企业才会被纳入 FCA 监管范围内。从事以上两类业务的公司需要取得 FCA 的许可，同时，即使这两类众筹中存在不以盈利为目的的慈善或社会公益项目，其仍然受到同样的监管。

下面笔者对规则中关于借贷型众筹平台和投资型众筹平台所重点涉及的风险及相关监管要求进行介绍与分析。

（一）借贷型众筹平台的风险及监管要求

本次规则中，FCA 首次将借贷型众筹纳入监管，并界定其适用对象为"运营或计划运营 P2P（即个人对个人）借贷平台与 P2B（即个人对企业）借贷平台的企业，通过其平台消费者可以以借贷协议方式进行投资"。

在风险方面，贷款不能得到偿付与不被纳入金融服务赔偿计划范围为借贷型众筹活动特有的风险。

1. 贷款未被偿付

借贷型众筹活动中，投资者所面临的最主要风险是贷款本金或贷款利息得不到偿付的风险，原因可能是借款人违约、欺诈或企业倒闭。这类风险能否被降低取决于众筹平台和投资者对借款人进行尽职调查的程度。一些运营借贷型众筹平台的企业已经对此作出了尝试，如仅允许资信良好的借款人交易、建立应急资金以应对借款人违约时造成的资金损失以及鼓励有抵押的贷款等。

2. 不属于金融服务赔偿计划范围（FSCS）

当消费者在银行存款时，若银行违约或者偿付能力不足，消费者是受到金融服务赔偿计划保护的。而在借贷型众筹平台中投资的消费者并不享有同等保护。

针对上述风险，金融行为监管局建立了平台最低审慎资本标准、客户资金保护规则、信息披露制度、信息报告制度、合同解除权（后悔权）、平台倒闭后借贷管理安排与争端解决机制七项基本监管规则，其中信息披露制度是借贷类众筹监管的核心规则。

此次监管规则中要求众筹平台披露的信息主要包括两个方面：一方面是关于平台的信息；另一方面是关于众筹平台提供的服务信息。其中，关于众筹平台提供的服务信息主要包括：过去和未来投资情况的实际违约率和预期违约率；概述计算预期违约率过程中使用的假设；借贷风险情况评估描述；担保情况信息；可能的实际收益率；有关税收计算信息；平台处理延迟支付和违约的程序等。[①]

（二）投资型众筹平台的风险及监管要求

FCA 认为，投资型众筹是风险较高的活动，投资者所面临的风险接

---

① 参见张怡婳：《柔和监管，审慎执掌——美英众筹融资监管思路启示》，《金融博览（财富）》2014 年第 9 期。

近于风险投资等金融机构，却没有与之相当的风险识别与自我保护能力。所以在监管要求上，增加了对投资型众筹的投资限制。考虑到投资型众筹项目违约的几率更高（50%—70% 的初创企业会失败），而一旦违约，投资者就将失去所有本金，因而 FCA 对该类众筹主要设定了较高的投资门槛：一是经认证的限制投资者，其投资额不得超过个人净资产的 10%（不含常住房产及相关抵押品、保单权利、任何在退休或去世后可得到的利益）。二是经认证的高净值投资者，其年收入超过 10 万英镑或净资产超过 25 万英镑（不含常住房产及相关抵押品、保单权利、任何在退休或去世后可得到的利益）。三是经认证的成熟投资者（主要是机构投资者），对其投资额并没有限制。[①]

FCA 颁布的《关于网络众筹和通过其他方式发行不易变现证券的监管规则》受到了英国业界的普遍认可，为众筹行业的发展奠定了坚实的基础。

三、德国股权众筹法律发展评析

德国凭借 8200 万受过良好教育的人口和众多顶尖的跨国公司，成为欧盟最大的单一市场。而德国的众筹产业，也同样得益于这样的市场背景。Seedmatch、Companisto、Bergfürst 和 Innovestment 是德国四家具有领先地位的众筹公司，它们均实现了超过 200 万欧元的资金募集量。其中作为德国众筹先驱的 Seedmatch，是一家专门服务于初创企业融资的众筹平台，投资者可以以最低投资额 250 欧元为预先选定的初创企业进行投资，截至 2014 年 10 月，已完成总额近 2000 万欧元的 68 轮融资。

在德国，当众筹平台促成证券发行或者投资产品的发售，众筹平台的运营者就是在提供金融服务，因此，在德国银行法框架下，就需要德国金融监管局（Bundesanstalt für Finanzdienstleistungsaufsicht，BaFin）核发执照。由于股权众筹具有复杂性，与公众利益直接相关，因此面临四重监

---

① 参见张怡娟：《柔和监管，审慎执掌——美英众筹融资监管思路启示》，《金融博览（财富）》2014 年第 9 期。

管：金融服务执照（可豁免）、德国贸易工商管理法规定下的执照、汇款服务执照（可豁免）、招股说明书经核准（10 万欧元以上项目）。

德国股权众筹面临的最大挑战是如何在严格的监管下发展的问题。这些（股权众筹）行业的开拓者以当时的法律监管漏洞来经营他们的产品项目：在 2011 年众筹行业在德国兴起时，法律规定如一个项目在 12 个月内不超过 10 万欧元的融资量，便不需要正式的招股说明书。因此大量众筹平台用"投资者以隐名合伙身份加入众筹项目"的方式规避招股说明书的硬性条件，以降低融资成本。2012 年，作为市场领导者的 Seedmatch 以一种"豁免义务的招股说明书"的形式，突破了 10 万欧元的融资屏障，这种形式类似于一种被称为 "Partiarisches Darlehen" 的股东贷款。以这种方式进行的最大的一次众筹融资量达 120 万欧元，对比 2011 年德国境内的众筹成交量仅有约 1500 万欧元，这种新形式具有重要的意义。

四、法国股权众筹法律发展评析

在法国，众筹这种金融创新还处在探索阶段，起步较晚，但发展迅速。2013 年，法国境内通过众筹平台共筹集了 8000 万欧元针对项目或者公司的资金，接近 2012 年筹资额的两倍。

目前欧洲众筹行业中具有领先地位的公司有三家来自法国，分别是 My major company、Kiss bank 和 Ulule。[①] 其中作为法国第一家众筹平台的 My major company，在 2007 年之前，是一家独立的唱片公司，当时音乐产业整体陷入困境的时候，公司决定召集网民和粉丝加入发掘和支持新生艺术家的队伍中来，创造了一种有趣且富有想象力的集资方式：群众可以通过支持项目来获取专属的奖励，同时分享唱片发行的收益。2012 年，公司决定以同样的模式将业务扩大到包括摄影、出版、游戏、艺术等数个领域。截至 2014 年 10 月，平台已经号召 43 多万群众参与其中，为数千名创作者提供了近 1800 万欧元的融资金额，挖掘了法国一大批具有实力的年轻艺术家。

---

① 参见温信祥、叶晓璐：《法国互联网金融及启示》，《中国金融》2014 年第 2 期。

由于法国众筹机构的具体业务和运作形式多样，因此往往涉及法国银行业监管局（ACPR）和法国金融市场监管局（AMF）两个监管部门的监管。[①]AMF 在 2014 年 9 月 22 日发出消息，《法国众筹监管法规》自 10 月 1 日起生效，法规规定：AMF 负责监管股票、债券等证券形式的众筹，ACPR 负责监管有息、无息或捐赠等贷款形式的众筹。在相应的资格认证机构成立之前，由 AMF 担当众筹投资顾问（CIP）的考核工作，申请者需按 AMF 的要求提交申请材料并考试，考试通过后需要在法国金融中介人员登记机构（ORIAS）注册，核查申请者的年龄和信用记录等信息。

法国成为少数几个拥有众筹行业监管法规的国家之一，体现了政府对于支持众筹行业健康稳定发展的意愿，及时为新型产业制定配套的法律，将有利于行业的发展，进行有效的规范和指引，这点可为中国提供借鉴。

五、日本股权众筹法律发展评析

众筹在全球范围内引起了一场"众筹"革命，在日本也不例外。而在众筹逐渐进入人们视野的同时，日本的监管和立法部门也对现行法律进行了修改以适应并促进众筹的健康成长。

从 2013 年 6 月开始，日本金融审议会在"关于新兴成长产业风险管理办法"的部会上，从充实金融中介机能的角度出发，对于通过网络社交平台进行融资这种众筹融资的法律规制展开了激烈的讨论。2014 年 3 月 14 日，经过反复修改后的《金融商品交易法等部分修改法案》被正式提交国会，同年 5 月 23 日在国会上获准通过，并于 5 月 30 日正式对外公布。本次法案提出建立了小额证券发行豁免制度，降低了准入的难度，并对投资者保护、业务管理体制等加以完善，以期能够促进众筹融资的发展，为企业提供更加灵活多样的融资渠道。下面将主要对日本在众筹融资规制方面的发展加以考察，并探讨其对我国的借鉴意义。

---

① 参见温信祥、叶晓璐：《法国互联网金融及启示》，《中国金融》2014 年第 2 期。

（一）日本众筹融资的现状与问题点

迄今为止，众筹融资在日本并没有一个明确的定义，一般来说，众筹融资指的是投资者与筹资者通过网络达成合意，借由众筹平台向众多投资者筹集小额资金的一种融资方式。究其本质，属于微金融①的一种。世界银行在 2013 年《发展中国家众筹发展潜力报告》（*Crowdfunding's Potential for the Developing World*）中，将众筹表述为：依托于科技，借助社区等大众媒体出售创意，筹集资金，为大众提供创业融资平台。②

20 世纪 80 年代，为了扩大金融领域的投资与发展，日本相继确立了市场型间接金融与金融服务立国政策，③进行了一系列完善金融风险管理的制度改革。但遗憾的是，日本一直未能实现由存款到投资这种理财方式的转变，而金融领域的投资规模也并未如期扩大。2012 年，"安倍经济学"的提出带动了股价的上涨，而 2014 年 NISA（Nippon Individual Savings Account，小额投资非课税制度）④的导入更是支持企业降低投资门槛，促进了市场型间接金融的发展，众筹融资正是在这样的背景下进入了人们的视野。

从众筹的特点来看，其主要支持初创阶段的筹资者发起项目，出售创意，具有初创性与创意性。同时，由于其利用网络平台发布融资信息，信息传播速度快，传播范围广，具有广告宣传性。另外，众筹模式门槛低，投融资双方大众性的特点也使得投资对象多样化。而投资对象分散化与网络平台下广泛快速的信息交换性更进一步降低了融资风险。

---

① 微金融原指基于消除贫困的考量向穷人提供小额信贷，通过资金支持促进穷人获得减贫和发展的机会。参见 Susanna Khavul, Microfinance, "Creating Opportunities for the Poor", *Academy of Management Perspectives*, vol. 24, 2010, pp.58-72。

② 参见《发展中国家众筹发展潜力报告》，世界银行 2013 年。

③ 参见杨东：《市场型间接金融：集合投资集合统合规制论》，《中国法学》2013 年第 2 期。

④ "NISA"是针对个人投资者实施的优惠税收制度，每年投资到股票或投资信托的投资额在 100 万日元以内的投资所得收益及分红 5 年内不用纳税。这一制度从 2014 年 1 月开始实施，目的在于将个人的金融资产从银行储蓄引向投资。享受该优惠制度，需要在证券公司或银行开设专用的账户，账户开设申请从 2013 年 10 月 1 日就早已开始受理，据说当时申请数达到 358 万件。在经济回暖的背景下，东京证券交易所在 2013 年一年里日经平均股指上涨了 56.7%，交易持续活跃。

从众筹融资模式来看，主要由筹资者在众筹平台上发布相关的融资信息，对融资目的、资金的使用方案等加以说明，投资者可以通过平台对筹资者进行支持、赞助或投资，以此获取相应的物质或精神回报。根据投资回报形式，多数日本学者将众筹融资分为：捐赠型（通过网络募集捐赠者，向其发送定时刊物等）；投资型（筹资者与投资者通过众筹平台运营者的介入，缔结隐名合伙合同[1]，通过股份的形式进行融资，即股权众筹）；购入型（利用预购者的资金进行商品开发，并向其提供完成的商品）。[2] 也有学者将众筹融资分为：出资型（对筹资者所经营事业的收益享有分红）；借贷型（还本付息）；预售型（筹资者提供商品或劳务）；捐赠型（无偿）。[3]

目前股权众筹平台在日本并不是很多，仍以非金钱回报的融资为中心。从出资形态来看，多以日本商法上的隐名合伙合同为中心进行运作，如支援东日本大地震的半捐赠、半投资的"受灾地后援基金"、小额投资平台 music securities，借贷型众筹 maneo 等，而真正股权众筹的例子并不多。

究其原因，在股权众筹的情况下，筹资者与中介公司均需受日本《金融商品交易法》的规制，特别是对于众筹平台运营者的规制更是严格，而捐赠型与购入型却基本不受限制。

1. 筹资者的相关规制

股权众筹的情况下，当融资对象在 50 人以上时，筹资者原则上须向财务省提交有价证券申报书（《金融商品交易法》第 4 条第 1 款）。该申报书专业性较强，而聘请专家则需要花费较高的费用。但是在募集金额未满 1 亿日元的情况下，无须提交有价证券申报书，只需较为简单的有价证券通知书即可（《金融商品交易法》第 4 条第 6 款），募集金额未满 1 千万日

---

① 所谓隐名合伙，指的是出资者（隐名合伙成员）对特定的营业者的营业进行出资，并对产生的利益享有分红权的一种合同形态（日本《商法》第 535 条）。出资者与营业者之间为合同关系，出资者之间不发生权利义务关系。

② 参见金融审议会部会．《事务局说明材料》（日本），2013 年 6 月 26 日。

③ 参见有吉尚哉：《众筹融资的类型与规制的适用关系》，《NBL》1009 号，2013 年 9 月 15 日。

元的，甚至无须提交有价证券通知书。

而在以签订隐名合伙合同形式进行出资的情况下，该出资属于《金融商品交易法》上被视为有价证券的"集合投资计划权益"，不同于股份出资，这种出资方式无须提交有价证券申报书。但是，利用"集合投资计划权益"进行融资的情况下，原则上需要注册为第二种金融商品交易业者[①]，而相关注册却并不容易。

虽然关于筹资者的相关规制并不是极其难以操作，但现实中，却很难通过股权众筹筹集大量资金。

2. 众筹平台的相关规制

对于众筹融资而言，一个极其重要的角色便是众筹平台，其为连接筹资者与投资者的网络终端，筹资者可借此发布筹资信息，投资者也可在此寻找自己感兴趣的项目，同时，众筹平台还为双方提供相应的资金转移系统。可以说，众筹平台起到了审核筹资信息、推荐投资项目、提供交易场所、撮合双方交易的重要作用，某种意义上来讲，类似于券商的角色。

在日本股权众筹的情况下，众筹平台需要注册为第一种金融商品交易业者，[②] 而《金融商品交易法》上的第一种金融商品交易业者通常为证券公司，一般来说对其规制都比较严格。

另外，证券公司为众筹融资提供服务的行为还要受到所加入的日本证券业协会规则的规范。具体而言，除了绿单品种[③] 和 Phoenix 品种[④] 以外的股份，原则上不允许对一般投资者进行劝诱（参见日本证券业协会《店头有价证券相关规则》）。因此，证券公司很难在众筹融资中进行股份的投资

---

① 第二种金融商品交易业者是《金融商品交易法》所规定的四种金融商品交易业者中的一种，主要是指金融期货交易业者、投资信托和自行募集集合投资计划之设立者。

② 《金融商品交易法》所规定的第一种金融商品交易业者，指从事有价证券相关的买卖，市场金融衍生品交易，外国市场金融衍生品交易，以及交易的媒介、代销、代理，有价证券等精算代销，有价证券等保管业务，有价证券的募集，私募，店头衍生品交易，PTS 业务，有价证券等管理业务者。

③ 日本证券业协会为了实现非上市公司股份等公平、顺利的交易，于 1997 年启动的一项制度，该制度指定的交易品种为绿单。

④ 为使退市的股份可以进行交易，日本证券业协会于 2008 年 3 月创设的一项制度，该制度指定的交易品种为 Phoenix。

劝诱。

利用签订隐名合伙合同进行出资的情况下，众筹平台必须注册为第二种金融商品交易业者。而从注册难度上来看，虽然第二种金融商品交易业者较之第一种金融商品交易业者难度较低，但是，注册并不是仅仅向相关部门提交必要材料即可，还需要向财务省的负责人说明相关情况，而制作该材料需要专家的建议与意见，仍需花费一定的时间与金钱成本。从这种意义上来看，第二种金融商品交易业者的注册也并非十分容易。

另外，在注册后的实际运营阶段，注册业者仍需受《金融商品交易法》的相关规制。

由于股权众筹需要受《金融商品交易法》等相关规制，而该法对捐赠型与购入型却没有特别的规定，对于众筹平台来说后者的难度较低，因此日本的众筹融资主要以捐赠型与购入型为主。

（二）日本众筹融资相关规则的修改与完善

近年来，关于股权众筹的讨论日趋白热化。2011年9月28日，葡萄牙召开了一次国际众筹融资会议对众筹融资展开探讨。2011年11月18日，欧洲发展机构协会发布了针对众筹融资的正式声明，提出了欧盟成员国应对未来众筹融资趋势的指南。此后，美国于2012年4月，通过《JOBS法案》将众筹融资作为促进创业企业发展的一环实现了法制化的转变，为众筹融资设置了较为完整的框架体系。同年10月，更是为了法律的具体适用而进一步提出SEC规则案。而英国在现行规制下，投资型股权融资也成为可能。2011年2月股权融资型众筹平台正式运营，金融行为监管局将面向创业企业股份募集以及为个人投资家提供中介服务的众筹平台的运营公司认定为金融机关加以规制。为保护金融消费者权益，推动众筹行业有效竞争，金融行为监管局相继于2013年10月24日和2014年3月6日发布了《关于众筹平台和其他相似活动的规范行为征求意见报告》以及《关于网络众筹和通过其他方式发行不易变现证券的监管规则》，对众筹融资这一新型融资方式给予了充分的肯定，为公司融资提供了除银行、风险投资之外的更多选择。此外，南非亦拟修订其《金融投资服务和资本市场法》（FISCMA），将股权众筹纳入证券法的监管范畴。

　　受此股权众筹潮流的影响，日本也对相关的法律规制进行了反思，2013 年 6 月，日本金融审议会在"关于新兴、成长产业风险管理办法"的部会上，探讨了对于新兴、成长产业风险管理的规制方法，例如通过减轻程序上的负担等手段以促进首次公开发行，改善信息披露制度，加强上市企业融资灵活性等。特别是在促进新兴、成长产业的风险管理方面，金融审议会从充实金融中介机能的角度出发，对于宏观投资计划以及众筹这种微金融的新型融资手法展开了激烈的讨论。

　　为了进一步提高日本金融资本市场的综合实力，促进金融领域的发展，参考其他国家的立法经验与实务操作经验，2014 年 3 月 14 日，《金融商品交易法等部分修改法案》被正式提交国会，同年 5 月 23 日获准通过，并于 5 月 30 日正式对外公布。该法案可以说是"关于新兴、成长产业风险管理办法"的部会所提出的制度改革的具体化。

　　如前所述，借由网络以股份或新股预约权形式进行出资的行为须遵照《金融商品交易法》中关于股份发行的相关规定进行规制，从事有价证券相关的买卖，交易的媒介、代销、代理，有价证券等精算代销，有价证券等保管业务，有价证券的募集、私募等管理业务者，需注册为第一种金融商品交易业者。因此，众筹平台需进行第一种金融商品交易业者的注册。但是由于第一种金融商品交易业者的相关注册条件较高，因此，股权众筹融资在日本发展缓慢。

　　针对于此，本次法案提出了仅从事第一种小额电子募集处理业务与仅从事第二种小额电子募集处理业务的适用特例，降低了准入的难度，并对投资者保护、业务管理体制等加以完善，强化了行业协会的自律规制，以期能够促进股权众筹这种融资方式的发展，为企业提供更加灵活而多样化的融资渠道。

　　1. 准入条件的放宽

　　修改法案将通过网络等进行有价证券的公募或私募定义为"电子募集处理业务"（《金融商品交易法》第 29 条之 1 第 1 款第 6 项），而借由网络进行小额① 投资的股权众筹融资业者被定义为特例金商业者，大幅放宽

---

① 　发行总额未满 1 亿日元，个人投资额为 50 万日元以下。

了准入条件。具体而言，未在交易所上市的股票或新股预约权证券（政令规定的除外）的电子募集处理业务中，该股票或新股预约权证券的发行总额以及认购人所应付金额为小额的被称为"第一种小额电子募集处理业务"，采取同样行为的集合投资计划（即基金）则为"第二种小额电子募集处理业务"（《金融商品交易法》第 29 条之 4 之 2 第 10 款，第 29 条之 4 之 3 第 4 款），此两种情况下的股权众筹融资业者为特例金融商品交易业者。

（1）仅从事第一种小额电子募集处理业务的特例

仅从事第一种小额电子募集处理业务的情况下，适用于以下特例。

第一，免除通常对第一种金融商品交易业者所课以的关于兼业的相关规制（《金融商品交易法》第 29 条之 4 之 2 第 2 款、第 3 款、第 4 款）。由于股权众筹在初期的市场规模并不大，因此仅从事第一种小额电子募集处理业务的业者很难单纯凭借该业务所得利益而实现经营的安定化。

从该观点出发，也许今后，会由与金融商品交易业关系较为薄弱的互联网企业来担任众筹平台的角色，因此，特殊的兼业规制是立法上的重点。

第二，解除标识义务（《金融商品交易法》第 29 条之 4 之 2 第 5 款）。由于众筹平台通常借由互联网进行活动，与一般金融交易业者不同，没有营业所或事务所，所以拥有公众易于识别的标识并无实际意义。

第三，与一般的第一种金融商品交易业者不同，此种情况下并不要求业者准备金融商品交易责任准备金[①]，也不适用于自己资本规制比率[②]（《金融商品交易法》第 29 条之 4 之 2 第 6 款）。其原因主要在于众筹平台不存在自己勘定交易行为[③]，因而无须要求责任准备金和自有资本的充实。但是，众筹平台可能涉及顾客资金的托管（《金融商品交易法》第 9 条之 4 之 2 第 10 款），因此，需将托管财产与自有财产分离，并负有将该财产

---

① 为了填补由于金融商品交易业者的违法或不当行为所导致的顾客的损失，《金融商品交易法》规定金融商品交易业者须准备的资金。

② 为了保证第一种金融商品交易业者维持一定的水准而制定的指标。

③ 投资银行与证券公司等使用其公司的资本进行市场交易的行为。自己勘定交易增加了市场的流动性，曾是美国投资银行一个重要的收益来源。但随着 2010 年美国金融规制改革法的成立，美国银行的自己勘定交易被禁止。

交付信托公司等进行管理的义务（现行《金融商品交易法》第 43 条之 2
第 2 款）。

第四，根据修改的内阁府令要求，需在互联网上对商号、注册编号
等事项进行披露（《金融商品交易法》第 29 条之 4 之 2 第 8 款，第 29 条
之 4 之 3 第 3 款）。众筹业务开始后，合同签订前所交付的书面记载事项
中，对投资者的判断有重要影响的内阁府令所规定的事项，必须在网络上
进行披露，使投资者可以通过互联网进行阅览（《金融商品交易法》第 43
条之 5）。参考美国《SEC 规制法案》，具体可设定为关于众筹融资投资注
意说明的教育材料等相关事项。①

（2）仅从事第二种小额电子募集处理业务的特例

仅从事第二种小额电子募集处理业务的情况下，免除业者的标识义
务（《金融商品交易法》第 29 条之 4 之 3 第 3 款）。另外，必须在互联网
上对商号、注册编号及其他事项予以公布（《金融商品交易法》第 29 条之
4 之 3 第 3 款）。合同签订前所交付的书面记载事项中，对投资者的判断
有重要影响的内阁府令所规定的事项，必须使投资者能够通过互联网进行
阅览（《金融商品交易法》第 43 条之 5）。上述几点与前述仅从事第一种
小额电子募集处理业务的特例要求相同。

另外，根据金融审议会部会的建议，修改后的最低资本金标准为，
仅从事第一种小额电子募集处理业务的情况下为 1000 万日元（第一种金
融商品交易业者为 5000 万日元），仅从事第二种小额电子募集处理业务的
情况下为 500 万日元（第二种金融商品交易业者为 1000 万日元）。

表 5-3　日本现行法与修正案的比较

金融商品交易业者种类	现行法	修正案（新设的特例业者）
第一种（证券公司等）	最低资本金 5000 万日元；有兼业规制	最低资本金 1000 万日元；废止了兼业规制
第二种（基金公司等）	最低资本金 1000 万日元；无兼业规制	最低资本金 500 万日元；无兼业规制

① 参见大崎贞和：《美国 SEC 的众筹融资规则案》，《内外资本市场动向备忘录》No.13—
17，2013 年 10 月 28 日。

2. 投资者保护制度的完善

随着准入条件的放宽，为了更好地保护投资者，防止欺诈等行为的发生，对于众筹交易业者课以下列义务：通过网络进行适当的信息提供，对初创企业的事业内容进行审核（《金融商品交易法》第 29 条之 4，注册的驳回，第 35 条之 3，业务管理体制的完善以及第 43 条之 5）。

3. 业务管理体制的完善

除了上述准入规制的缓和外，法案规定，"不具备金融商品交易业的必要体制者"，将对其注册为金融商品交易业者的申请予以驳回（《金融商品交易法》第 29 条之 4 第 1 款第 1 项）。法案还规定，"金融商品交易业者等为了确保其恰当的执行金融商品交易业或注册金融机关的业务，根据内阁府令要求，必须进行业务管理体制的完善"（《金融商品交易法》第 35 条之 3）。

对于金融商品交易业者等来说，无论注册时还是注册后，为了恰当地完成业务而对必要体制进行完善，可以说是理所当然的。今后，除了对金融商品交易业者等规定的必要事项，即顾客信息的管理体制、职员的研修机制、此类为业务的适当运营所进行的公司内部体制改善的规定之外，对于众筹平台，可能会要求其对筹资者的事业内容进行审核以及改善平台管理等必要的内控及组织体系等。[①] 但该法案同时指出应避免对现存的金融商品交易业者课以过大负担。

4. 自律规制的渗透

对于本次法案的修改，从投资者的角度来看，筹资者以及发挥众筹平台机能的电子募集交易业者如何进行信息披露是此次修改的重点。虽然基础的部分已由该法案中的准入规制等加以明确，但事实上详细内容还需自律组织进行规定。

但问题在于，日本现行《金融商品交易法》并未要求所有的金融商品交易业者加入日本证券业协会等自律组织。虽然加入这些自律组织会提高顾客的信赖度，但是出于会费负担等方面的考量，并未强制要求入会。事

---

① 参见金融厅：http://www.fsa.go.jp/common/diet/186/01/setsumei.pdf，最后访问时间：2014 年 11 月 10 日。

实上，虽然现已注册的第一种金融商品交易业者全部加入了日本证券业协会，但加入第二种金融商品交易业协会的第二种金融商品交易业者还仅仅只有一部分。

鉴于此，本次法案还追加了以下规定，对于第一种金融商品交易业者和第二种金融商品交易业者或投资运用业者，未加入自律组织者，未按照协会的章程或其他规则制定公司内部规则的，或未改善管理体制、未能确保该内部规则被有效遵守的情况下，应驳回注册（《金融商品交易法》第29条之4第1款第4项2）。由此，无论是否加入协会，均须适用与协会规则相同内容的规则，这可以说在一定程度上促使了业者加入协会。①

另外，金融商品交易业者的高级管理人员以及使用人中，负责公募或私募者必须进行外务员注册（《金融商品交易法》第64条第1款第1项）。外务员注册的相关事务已委托日本证券业协会进行，该协会针对外务员的职务范围组织各种资格考试及研修，未合格者或未修者不得进行外务员注册（《协会员的外务员资格、注册等相关规则》第4条）。

因此，至少对于第一种小额电子募集处理业务的业者而言，即使适用上述准入要件的特例，其高级管理人员与职员的外务员资格的取得仍具有相当难度。同时，对于仅从事第一种小额电子募集处理业务的高级管理人员、职员而言，是否需要具备现行外务员注册所需的必要法律、业务知识，或对于特定人员而言，除外务员资格外还是否应需具备内部管理责任者资格等详细的规定，需要日本证券业协会今后进一步加以探讨。

5. 非上市股份交易制度的修改

本次法案除了上述众筹融资的相关修改外，对于非上市股份交易制度的相关规定也进行了修改。根据该法案，众多一般投资者可以股东的形式，于交易所上市之前，在有限的范围内进行买卖。基于日本证券业协会的自主规则，由证券公司组成投资团队，其成员可由该企业的高级管理人员、职员、股东、交易方、接受该企业财产、服务者等众多人员组成。企业可以面向此类人员进行投资劝诱。一方面，由于新制度的对象不具备高

---

① 为了严格遵守该要件，即使未加入协会，也须注意协会规则的修改状况等，并据此随时调整内部规则，因此，从成本效率的角度来看，加入协会更有利。

度流通性，所以并不受一般非上市股份的内幕交易规制等约束（《金融商品交易法》第 67 条之 18）；另一方面，由于该制度主要采取自律规制，较之一般非上市股股份而言，减轻了信息披露方面的负担，进而大幅减轻了非上市企业的负担。

（三）他山之石——日本版"JOBS 法案"对我国的借鉴

截至 2013 年 8 月，中国居民储蓄存款余额超过 40 万亿元，[①] 但是根据"金融抑制"理论，政府对存款利率的控制加上通货膨胀的影响，居民的存款所获得的利率往往是负值。这使得人们将目光逐渐转向其他的投资渠道，而宜信、人人贷等各类网络小额贷款平台的兴起也可以使我们清晰地认识到中国潜在投资者市场规模之大。天使汇、创投圈、大家投、麒麟众筹等股权众筹平台也相继出现，在帮助更多人实现梦想、积极支持创业的同时，探索如何走出中国自己的众筹发展之路。虽然我国的众筹融资已经在实践中迈出了第一步，但各个网站由于缺乏高质量高标准的投资者审核或项目审核，缺乏合格或优秀的领投人（包括有公信力的机构领投人）而发展缓慢。另外，来自于现存法律框架下的制度障碍也限制了投资型众筹平台的发展。

众筹融资作为互联网时代的新型融资手段，在投资动机和形式等方面均与传统的融资方式有着较大的区别，因此如何对其进行定性从而加以监管是首先需要解决的问题。而在我国现行法律体制下，实际上存在很多法律障碍。

其一，股权众筹不符合公开发行的条件。股权众筹一个显著的特点是借由网络平台面向多数不特定人进行小额融资，根据《证券法》第十条[②]，

---

① 参见《2013 年 8 月我国居民储蓄余额调查统计》，http：//www.chinairn.com/print/3127903.html，最后访问时间：2014 年 11 月 10 日。

② 《证券法》第十条："公开发行证券，必须符合法律、行政法规规定的条件，并依法报经国务院证券监督管理机构或者国务院授权的部门核准；未经依法核准，任何单位和个人不得公开发行证券。有下列情形之一的，为公开发行：（一）向不特定对象发行证券的；（二）向特定对象发行证券累计超过二百人的；（三）法律、行政法规规定的其他发行行为。非公开发行证券，不得采用广告、公开劝诱和变相公开方式。"

其实际上带有公开发行证券的性质。但从筹资者的特征来看，多为规模小、财务状况不稳定、风险较高的初创企业，甚至是个人，显然很难满足《证券法》第十一条至第十五条中关于公开发行股份的实质要件和程序要件的强制规定，未获得国务院证券监督机构的核准，很容易被认定为非法行为被叫停。[1] 此外，股权众筹还极有可能触发《刑法》第一百七十九条擅自发行股票、公司、企业债券罪，引发刑事责任。[2]

其二，股权众筹平台法律地位尴尬。根据《证券法》第一百二十二条以及《国务院办公厅关于严厉打击非法发行股票和非法经营证券业务有关问题的通知》的规定，股票承销、经纪（代理买卖）、证券投资咨询等证券业务必须由证监会依法批准设立的证券机构经营，未经证监会批准，其他任何机构和个人不得经营证券业务。正如前文所述，股权众筹平台具有券商的性质，因此需要经过国务院证券监督管理机构审查批准，满足相应的资本、风险控制等要求，但对于我国目前的众筹平台来讲，该点难度较大。

其三，投资者数量可能超过公司股东人数限制。众筹融资的投资者人数较多，投资较为分散，很容易超过现行《公司法》50 人和 200 人的人数限制。[3] 尽管可以通过隐名股东或股份代持等方式予以规避，但法律风险较高。

其四，资金管理的法律风险。众筹融资中所筹资金的管理与划拨主要是由众筹平台进行，但根据《非金融机构支付服务管理办法》第二条的

---

[1] 比如，美微传媒通过淘宝网销售原始股进行股权众筹的行为就被证监会于 2013 年 5 月 24 日认定为"非法证券活动"而叫停。

[2] 根据《最高人民法院关于审理非法集资刑事案件具体应用法律若干问题的解释》第六条、《最高人民检察院、公安部关于公安机关管辖的刑事案件立案追诉标准的规定（二）》第三十四条的规定，未经主管机关核准，擅自发行股票，发行数额在 50 万元以上，或者虽未达到前述数额标准但擅自发行致使 30 人以上的投资者购买了股票，就应按擅自发行股票、公司、企业债券罪立案追诉。

[3] 根据《公司法》第二十四条、第七十八条和《证券法》第十条第（二）款的规定，有限责任股东人数不得超过 50 人，非上市股份有限公司在设立时股东人数不得超过 200 人。虽然根据《国务院关于全国中小企业股份转让系统有关问题的决定》第三条、《非上市公众公司监督管理办法》第二条的规定，在新三板挂牌的公司股东人数可以超过 200 人，但股权众筹发行人多成立时间短，或者还未成立，不能满足新三板挂牌公司的条件。因此，股权众筹发行人必然面临持股分散度不足的束缚。

规定，这种依托网络在投融资双方之间转移货币资金的行为可能会被认定为第三方支付。这种情况下，根据同法第三条，股权众筹平台就须取得中国人民银行颁发的《支付业务许可证》。而且，这种行为也可能会触犯《刑法》第一百七十六条非法吸收公众存款罪。

除此之外，当前我国众筹的法律监管近乎空白，主要依赖筹资者的自觉以及众筹平台的程序性监管。缺乏配套的法律环境，无法对投资者提供完善的保护也是我国面临的一个重要问题。

第一，监管法律缺位，监管体制不配套。如前所述，对于众筹而言，我国现行法律存在诸多制度障碍。而由于其同时具有吸收公众存款、公筹资金、出售股权、跨市场理财等性质，同时涉及中国人民银行、银监会、证监会等部门的监管范围，此外众筹本身还涉及创意项目发起人的知识产权，所以当前并无明确法律可以对其进行合理规制，更缺少全面有效的统一监管。对此，国务院正就互联网金融监管进行统一部署，由中国人民银行牵头，包括银监会、证监会、保监会、工信部等多个部委参与的《互联网金融健康发展的指导意见》已经公布。银监会负责监管 P2P 行业，股权众筹由证监会监管，中国人民银行则负责第三方支付的监管。虽然具体的规则尚未出台，但监管部门已经发出了积极的信号，支持并鼓励中国式金融创新。

第二，监管力度和平衡点难以把握。众筹作为新型融资方式，其发展方向和存在的变量尚不明确，相应的监管方式与力度是各国争论的焦点。如何在保护投资者与促进金融创新之前取得平衡，需要具体考量我国的经济金融环境与社会文化背景。而对于尚处在起步阶段的我国众筹而言，监管力度着实难以把握。

第三，投资者保护难度大。作为互联网金融的新模式，众筹出现时间尚短，投资者对其大多缺乏明确而充分的认识。特别是这种模式下投资者多为普通民众，缺乏相应的知识与经验，容易被误导。如何在结合我国国情适当地保护投资者利益，防止欺诈等负面现象出现的同时，不过多干涉投资者的自由选择是需要谨慎考量的问题。

第四，缺乏健全的信用机制与失信问题的法律救济。众筹模式下，虚拟的网络平台与投融资双方的信息不对称极易导致欺诈的发生，而由于我国目前缺乏健全的信用机制，而现有的信用系统并未覆盖到众筹活动中（失信惩治局限在特殊领域，制裁措施没有普遍威慑力）。因此当失信问题发生后，缺乏责任主体为失信问题买单，造成众筹投资者的利益损失，危害众筹行业的健康良性发展。因此，建立相应的信用机制与针对互联网金融、众筹金融活动的失信问题的法律救济具有重要意义。

如何调整当前法律监管框架，充分利用我国投资市场的潜在力量，满足人们的投资需求，引导国内创业企业发展，刺激经济发展的同时有效地保护投资者，保证资本市场的健康发展，是摆在我国面前无法回避的课题。

借鉴日本的经验，笔者认为应当从投融资双方设置门槛入手，强化众筹平台运营体系的监管和行业自律协会的监管作用，对众筹融资进行限制性的鼓励，发挥其自身高效灵活的特性，有效实现对传统金融的补充。具体而言，主要可从下面六个方面进行探讨与调整。

一是建立小额证券发行豁免制度，降低准入门槛。正如前文所述，传统金融受其自身特性影响，很难辐射到小微、个体企业。而风投数量少覆盖面窄，同样无法满足初创企业融资需求。通常情况下众筹融资额度不高，投资者较为分散，且筹资者多为风险较高的创业企业或个人，因此很难满足公开发行的条件。考虑到众筹融资的特殊性与时代需求，为了更好地发挥我国潜在的投资能量，促进创业企业的资本形成，可参考日本的做法，在当前《证券法》的框架下设立小额证券发行豁免制度，允许其利用众筹平台在一定金额范围内募集资金，同时合理减少对融资的行政审批，降低企业的融资成本。

二是对投资者进行分类限制，控制投资风险，实现投融资双方需求的对接。如前所述，众筹融资与以往传统的融资方式不同，投资者中有一部分并不具备相应的投资经验，而网络这种特殊的平台信息庞杂，遮蔽性较强，极易导致欺诈的发生，因此应限制单笔投资额度，同时有必要对投资者进行分类管理，调整投资者的投资额度来降低其风险，同时也有利于监管部门的监督。[①] 另一方面，对于具有投资经验能够承担一定投资风险

---

① 单笔投资限额及投资者分类标准的设定需要综合考虑一国投资者的收入水平、投资记录等因素，从而设定专业化、科学化的标准。参见杨东、刘翔：《互联网金融视阈下我国股权众筹法律规制的完善》，《贵州民族大学学报》（哲学社会科学版）2014 年第 2 期。

的专业投资者而言，投资额度的调整也可以满足其对风险收益的追求。在这方面，可以借鉴《证券投资基金法》第八十八条对非公开募集基金中合格投资者的要求，从收入、风险识别能力、风险承担能力以及认购金额上对投资者加以区分。首先，在收入上对个人与机构投资者分别设置标准，结合地域平均工资标准与消费水平设置门槛。其次，结合投资者以往的成功投资经验加以考量其风险识别能力。而对于风险承担能力，则可以通过风险提示及收入水平来加以衡量。最后认购金额主要是控制融资风险，同时防止投资过于分散影响融资进程。

三是完善众筹平台的业务管理体系，健全内控制度，强化对于筹资者的监督管理以及信息管理制度。由于众筹融资是借由虚拟的网络打通投融资双方的沟通渠道，投资者很难直接监督筹资者并对其提供的材料等进行确认，因此众筹平台在此方面的监督作用备受瞩目。特别是在筹资者的信息确认、项目的审核判断能力、资金的管理、资金投入后的后续跟进监督方面，有必要通过法律建立完整的内部组织体系，确保投资者的利益。同时，建立合理的内控体系，限制众筹平台与筹资者的利益冲突，防止其利用众筹项目谋取不当利益。另外，由于网络相对开放的特性，信息安全水平较低，病毒、黑客的攻击使得信息更容易被盗取、篡改，因此，有必要通过平台的内部自律与外部监管强化顾客的信息管理制度，保证交易安全。

四是合理调整筹资者信息披露义务。为了减少虚拟网络所带来的不确定性和不透明性，帮助投资者了解企业状况，减少投融资双方的信息不对称问题，一般要求筹资者提供自身基本情况、筹资用途、资金使用计划等相关信息，并定期披露项目的运行状态以及可能影响投资者权利的重大信息，避免欺诈等不当行为的产生。同时，由于众筹融资主要面向资金实力较弱的大众投资者，其投资知识有限，信息获取能力有限，风险承受能力有限，缺乏足够的自我保护能力。且众筹门户较之交易所缺乏流动性，投资者无法自由转让获取溢价，很难实现风险转移，所以必须对投资者给予足够的风险提示。但是过于严格的信息披露义务会增加筹资者的融资成本，因此有必要合理调整筹资者的信息披露义务，以免给筹资者造成过重的负担。在这方面，中国可以借鉴美国《JOBS 法案》的立法经验，结合前述对投资者的分类审核投资者信息，通过回答问题等方式来明确其已经了解投资存在的风险、筹资方的风险等级及其他必要事项。同时，众筹平台也应积极调查筹资方董事、高管等相关人员的个人背景与证券执法的历史记录，并在规定时间内向证监会以及投资者披露相关信息，以此来降低交易欺诈风险。另外，对于经营不善等原因出现破产倒闭等情形的筹资者，众筹平台应及时进行公告并向相关部门报告，并对后续事宜作出妥善安排。

五是完善资金托管制度，保证资金流转安全。众筹平台涉及投资者资金的托管问题，如何保证自有资金与托管资金的分离，保证资金流转的安全是当前另一个敏感的问题。[①] 目前我国一些 P2P 网络平台并没有建立健全的资金托管机制，优易网、科讯网、北京善安合财富平台 P2P 跑路事件层出不穷，给放贷人带来了巨大损失的同时，对整个行业的形象也产生了很大的影响。有鉴于此，我国应通过法律尽早建立合理的资金托管制度与外部监管体系，保护投资者的利益。可以借鉴美、日的做法，设立第三方资金托管制度，由投融资双方协商约定向托管方支付相应的管理费用。

六是强化行业协会的自律以补充外部监管体系，建立众筹资料库与诚信档案。金融安全与金融效率一直是一组难以平衡的矛盾，对于众筹融资，既要基于鼓励金融创新和促进资本形成放松监管，又要基于维护金融安全和保护投资者利益加强监管，同时由于该种融资手段依托于网络，投资商品种类不一，性质各异，具有很多不确定性，可利用行业协会的力量对外部监管体系加以补充，从微观层面进行微调，增强监管的灵活性与效率性，从而更加全面地保护投资者，促进众筹融资的健康发展。[②] 特别是对于音乐、高新技术开发等专业性较强的投资商品，相关行业协会进行更为专业准确的判断，为投资者提供有效及时的保护。此外，还可以参考日本的经验，由行业协会对众筹平台的人员进行培训，通过资格考试或研修的方式保证相关人员的审核判断能力，从而强化对投资者的保护。

---

① 参见胡吉祥、吴颖萌：《众筹融资的发展及监管》，《证券市场导报》2013 年第 12 期。

② 参见杨东：《互联网金融监管体制探析》，《中国金融》2014 年第 8 期。

如前所述，健全的信用机制对众筹的发展是必不可少的，但我国目前信用数据体系混乱，信息不透明，缺乏信用审查以及相应的制裁措施。因此，可以考虑发挥行业协会的作用，建立筹资者、众筹平台以及相关人员的众筹资料库与诚信档案，并通过网络等适当方式公布。一旦出现欺诈或其他损害投资者利益的情况，众筹平台应及时终止该项众筹活动并加以披露，取消该筹资者的融资资格，督促其返还已筹款项及利息，并承担相应的责任。行业协会还应配合相关部门定期对众筹平台展开自律检查。

第六节　对我国股权众筹监管的建议

经过前文对众筹存在的法律风险的梳理，对风险防控的分析总结，相信读者们对我国众筹的发展现状和存在的法律问题已经有了一定的了解，那么，面对如今纷繁复杂的众筹融资活动，我国监管机构应当如何对众筹进行法律监管？专业投资机构或普通投资人想要参与众筹该注意哪些法律界限？笔者根据自身对中国众筹现状的了解，提炼出以下几点建议，以供监管机构和投资者参考。同时，笔者将向读者介绍我国股权众筹法律的立法动向，有助于读者把握众筹融资活动的法律界限，在法律允许的范围内，合法合理地开展众筹活动，以期取得更大的经济效益。

一、我国股权众筹监管的发展

2014 年 12 月 18 日，证券业协会公布了《私募股权众筹融资管理办法（试行）（征求意见稿）》，对股权众筹融资的定性、平台准入、投资者与融资者的权利义务、投资者保护、自律管理等内容进行了规定。这是继 2014 年 11 月 19 日李克强总理在国务院会议提出建立股权众筹试点后，监管部门首次推出对股权众筹的条文式规范性意见。

《私募股权众筹融资管理办法（试行）（征求意见稿）》中对股权众筹作出了如下规定：

其一，界定股权众筹平台，规定其准入制度。《私募股权众筹融资管理办法（试行）（征求意见稿）》定义股权众筹平台是通过互联网平台（互联网网站或其他类似电子媒介）为股权众筹投融资双方提供信息发布、需求对接、协助资金划转等相关服务的中介机构。平台需具备净资产不低于500万元人民币、有与开展私募股权众筹融资相适应的专业人员，具有3年以上金融或者信息技术行业从业经历的高级管理人员不少于2人等准入条件，对中介平台的安全性和专业性提出了一定的要求，有利于规范股权众筹平台的运营。

其二，股权众筹平台不得兼营个人网络借贷（即 P2P 网络借贷）或网络小额贷款业务，有利于隔离风险，避免风险跨行业外溢。而《私募股权众筹融资管理办法（试行）（征求意见稿）》中第九条对平台禁止行为的限定，则有利于强化平台的中介职能，对现有股权众筹平台触及的可能超出其中介职能的行为进行提示：禁止其为自身或关联方融资、禁止对众筹项目股权代持、禁止向非实名注册用户宣传或推介融资项目、禁止兼营等。

其三，强调行业自律管理，鼓励股权众筹行业在法律范围内的自主创新。《私募股权众筹融资管理办法（试行）（征求意见稿）》中设置了备

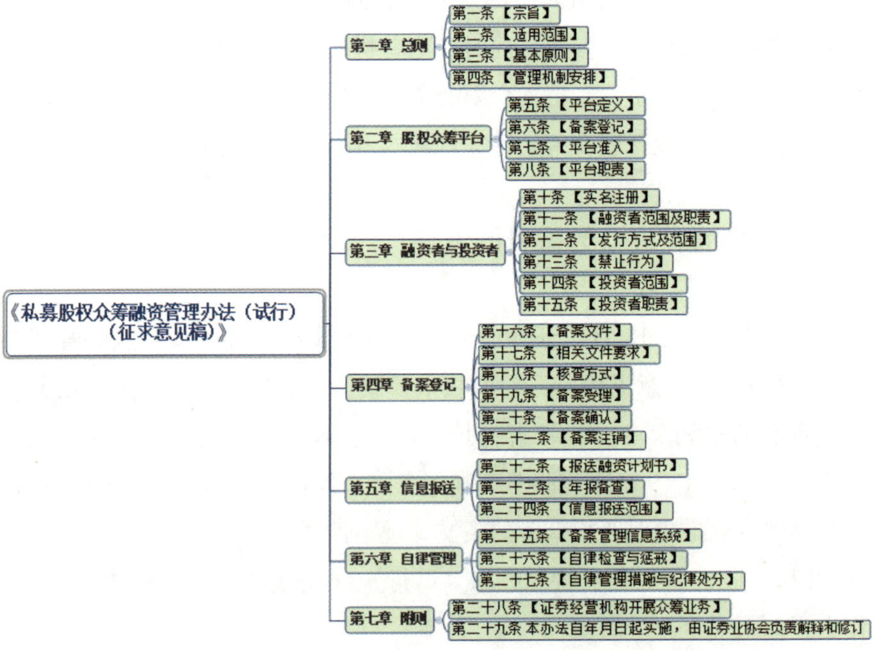

图 5-58 《私募股权众筹融资管理办法（试行）（征求意见稿）》结构框架

案管理信息系统、自律检查与惩戒、自律关系措施与纪律处分等三项自律管理内容，由证券业协会牵头对股权众筹平台进行监管，只要不违反法律的明文规定，在行业内的自主创新并不会受到限制。

其四，股权众筹非公开发行仍受200人的限制。《私募股权众筹融资管理办法（试行）（征求意见稿）》并未突破200人的限制，很大程度上是基于现行《证券法》对公开发行条款的规定尚未修改所致。但世界各国和中国的实践已证明，促进股权众筹发展的必要手段是对股权众筹的发行进行小额豁免，通过设置"安全港"降低发行成本，以支持中小企业的融资需求。相信等《证券法》修改完成，新的《私募股权众筹融资管理办法（试行）（征求意见稿）》也会认可股权众筹公开发行的豁免。

其五，对合格投资人进行界定。《私募股权众筹融资管理办法（试行）（征求意见稿）》中对合格投资者的标准要求金融资产不低于300万元或最近3年个人年均收入不低于50万元。对此，笔者认为该标准过高，应建立投资者适当性制度细化投资者分级，根据一定的标准（如收入水平、交易记录）对股权众筹投资者进行分类，并按照不同类别设定投资者的投资权限，达到控制投资者损失、稳定金融市场的目的。标准的设定既要考虑投资者的实际能力，又要考虑融资者的融资需求，标准不宜过严，否则会影响投资的空间和投融资双方的参与性；标准也不宜过宽，否则设定标准保护投资者的意义便会失去。

其六，《私募股权众筹融资管理办法（试行）（征求意见稿）》规定赋予中国证监会权限，使其可以根据实际发展需要调整前文规定的金额和人数。并且中国证监会对于豁免注册的证券发行活动应当规定专门的监督管理制度。

笔者认为，在《证券法》未修改之前，《私募股权众筹融资管理办法（试行）（征求意见稿）》的相关规定已经是在现有法律法规基础上的最大可能的制度创新，应该给予积极评价和高度认可。但是，从未来发展和最大限度鼓励创新的角度，从落实国务院和李克强总理提出的"大众创业、万众创新"、"创客、众筹、众包"、"发展股权众筹，服务三农等小微企业"等精神来说，《私募股权众筹融资管理办法（试行）（征求意见稿）》可能会起到适得其反的效果，需要反思。好在目前只是征求意见稿，相信中国证监会和中国证券业协会在听取多方意见后会有所调整。

二、对我国股权众筹监管的五点建议

基于上文的讨论，对我国股权众筹监管提出五点建议：

（一）推进《证券法》中有关证券公开发行条款的修改

为促进众筹融资活动的发展，世界各国的通行做法都是对众筹的小额发行进行豁免，通过设置"安全港"降低小额发行的发行成本，支持中小型企业的融资需求。《证券法》是市场经济的基本法律规则，其立法宗旨不仅在于维护资本市场秩序，保护投资者利益，也在于鼓励投资兴业，使经济更具活力。我国股权众筹的兴起与我国当前创业环境差、投融资需求不匹配的现状密切相关，股权众筹不仅降低了融资门槛，提高了资金利用效率，还扮演着创业"红娘"的角色，有利于增进市场活力。笔者认为，改革的实质就是变法，在借鉴世界各国的立法以及结合我国众筹的发展情况下，《证券法》应当适时地作出修改，在包容金融创新的同时对股权众筹融资活动进行合理的监管、引导。

基于目前我国的金融市场发展水平较低，政府部门可能对扩大证券发行渠道存在疑虑，因此笔者建议可以试行建立证券发行小额豁免制度，对小额的证券发行实施注册豁免、宽松的监管。通过限制公开募集资金的数额，减少证券监督管理机构对众筹融资的行政审批，简化公开发行的监管流程，降低发行人众筹的融资成本，证券监督管理机构也易于将此类投融资控制在不危及市场经济的范围内。

股权众筹实质上是借助网络平台通过售让股份进行投融资的过程，该行为的性质类似发行证券。按照现有的《证券法》规定，向不特定对象发行证券的或向特定对象发行证券累计超过200人的，均属于公开发行证券，但这一规定并不能适应股权众筹的特点。为促进股权众筹的健康发展，证券公开发行制度应当对一定金额、一定参与人数以下的股权众筹等新型融资方式实施豁免。

笔者认为，只有对证券公开发行的条款作出适当修改，承认股权众

1 推进《证券法》中有关证券公开发行条款的修改

只有对证券公开发行的条款作出适当修改，承认股权众筹的合法地位，同时增加相应的有关投资者、融资者、众筹平台的条款，明确其权利义务，才能实现股权众筹的良性发展。同时，在放低准入门槛的基础上加强监管，有利于实现"宽进严管"，推进我国的金融监管模式由分类监管向行为监管与行政监管相结合的转变。

2 修改《证券法》，扩大证券概念

我国资本市场在市场化过程中，市场机制、市场结构正在变化，完善法制建设，推动监管转型，充分发挥行业自律的作用，以适应资本市场发展的内在需要。应在《证券法》修改中，放松市场准入审批，加强交易过程中的信息披露、规范交易的监管，适当强化证券业协会的职能，提高自律管理的权威性，引导场内、场外市场健康运行。

3 对《刑法》中的"非法集资"犯罪重新进行审慎的考量

在互联网金融蓬勃发展、股权众筹尚处起步的阶段，需要对非法集资类犯罪重新进行考量，以适应经济社会的变化：一是明确合法集资与非法集资的界限问题；二是明确实施效果问题；三是罪名表述要具体。

4 尽快出台《股权众筹融资管理办法》进行指引和监管

为支持中小微企业融资需求，促进众筹融资健康发展，保护投资者合法权益，防范金融风险，应当根据《证券法》《公司法》等相关法律法规，尽快出台《众筹融资管理办法》(公募版)对我国的众筹活动进行指引和监管。

5 加强股权众筹投资者的权利保护

具体来说，保护的方式可通过明确投资者准入门槛、限制单个投资者的投资数额、设置冷静期、扩大证券投资者保护基金和赔偿基金的适用范围等来进行。

图 5-58　笔者对我国股权众筹监管的五点建议

筹的合法地位，同时增加相应的有关投资者、融资者、众筹平台的条款，明确其权利义务，才能实现股权众筹的良性发展。同时，在放低准入门槛的基础上加强监管，有利于实现"宽进严管"，推进我国的金融监管模式由分类监管向行为监管与行政监管相结合的转变。

（二）修改《证券法》，扩大证券概念

2013 年中国证监会已经成立了《证券法》修改小组，对证券交易所和证券进行修改，新三板市场必将纳入《证券法》监管范围。但《证券法》不可能把很多交易所都监管起来，通过扩大证券的概念对四板与股权众筹进行监管是一个必然的趋势。不是作为交易所监管而把作为证券份额来监管，这是未来的发展趋势，证券概念的扩大肯定是立法修改的一个重点。

在这一点上，同为大陆法系的日韩两国的修法经验值得借鉴。日韩两国都经历了从传统证券法上的有价证券的定义向金融商品、金融服务概念的发展过程。日本旧《证券交易法》对有价证券的定义较为狭窄，没有包括很多新型投资形态或投资基金。2006 年，日本制定了《金融商品交易法》，"吸收合并"了《金融期货交易法》和《投资顾问业法》等法律，并彻底修改了《证券交易法》，作为有价证券定义的兜底性概念而导入"集合投资计划"。这些立法改革实现了金融投资法制的横向统合规制，最大限度地把原来游离于法律之外的处于灰色地带的新型金融商品，如依据合伙合同、信托合同进行投资的各类金融商品和投资服务，都纳入规制对象，予以统合规制。同时，在统合的基础上进行类型化。《金融商品交易法》把有价证券分为两类：发行了证券、证书的权利（有价证券）和未发行证券、证书的权利（准有价证券）。与日本相比，韩国则更为大胆全面，于 2007 年出台了《关于资本市场和金融投资业的法律》，2009 年 2 月开始实施，实现了从传统的"有价证券"提升扩大为"金融投资商品"的转变，并采用概括加排除的方式，将具有投资性的金融商品统一定义为"金融投资商品"并进行统合规制，以高度抽象概括的语言来解释，在大陆法系国家第一次以成文法的方式对金融商品进行抽象化概括化的定义，构建了集合投资计划机构的规制体系。在类型化方面，韩国将证券分为债券证券、权益证券、集合证券、衍生结合证券、份额证券等证券类型。

笔者认为，借鉴韩日两国导入"集合投资计划"概念的经验，结合我国的具体实际，我国集合投资计划的概念应当采取概括主义和列举主义相结合的模式，将集合投资计划界定为"由该计划的参与人以金钱出资形成集合性资产，由资产管理人将其开展事业，并将由此产生的收益分配给参与人，包括但不限于以公司、信托、合伙等组织形态的各类公、私募基金等金融产品，具体由金融监管部门列举指定"。其构成要件为：（1）以金钱出资形成集合性资产；（2）由资产管理人开展事业；（3）将所获收益向参与人进行分配。这一概念既具有统领性，也具有兜底性。它成为法规、规章等对具体类型的集合投资计划进行详细列举时的依据，当法规、规章等未列举而又符合这一定义要件的金融创新产品出现时，该兜底性条款可以成为金融监管者进行有效监管的依据，最大限度地把几乎所有具有投资性的金融商品和投资服务纳入适用对象。通过导入"集合投资计划"扩大证券概念，在我国多层次资本市场的发展中实现"机构监管"基础上的"功能监管"，填补金融创新产品监管的空白和漏洞，是构建我国金融服务法体系的基础。

（三）对《刑法》中的"非法集资"犯罪重新进行审慎的考量

我国《刑法》中的非法集资类犯罪并没有单独成立一个具体的罪名，而是将《刑法》第一百六十条、一百七十六条和一百七十九条三个罪名囊括在内。在互联网金融蓬勃发展股权众筹尚处起步的阶段，需要对非法集资类犯罪重新进行考量，以适应经济社会的变化。

第一，合法集资与非法集资的界限问题。目前集资的"合法"与"非法"的界限不甚明确，导致"非法"的范围不断膨胀，"合法"空间狭小。笔者认为，界限模糊不代表可以随意地定界限，对其理解应当遵循立法的原意。非法集资类犯罪保护的客体是国家经济管理秩序及社会公众、法人的合法财产权益，只要在不侵犯该客体的情况下，通过正当途径募集资金用于货币、资本以外的生产经营，都应该属于合理的集资行为。股权众筹在一个相对公开的平台上基于企业或项目的创办进行融资，其募集资金的用途是用于生产经营而非进行资本再生性投资，不应当将其纳入到"非法"的范畴之中。

第二，实施效果问题。非法集资类犯罪的设定对规范我国资本市场起到了积极作用，但也挤压了民间金融的合理空间。民间生产生活中有大量的资金需求通过正规金融渠道无法得到满足，便基于信任通过达成合意的方式进行借贷或融资，只要不损害金融市场秩序和公共利益，对这一行为《刑法》不应过多地干预。因此，从实现效果看，非法集资类犯罪的范围应当压缩，合意行为产生的风险和纠纷应按民事纠纷途径解决，保持刑法的"谦抑性"。

第三，罪名表述本身也过于简单，可解释的空间太大。这导致司法实践中非法集资类犯罪会超越其本身的调整范围，在打击非法集资类犯罪时，也打击了不属于其调整范围的其他资金募集行为。因此，在金融变革的时代下，非法集资类犯罪的范围界限需明确，调整范围需缩小，罪名表述需具体，才能给股权众筹等金融创新以合理的发展空间。

（四）尽快出台《股权众筹融资管理办法》进行指引和监管

现今中国众筹活动的发展如火如荼，但因缺乏明确的法律监管和指引文件，不同众筹平台的经营模式各异，少数平台更有违法犯罪之嫌。尽管证监会已出台《私募股权众筹融资管理办法（试行）（征求意见稿）》，但这一办法离理想中的监管要求相距甚远。为支持中小微企业融资需求，促进众筹融资健康发展，保护投资者合法权益，防范金融风险，应当根据《证券法》、《公司法》等相关法律法规，尽快出台《股权众筹融资管理办法》（公募版），对我国的众筹活动进行指引和监管。

2014年，证监会已启动对股权众筹的调研程序，走访多家股权众筹平台公司，通过把握我国众筹发展现状，研究股权众筹的监管细则该如何制定。笔者认为，《股权众筹融资管理办法》应对以下涉及众筹融资法律关系的关键问题作出明确规定：一是融资者的融资方式、融资限额以及权利义务；二是投资方的资格、投资方式、投资数额以及权利义务；三是众筹平台的资格、权利义务以及法律责任等。除此之外，还应规定适用于众筹活动的规范性原则和监督管理要求，以指导众筹活动的开展，并预防未来可能出现的法律漏洞。

根据我国众筹实践的现状，笔者认为，众筹融资应当遵循诚实、守信、自愿、公平的原则，依法保护投资者合法权益，尊重融资者知识产权。为规范众筹融资的对象范围，众筹融资应当通过众筹融资中介机构的互联网平台进行，其他机构或个人不得提供或变相提供众筹融资服务。

此外，《股权众筹融资管理办法》中还应明确众筹活动的监管机构：证监会和证券业协会。证监会及其派出机构依照有关法律法规对众筹融资实施监督管理。证券业协会则应制定众筹融资自律规则，对众筹融资实施自律管理。

根据《私募股权众筹融资管理办法（试行）（征求意见稿）》中的规定，对股权众筹的监管主要包括以下内容：

1. 明确股权众筹融资法律关系主体的责任义务

作为股权众筹融资法律关系主体的众筹平台、融资者和投资者三方，应当明确其各自的责任义务，指引这些主体在法律允许的范围内进行融资活动，避免出现非法集资、项目欺诈等法律风险，有利于维护股权众筹融资的稳定发展。

① 股权众筹平台的责任义务。

具体来说，众筹平台应当履行以下义务：

其一，勤勉尽责，督促投融资双方依法合规开展众筹融资活动、履行约定义务；

其二，对投融资双方进行实名认证，对用户信息的真实性进行必要审核；

其三，对融资计划的合法性和融资计划书的完备性进行必要审核；

其四，告知投资者其具有参与众筹融资后 10 日内无条件撤销投资的权利；

其五，协助完成融资过程中的资金划转；

其六，融资者或融资计划发生重大变化的，督促融资者及时通知投资者；

其七，采取措施防范欺诈行为，发现欺诈行为或其他损害投资者利益的情形，及时终止众筹活动，取消融资者的融资资格，并督促相关各方及时返还全部投资者已缴纳的款项及其利息；

其八，对投融资双方的信息及融资记录进行妥善保管；

其九，持续开展众筹融资知识普及和风险教育活动，并与投资者签订投资风险揭示书，确保投资者充分知悉投资风险；

其十，配合相关部门开展反洗钱工作。

笔者认为，众筹平台作为为众筹投融资双方提供信息发布、需求对接、协助资金划转等信息服务的中介机构，不仅起到了匹配投融资需求的居间作用，同时也掌握了投融资过程中的重要信息。因此，众筹平台理应承担更多的责任。法律应明确规定众筹平台应尽的法定义务，如保护投资者个人信息义务、事前信息审核与事后项目监督义务、风险提示与投资教育义务等。

②股权众筹投资者的责任义务。

具体来说，投资者应当承担以下职责：

其一，向众筹平台提供真实、准确的用户信息；

其二，保证投资资金来源合法；

其三，认真阅读融资者及众筹平台提供的相关信息，充分了解众筹融资计划的投资风险；

其四，自行承担可能产生的投资损失。

除上述要求以外，笔者认为，为了保障融资者的权益，投资者参与众筹融资后，不得在购买日起12个月内向除融资者、参与同一众筹融资计划的其他投资者以外的投资者转让所得权益。

③股权众筹融资者的责任义务。

在融资过程中，融资者应履行以下义务：

其一，向众筹平台提供真实、准确的用户信息；

其二，保证融资计划真实、合法；

其三，发布真实的融资计划书，在融资计划书中充分揭示投资风险，并披露募集资金不足或超额筹资时的处理办法以及其他重大信息。融资计划书应当包括但不限于创始人及主要管理人员的姓名、从业简历、学历及其兼职情况等信息；

其四，按照融资计划书披露的资金用途使用募集资金；

其五，通过众筹平台向投资者如实披露企业的经营管理、财务、资金适用情况等关键信息，并及时披露影响或可能影响投资者权利的重大信息；

其六，按照有关规定向投资者提供回报。

融资者应当在遵循《证券法》、《公司法》等相关法律法规下进行融资活动，不得公开或者采用变相公开方式发行证券，不得向不特定对象发行，不得向累计超过 200 人的特定对象发行，不得欺诈发行。融资者不得为上市公司，不得非法集资，不得向不特定对象宣传推介，不得公开劝诱，不得误导投资者，不得擅自改变资金用途，不得在众筹平台互联网平台以外的场所发布融资计划书等推介材料，不得通过两个或两个以上的众筹平台就同一融资计划进行众筹融资。

2. 明确众筹平台的中介属性和审查责任

①众筹平台的中介属性。

基于众筹平台的中介属性以及其众筹业务的特殊性，法律应对其开展众筹业务的资格做限制。众筹平台应当向中国证券业协会备案并取得会员资格。未在规定时间内完成备案并取得会员资格的机构不得开展众筹业务。从事众筹业务的融资中介不得同时兼营 P2P 网络借贷或小额贷款业务。

众筹平台的功能是为投资者和融资人提供平台，其本身不得参与到投融资过程中，也不应当对拟融资项目进行推荐和宣传，而应当由投资者根据融资人对项目客观的描述予以决策。美国《JOBS 法案》要求集资门户网站不提供投资建议或推荐，不劝诱其网站上证券的买卖，不能因劝诱行为或该网站上展示的证券的销售情况给予雇员、代理商或其他人补偿，不得持有、管理、占有或者处理投资者的资金。在英国，众筹平台一般情况下只提供对网站上展示的项目的简单介绍，但众筹平台应当仔细检查介绍的措辞，如果介绍的信息里含有类似排名或者对项目进行评奖等行为的话，这些介绍就有可能等同于建议。这时众筹网站需要经过 FCA 关于提供投资建议的准许。由此可见，大部分国家都严格限制众筹平台进行的推荐和劝诱行为，因为这些行为会使众筹平台失去中介的性质，与融资人成为一个利益共同体，极有可能增加投资者的投资风险。

②众筹平台的审查责任。

众筹平台的审查责任主要体现在投资者资格审核上。从审核形式上来看，进行形式审核和实质审核的选择同样也会对风险防控产生巨大影响。在互联网金融兴起、微型金融逐渐规模化的背景下，金融服务的便捷化、及时化成为发展之必然趋势。众筹平台也应当为融资者和筹资者提供相对及时、便捷、安全的交易平台。因此，倘若众筹投资者的审核资格是实质审核的话，那么不仅会加重平台的审核负担，也会极大地影响到众筹的融资效率，降低融资服务的及时性、便捷性；倘若进行形式审核的话，那么融资交易的安全问题便成为关键问题，毕竟过于宽松的投资者资格审核难以发挥实质性作用，平台关于信息真实的免责性条款也使得其严格执行审核标准的动力不足。

因此，投资者资格审核的宽严程度实质上是一个利弊权衡的过程。笔者认为，基于投资者与融资者对于众筹的内在需求，平台对融资者的资格审核应当采取形式审核的方式，在此基础上应当对投资者的审核标准进行严格的把握，并要求平台承担一定的责任，如因为平台的主观过错导致不满足投资条件的投资者进入到融资平台并对投资者或融资者造成损失的，应当追求众筹平台的责任，唯有如此，才能兼顾效率与安全。

在实务中，以投资者的实名化为资格审核的主要形式，并兼以财产证明或其他相关信息的审核，这样既会保证融资服务的便捷和效率，也对平台和用户进行了一定的安全保障。

（五）加强股权众筹投资者的权利保护

1. 设定合格投资人准入门槛

众筹融资中的投资者因为资金实力和风险承受能力有限，其权益容易受到众筹平台或融资者的侵害，除了上述对《证券法》的修改、非法集资的重新考量、出台《股权众筹融资管理办法》等促进众筹融资活动的发展以外，法律还应当对股权众筹投资者进行特殊保护。具体来说，保护的方式可通过明确投资者准入门槛、限制单个投资者的投资数额、设置冷静期、扩大证券投资者保护基金和赔偿基金的适用范围等来进行。

在这里我们可以借鉴我国《证券投资基金法》（2013年6月1日起执行）第八十八条对合格投资者的规定：达到规定资产规模或者收入水平并且具备相应的风险识别能力和风险承担能力，其基金认购份额不低于规定限额的单位和个人。这里对合格投资者设置了四项要求：收入上的要求、风险识别能力的要求、风险承担能力的要求和认购金额上的要求。

收入上，要对个人和机构投资者设定不同的标准，应借鉴一定地域范围内的平均工资标准，考量收入是否超过一般人的最低生活消费要求，以求最大限度地保护投资人。例如对于企业法人、合法企业，可以从实收资本、实收股本或者实缴出资总额等方面设定门槛，进行限制；对于自然人，可以在个人收入上，也可以对其在投资时的家庭金融资产总额设定门槛，进行限制。

风险识别能力上，应当从投资者从事的行业、投资人以往成功投资的经验来进行考量，以甄别具有不同风险识别能力的投资群体。

风险承担能力上，主要是通过明确的风险提示和对收入的审核予以考量。但总的来说，风险承担能力的标准不宜过严，否则会影响投资者投资的空间和积极性。

认购金额上，需要对投资者资金实力和风险抵御能力进行有效的判断，例如可以对投资者在一定期限内的投资总额设定上限或者对单个融资者的投资总额设定上限等来降低风险。同时也要合理设置投资额的下限，并可要求投资者在参与众筹融资后一定期限内不可向除融资者、参与同一众筹融资计划的其他投资者以外的投资者转让所得权益，进而防止一个项目的投资者过度分散，导致权利义务过于复杂而阻却融资进程，以满足项目融资的现实需要。

结合具体社会发展情况，宜采用一定时间内对单一融资者进行投资上限的限定，同时对符合某些条件的投资者准予不受投资额度的限制的风险防范方式。在《众筹融资管理暂行办法》中，这些条件主要有：其一，投资单个融资计划的最低金额不低于100万元人民币的自然人、企业法人或者依法成立的其他组织；其二，经中国证券投资基金业协会备案的私募基金；其三，实收资本、实收股本总额或实缴出资总额不低于1000万元人民币的企业法人、合伙企业；或家庭金融资产总计在其投资时超过500万元人民币的自然人；或个人收入在最近三年内每年收入超过50万元人民币的自然人。上述企业或自然人除能提供相关财产证明外，还应当能辨识、判断和承担相应风险。

2.股权众筹投资者的分类和投资权限

股权众筹作为财务回报型的融资模式，其在融资规模和融资效率上都远远超过其他众筹模式。若对投资者没有相应限制，部分投资者可能受投资回报诱惑而进行非理性投资，加之金融市场的"羊群效应"，会使这种盲目性不断蔓延，一旦失败，风险较高的企业或项目陷入经营困境，大量投资者将会血本无归，这对金融市场的冲击是难以想象的。因此，应当根据一定的标准（如收入水平、交易记录）对股权众筹投资者进行分类，并按照不同类别设定投资者的投资权限，达到控制投资者损失、稳定金融市场的目的。当然，标准的设定既要考虑投资者的实际能力又要考虑融资者的融资需求，标准不宜过严，否则会影响投资的空间和投融资双方的参与性，标准也不宜过宽，否则设定标准保护投资者的意义便会失去。

笔者建议，可建立以年收入或净资产为基础、投资损益记录为附加的复合分类标准。首先以投资者的年收入或净资产为基础分类标准，分为年收入 12 万元以下、12 万—50 万元、50 万元以上三类投资者群体，并规定其投资金额不得超过年收入的比例分别为 10%、15%、20%，但最高不得超过 50 万。同时，将以往投资损益记录作为附加分类标准，若上一年度投资净收益为正，则该年度投资金额占年收入的比例可向上浮动 3%—5%；若上一年度投资净收益为负，则该年度投资金额占年收入的比例需下调至少 5%。

3. 为投资者设置"冷静期"

现在国内一些众筹平台如天使汇、大家投等使用的是"线上对接，线下签约"的融资过程，即具体的签订融资协议、股权转让协议、投资资金转入等事务均在线下进行。于是从线上到线下的过程中，留有一定的时间供投资人冷静考虑是否坚持投资。

由于信息的不对称性，也可能存在投资者在投入资金时对融资项目的认知仍存在偏颇之处。为实现对投资者的倾斜性保护，笔者认为，可以考虑设置"冷静期"：投资者在筹资期限届满之日起 10 日内可以无条件撤销投资，但应当在此期限内以有效方式通知众筹平台。当然，在众筹项目发起时，众筹平台有义务告知投资者其具有的该项权利。

4. 扩大证券投资者保护基金和赔偿基金的适用范围

《国务院关于进一步促进资本市场健康发展的若干意见》指出：要坚决保护投资者特别是中小投资者合法权益，健全多元化纠纷解决方法和投资者损害赔偿救济机制，完善投资者保护组织体系。为实现上述原则及精神，2005 年 6 月，国务院批准中国证监会、财政部、人民银行发布《证券投资者保护基金管理办法》，同意设立国有独资的保护基金公司，由此中国证券投资者保护基金有限责任公司应运而生。公司主要职责包括筹集、管理和运作证券投资者保护基金；证券公司被撤销、关闭和破产或被证监会采取行政接管、托管经营等强制性监管措施时，按照国家有关政策规定对债权人予以偿付；发现证券公司经营管理中出现可能危及投资者利益和证券市场安全的重大风险时，向证监会提出监管、处置建议等。

最新的《证券法》修改草案建议稿中规定：国家设立证券投资者赔偿基金，用于虚假陈述、内幕交易、操纵市场等严重损害投资者利益的侵权行为的赔偿。发行人因虚假陈述造成投资者损失的，保荐人、承销的证券经营机构、发行人的控股股东、实际控制人可以提供资金，对受损害的投资者予以先期赔付。先期赔付人可以向发行人以及其他连带责任人进行追偿。证券投资者赔偿基金的设立，应当同样适用于股权众筹的投资者，通过扩大该基金的适用范围，众筹中投资者权益将能得到更好的保护。

第七节　"股权众筹第一案"评析

2015 年 8 月 20 日下午，有"股权众筹第一案"之称的北京飞度网络科技有限公司（运营"人人投"股权众筹平台，以下简称"飞度"）和北京诺米多餐饮管理有限公司（以下简称"诺米多"）股权众筹纠纷案在海淀法院开庭审理，双方均派代理律师参与了庭审。

一、主要案情

2015 年 1 月 21 日，诺米多公司与飞度公司签署《委托融资服务协议》，协议规定，诺米多通过人人投股权众筹平台融资，用于"排骨诺米多健康快时尚餐厅"项目。协议签署后，根据人人投平台的规则及双方的约定，作为项目方的诺米多向飞度合作单位"易宝支付"支付 17.6 万元作为项目的前期资金，并按合同约定展开项目选址、房屋租赁、店面装修等活动，人人投平台随后也按约展开融资活动，最终为该项目从 86 位投资者处成功融资 88 万元。

在人人投完成融资后（此时诺米多方处于对"排骨诺米多健康快时尚餐厅"装修期间），飞度在项目监督过程中得知该项目可能存在承租房屋产权不清、违章扩建等问题，随即就这些问题向所有项目投资人进行了披露，并协助投资人约谈项目方诺米多，最终各方谈判未果，项目解散。在人人投的干预下，项目资金依据合同连本带利返还投资人。

2015 年 4 月 14 日，诺米多向飞度提出解除合同，后者表示认可，但双方均主张对方违约并要求对方支付违约金。协商不成，诺米多起诉飞度，飞度亦提起反诉，后因管辖问题，双方撤诉。飞度随后诉至海淀法院，诺米多亦提起反诉。飞度认为诺米多的主要问题是，诺米多向平台提供的经营房屋所有权性质、物业费等，均与实际情况不符，严重影响投资人的利益。而诺米多反诉飞度的主要原因是没有按时打款。在反诉中，诺米多对人人投平台融资行为的合法性也提出了质疑。

二、案件解析

本案的法律解析可以从两个层面进行，第一个层面是基于本案自身角度，该案件本身是一个民事合同纠纷，即本诉中飞度所称诺米多提供虚假信息导致违约，要求解除合同及赔偿，反诉中诺米多所称飞度不及时交付融资款违约且融资行为违法要求解除合同及赔偿。这个层面上的焦点问题是双方有没有违约及各自需要向对方承担什么样的责任，然而 8 月 20 日的庭审只是对该问题做了初步的审理，最终结果还是有待于法庭的继续审理方能明了。第二个层面是如何从法律角度看待本案所揭露的一些股权众筹"内幕"。

股权众筹作为新生业态，平台的很多经营行为还需要立法的进一步规范，很多模糊地带还需要相关部门的进一步厘清。在这个层面上，本案值得关注的是以下三个问题：

首先，人人投的股权众筹行为是否面向了公众即不特定的对象。这个问题目前看来是非常尴尬的问题，一方面相关法律严禁不经批准公开发行证券；另一方面股权众筹所依托的互联网特性使之很难不具有公开性。实际上，证监会《关于对通过互联网开展股权融资活动的机构进行专项检查的通知》已经将股权众筹融资界定为"主要是指通过互联网形式进行公开小额股权融资的活动"。这个做法是正确的，明确了股权众筹必须是互联网的、公开的、小额的、大众的这样一个融资方式，是"互联网＋金融"。现在股权众筹的相关监管具体规定仍在制订之中，本案的审理很有可能将展现时下司法机关对正在或已经开展的股权众筹活动的处理态度。

其次是股东人数问题。本案本诉被告诺米多提出，根据《合伙企业法》的规定，有限合伙企业在设立时，合伙人人数在 2 人以上 50 人以下，而在本案中，飞度通过人人投平台，获得了 86 位投资人的投资，根据合同，这些投资人将与诺米多共同组成合伙企业经营"排骨诺米多健康快时尚餐厅"，这显然违背有关法律法规的规定。本案本诉原告飞度则辩称，投资人数量高于《合伙企业法》问题可以在现行法律框架内得以妥善解决，不存在违法问题。飞度方面的处理方案是由项目方和一部分投资人成立合伙企业 A，项目方作为企业 A 的普通合伙人，然后由企业 A 作为普通合伙人与剩余的投资人成立合伙企业 B。由此，A 和 B 均在 50 人以内。这种做法明显有规避法律的嫌疑，能否得到法院的支持值得继续关注。

最后是人人投与易宝支付的关系问题。人人投宣传易宝支付为资金托管方，但根据相关协议的约定，投资人在人人投有账户，同步在易宝支付生成账户，如果要处理资金需要从人人投的账户登录进入，同时同步到易宝支付，但在易宝支付没有单独的账户，可以进行充值等操作，而出资人通过人人投和易宝支付账户能做的是选择拟投资项目自行完成充值，划拨资金给项目方的权限属于人人投。依据《证券法》的基本原理，项目资金的托管人应该是独立于管理人且对管理人具有一定监督职责的主体，而易宝支付与人人投的关系并不是非常明晰，易宝支付所谓的托管到底有哪些职责，人人投对资金的流动到底有多大的权力，还需要法院的进一步审理才能知晓。

除上述法律问题之外，本案实质上也揭示了众筹金融的一个优势——股东对于投资项目的监管。这个优势根源于众筹的本质——利用互联网进行资源整合，而这个资源不仅仅包括资金，更主要的是人脉、管理、营销、市场，甚至包括各种创意。而这些东西在传统的基金、PC、VE 等融资活动中是无法实现的。传统的金融活动主要是解决单纯的资金问题，而对于一个创业企业来说，重要的可能不仅仅是资金，还包括市场、管理和营销。与此同时，相较于传统的投资，小投资者在众筹融资模式中更能深入到所投资项目的管理中，对于所投资金的运行能够进行大众点评式的监督。

以人人投为代表的众筹模式，投资的是身边的企业、商家，股东可以非常方便地介入管理，实现对所投项目的"大众点评"式的监督。本案中诺米多披露信息不实后，有些普通投资人专门去现场做了调查。本案的第一个证人许某是诺米多公司项目 86 个投资人之一，2015 年 2 月其投资了 1 万元参加诺米多项目，4 月份了解到该项目可能存在欺诈行为，便和另外一些投资人来到现场进行调查。后来，投资人、诺米多、人人投三方直接就该问题展开协商，诺米多面对投资人的质疑没有给出很好的解释，导致失去了投资人方面的信赖。最终在众筹平台的协助下，项目被解散，包括许某在内的全体投资人及时收回了本金和利息，没有给投资人带来经济上的损失。

股东对于公司的这种监管在上市公司尤其是被大股东操控的大公司中是很难出现的。

相较于上市公司而言，股权众筹可以实现股东的积极主动监督：

首先，在股权众筹中一般很难出现操纵公司的控股大股东。股权众筹的特点就是通过互联网实现从较多数量的股东手中获取单笔较小的融资，在这种情况下，股东持股数量比较平均，力量较为均衡，较难出现大股东联合管理层侵害中小股东利益的情况。

其次，股权众筹的"投资——消费"一体化便于监督。在很多股权众筹项目中，项目的投资人也往往是项目产品的消费者，投资人对项目的监督，可以通过消费实现，不仅可以以直观感受经营情况对照项目账目进行监督，而且可以对商品（服务）质量、管理水平、发展规范等，通过亲身体验给出建议。与上市公司小股东艰难的监督比较而言，股权众筹投资人的监督具有直接、高效、低成本等特点。

最后，互联网信息技术也为股东监督创造了条件。项目融资通过网络发起，项目投资人通过网络募集，相关财务经营情况也可以通过网络分享，甚至还通过智能手机将项目经营情况拍照上传到聊天工具中，这与坐等上市公司中期报告、年度报告相比更为快速方便。众筹平台也可以借助大数据分析模型为股东监督提供便利。

笔者认为，这样一种模式是人类社会最伟大的一场金融革命。不再依靠银行，不再依靠资本市场，不再依靠投行，也不再依靠中介机构，而依靠老百姓自己去监督融资者，真正实现去中介化、去机构化、去交易所化，这是"互联网＋金融"众筹的最根本的本质和价值。笔者在《中国社会科学》发表的《互联网金融的法律规制》中提出"互联网金融"在根本上解决了信息对称问题。信息对称问题怎么解决？就是通过类似人人投这种大众点评式的互联网平台，实现人人参与，人人互帮互助，不再依靠中介机构，靠自己、靠大家、靠我们来达到信息对称的目的。所以如前所述，笔者大胆地把众筹金融翻译成一个新的英文单词：We Finance。有了移动互联网之后，人类社会中的生产方式、生活方式特别是人类社会以往的这种金融模式将被彻底改变，这就是众筹改变金融。

本案是所谓的"股权众筹第一案"，但笔者相信逐渐成熟起来的众筹行业并不惧怕司法审查，从一定意义上讲，司法审查将助推股权众筹相关规则的建立和完善。实践是检验真理的唯一标准，众筹金融包括卓越的投后管理在内的特点与优势将在未来一次次司法实践中得到检验，众筹重构金融将成为不可逆转的趋势。

第六章

众筹改变信托

—— "互联网＋"时代的权益类众筹

　　随着众筹范围和领域的扩展，其发展模式也不断地创新，权益类众筹便是其中之一。权益类众筹，顾名思义，是指将权益作为一种回报方式的众筹模式。从广义上说，股权和债权也是投资人的一种权益。在这个层面上，与之相对的是项目众筹（主要是指产品或服务作为回报的众筹）。而从狭义上说，权益类众筹则是指以除股权、债权以外的其他权益或权能作为回报形式的一种新型众筹。这些权益可以是收益权、经营权、许可权等，随着市场的发展，其所包含的权益类型也越来越广泛。

　　笔者在本章中所谈到的权益类众筹用的是狭义的概念。目前，我国的权益类众筹以收益权众筹为主，市场上出现了很多以收益作为投资回报的众筹项目获利产品。本章将着重以收益权为例，介绍当前市场上的几类新型众筹项目或产品，分析其模式特点和优势，指出其可能蕴藏的各类风险，并提出风险防范的一些思路。

第一节　权益类众筹的"收益权"与
股权、债权的区别

　　权益类众筹中的"收益权"与股权、债权有着相似之处，其投资的均是一种非实物的回报，同时具备可参与性、可收益性和可处分性的特点。但是，这种"收益权"又与股权、债权有着鲜明的区别。权益类众筹中的"收益权"与股权、债权众筹的区别及特点如下：

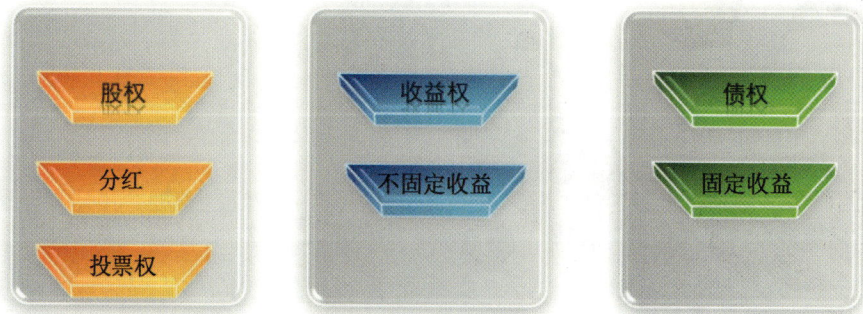

图6-1　股权、收益权、债权的区别

第一，权益类众筹中的"收益权"不具有基本的所有权属性，与股权相区分。

股权是股东对公司财产享有的所有权。公司是由全体股东共同设立的，股东对公司财产理应享有所有权，股东会、股东大会是股东行使所有权的法定方式。股东权包括占有、使用、收益和处分四项权能，股东可基于所有者身份获得分红。

而权益类众筹中的收益权，通常来源于经营收入。这与股权存在着明显的区别，并不属于所有权。此类众筹的收益人仅对于投资项目的收益享有权利，无法对投资项目或产品进行控制，不享有投票等权利，不参与企业或项目的具体经营管理决策。这种权益类众筹的权利并不具有支配性与排他性，因而不具有物权的基本属性。

第二，权益类众筹中的"收益权"不具有债权的属性，不是一项债权众筹。

债权是一方向他方请求给付的权利，它的特点在于给付标的的特定性。债权众筹，从回报返还的本质上说，具有固定收益的特点。然而对于收益权众筹来说，其收益的高低主要取决于经营状况（如"百发有戏"产品取决于电影的票房，而北京市特交所则取决于项目经营的收益），因此并不是确定的。

第三，权益类众筹中的"收益权"，本质上是约定权能。

权益类众筹中基于经营、许可等得到的收益，并不是一项法定的权利，是由双方根据基础权利和投资经营需要创制的一项约定权利。在一个权益类众筹产品中，投资者与筹资人在四项权利之间进行了分配。通常在收益上，由双方按照一定的比例共享，它只是将其作为一种融资手段，剥夺了投资者对项目的实际控制权。

第二节　权益类众筹实例
——特点与优势

权益类众筹模式是指投资者定期获得公司的一定比例的收益作为回

报，而不占有公司股份的众筹模式。这种新型众筹模式将众筹模式与实体经济相结合，在使得筹资者获得资金的同时，不会削弱投资者的经营权，与现有众筹模式有很大的不同，因此被业界称为"第五种众筹"。

就我国目前的情况看，市场上已经出现了一些权益类众筹的案例，如领筹网、房地产众筹、"百发有戏"等。它们在众筹模式上存在共性，即均以经营收益作为投资回报的方式，然而在操作中又各有特点，有所区别。下面就进行分析，以探讨此类众筹的商业模式特点与优势。

【案例】特许经营权众筹平台——领筹网①

2014 年被称为"众筹元年"，这一年众筹金融全面渗透到各行各业，众筹平台纷纷成立，综合类、垂直化细分众筹平台层出不穷。这一年，领筹网在北京正式成立。它以其体系完整的唯一收益权众筹模式，在国内诸多众筹平台中具有鲜明特点。

1.权益类众筹第一平台

领筹网创新提出经营权（收益权）众筹模式，成为国内唯一一家经营权（收益权）众筹平台。

经营权（收益权）众筹指项目发起人将某一商品、服务的未来销售收入的一定比例作为回报，以吸引众多投资者参与的一种资金筹集方式。

对发起人而言，不需稀释股份，因此规避了关于股权众筹的监管，不是借贷，因此也不需承担还本付息的责任，需要做的，只是将一个自己认为有信心吸引市场关注的项目拿到台前，接受众多投资者的审视。

对投资者而言，如果对某一项目前景看好，却不满足于传统的实物众筹平台提供的产品或服务作为回报，而是希望拿到实实在在的金钱回报，经营权（收益权）众筹则是债权众筹、股权众筹之外的新兴众筹方式。

领筹网 2014 年上线以来已经成功完成著名烤鸭店餐饮收益权众筹项目、卡丽来印相站设备及收益权众筹项目、中国首个光伏新能源众筹收益权众筹项目等。2014 年领筹网筹资总额达千万元人民币。

———————————
① 本案例原始资料由领筹网提供。

图 6-2　领筹网的盈利模式

2. 建立领筹金融体系

除了产业领筹人，领筹人还包括投行领筹人、来自传统投资界的知名投资人，创新金融界的投资人新秀。由于领筹人多样化、覆盖面广，领筹网逐渐形成了多元化、交互的领筹人生态体系。领筹网提出建设 200 条创业跑道，其中 100 条跑道为产业领筹人领筹，50 条为创新产业领筹人领筹，50 条为传统投行领筹人领筹。

领筹网的领筹产业互联网众筹金融模式得到了贵阳政府的最先肯定与支持。在贵阳政府的大力支持下，领筹网联合北京特许经营权交易所等几家单位共同发起建立了贵阳众筹金融交易所，围绕贵阳众筹金融交易所，打造以领筹网为核心，领筹核心圈、紧密领筹人和领筹辐射圈为层层递进的领筹网生态体系。

其中领筹核心圈包括九大板块，是领筹生态圈的不同业态的体现，包含众筹小镇、众筹学院、众筹基金、众筹研究院、世界众筹大会等多个实业板块和银行、信托、保险、证券等多个金融板块。

紧密领筹人主要指产业领筹人，是各个行业的精英企业和人士，如由全聚德、小天鹅和中国餐饮协会共同发起成立的餐饮众筹金融有限公司；由世界体操冠军楼云发起设立的体彩众筹金融有限公司等。

领筹辐射圈则由外围数量众多的小微交易商、经纪人、会计师事务所、律师事务所等多种类第三方中介机构，还有数以千万计的关注人群共同组成。

3. 商业模式

领筹网作为整个生态体系的核心和源头，除直接控股贵阳众筹金融交易所以外，还将直接参股贵阳众筹金融交易所200条由领筹人领筹股权众筹的交易跑道，并将直接或间接参股优秀众筹项目，其中领筹网作为新五板市场最大投资者将获得丰厚的股权收益回报。

领筹网生态体系将涉及海量的、遍布全国各线城市的、需要得到200个行业领军企业扶持和指导的小微企业，外围将辐射各行各业关注人群。

另外，领筹网计划以自身为支点打造的贵阳世界领筹金融股份有限公司，推动中国众筹事业与世界的接轨。

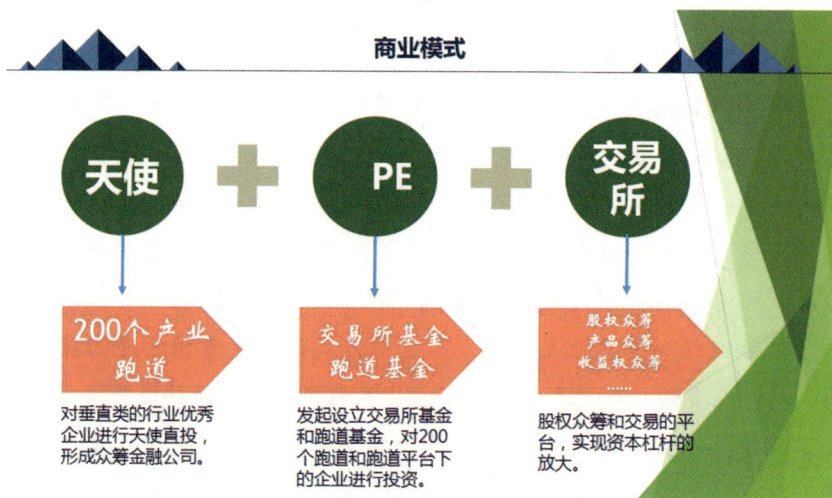

图 6-3　领筹网的商业模式

4. 风险防范

领筹网借鉴国际国内监管机构意见，建立完备的制度体系，使众筹更可信、可靠、可持续，包括：严谨的众筹项目信息披露制度；第三方机构增信机制；引入保荐人和领筹人机制；合格投资人风险披露机制；份额限制管理机制；双平台风控机制。

5. 平台代表性项目——宁夏屋顶光伏电站太阳能电池板及其收益权

该项目的筹资人为宁夏百事德新能源科技有限公司，同时有三家公

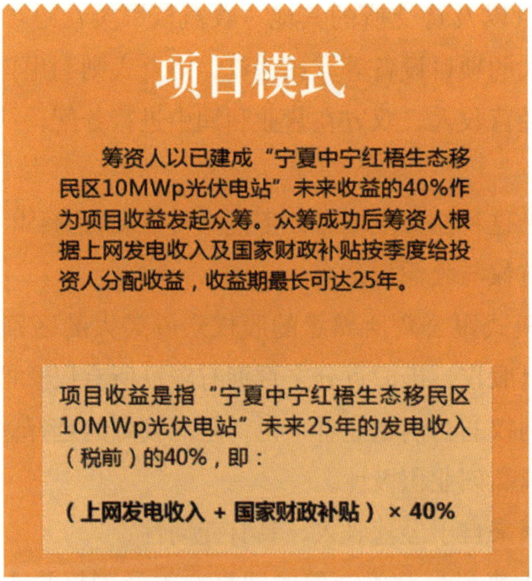

图6-4 宁夏屋顶光伏电站太阳能电池板收益权众筹项目

司分别作为保荐人、担保人和领筹人。其中筹资人在平台众筹成功后，筹集到的资金将转交给筹资人账户使用，并负责提供筹资回报给投资人。保荐人对项目真实性进行审查，担保人承担筹资人不能履行回报责任时的救济，而领筹人则负责众筹项目的宣传推广。

在该项目中，筹资人总筹资额为4800万元，投资人以1600元/片价格认购太阳能电池板，其中单个认筹人的筹资比例不得超过30%。整个投资项目分为筹资期、结算期和收益期三个阶段。在项目筹资期，按照年化15%的收益率及实际天数向投资者弥补收益；在项目结算期，筹资人与投资人签订《购买协议》，而在收益期筹资人则根据上网发电收入和国家财政补贴，以每片太阳能电池板发电的毛收入的40%作为回报。即（国家财政补贴＋上网发电收入）×40%。回报周期为25年，每季度分配收益。

除此之外，该项目还设立了退出机制和风险控制机制。投资人若想退出项目，在回购期可以无条件回购；而在非回购期，则需要对认购产品进行折价退还。同时，筹资人还提供了第三方机构增信、担保和银行委托付款协议，作为风险控制的措施。

从上述项目以及特交所的其他"收益权"类众筹项目来看，投资人通过认购筹资人的项目设备等方式注资，筹资人则利用该设备或资产进行经营，以获得经营收入。双方在营业利润中进行分配，从而使得投资人获得收益。

具体来看，这种模式主要有以下几个特点和优势：①

第一，所有权与收益权分离。

此类众筹模式跟公众所熟悉的股权众筹最大的区别就在于筹资人可以不必稀释项目股权，仍旧百分之百拥有项目所有权。这对于想获得资本又害怕丧失控制权的初创企业者来说，是比较好的选择。更好地减轻初创企业的压力，提高创业积极性。

第二，回报来自于经营收入，具有变动性。

对于投资人来说，此类众筹的回报在于经营权收入，投资者可以定期得到公司受益的一定百分比作为投资回报，而不占有公司股份。比如一家餐馆，在发起众筹时只要设定一个固定流水比例，比如10个点分给投资人就可以。生意好就多分，生意不好就少分，其收益随着营业状况的不同而变动，不具有固定性。

第三，众筹交易的灵活性。

此类众筹模式具有购买、交割、退出的灵活机制。此类众筹产品中，已经通过众筹获得的某个产品的经营权可以在交易所挂牌交易，从而转让出去获得流动性。通过特许经营能扩大金融与实体经济的融合和发展。同时，对于投资者来说，可以通过赎买和回购的方式退出融资，防范个人收益风险。

整体来看，此类众筹相较于其他众筹模式，具有高风险、高回报的特点。对于筹资人而言，具有更强的自主空间和更大的权利范围，能够完全独立地从事生产经营活动。相应的，它也使得风险的天平向投资人倾斜。投资人需要对项目前景、经营状况和项目企业内部环境等信息进行良好判断，承担各类市场不确定性风险。

---

① 参见岳品瑜：《众筹推出特许经营权新模式》，《北京商报》2014年7月21日。

【案例】房地产众筹

美国著名房地产投资众筹平台 Realty Mogul 旨在让房地产投资变得更容易，其众筹模式是：注册会员通过平台浏览潜在投资交易市场的相关信息，以确定投资哪个房地产项目，当该项目资金完全到位后，资金会被打入指定账户，投资者自此开始将会经常收到有关投资项目进展情况的最新消息，并且获得投资收益的现金分红，比如租金。该平台房产投资的类型包括公寓住宅、办公楼、商场等，盈利方式包括出售与出租。Realty Mogul 在 2013 年 3 月至 2014 年 3 月一年的时间里，其会员通过该平台投资的房地产项目总价值已超过 1 亿美元。[1]

近年来，房地产众筹在我国逐渐兴起。2014 年 8 月 18 日，平安好房网 Chandler Oaks 海外房地产众筹项目开放预约，该项目目标是位于美国南卡罗来纳州加夫尼市的一个学习型公寓社区。在此项目中，用户最低众筹额为 100 美元，"100 美元就能体验当美国'房东'的滋味"确实颇具吸引力。每名用户最多可认购 10 份，即 1000 美元。一旦众筹项目成立并运营，参与人就可以按季度领取预计年化收益 5% 的房租收益。而在第四年第一个月物业公司则承诺以 112% 的买入价回购。[2]

纵观整个海外房产众筹模式，可以看出中国投资人投资海外的房地产项目，获得的回报不是房屋的所有权，而是房屋出租而得到的经营收益。

具体来说，房地产众筹具有以下几大特点：

第一，投资者不享有房屋所有权。

在此类房地产众筹项目中，筹资人众筹成功之后，投资者并未获得房产的所有权，而是由与众筹平台网站关联的一家第三方公司代持产权。投资者持有房产期限较短，有的产品运行过程中由所有投资者投票决定退出时间，投资者也可以中途进行房产投资份额协议转让。

---

[1]　参见《乐居房产众筹项目 17 秒秒杀，房地产众筹的春天来了吗?》,《每日商报》2014 年 12 月 20 日。

[2]　参见黄蕾：《平安好房推海外房产众筹第一单》，http://news.cnstock.com/news/sns_jr/201408/3143897.htm，最后访问时间：2015 年 8 月 20 日。

第二，收益权按份共有。

由于采用众筹的方式，投资主体人数众多，因此，每个投资人只能依据按份共有进行权利分割。具体来说，每个投资人只能按照自己占有的份额享有特定部分的收益权，而不是全部产权所享有的占有权、使用权、收益权和处分权。

第三，法定孳息的归属划分。

房屋租金属于法定孳息。按照一般的交易规则，租金应由出租人取得，但也不排除其他情形的存在。根据我国《物权法》第一百一十六条的规定，法定孳息，当事人有约定的，按照约定取得；没有约定或者约定不明确的，按照交易习惯取得。在本例中，当事人与出租方达成协议，划分了各方租金利益的分配，是一种约定方式对于法定孳息归属权的划分。

第四，房产众筹平台不提供收益承诺。

在本例中，平安好房网在其网站上称，其在众筹过程中承担信息收集、项目审核以及平台发布的角色，对项目本身真实信息进行尽可能全面、详尽的调查和展示。事实上，众多的房地产众筹交易平台，在项目交易过程中，不对项目本身承诺任何预期收益，因而收益风险需要投资人自行承担。

第五，两阶段的投资回报。

此类众筹项目的运营模式，类似于在政府外包服务中常见的 BOT（建设——运营——移交）的模式，其收益可以分为房屋出租和房屋回购两个阶段。在经营阶段，5% 左右的投资回报率并不算高。一位投资者最多只能购买 1000 美元的份额，折合下来一年房产租金收益最高仅 300 元人民币左右。而之所以有众多的投资者选择购买，是看重了海外房产的前景，在小额投资中积累经验。另一方面，在房屋回购时，投资人则可以获得 20% 左右的增值收益。

【案例】"百发有戏"

除了上述模式，权益类众筹还可以和产品众筹结合在一起发展，以"百发有戏"为例。

2014 年 9 月，百度金融平台上推出了一款新型消费金融产品"百发有戏"，产品方宣称通过"百发有戏"，每个喜欢电影的人都可以成为电影制片人、参与到电影制作和宣传中并能享受票房带来的回报，享受前所未有的"消费＋理财"新体验。

"百发有戏"的首期产品为"百发有戏之《黄金时代》"，产品期限180天，最终筹集资金1800万元，产品中包含若干个套餐，按套餐价格分为三档：10元、3000元和10000元。10元档套餐中包括：一天的爱奇艺白金会员，8个制片人权益章，一套许鞍华导演分镜头图；3000元档的套餐中包含：专属电子海报一份、制片人权益章2400个、导演分镜头图一套；10000元档的套餐分为不同的主题，比如"电影道具行家"、"主演致谢"、"黄金狂欢派对"等10种，每个主题的套餐中都包含8000个制片人权益章和一定的电影消费品。其中，不同主题套餐中消费品的价值有很大差异，除了个别套餐中含有和主演通话或者共进晚餐的独特消费体验外，其他纪念品比较普通，如纪念T恤或是致谢视频等。

图6-5　百发有戏之《黄金时代》权益类众筹①

上述一系列的消费品属于产品众筹的承诺回报。而除此之外，在产品到期后，用户的现金补偿全部回到设立在百度金融的账户中，百度金融在筹资后向中影股份支付消费者购买产品的价金，中影股份把收到的款项交付中信信托进行信托理财。中信信托将最终的收益和本金直接交付百度金融平台，通过平台将理财所获得的收益和本金向消费者支付。

---

① 图片来源：百发有戏 http：//8.baidu.com/rich/film/100000，最后访问时间：2015年8月20日。

由于信托财产的独立性，此时消费者便可以通过中信信托的对于信托财产的经营，获得相应的财产型收益。故而"百发有戏"嵌套了产品众筹和收益权众筹的二元结构。当然，这样的操作也是存在风险的。本例中，百度采取了先以产品众筹的方式（承诺消费产品回报的方式）集合资金，再以集体的名义对余款进行信托管理和运作。而信托理财要求采用私募的方式，不得公开向不特定客户发送产品信息。故而，这种嵌套的方式有规避法律监管的嫌疑。

第三节　权益类众筹的潜在风险与风险防范

如上所述，建立在经营权、产权、收益权等权利基础上的权益性众筹，以其在众筹中独有的特点和给投资人或筹资人带来的便捷性，正在迅速脱颖而出，在快速发展变化的众筹市场拥有一席之地。然而，作为投资方式的一种，与所有权相分离的权益性众筹，尚存在诸多风险和不确定性。

一、非法吸收公众存款的法律风险

权益类众筹在操作和设计中，容易产生非法吸收公众存款的风险。非法吸收公众存款的重要判别标准就在于，对于投资理财产品承诺了高额、稳定的回报率。比如在"百发有戏"中，百度金融通过其平台向消费者出售产品并承诺收益的行为具有非法吸收公众存款的风险。百度金融以承诺收益的手段向不特定的公众消费者通过销售"百发有戏之《黄金时代》"来募集资金，而很大一部分消费者购买"百发有戏之《黄金时代》"是基于投资的目的。这一行为模式有"非法吸收公众存款"的嫌疑。

另外，对于非法吸收公众存款行为，一个重要的判断标准就是"公众"，即不特定的主体。在房地产众筹中，平安好房网以其众筹产品仅对注册会员开放为由，作为其不符合司法解释中对非法吸收公众存款或者变相吸收公众存款所定义的犯罪构成要件的条件。而事实上，注册网站并不需要特别的程序和条件。任何人只要对该众筹产品感兴趣，都可注册成为会员。故而，这种说法是难以成立的。

权益类众筹的投资人一般可达数百人，超过司法解释规定的私募人数上限。而且，一些项目"预期年化收益20%"的说法就有虚假宣传和承诺收益的嫌疑。故而，在缺乏法律规制的情况下，一些众筹项目踩在法律红线的边缘，很有可能触碰法律监管的底线。

二、信息不对称而产生的决策风险

权益类众筹，很大程度上依赖于项目的经营状况。在很多项目中，由于投资人并非股东，无法对企业或项目的经营状况直接进行监管和控制，缺乏必要的内部信息，无法作出及时有效的判断，选择继续投资或撤资转让，往往会面临滞后性风险。投资人有可能到不利后果发生之时，才知晓真实的经营状态。

比如，特交所的经营权众筹项目，投资人如果对太阳能建设特点、项目发展前景和项目企业竞争实力等信息有充分把握，其投资行为将有可能出现盲目性。对于房地产众筹来说，由于房地产众筹网站只提供平台，并不担保其具有稳定的收益，而经营者又在海外，本国投资者很难跨越国境，知晓其所投资项目的真实情况。

由于信息不能够及时、有效地公开，使得其不能被投资人所掌控。在某些情况下，投资中抽象项目具有更多的盲目性，从而诱发决策风险。

三、市场经济不确定性产生的收益风险

由于市场行情的波动，经济形势也会随着时间的变化而变化。一些在投资初期看似具有乐观收益期待的项目，可能会因为整个市场环境的变化而导致无法获得既定的收益。

比如在"百发有戏"众筹产品中，其收益很大程度上受到《黄金时代》电影票房的影响。而事实上，《黄金时代》并没有获得预期的票房收益，从而导致了该众筹项目的失败。同样，房地产众筹也面临着房价的不

确定性。

从中可以看出，权益类众筹虽然以其较小的投资门槛、较高的投资收益能够吸引很多人关注的目光。但其项目的发展仍然要与实体经济相衔接。市场需求、宏观经济运行状况、利率波动等传统外部环境因素，依然是决定项目成败的关键。

四、项目前景悲观时的转让与退出风险

权益类众筹中的收益权，其作为一项非实物权能，原则上可转让。而且由于其并非项目的实际所有权，故而收益权转让没有股权转让严格的限制。

但事实上，由于项目收益的不确定性和信息的滞后性，导致很多收益实际缺乏流动性。由于投资人不是项目经营方的股东，也很难通过股东权利的行使，控制或调整项目方的经营情况。所以，如若项目经营良好，在正向收益的情况下投资人不会选择转让或退出；而当投资人发现经营惨淡存在收益风险时，将难以找到受让者。可以说，负向收益的情况下，没有人会购买投资人的收益权。

所以，权益类众筹项目具有一次性的特点，其转让或退出几乎是难以真正实现的。虽然其回报方式是一种可转让权利，但由于其收益的高风险、无法承诺的固定收益率，导致了它不可能像债权众筹一样享有同等的待遇。当项目经营不善时，缺乏稳定的现金流使得其难以通过资产证券化转移和分散风险。

五、权益类众筹的风险防范

作为一种新兴的众筹模式，权益类众筹的内涵和领域还在不断扩大，它将是众筹领域向纵深创新发展的重要路径。可以说，权益类众筹将改变传统的金融格局，迎来网络投融资的新时代。因此，对于上述潜在风险，需要采取合理有效的措施防范风险，从而促进新型众筹的合理化、规范化发展。

（一）风险防范的原则

由于权益类众筹不止收益权一种模式，其形式复杂多样，且存在着各式各样的法律关系和商业模式，并随着众筹领域的发展而不断添加新内容，因此对于该类众筹的风险防范，要坚持合理、适度的原则，明确其法律地位和法律性质，确立行为红线。做好规范、引导工作，努力实现秩序与创新的价值平衡。

（二）风险防范的具体措施

1. 明确法律性质，确立违法红线

由于目前情况下，权益类众筹缺乏有效的法律规范，层出不穷的众筹产品法律性质并不明确，游走在法律法规的红线边缘。其中涉及对于众筹对象、发起人资格、承诺收益范围等具体问题。随着权益类众筹的发展，此类监管矛盾可能会越来越突出。因而，完善法律法规，使之适应新时代的发展要求是当务之急。

非法吸收公众存款罪的构成要件，包括四个方面，即未许可性、公开性、非特定性和高额固定的投资回报。当前权益类众筹核心问题是对承诺回报的规定。从众筹双方的角度，对于投资人来说，希望获得稳定较高的投资回报；而对于筹资人来说，希望获得持续向上的经营收益。在这个过程中，是否可以承诺较高的收益回报就成为了判定是否跨越法律红线的标准。

限制承诺收益回报具有一定的合理性。作为一种市场投资行为，投资回报本身具有未知性，这样的承诺很难确保兑现。一旦大量的非银行金融机构出现信用风险，将会破坏正常的金融监管秩序。但是，单一的限制性策略缺乏适用性。权益类众筹广告往往用暗示性的语言，如平均收益、市场收益等提供给投资者一个收益参考。对于权益类众筹来说，限制性的标准应当更着重于经营者收益的分配，确保按照正常合理的比例和原则进行。

2. 加强行业自律，制定行业规范

当前权益类众筹呈现遍地开花的态势，在市场上存在诸多权益类众筹平台网站，尽管平台网站并不对其所载的众筹项目提供担保或承诺收益，但作为信息的发布者，有义务做好对筹资方的审核和管理工作，需对其所发布信息的真实性负责。对于投资者难以获得、且可能对投资收益产生重大影响的信息，特别是投资项目的风险要及时、准确、完整地在醒目位置进行提示。

随着权益类众筹范围的扩大，项目的增多，积聚了大批的企业和资金，同时连接着众多投资人和筹资人的利益。为此，制定本行业内的自律性行为规范和制度，加强行业自治，显得尤为重要。权益类众筹行业规范和制度的形成，既是对投资人投资权益的保护，便于其及时了解投资风险，引导其理性投资，同时也是对筹资人的保护，指导融资众筹行为，建立合法屏障，防止其误入违法犯罪的深渊。

3. 完善交易程序，促进信息公开

权益类众筹与股权众筹相比，缺乏完整的企业经营信息知情权和控制支配权保障；与债权众筹相比，又因为收益的波动而出现转让和退出困难。其相异于股权众筹、债权众筹的特性，使得投资人在决策、权利转让和退出中都处于相对不利的地位，因而需要完善的交易程序和信息公开制度的支撑。

2014 年，国务院通过了《企业信息公示暂行条例》，规定了在工商行政管理部门登记的企业在从事生产经营活动过程中形成的信息以及政府部门在履行职责过程中产生的能够反映企业状况的信息需要及时公开。企业应当于每年 1 月 1 日至 6 月 30 日，通过企业信用信息公示系统向工商行政管理部门报送上一年度的年度报告，并向社会公示。对于权益类众筹项目的筹资方而言，无论其是否为企业主体，也应当及时向投资人汇报上述各类信息。同时行业协会等第三方监管主体，应当做好审计监察工作，对于其发现的情况也应及时向投资人通报。

而从交易程序方面，要对投资人的权益转让提供合法有效的保护。在信息公开的环境下，给交易双方提供平等、透明的交易环境，保障双方当事人合法权益，促进良好的众筹市场权益交易秩序的形成。

第四节　权益类众筹对传统信托业的
影响：机遇与挑战

一、传统信托业的特点与分类

信托业是现代金融领域的重要组成部分，虽不似银行、保险、证券等行业为人熟知，但依然因其庞大的资产数额和独特的制度模式，在现代金融业的发展过程中发挥着重要作用。

信托，就其字面意思来看，包括信和托两部分，因此，它既是一种金融业务，也是一种法律行为。我国《信托法》第二条规定：信托是指委托人基于对受托人的信任，将其财产权委托给受托人，由受托人按委托人的意愿以自己的名义，为受益人的利益或者特定目的，进行管理或者处分的行为。

信托受益权既不是物权，也不是债权。这种独立于委托人和受托人的"特殊财产"具有法律的独特性。实务中常常通过设立信托计划将不同的、分散的、单一的资产进行整合，从而实现资产打包聚合的功能，同时利用信托财产的独立性，规避商业风险。

关于信托的分类，根据2014年银监会下发的《关于调整信托公司净资本计算标准有关事项的通知征求意见稿》，结合设立的信托功能及当前情况，本书将信托分为投资类、融资类和事务管理类。其中非事务管理类（或非通道业务类）信托，包括了投资类和融资类信托；而事务管理类信托，也称为通道业务类信托。

事务管理类信托的重要特征在于回报率较低，对于受托人来说，主要收取其服务费用。而对于非事务管理类信托，投资类信托和融资类信托的最重要区别在于是否承诺预期的收益率。其中，以贷款为主的融资类信托，设有预期收益率；而以股权、证券等作为投资对象的投资类信托，则取决于市场的浮动收益，不存在固定的收益率。

通俗地讲，信托是一种"受人之托、代人理财"的财产管理制度形式，即信托公司作为受托人向社会投资者发行信托计划产品，为需要资金的企业募集资金，信托公司将其募集资金投入到需要资金的企业，需要资金的企业再将融入的资金投入到相应的项目中，由其产生的利润（现金流）支付投资者信托本金及其红利（利息）。

与其他融资方式相比，信托具有融资速度快、可控性强等很多优势。一方面，信托产品筹资周期较短，发行速度快；另一方面，《信托法》要求设立信托之时，信托财产必须与受托人和委托人的自有资产相分离。这使得信托资产与融资企业的整体信用以及破产风险相隔离。

二、权益类众筹是传统信托的升级版

互联网对于信托的影响是循序渐进的。从最早的网上交易，到真正的互联网与信托结合推出新的产品，有一个层次不断深化的过程。

就目前来看，2014 年所引导的信托行业新风气，使得信托朝着通道类业务、投资类业务转变。尽管传统的集合资金类信托仍然占据主流，但不可否认的是，在互联网金融浪潮的引领下，新的信托形式带动了信托业的创新，也提高了行业的影响力。"互联网＋"时代下的信托业，机遇与挑战并存。随着中国金融业市场化进程的推进，"新常态"下混业竞争的大金融发展格局已成为发展趋势。各类金融行业充分利用互联网技术，推出创新产品。尽管新的模式能否突破各种障碍达到理想的预期还有待检验，但无可否认的是，追求这一种新的模式是对传统信托业创新的一大探索，为信托业适应风云变幻的金融市场奠定基础。

信托作为一种投资方式，具有私募属性。这就要求在法律上，对其有一定的准入门槛，即主体资格限制和宣传方式限制，具有封闭性。这与互联网金融强调的开放、参与的精神似有相悖之处。因而，在利用众筹、团购等方式销售信托产品时，容易诱发法律风险。2014 年 4 月，《中国银监会办公厅关于信托公司风险监管的指导意见》规定，信托公司推介信托计划时不得进行公开营销宣传，也不得委托非金融机构进行推介。而现行的金融创新产品大多通过各种方式规避了该项限制，使得其形式合法化。而"互联网＋"时代，产品都离不开对不特定多数公众的宣传和发售。在

"百发有戏"的案例中我们可以看出，信托融资模式的创新与众筹似乎已经以一种密不可分的状态出现。但是，信托的局限性迫切要求其更加具有创新精神。

众筹的迅速发展对信托业有何启示？众筹可否成为网络时代信托新的发起方式？

众筹不是团购，更不同于非法集资，作为一种典型的民间小额资金的融资模式，相对于传统信托方式，上述权益类众筹创新具有显著的优势。

一是以项目为纽带，连接投资者和创业者，充分发挥参与者主观能动性。创业者通过微信、微博等网络社交工具或者专门的众筹网站发起自己的众筹项目，通过吸引一大批对项目感兴趣的人，从项目定位、产品研制以及广泛的口碑传播等方面，将产品与更多的人联系起来，这种全方位的参与感，是众筹融资区别于信托融资的一个方面。通过这种方式宣传项目，使得投资者和运作者结合在一起，共同努力，通过这样的平台交流方式，因创意走在一起的支持者和创业者都会有很大的兴趣，能够推进项目更好地发展。

二是降低参与门槛，使得投融资成为一种简单的方式。相对于传统的信托发起方式，众筹更加开放，门槛的降低使得发起和资助都不需要身份、年龄等限制，同时，投资者投入的资金也没有过高标准，美国曾有10元钱为最低投资额度的案例。这就让草根群众都有了参与的机会。

三是无形中就为项目做好了宣传，扩大了知名度。企业在众筹平台上展示项目，不仅仅是为了获得资金，也是让更多的媒体、消费者和投资人获得项目信息，一开始就做好宣传，这也是互联网时代对于扩大知名度的贡献所在。创业者以最快的速度将自身项目展示给潜在投资人，通过这种方式，在融资阶段就已经打开知名度，为后期运作节省了大量时间以及金钱成本。因此，另一方面来讲，众筹就是一种营销手段。

四是通过众筹这种融资方式使得渠道变得多元化，解决信息不对称不公开等问题。互联网为众筹提供了舞台，无数的第三方入口都省去了传统融资比如融资信托所带来的寻找融资渠道困难的麻烦，这样的第三方信息平台，将投资者和融资者之间连通，解决了两者之间常存在的信息不对称问题，实现各方面的信息聚集，相对于信托融资方式的投资者，更加具有透明度和可信度。

在"互联网＋"时代，权益类众筹给信托业带来的启发，从其商业结构上看，在于构造了一个财产权信托。通过资产份额拆分的方式，将信托收益转让给了投资者，从而实现另类的"证券化"，规避对其投资人资格的限制。另一方面，正如"百发有戏"借壳上市的方式，在信托计划中利用财产权转让，实现了对于原始权益人的投资。而从突破监管的视角看，主要体现在信托的发起方式和发行渠道两个方面。其中，发起方式与集合资金信托的资格限制存在紧密联系。作为保障投资人利益的两个相互影响的方面，集合资金的资格限制体现在对人的要求上，还体现在私募的属性上。

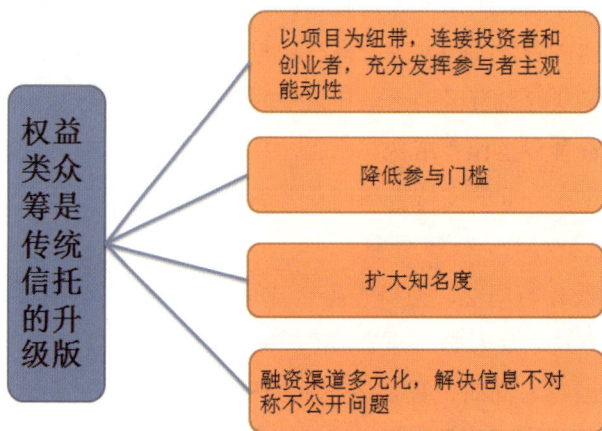

图 6-6　权益类众筹对传统信托的改进

当然，在利用众筹优点对传统信托业改进的这一方面，难免会出现监管和法律制定方面的疏漏不足之处。目前，变相公募、绕开法律规定利用信托财产收益诱导消费者投资的行为不断涌现。无论是"众筹"，还是早已出现的银行或证券公司对信托产品的变相经营，在互联网金融创新的时代，各金融主体都在围绕着相应的规定做文章。所以，要根本解决当前的监管难题，就需要重构我国信托行业，特别是集合资金信托市场的监管思路，审视原有的监管政策，使其更为适应当前的社会发展需求，适应"互联网＋"时代的开放性、包容性、竞争性，适应金融业的创新开放，从而能够变被动为主动，推动信托公司业务转型发展，引导信托行业规范健康又富有创造性的发展。

第七章

众筹改变保险

——"互联网＋"时代的保险

所谓互联网保险，是指在"开放、平等、协作、分享"的互联网精神指导下，将基本的保险原理与互联网技术相结合而形成的一种新型业态。保险源于众筹，保险的未来也在于众筹，属于众筹金融范畴。"互联网＋保险"是"互联网＋"行动的重要组成部分。

这里所称的互联网保险不局限于"保险的互联网化"，即简单地把传统互联网保险的业务从线下挪到线上，以网站的形式替代线下的网点。将互联网作为保险销售的渠道之一只是互联网保险的一种早期形态，而互联网保险的内涵比此深刻得多。

互联网保险在众筹思维的引导下，由传统的以保险公司及其产品为主导的业务形态，转变为以顾客需求为导向的业务形态，取代原有保险的推销主导模式，应用互联网大数据、云计算等工具，分析顾客需求，在此基础上设计"顾客福利最大化"的保险产品，并以此推动互联网保险的创新。

第一节　保险源于众筹

早期的互助保险是社会保险的先驱，互助保险比社会保险要早诞生两百多年。17 世纪初，资本主义还处于工场手工业阶段，劳动条件恶劣，劳动强度大，劳动者在遭遇疾病、工伤和死亡的风险后，得不到救助和保障，于是工人们自发组织起来互相救济，从而萌发了互济运动和互助保险。这种早期的互助式的保险其本质就是一种众筹思维的实际运用。[①] 但是对于大多数人来讲，在早期环境下，资讯传播不畅，社会层面的人与人、群体与群体之间交流较少，想要迅速获得大众的支持，筹到足够的资金，所需要付出的时间精力成本是难以负担的。同时，早期众筹方式存在巨大的道德风险和早期众筹投资人必须为此付出的巨大监督成本也是早期互助保险没有发展起来的原因之一。

---

① 参见占华：《互助保险是社会保险的先驱》，《中国保险报》2015 年 6 月 10 日。

第二节　保险的未来是众筹

互联网技术的发展和众筹思维的应用有助于解开保险业束缚，释放传统保险业活力，这些优势使得保险业的发展有了更广阔的想象空间。第三方支付、移动支付、电子证据、电子征信等方式为互联网保险的兴起与发展提供了坚实的基础与客观条件，使得早期互助保险发展的道德风险和监督成本压力得到极大的缓解。本书将对会互联网保险的发展形态做一个梳理。

一、互联网保险的初始形态：保险的互联网化

保险的互联网化是互联网保险的初级阶段，大多表现为互联网在进入保险业时采用电子保单，或保险企业利用互联网作为销售渠道销售保险产品。互联网仅仅被保险企业视为一种新的宣传方式、销售渠道，电子保单、网络选购等仅仅导致保险营销模式从线下复制到线上，而互联网并不对保险企业的本身产生何种改变。在这一阶段，互联网保险的概念尚未被大众广泛知晓，互联网仅仅作为保险企业的营销渠道或宣传平台之一，企业的核心业务以线下推销和销售网站的结合作为依托和支撑。

我国的互联网保险起步于20世纪末，在2001年以前，保险企业大多仅仅将互联网视为其拓展业务的渠道之一，因此这一阶段大抵可以被认为是"保险的互联网化"阶段。1997年11月28日，我国第一家互联网保险网站——中国保险信息网（china-nsurance.com）由中国保险学会和北京维信投资顾问有限公司共同发起成立，这标志着中国互联网保险的诞生，我国进入了"保险的互联网化"时代。1997年12月，第一份网上保险订单签订。当然，保险信息网仅仅作为信息渠道，其功能有所局限。

2000年3月9日，太平洋保险北京分公司在国内推出首家电子商务保险网站 "网险"（www.orisk.net），包括网上个人和团体保险，这是真正意义上的"网险"。随后，互联网保险的发展进入快车道，其他的保

险公司纷纷推出了自己的网上保险业务。

2000年8月1日,平安PAl8正式诞生。该网站是一家综合性的理财网站,服务内容包括证券、保险、银行及个人理财等,从而开创了一种新的销售模式。2000年9月22日,"泰康在线"全面开通,并通过保险类CA认证。2000年9月,友邦保险上海分公司网站建立。除了各个保险公司以官网的方式作为推广平台之外,综合性的网络保险信息平台也逐步诞生,早期的综合保险平台是由中国人寿、平安、太平洋、友邦等十几家保险公司协助建立的易保网(www.ebao.com),打出了"网上保险广场"的旗号,使保险公司、保险中介、保险相关机构都可以在这个平台上设立个性化的专卖区,用户通过信用卡就能完成保费支付。①

早期的保险网站主要包括三大类:一是保险公司开通的网站,大多属于官方网站,如前文介绍的泰康在线、平安PAl8、华泰保险官网、信号保险官网等。二是专业财经网站或综合门户网站开辟的保险频道,如早期的和讯网(www.homeway.com)和上海热线(www.online.sh.cn)的保险频道。这类网站多作为财经类信息平台存在,发挥了培养公众认识、推广互联网保险的作用。三是独立的、综合性质的保险网,也称第三方网站,为保险公司、保险中介和用户提供综合平台,如早期的易保网、中国保险网和吉利网等。然而,早期的保险网站仅仅作为信息中介存在,大多不具有网上投保、网上支付、网上理赔等功能。受制于各方面的限制,早期保险网站未能发挥重要作用。②

(一)保险互联网化的特征

在保险的互联网化时期,保险行业发展具有如下特征:

其一,互联网产业处于起步阶段,网民人数远少于今天。不同于今天,在保险互联网化的时代里,中国的互联网产业尚处于起步阶段。2000年时,中国网民仅有890万,网站数仅有15000多个。同时,网费、计算机费用居高不下,个人电脑远未普及。1999年11月1日,中国电信拨号

---

① 参见何惠珍:《对加快发展我国网络保险的探讨》,《商业经济与管理》2003年第8期。
② 参见何伟荣:《保险营销渠道创新策略探索》,《产业与科技论坛》2013年第3期。

上网用户的网络使用费为每小时 4 元，① 对当时的中国人来说，上网还是一项奢侈的消费。如今，中国互联网络信息中心发布的《2014 年农村互联网发展状况研究报告》显示，截至 2014 年 12 月，中国网民规模达 6.49 亿，互联网普及率为 47.9%。

其二，社会对互联网认知不足。在 21 世纪初，中国网民不足千万，上网是一项"少数人"的活动，大多数人尚未听说过互联网，对于虚拟世界里的生活认识不足。相比于实际生活中面对面的购物交流，人们对互联网购物缺乏认知、信任，因此保险网站也只能停留在静态的信息介绍层面上。

其三，保险网站建设处于初级阶段。在 21 世纪初，保险网站停留在静态信息介绍阶段。从内容上看，保险网站的内容大多是对本公司险种介绍、营业网点介绍、投保意向书和相关保险问题介绍的层面上，并不涉及在线交易。此外，网站的内容十分有限，相关信息介绍也不全面，提供的有效信息十分有限。

其四，网络交易缺乏技术支持，保险网站仅作为静态信息提供平台存在。网络交易是一个复杂的系统，需要有身份认证技术、密码技术、防火墙技术等。而在当时，银行网络支付尚未开通，第三方支付遥遥无期，身

图 7–1　互联网保险化时期的主要特征

---

① 参见潘义：《网络保险——未来中国保险业不可忽视的发展空间》，《财经理论与实践》2001 年第 3 期。

份认证系统也尚未建设。此外，互联网安全问题频发，财产安全频频受到威胁。因此，在相当长一个时期内，保险网站仅仅作为信息提供平台。

其五，相关法律和监管机制落后。当时，由于互联网行业处于起步阶段，国家制定的规制互联网行业的法律法规很少。就互联网保险而言，实现互联网保险所需的电子签名、网络保险效力认证等相关法律法规尚未出台。

上述各种原因使得互联网保险在相当长的时期内只能作为原有业务的补充，但随着网络技术和网络经济的发展，互联网保险逐渐改变形态，成为保险业不可缺少乃至引领行业发展的重要组成部分。

随着时间的推进，保险的互联网化在技术上有了长足的进步和发展，我国目前已从互联网保险的初级阶段（1997年至21世纪初）即"保险的互联网化"逐步进化到本质意义上的互联网保险的高级阶段。

在2000年至2008年期间，互联网行业有了实质性发展，互联网保险业发展如火如荼。在这一时期，我国电子商务行业快速发展，网民数量急速增加，网络购物、网络支付逐步为人们所熟知，曾经困扰网络保险发展的电子认证、电子支付、网络安全等一系列问题取得了突破性进展。在此背景下，互联网保险业迅速发展，大量专业网站平台设立，实现了保险申请、投保、理赔、咨询业务的全程网络化。2006年，我国第一家专业的车险报价网——搜保网成立，该网站与人保财险、平安产险、太平洋产险等多家主流保险公司在车险领域进行合作。2007年，美国最大的在线保险电子商务平台 e Health 投资公司在我国投资成立优保网，该网站是我国第一家外资第三方保险平台，保单、支付、认证等方面均实现电子化。

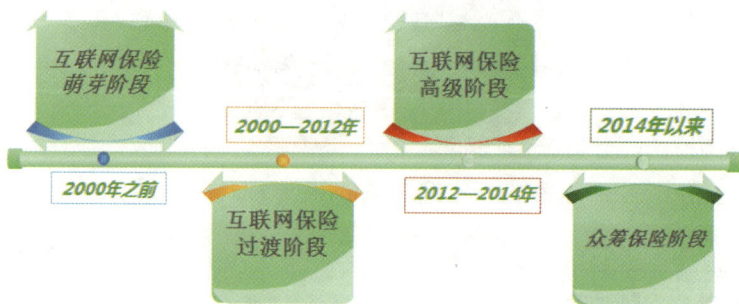

图7-2 互联网保险发展历程

2008 年之后，互联网保险行业出现了多重变化。首先，销售平台迅速增加，保险企业官网不再是保险产品销售的唯一途径，专业型的信息中介平台网站、专业代理网站迅速增加，综合性平台应运而生。其次，兼业保险销售的规模也迅速增加，尤其是随着主流电子商务网站的形成，兼业保险销售的主体也从银行逐步转移到电商。最后，互联网保险业开始注重数据采集，逐步从销售引导型经营模式向需求导向型经营模式转变。可以认为，21 世纪的第一个十年，是互联网保险升级的过渡时期。[1]

那么，现有的保险网站是如何运行的？今天的互联网保险都具有哪些功能？目前，大多数保险网站都支持产品阐释、在线咨询、在线投保、在线支付、电子单证下载、在线理赔、在线进度查询、在线变更产品或续费等多项服务。可以说，现有的保险网站已经涵盖了传统保险的绝大多数业务。此外，互联网保险业务相较于传统保险，还支持自主分析需求、自主制定保险产品、亚健康状态自测、资产配置测评、投资股票与存款测算、投保意向书申请等许多创新服务。

第一，咨询服务。除了对传统的保险问题进行解答之外，大多保险网站开辟了专区作为用户与公司、用户与用户之间进行交流的平台。同时，网站提供专业的法律服务，向用户提供相关的法律法规及相应的案例解说，提醒用户可能出现的法律问题。此外，网站支持个性化服务，为用户提供人身健康在线测评、财产状况在线测评，对用户的个人情况作出专业而精确的判断，为用户指明方向。

第二，在线投保。网站提供了详尽而全面的保险产品及其价格，对该产品的适用类型做详尽介绍，并提示用户该类产品的风险和回报。用户只需在线填写个人基本信息，由网站进行审核通过后即可投保，非常方便。目前，多数保险网站涵盖了意外保险、境内外旅游保险、少儿教育保险、医疗保险、高端门诊保险、女性疾病保险、理财保险、健康保险、养老保险、定期寿险、组合保险等众多产品，并提供特色保险产品，较著名的包括众赢宝、银行卡盗刷资金损失保险、航空延误保险等特色创新险种。

不仅如此，一些专业中介信息平台网站如慧择网，还提供险种筛选

---

① 参见苏洁：《大数据时代 保险公司争相"触网"》，《中国保险》2014 年第 1 期。

服务。在该类网站中，保险产品的设计如同电子商务网站中的商品，用户只需选择其需求类型，如险种类别、公司、地域、性别、年龄、保费等，网站可自动筛选出适合用户的保险产品，十分便捷。

第三，在线支付。保险网站大多与银行、第三方支付机构之间建立合作关系，允许用户通过网上银行或第三方支付平台进行支付。除此之外，部分保险网站还建立了独特的支付系统，如金豆支付系统。多样化的支付系统保证了用户快速便捷地完成支付。

第四，生成保单与核保。用户完成在线支付后，网站进行核保，通过后即可自动生成保单。用户可以自主下载、打印保单，也可要求保险公司以线下方式进行邮寄。

第五，理赔。长期以来，线下保险理赔难被长期诟病。随着保险的电子化、网络化，理赔程序越来越智能化、便捷化。在线理赔要经过报案、申请、审核、结案等程序。用户在保险事故发生后，可在网上进行报案，进入理赔程序。随后，根据保险网站的提示，用户上传相关的理赔材料，由网站进行审核。这一过程，保险网站通常提供全程的通知服务。一般情况下，几分钟即可实现理赔申请，2—3 天即可完成理赔。对于保险公司与用户之间存在争议的案件，则进入线下审理程序。

随着智能手机的普及，理赔程序也大为简化。以泰康人寿推出的"易理赔"服务为例，该服务是全流程电子化服务，依托智能手机、电脑等终端进行理赔，十分便捷。用户借助手机、电脑自助申请理赔，通过拍照实现理赔资料的电子传输，实现"足不出户"在家完成理赔办理的全流程服务。用户可以随时随地申请理赔，节省交通成本，大大缩减用户办理理赔的时间和精力。目前易理赔服务的用户中，90% 的案件理赔款都是实时到账。用户通过微信填一填理赔申请，拍一拍理赔资料，便可完成理赔办理，全程只要 10 分钟，大大缩减了办理理赔的时间和精力。与此同时，用户还可以获得从出险报案、申请、审核到理赔款到账等全流程的理赔服务通知，保证用户的合法权益。[①]

---

① 参见泰康人寿：《足不出户 泰康易理赔》，http：//www.taikang.com/lipei/claim_news/894871/index.shtml，最后访问时间：2015 年 6 月 16 日。

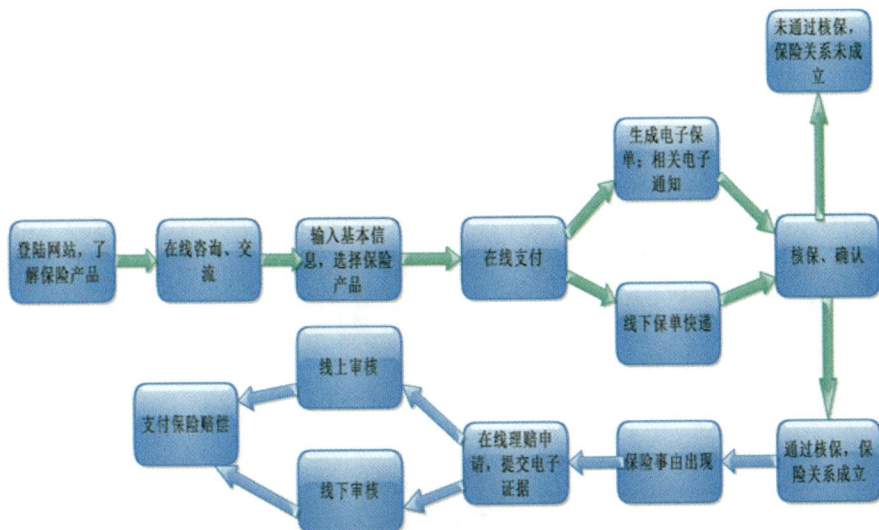

图 7–3　保险互联网化的运营模式

第六，其他服务。除上述核心业务流程之外，保险网站往往还为用户提供了许多附加服务，方便用户的使用，如卡单注册、信息变更、即时通知、续费、单证下载等服务，不仅节省了用户的时间，而且有效地降低了公司的运营成本。

（二）保险互联网化的几种模式

1. 官网模式/OTO模式

官网模式，是指传统保险公司为了更好地展现自身品牌、服务客户和销售产品所建立的自主经营的互联网站点，以平安网上商城、泰康在线、太平洋保险、珠江人寿、国寿 E 家为代表。随着行业的发展，绝大多数大中型保险公司均开设了官方网站，并将部分或大部分业务移到线上。因此，官网模式逐渐演变为 OTO（线下到线上）的模式，指线下的商务机构与互联网结合，让互联网成为线下交易的前台，网上营销、线下办理。

采用官网模式的保险公司通常具备以下条件：

（1）雄厚的资金实力

虽然建设官方网站已经不存在技术门槛，但官方网站除了展示产品、办理业务之外，往往承担了公司形象建设和对外窗口的使命，因此务求精致美观。此外，为了保证官网的流量，大量的广告投入、公关投入在所难免。因此，官网建设需要大量资金。

（2）丰富的产品体系和产品研发系统

对用户而言，单一的产品已经难以满足需求。因此，保险企业应当拥有一个或者几个完善的产品体系，满足客户在不同时期、不同状态下的需求。此外，保险公司官网为了获取流量常常花费巨大的成本，更丰富的产品体系有利于充分利用这些流量。同时，利用官网反馈的数据信息，企业可以把握需求动态，及时研发相关产品。

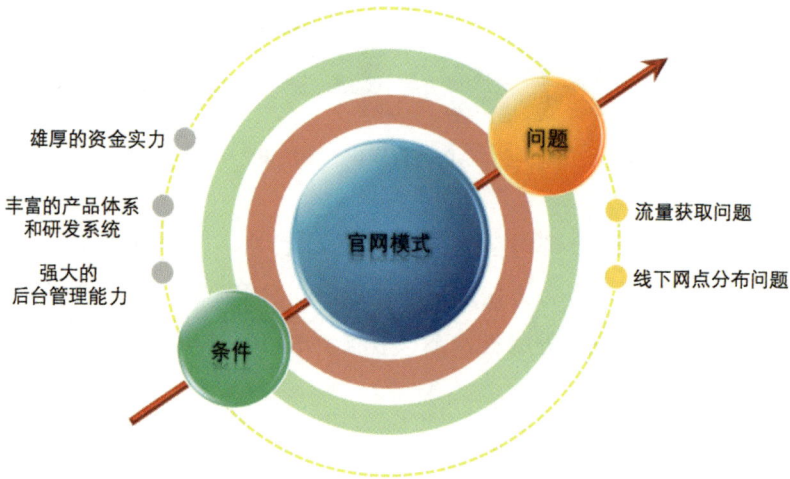

图7-4　保险互联网化的官网模式

（3）强大的后台管理能力

透明是互联网保险一个显著特征，因此官网要高效运营，需要强大的后台营运和服务能力。此外，企业需要依据官网收集数据，并进行多维分析，因此官网必须拥有非常强大的后台管理能力。

传统保险公司官网模式是最早出现的互联网保险经营模式，其优点是发展相对成熟。此外，官网模式可以使得企业直接与用户交流，获得第一手用户数据，从而对市场作出更加灵活的反应。但是该模式也面临许多问题，包括：

（1）流量获取问题

就我国而言，以BAT为核心的互联网巨头和以新浪、网易、搜狐为核心的门户网站，控制了国内的大多数流量入口，且在不同的细化市场（娱乐、商务、社交、门户）领域具有绝对优势。官方网站想要获取流量，必须投入巨大的成本。

（2）线下网点分布问题

OTO 模式下，保险公司的部分业务仍需依据线下网点进行。一方面，这将导致企业在线下和线上分配资源时面临困境；另一方面，相较于纯互联网线上公司，OTO 企业的运营成本较大，竞争优势较弱。

2. 专业中介平台模式

专业中介平台模式是指网站本身不制定保险成品，而是作为信息中介，展示保险公司产品展示平台，并提供相应的中介服务，典型代表为慧择网、优保网、中民保险网、向日葵等。这类中介平台提供全面的保险代理人和保险产品筛选系统，部分网站甚至允许投保人自行根据需求定制保险产品。

专业中介平台将各个保险企业的保险产品信息收集汇总后，以网站的形式进行展出，允许用户根据自身需求进行筛选，灵活度较高。以慧择网为例，网站允许用户定制保险，并且，对于需要保险代理人的用户，慧择网提供保险代理人筛选服务，并可代理其他相关事项。

专业中介平台模式的优势在于能够较为全面地反馈保险产品信息，避免了官网模式可能出现的产品单一化，并且该模式的筛选机制更加灵活，更好地满足投保人的需求；此外，该模式可能会收集到更加全面的大数据。缺点在于：一是需要强大的信息收集能力和处理能力，对管理后台的运营能力要求较高，如要求 AP 后台保障、CPS 系统、API 对接系统的建设等；二是不能灵活地调整保险产品，所有保险产品必须由保险企业进行供给；三是同质化竞争严重，入门门槛相对其他模式而言较低，容易形成恶性竞争。

3. 兼业平台模式

兼业平台模式是指由非主要从事保险业务的第三方网站如天猫、京东等电子商务网站，携程、去哪儿等旅游网站等，兼业销售与主营业务有关的保险。典型案例如淘宝网出售的退货运费险，携程网出售的人身意外伤害险等。兼业销售的提供商往往是一个开放性商务平台，可容纳大多数的保险公司提供网上交易和清算服务，并独立于交易各方存在。兼业销售的平台，往往是知名的商务平台，因而这些平台通常都具有强大的流量优势和技术优势。据统计，BAT 是中国访问量最高的网站，其访问量比保险公司官方网站最大流量值高出数十倍。此外，大型商务平台具有强大的数据收集能力和运营能力，因而对保险企业的技术限制较小。然而，这种模式的缺点显而易见：保险企业在这种模式下处于附属的地位，与各平台的议价能力差，容易受到对方限制；不利于塑造自身品牌知名度，也不利于全面收集各方数据从而形成产品创新能力。由于其门槛较低，因而保险产品被其他产品替代的可能性很大。综上所述，此类模式可以作为保险企业的销售模式之一，但不能作为主要模式。

二、互联网保险的高级阶段：互联网思维的互联网保险

互联网保险的核心不是在于通过创新渠道，仅仅简单地把传统的保险产品搬到线上，互联网保险的创新应该在通过精准定位用户，细分保险标的和风险因子，实现产品的定制化和定价的个性化上下工夫。[1] 与传统产品通常先设计再营销的方式不同，互联网保险根据客户需求而设计，保险的内容根据销售的情况进行调整。

在互联网保险的高级形态中，互联网保险要求贯彻互联网"开放、平等、协作、分享"的精神。"开放"意味着互联网公司必须保持开放的心态，不固步自封于传统保险业务，勇于开辟新的产品种类、商业模式、顾客类型和营销渠道。"平等"则意味着在互联网时代，保险业务或者其他金融业务，不能再"仅仅偏爱富人"，而应当对所有顾客和潜在顾客一视同仁，积极挖掘各类用户的需求痛点，并依此开发新的产品或模式，而不是仅仅围着富人做工作。"协作"，一方面强调不同类型、不同领域的企业，电子商务企业与传统企业，甚至保险行业内部之间，相互协作，取长补短，形成不同企业之间、行业集体和不同行业之间的互利共赢。互联网

---

① 参见范逸男、武海东：《互联网金融在金融各业态的发展研究》，《吉林金融研究》2014年第 5 期。

时代淘汰了"零和思维"，共赢才是这个时代的常态。另一方面，协作也强调企业和用户之间的合作共赢。在互联网时代，企业的利润并不来源于对用户的欺诈和剥削，而来自于创新，准确把握用户需求的空白市场，在实现用户福利最大化的同时也取得企业应得的利润。协作也意味着用户与企业之间的信息共享，企业在制定产品时应当及时取得用户反馈，以用户的需求为导向；用户也可以借助互联网这个信息平台参与企业产品、商业模式等方面的决策。"分享"，是互联网在削弱信息不对称方面的体现。企业之间、企业与用户之间的信息不对称在互联网这个平台上大大削弱，各个主体之间互相共享信息，这是"协助"的必然要求，也是协作的重要方式。总之，只有把握了互联网平等协作开放分享的精神，把握了"顾客需求导向"和"互联网系统技术应用"两个重要支点，才算把握了互联网保险的内核。

（一）互联网思维的互联网保险及其特征

2012 年，由平安保险公司、阿里巴巴集团、腾讯公司等数家国内知名公司投资设立的"众安在线"获批设立。众安在线不仅具有浓厚的电商背景，而且是国内首家不设线下网点的"纯线上"互联网保险公司。可以认为，众安在线的设立，标志着我国保险行业从"保险互联网化"正式进入高级形态的"互联网保险"时代。在这一阶段，保险网站的内容和品质大大提升，业务也逐步从线下转移到线上，网络平台不仅是保险行业的销售渠道，更是该行业取得数据、设计产品、形成行业竞争力的重要通道。

今天的保险网站已经不仅仅是作为公司产品的展示平台，而是集公司介绍、文化宣传、产品展示、网络销售、理赔服务、咨询指导等诸多业务于一体的综合性服务平台。在实现 OTO 的过程中，互联网保险并非机械地复制已有保险业务流程和模式，而是以"为用户服务"为核心，不断推陈出新。本书认为，互联网保险相较于传统保险，具有如下几个显著特征：

第一，经营理念变革。传统保险的经营策略是从少数同质化的险种中，用各种销售手段进行销售。各保险公司之间的保险成品相互雷同，相似率达 90% 以上。在这种背景下，企业的经营理念是"销售为王"，以

"销售"而非"用户体验"作为主导从而实现企业利润，而这种经营理念加剧了行业之间的恶性竞争和业务拓展的难度，保险销售人员为了业绩不惜采取各种手段，以至于一个时期内民众对保险推销深恶痛绝，不少人将保险等同于诈骗，严重损害了保险行业的集体形象。在互联网保险的背景下，这一情况有了质的改变。互联网保险强调以用户为中心，以产品创新获胜，运用大数据设计符合用户需求的产品，直击用户消费痛处，从而实现企业的成长、利润的增加。在这一经营理念的主导下，保险公司将重点放在了研究用户需求、设计产品而非营销，从而实现了用户与企业之间的共赢。

第二，信息流向的变更，即从单向的市场策略到企业与用户之间互动的交流反馈。传统的保险销售手段只能提供单向的信息输送，用户常处于被动接受地位。在互联网保险时代，互联网保险绝大多数采取直销模式，绕开中介代理，有利于保险公司直面客户需求信息并进行及时的信息整理、传送及反馈，利用互联网数据管理和分析的优势，开发个性化产品，从而提供更好的服务。同时，在互联网保险的模式下，基于网络和数据分析，保险企业可以有的放矢，选择适当的用户群体。同时，保险企业也可以筛选有新思维、高学历、能够客观认识保险的功能、退保率低的优秀客户，培养企业的长期客户群，即留住为企业带来 80% 利润的 20% 的人群，帮助企业作出正确的选择。

第三，用户与企业之间信息对称性大大提高。在传统的保险经营模式中，销售人员为了实现业绩和利润的最大化，千方百计地"哄"用户，利用用户对保险知识的不熟悉、产品特性的不了解趁机"忽悠"，致使用户经常购买不符合消费需求的保险产品，以至于一段时间内在民众意识中，保险与诈骗被画上等号。在互联网保险时代，用户可以利用网络轻易地在不同保险产品之间进行比较，保险公司为了取得优势、吸引顾客，往往主动提供众多保险信息，对本公司、保险产品进行全方面地介绍、公开，对操作流程尤其是理赔流程全程实时告知，对用户进行专业的指导和测评，从而取得竞争优势。在这种情况下，用户与企业之间的信息不对称被大大削弱，用户的自主选择权得到了真正的保障。

第四，保险企业的经营成本大幅下降。传统的保险经营模式中，企业需要为场地、销售人员、中间商支付大量的费用。在互联网时代中，企业可以直接面向用户，一个网站即可接受数以亿计的流量，因此其经营成本大幅下降。相比传统营销模式，互联网保险在营销成本上具有非常显著的优势。为提高保险公司效益争取到了一定空间，并有利于让利于用户，彻底改变了传统保险业高投入、高成本、高消耗的粗放式经营模式。

第五，行业支撑点发生变革。互联网保险，实质就是保险企业运用互联网保险思维研究制定经营战略，建立健全经营体系，实现运营数据化服务。将互联网精神内化于保险经营管理全过程，为用户提供速度最快、质量最优、口碑最好、费效比最高和体验度最佳的精致服务。[①] 互联网保险相比于传统的销售至上，自身有三大支撑点，即服务、数据和平台。服务，就是强调保险业属于第三产业，服务的特征就是在互联网保险中"以用户为中心"，表现为用户思维、粉丝思维、服务思维和体验思维。这要求企业既会做加法，为用户提供增值性服务，也会做减法，为用户提供最需要的服务。大数法则是保险业的基石，没有数据支撑，保险企业无法准确识别风险进而给风险精确定价。因此，对数据应当深化认识，将其从单一的风险定价延伸扩展到用户识别、风险研究、需求捕捉、信用评价、服务推送、满意度评估、社交广告等各个领域和环节，实现精细化管理。平台，即连接两个或更多特定群体，为它们提供互动机制并满足所有群体需求的商业结构。因此，互联网保险其实就是做好平台。建设好的平台，一

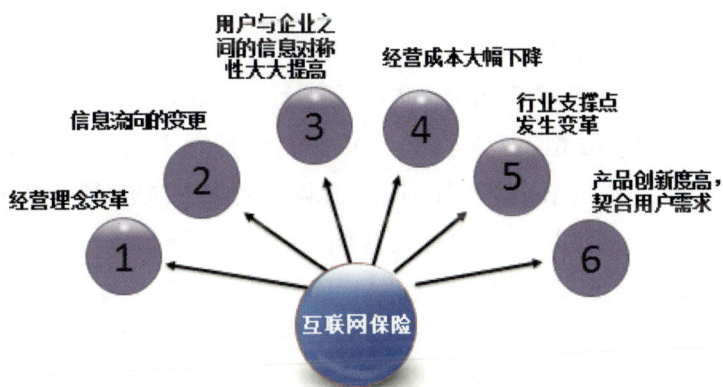

图 7-5 互联网思维的保险

① 参见张则鸣：《浅谈大数据与保险业的未来》，《上海保险》2014 第 2 期。

是要建设服务平台，接收并分析用户需求；二是做数据平台，把用户自身的和外包服务供应商的大数据尽量掌握和整合，为运营提供基础；三是做社交平台，通过网络社交构建市场调研服务体系和用户维系的渠道体系，以尽可能低的成本互动式地精准完成需求。[①]

第六，产品创新度高，与用户需求高度契合。如前文所述，在互联网保险的时代，保险行业必须以用户需求为导向，并运用互联网提供的技术平台，设计出符合"开放、平等、协作、共享"精神的保险运营模式，才算把握了互联网保险的本质。互联网保险不仅仅是OTO，更表现在产品的设计上。可以说，互联网保险是符合用户需求的创新的产品，真正体现了互联网保险的内在本质。

【案例】退货运费险

在网上购物盛行的时代，运费是阻碍电子商务发展的一大瓶颈。在网络购物的过程中，一旦出现退款纠纷，运费问题往往成为买卖双方争议的首要问题。针对这个问题，华泰保险针对网上交易推出专用保险产品——退货运费险。2010年11月9日，退货运费险正式在淘宝网进行销售。退货运费险考虑了买家和卖家双方的需求，从设计上充分体现了"以用户需求为导向"的互联网保险精神。

【案例分析】

第一，从买方的角度出发，华泰保险针对淘宝网支持7天无理由退货的商品推出退货运费险（买家版），买家可在购买商品时选择投保。当发生退货时，在交易结束后72小时内，保险公司将按约定对买家的退货运费进行赔付。与此同时，华泰保险也推出了退货运费险（卖家版）。[②]

第二，首先退货运费险的费用极低，投保和理赔十分迅速，体现了互联网保险的特点。退货运费险的保费平均为0.5元，这可以说是当前保费最低的险种，因此消费者对该险种的费率敏感度极低。其次是投保易，

① 参见张则鸣：《论互联网保险的形态、定位与技术支撑》，《上海保险》2014年第8期。
② 参见张光华、徐宝成：《网购退货也能上保险》，《金融博览（财富）》2011年第12期；石芮菡：《附退货运费险的淘宝网销售退回核算》，《财会月刊》2013年第23期。

只需在购买商品时选择即可，可和货款合并到一起支付，而无须经历漫长的过程，和购物一起一键完成，也符合用户的购物需求。最后是理赔快，无须报案，无须举证，交易结束后3天内理赔款项直接支付到用户支付宝账户。

第三，费率的厘定运用了互联网大数据。虽然退货运费险的具体费率厘定是商业机密，但是可以对此进行推论。保险费率的确定是运用大数法则的，退货运费险就是根据大量的数据分析出退货的概率以及运费情况，然后设定保险费率。并且，退货运费险具有非常强的个体性，即每次购物的保险费动态变化，依据个人的退货记录进行调整。用户退货次数越少，费率越低，且可自动调整。由于退货运费险全过程在网上完成，只需根据每个用户的退货概率进行分析。根据个人的退货概率进行单独的费率厘定，这就保证了费率和风险的对等。由此，在费率的界定和调整上，退货运费险成功运用了淘宝购物记录所形成的大数据，并依次开发出符合用户需求的保险产品，因而在推出后受到了极大的追捧。

【案例】众赢宝

随着互联网金融的兴起，P2P网络借贷受到众多投资人追捧。然而，受制于我国征信体系不完善、相关监管滞后、托管机制欠缺的影响，P2P网络贷款平台跑路事件频发，严重制约了该行业的发展。鉴于此，众安保险与网络投资平台合作联合推出众赢宝。众赢宝是一款保证保险。该产品可以保障投资人在网络投资平台中的投资本金和收益，有效保障资金安全。众赢宝担保赢众通理财平台展示的投资产品，所有用户在进行投资时，会自动投保一份保证保险。一旦出现平台违约，众安保险将会保障全额借款的本金和利息安全。如果借款到期，资金借入人没有足够资金偿还投资人的本金和利息，众安保险会针对到期全额的借款本息的差额部分进行自动理赔，实时补足差额，并获得针对资金借入人的代位求偿权展开追偿。

【案例分析】

第一，从投资人需求角度，众赢宝为投资人提供了保险保证，契合了投资人需求。对于投资人而言，其最大的担忧莫过于资金的安全性。众安保险则为投资人的资金安全提供全额保证，分散了投资人的风险，实现了投资人效益最大化。

第二，从平台角度而言，众赢宝增加了P2P平台对投资人的吸引力，并分散了平台风险。一旦借款方出现违约，投资人将要求众赢宝支付本息，从而避免了投资人对平台的挤兑，保证了平台的安全。此外，作为长期合作伙伴，一旦P2P平台出现现金流等短期问题，众赢宝为了保证自身不至于背负大量理赔压力，也很有可能帮助P2P平台解决上述问题。因此，此举实现了平台效益的最大化。

第三，对于众赢宝而言，投资人每进行一份投资，就同时购买了一份众赢宝的保险。虽然保费并不直接体现在用户的账单上，但保费会转接到P2P平台收取的管理费中。在保费的制定时，众赢宝可以依据平台提供的数据，以及其股东腾讯、阿里巴巴集团和平安保险集团的数据库，对投资人的信用水平进行分析，并以此确定风险和保费水平。因此众赢宝体现了互联网保险的本质，是互联网保险时代的代表性产品。正是基于上述几个特点，众赢宝及合作伙伴赢众通受到热捧，推出至今赢众通共有理财产品15878种，累计投资金额超过14亿元人民币，累计收益接近2000万元。[①]

（二）高级阶段的互联网保险模式

相较于传统的"保险互联网化"，以众安在线为代表的纯线上模式与之相比有显著区别。下图列出了两者之间的区别：

发展阶段	代表性网站/产品	理念	数据来源	合作领域
互联网保险初级阶段	泰康、太平洋保险	企业导向	保险行业	金融领域为主
互联网保险高级阶段	众安在线	用户导向	整合各行业数据	各行业全面合作

图 7-6　互联网保险初级阶段与高级阶段的对比

[①]　参见 https：//www.zhongan.com/channel/product/investList.html，最后访问时间：2015年9月1日。

　　纯互联网保险模式是在电子商务化背景下诞生的新型保险运营模式，这种纯互联网保险模式完全由线上完成，没有线上与线下的区别，甚至不需要线下参与。它没有传统保险公司的分支机构，而是电子保险，全部过程都在网上完成。最典型的代表是由"三马"（阿里巴巴的马云、中国平安的马明哲、腾讯的马化腾）共同出资设立的众安在线财产保险公司（简称"众安在线"），该公司注册资本为人民币10亿元。众安在线被视为互联网保险的新起点。

　　众安在线不只是通过互联网销售既有的保险产品，而是通过产品创新，为互联网的经营者和参与者提供一系列整体解决方案，化解和管理互联网经济的各种风险，为互联网行业的顺畅、安全、高效运行提供保障和服务。众安在线的目标客户包括所有互联网经济的参与方，如互联网平台、互联网服务提供商、电子商务商家、网络购物消费者、社交网络参与者等公司和个人客户。众安在线希望依靠互联网思想、互联网技术，以保险为载体，为互联网分散风险、管理风险、处理纠纷，使互联网生态更安全、顺畅、丰富。①

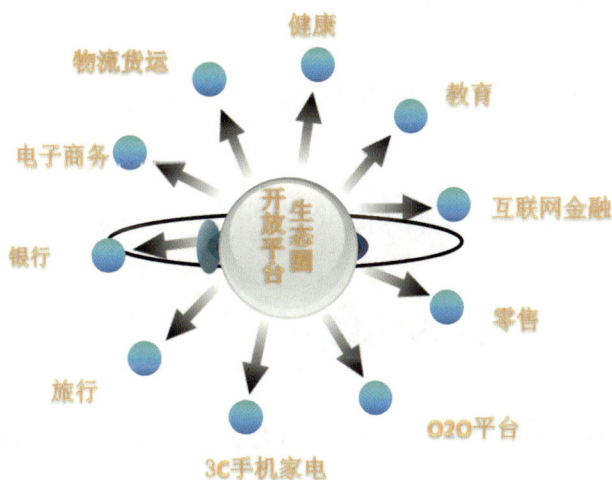

图 7-7　众安在线构建的平台生态圈

---

① 参见方丽：《互联网金融大潮来袭银行基金保险三领域弄潮》，《证券时报》2013年7月27日；肖扬：《众安保险：互联网保险创新率先抢滩》，《金融时报》2013年10月18日。

众安在线整合了零售、O2O平台、家电收集领域、旅游领域、电子商务、银行等热门领域，试图构建全面、系统的保险生态圈。依托阿里巴巴、腾讯、平安保险的强大数据库和分析能力，众安保险将保险的触手伸向全社会各个领域，力图打造一个全新的保险产业。

众安在线的模式具有非常大的潜力。该模式倡导的是一种共赢的体系，将全社会各领域数据予以整合，推动保险行业发挥更大的作用。

模式	代表网站	优点	缺点
官方网站模式	平安网上商城、泰康在线、太平洋保险、珠江人寿、国寿E家	培养品牌；形成用户黏性；形成大数据	信息收集能力要求较高；同质化竞争严重；数据收集有限；可替代性强
专业中介平台模式	慧择网、优保网、中民保险网、向日葵	数据收集能力强；选择灵活；信息全面	流量小；线下经营成本较高；资金投入大
兼业经营模式	天猫、京东等电子商务网站，携程、去哪儿等旅游网站	流量大；混营技术强	依附于各平台；不利于营造保险品牌；数据收集有限；可替代性强
纯网上模式	众安在线、爱升级	整合大数据；降低运营成本；促进金融创新	门槛高

图7-8　互联网保险各大模式优缺点比较

第三节　互联网保险的明天——众筹保险

一、众筹保险的概念与特征

互联网保险实质是众筹的一种表现形式，二者之间具有深刻的关系。众筹通过集中每个人的资金，共同实现一个目标，办好一件事情。保险的实质，则是出于对规避风险的需要，通过大家共同缴纳保费（相当于共同出资），并由保险公司对人们可能遭受的损失进行补偿。因此，保险精神的实质就是众筹精神。而在互联网保险进一步发展的今天，众筹精神中的"平民胜利"也为保险的发展指明了道路。互联网保险的核心精神之一，就是要贯彻以人为本，满足人民群众的需求尤其是广大平民阶层的需求。此外，在众筹保险的理念下，保险公司作为中间媒介的作用将进一步削弱，以互助保险为代表的去媒介化的保险模式将得到进一步发展。

众筹保险具有以下特征：

第一，众筹保险强调众筹思维。在现有的互联网保险业态中，用户思维、草根思维、服务思维、痛点思维、免费思维、大数据思维、云思维等，已经得到了不同程度的体现，在产品的设计和推广中取得了良好的效应，并将对互联网保险的销售模式产生深刻影响。如今，越来越多的产品，依靠朋友圈等社交网络的口口相传而风生水起，互联网保险产品想要有大的突破，打入社交圈，实践社交思维将是下一步。

第二，众筹保险强调低门槛甚至零门槛和开放、参与，这些特点也已经逐步出现在了互联网保险产品的身上。一些保险企业设计出免费或费用极低的保险产品，允许用户自行制定符合自身需求的保险产品等，就突出了这一点。然而，仅仅如此远远不够，低门槛不代表低价格。低门槛强调产品的易获得，这要求保险企业在推广模式和力度上要进一步加强，降低成本，设计更加创新的用户导向型产品。在产品的开放性、参与性上，保险企业可以尝试众筹时代的体验模式、用户参与设计等思路，让用户参与到产品从研发、定型到推广的全过程中，而非仅仅依靠用户的事后反馈。诚如是，互联网保险将突破现有的羁绊，向着更高级的模式——众筹模式转变。

第三，众筹保险强调保险产品的社交性。互联网时代下的众筹保险

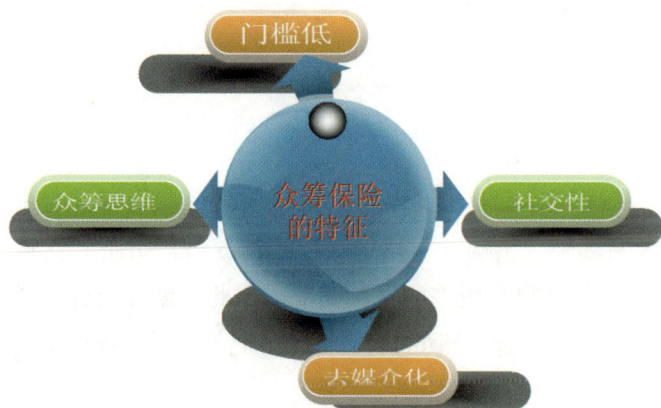

图7-9　众筹保险的特征

不同于传统保险模式中的推销，众筹保险以社交网络为纽带，强调保险的"社交性"。通过保险产品在社交网络中的传播，扩大保险的参与人数，从而满足众筹保险的流量前提。

第四，众筹保险强调去媒介化。在传统保险中，保险公司作为连接保费缴纳者与保险需求方的桥梁，在互联网时代，点对多、多对点式的众筹保险越发重要，保险公司作为媒介者的作用将会被大大削弱，保险公司之间的竞争也将进一步加剧。

二、众筹保险的典型案例

【案例】阳光保险——爱升级①

爱升级是阳光保险推出的一种全新规则的保险产品，一经推出就在网上引发热议，被视为互联网保险的代表之作，是具有颠覆性的保险产品。作为阳光保险推出的系列互联网保险产品之一，爱升级具有鲜明的特色。爱升级的规则如下：一是用户可以购买一年期儿童重疾保险保障，额度为5万元，初始保费为100元。该保险仅限父母为子女购买，且只在阳光保险微信公众号上销售；二是额度升级，购买人在购买保险之后可分享购买链接，每多一个好友通过此链接购买，同一链接内所有宝宝的保额都免费增加2500元，72小时内涨到多少保障多少，一个链接内最多21人参加，保额10万元封顶；三是参与理念上，将其定位为互相关爱、互惠互利的全新互助保险，让所有参与人受益。

【案例分析】

爱升级的特点在于：

第一，从保险公司的角度出发，爱升级是符合其经济效益的。因为爱升级模式实际是"团购——减价"模式的变形，实质上就是"薄利多销"，以较低的价格出售更多的保险商品。因此，爱升级看似"免费"的升级，实质上也契合保险公司的利益诉求。此外，爱升级模式巧妙地将保

① 参见杨轩：《互联网保险井喷，三年增幅810%》，《中国企业报》2014年4月22日。

险产品与社交思维结合起来。

第二，从客户的角度出发，产品本身的性价比就已经非常具有吸引力了。并且，仅仅动手分享链接，就可以免费获得保额升级，何乐而不为？通过分享链接，让自己的朋友和自己都能从中获利，满足自己的社交需求和经济需求。因此，客户乐于转发链接，甘为阳光保险的宣传员。

第三，整体上来说，阳光保险用爱升级这样一种类似游戏升级的方式，以极低的成本换取了较高的社会知名度，并且使客户从中受益，可谓双赢的典范。爱升级取得了良好的社会效果，据介绍，阳光保险将以此为契机，推出爱升级系列产品，针对更多细分人群和团体活动，开发更多适合这一规则的保险产品。

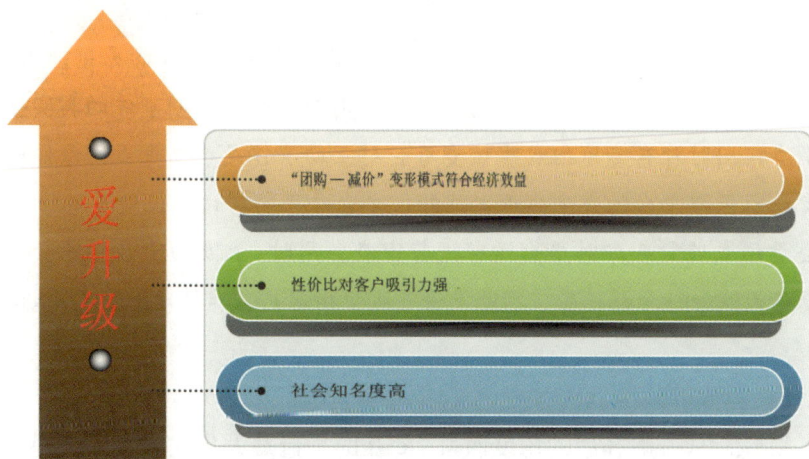

图7-10　爱升级的特征

【案例】泛华集团e互助[①]

2014年10月16日，由泛华集团发起的国内首个公益性互联网互助平台——e互助正式上线。该平台门槛极低，客户只需关注微信公众号，自愿捐助3元即可成为会员。e互助平台为公民之间互帮互助的公益性平台，其推出首个家庭守护计划，为罹患癌症或意外死亡的互助会员及其家庭提供帮助，共同为其义务均摊式助捐资金，金额最高为50万元，每人

① 参见李晓波：《泛华集团进军互联网公益》，《中国保险报》2014年10月17日。

每次助捐不超过 3 元，计划成员越多，每次助捐金额越少。e 互助平台推出后受到热捧，三个月内平台注册会员即突破 20 万名。

e 互助平台是众筹保险的典型代表，它的运作模式集中体现了众筹保险的理念——低门槛与去媒介化。e 互助平台颠覆了传统保险模式，将保险公司的地位从保险产品的供给方转变为供需双方交流的平台。尽管保费提供者与理赔金享受者的角色从宏观而言是统一的，然而在传统保险模式下，由于信息不对称等诸多因素，人们不得不借助保险公司这一中间方来进行二者的对接。在互联网时代下，保险公司的角色重要性被大大削弱，保费提供者与理赔金享受者可以在特定的平台上进行信息交换。e 互助就是这样一种模式。保险公司转变为众筹平台，同时又一定程度上进行专业化的保险信息整合、处理，众筹与保险在此得到完美结合。

为了提高平台的可信度，e 互助平台实行透明、公开的原则。为此，平台聘请泛华保险公估有限公司作为独立调查机构对互助事件的真实性进行调查，同时外聘专家组成审核委员会对互助事件是否满足互助条件进行审定，以保障平台的公平公正；此外，平台每年将聘请公证处随机抽取 10 名会员组成监督小组对平台运营进行审查。同时，e 互助平台的资金由招商银行大连分行全程托管，捐助资金直达受捐账户，非特定用途不能划转。

【案例分析】

第一，从一般客户的角度而言，e 互助平台最大化地减少了中间成本（甚至可能还提供补贴），解决了客户大病困境。根据世界卫生组织统计，全球 20% 的新发癌症病人在中国，24% 的癌症死亡病人在中国，每分钟就有 6 人确诊为癌症，5 人死于癌症。重大疾病的许多治疗费用并不在报销范围内，因此，通过互助保险模式，客户能够享受到性价比最高的大病保险，解决了自己的一大问题。因此，e 互助平台受到客户的热捧是理所当然的事情。

第二，从泛华集团的角度而言，其旗下平台受到热捧，对于抢占市场、形成该领域内的自然垄断，利润之大不言而喻。此外，该平台将保险公司的资金融通职能大大弱化，信息中介职能大大加强，逐步从金融中介演变为信息中介，从而引导行业的发展方向。

　　e 互助平台是众筹保险的典型代表，其模式引导和代表着互联网保险的发展方向。在这种模式的引导下，互助保险在互联网时代下具有重要的标杆意义——削弱保险公司的资金中介职能，强化其信息中介职能，减少中间环节，压低成本，从而使客户享受到性价比更高、更直接全面的保险服务。e 互助平台的运行模式实际上预示着一场众筹保险的革命，值得我们认真思考关注。

第八章

众筹改变交易所

——众筹金融交易所

第一节　首家众筹金融交易所的创新实践

一、从互联网金融平台到众筹金融交易所

近年来，大大小小的 P2P 网络借贷平台、股权众筹平台如雨后春笋生根发芽并快速成长，正如前文所述，众筹金融的精髓不仅在于小额分散，更在于联合集中。2015 年 5 月 27 日，全国首家众筹金融交易所——贵阳众筹金融交易所正式成立并上线运营，这是笔者众筹金融理论的一大落地与实践。该众筹金融交易所是由北京特许经营权交易所和北京领筹金融信息服务有限公司联合贵州阳光产权交易所、贵阳互联网金融产业投资有限公司、贵阳移动金融发展有限公司等单位共同成立，笔者全程参与架构设计。其经营范围包括股权众筹板块、债权众筹板块、经营权众筹板块、知识产权众筹板块和产品众筹板块共五大众筹金融交易板块。

主要服务于广大创业型小微企业	主要服务于公共事业PPP模式	主要服务于知识创新型企业	主要服务于传统企业（餐饮、娱乐等）	主要服务于债权类金融资产的证券化
股权众筹板块	经营权众筹板块	知识产权众筹板块	产品众筹板块	债券众筹板块

图 8-1　贵阳众筹金融交易所五大交易板块

贵阳众筹金融交易所的成立是中国金融创新西部布局的重要体现，也是众筹金融的一次大胆创新与有益尝试。其依托大数据金融和移动金融发展战略，旨在创立交易所级别的众筹模式，服务于中国优秀传统文化产业的继承、发扬、推广与创新，助力创新型企业、公共事业的转型升级，

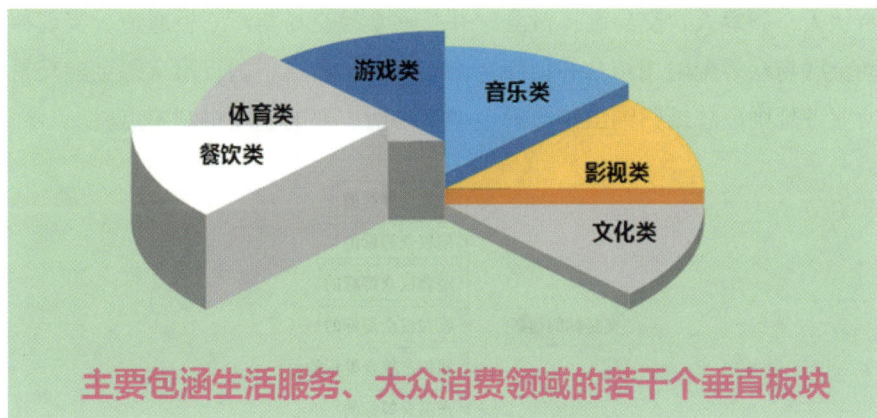

主要包涵生活服务、大众消费领域的若干个垂直板块

图 8-2　贵阳众筹金融交易所主要垂直板块

打通众筹交易与新三板的通道，打通现代金融与传统金融的通道，使西部地区的金融市场迸发出勃勃生机与市场活力。

图 8-3　贵阳众筹金融交易所的五大目标

二、贵阳众筹金融交易所的创新之处

贵阳众筹金融交易所建立了一系列的创新规则与机制，包括零门槛备案、投资者定价、折价交割、发行价回购、并购转板、股权托管交易、超额收益灵活分配、政府引导基金配比等。此外，众筹金融交易所还引入

合伙人、领筹人、交易商、微券，并打通众筹交易与新三板通道，实现移动金融与众筹金融相结合的创新金融模式。结合《中国贵阳众筹金融交易所业务规则》总结归纳出该众筹金融交易所主要的创新机制要点。

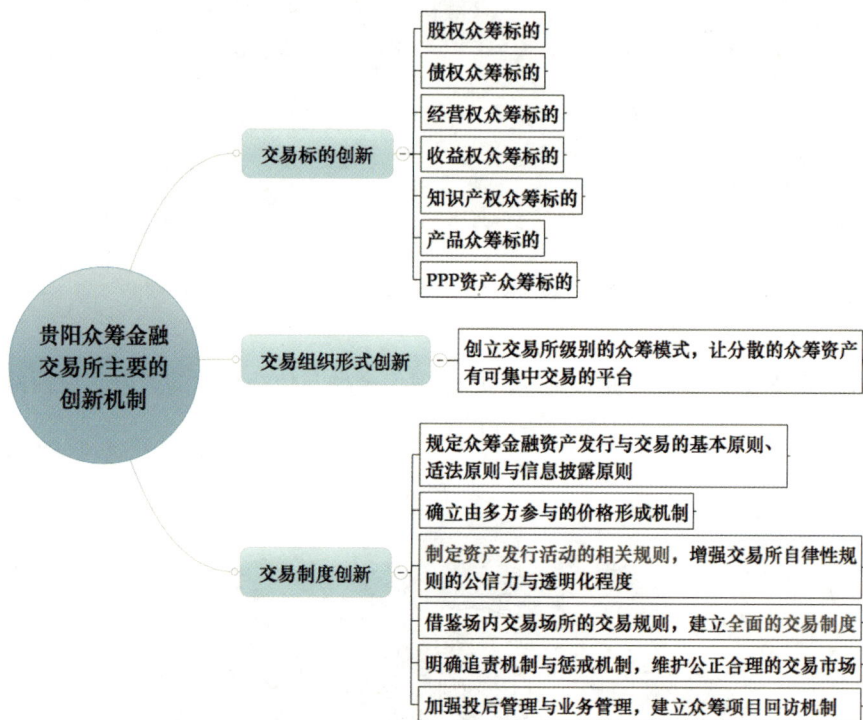

图 8-4　贵阳众筹金融交易所的创新机制

（一）交易标的创新

贵阳众筹金融交易所是全国乃至全世界首家以众筹金融资产为标的的创新类交易所，其所发行和交易的资产不仅仅涉及股权众筹、债权众筹标的，更是涵盖经营权众筹、收益权众筹、知识产权众筹、产品众筹和PPP资产众筹标的，并以股权众筹的发行与交易模式为基础模式，为其他众筹金融资产的发行与交易活动提供参照。

（二）交易组织形式创新

创立交易所级别的众筹模式，让分散的众筹资产有可集中交易的平台，一方面有助于发挥行业自治作用，帮助更加弱小孤立的投资人获得更真实的信息披露以及第三方征信所带来的保障救助；另一方面有助于众筹金融市场稳健发展，让众筹带着实体企业逐步向新三板、创业板进军。

此外，贵阳众筹金融交易所与贵阳大数据交易所建立协同发展的模式，众筹金融交易所可以为大数据交易所进行众筹，大数据交易所可以为众筹金融交易所提供数据采集、分析、交易等技术支撑。

（三）交易制度创新

第一，《中国贵阳众筹金融交易所业务规则》规定了众筹金融资产发行与交易的一系列原则，包括基本原则、适法原则与信息披露原则，其中适法原则有利于保证众筹金融资产发行与交易活动符合相关法律规定，信息披露原则则能有效降低交易各方的信息不对称。同时，明确了众筹金融资产发行与交易活动中参与各方的权利义务关系，在发行与交易过程中参与人包括发行人、领筹人、保荐顾问、领投人、投资者、经纪人。

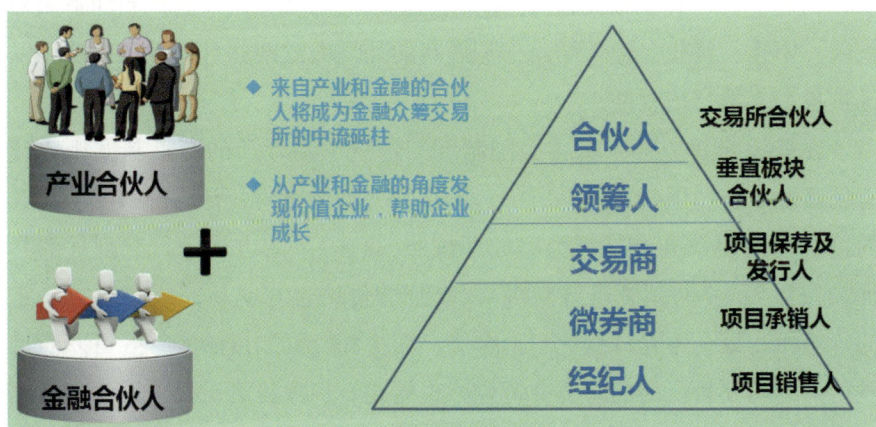

图 8-5　交易制度创新

第二，在众筹项目发行价格的确定机制上，确立了由领筹人统筹、保荐顾问参与、发行人和领投人协商形成基准价格，再由投资者在基准价格上下浮动 30% 的范围内进行申购，最终价格的确定由申购人报价及申购数量加权平均后确定的价格形成机制，该机制在市场定价的基础上考虑各方对于定价的建议，符合市场经济的基本要求，也发扬了经济民主的精神实质。

其中的领筹人制度是众筹金融交易所的创新制度，领筹人与领投人相类似，但区别在于对众筹项目投资额度的不同，领筹人为项目总筹资额的 10%，领投人为项目总筹资额的 30%。领筹人之所以只需投入项目 10% 的原因在于其相较领投人的雄厚资金实力、较高的风险承受能力、拥有丰富的行业资源及人脉等，这些都极大地增强了众筹项目的筹资能力。

第三，在众筹金融资产的发行上，发行活动包括项目的申报、资金募集、众筹经纪业务、登记结算等，项目申报的流程与互联网众筹平台的流程类似，在项目发行门槛上几乎没有资金的限制，但对于项目的路演、保荐顾问的尽职调查、发行的份额等方面有明确的规定，这些举措的目的都在于尽可能地减少项目的欺诈，同时不触碰法律关于"非法集资"的红线，一定程度上也可以增强交易所自律性规则的公信力与透明化程度。

在资金募集方面，首先，《中国贵阳众筹金融交易所业务规则》注重投资者适当性管理，利用相应的标准区分不同风险承受能力的投资者；其次，明确了投资者在募资过程中的一揽子权利与义务；最后，明确了众筹失败、中止、终止、提前结束、延期时的处理方式，并且加强信息披露以维护投资者的合法权益。

在登记结算方面，折扣交割制度与传统交易场所的交割制度相比具有创新性。在我国传统交易所中，证券的交割价格为公开竞价制度下形成的价格，只要双方交易行为完成即按照"T＋1"的方式进行交割（部分证券按照 T＋0 的制度进行交割），交割的价格也与交易完成时双方确定的价格相一致，不允许变更交割金额。而折扣交割制度的实行既可以满足发行人启动项目所需的大部分资金，也能在日后项目真正投入设计、开发后随着项目的逐步完善由投资人决定后续资金的投入，体现了众筹在"筹人"、"筹智"方面的优势，是传统场内交易场所交割制度的变通，交割方式也显得更加的灵活。

第四，在众筹金融资产的交易上，交易是众筹金融交易所的核心，统一、规范的交易行为是区别于互联网众筹平台的重要方面，也是防范众筹欺诈的关键。《中国贵阳众筹金融交易所业务规则》对交易活动的类型、投资者金融资产（股权）转让、转让公示及其方式、交易中的禁止行为、退出机制等内容进行了全面的规定，大部分规则借鉴了场内交易场所的交易规则，更具有规范性和自律性的特征。

为了鼓励投资者所申购的众筹金融资产（股权）的流转，交易所允许投资者将其所持的股权进行质押，由交易所帮助投资者在其他债权众筹平台进行债权融资，以充分利用众筹金融资产的价值。

第五，在业务管理方面，《中国贵阳众筹金融交易所业务规则》主要规定了领筹人、发行人、领投人、经纪人、保荐顾问等在发行、交易过程中违反相关规则的处置方式，包括第三方独立调查程序的启动、信息披露管理、尽职调查违规管理、适当性管理违规、投后管理职责以及强行退市制度等内容，以上举措建立了明确的追责机制与惩戒机制，旨在维护一个公正、合理、有序的众筹金融交易市场。

第六，在投后管理与业务管理上，在众筹项目筹资完成后，交易所在投后管理方面还督促发行人、领投人定期地将项目的运作情况向投资者进行披露；还建立了众筹项目回访机制，加强了领投人、发行人与投资者及时沟通联系的长效机制。

颇具创新特色的举措便是实现了众筹金融交易所与新三板的转板服务，若项目的发行人符合全国中小企业股权转让系统挂牌条件的，领投人应当为发行人提供转板咨询服务，并将有关的信息进行披露。"转板"是多层次资本市场体系中各个层次的资本市场之间的桥梁，是多层次资本市场中不可或缺的一环，该规定确立了众筹金融交易所与新三板之间的转板衔接机制，还因其属于从低层次市场向高层次市场的转板，所以又称为升级转板。新三板在服务对象、准入条件、投资群体等方面较众筹金融交易所有更高的要求，但其作为中小微企业和产业资本服务媒介的功能定位，使确立众筹交易所到新三板的转板机制具有重要意义：一方面，保护了发行人或企业的发行自由、上市自由，从而有效维持了不同交易场所之间的竞争自由，故满足发行人之间差异化的上市需求或挂牌需求；另一方面，能够提高企业的公司治理水平，并且通过监管降低股权投资的风险，还能最大限度地实现风险错配，解决中小企业融资难的问题。未来随着众筹金融交易所转板机制的完善，符合一定条件的还能争取通过并购重组等方式转创业板以及其他证券市场。

零门槛备案	实行零门槛登记备案制，大大降低了广大创业型中小企业进入资本市场的门槛。
领筹人统管上市	领筹人为项目发售提供在众筹所的项目注册、信息披露、认购名册筛选、资金交收以及投后管理等服务。
领投人统一管理	领投人对所推荐的筹资项目负有保荐责任并出具保荐意见书，及对众筹项目履行持续督导义务。
投资者定价	股权发行价格由市场决定，即投资人在领筹人与发行方商定的定价区间内报价，投资人报价的加权平均价即为股权的发行价格。
折价交割	按照发行价格的一定比例折让（如8折）进行交割。
发行价回购	企业在约定时间内如3年未实现上市，大股东承诺无条件按照发行价回购股份。
股权托管交易	构建股权托管交易平台，搭建聚集投资融资双向信息交流平台，增强企业股权流动性。
政府引导基金引导	政府设立引导基金，通过众筹配比形成母基金，投资于众筹金融交易所所发行的项目中，充分发挥基金的资金放大作用。

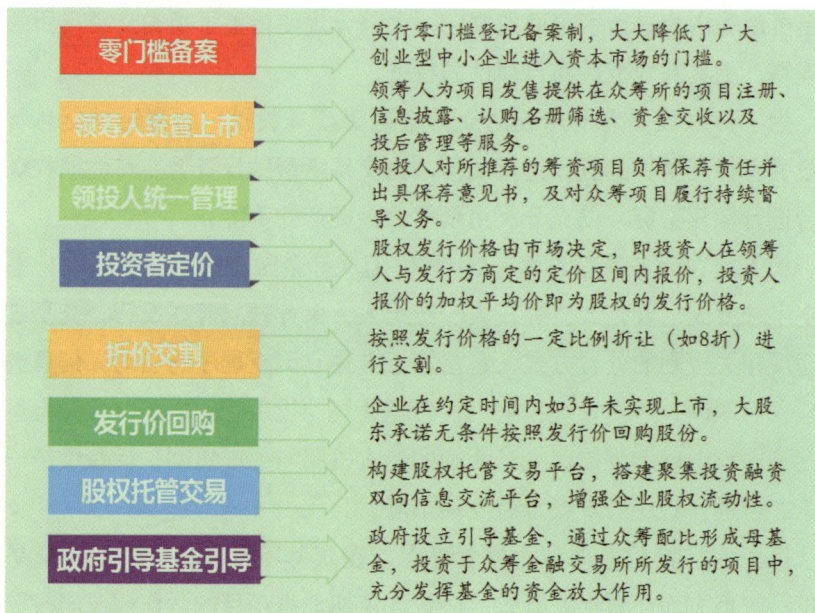

图 8-6 贵阳众筹金融交易所的创新机制

第二节 金融的未来是交易所，交易所的未来是众筹金融交易所

金融的未来是交易所，交易所的未来是跨业的众筹金融交易所。这里所指的交易所不是传统意义上的交易所，众筹金融的特质之一就是去中心化、去媒介化，因此，此交易所非彼交易所，而是指互联网上的交易平台，其功能也不同于传统的交易所。此处所说的跨业不仅限于金融混业，更是指金融与产业的结合。众筹金融交易所的成立给目前的互联网众筹平台发展恰好起到了互补的作用，互联网众筹平台重在"募资"，众筹金融交易所重在"交易"，在推动众筹金融发展过程中侧重点有所不同。众筹金融交易所在遵循现有的法律规则和风险控制的前提下所建立、适用的统一交易规则和生态交易系统有助于促进金融创新、强化信息披露、完善过程监督，也利于创造一个和谐的众筹金融发展环境。因而，从互联网众筹平台到众筹金融交易所的衍化是众筹金融在中国发展的大趋势。

一、众筹金融交易所的定位与功能

众筹金融交易所的产生源自于开放、共享的众筹思维，众筹金融交易所将成为继主板、创业板、新三板和各地股权交易中心之后我国多层次资本市场体系中的重要组成部分之一。

众筹金融交易所突破了传统交易所在公司治理、资本结构、经济效益等方面的高门槛限制，同时融合了互联网众筹平台的诸多优势，实行的零门槛登记备案制将调动一切可以调动的资源，大大推进大众创业，只要融资者的项目足够好并得到市场的认可，就会获得投资人的资金，无疑会极大地增强众筹金融交易所服务实体经济的能力。因此，众筹金融交易所是我国最活跃、最具生命力、最富成长性的五板交易市场。

二、众筹金融交易所将改变什么

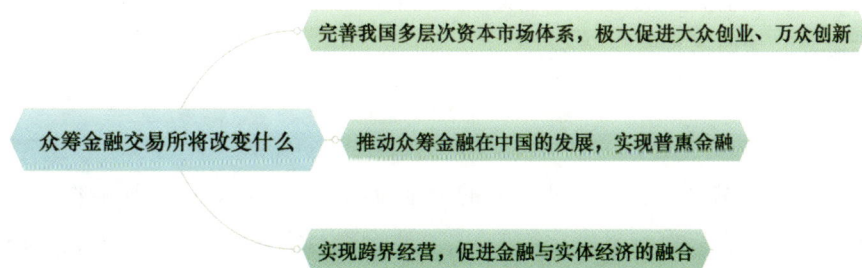

完善我国多层次资本市场体系，极大促进大众创业、万众创新

众筹金融交易所将改变什么

推动众筹金融在中国的发展，实现普惠金融

实现跨界经营，促进金融与实体经济的融合

图 8-7　众筹金融交易所将改变什么

（一）完善我国多层次资本市场体系，极大促进大众创业、万众创新

众筹金融交易所致力于打造中国"众创版"五板市场，这将进一步完善我国目前的多层次资本市场体系，实现众筹资产的灵活交易，也为打通众筹与新三板奠定了基础，确保投资者在资本市场中拥有更多元化的投资选择。例如，贵阳众筹金融交易所计划三年内将突破挂牌上市发行众筹交易企业 3000 家、注册备案登记企业 10 万家、注册会员超千万人，100条各行业企业及产品众筹跑道，众筹金融交易发行额达千亿元，所涉及众

筹企业市值达万亿元。众筹金融交易所的低准入门槛为大众创业提供了可能的实现途径，只要众筹项目足够创新、足够有吸引力就会获得投资者的青睐从而获得继续开发、设计、运营的资金。

另外，众筹金融交易所是金融创新最为频繁与活跃的地方，众筹金融交易所的成立也为加强行业自律创造了条件，有利于降低交易风险，避免触碰"非法集资"的红线，这必将进一步提升我国的金融创新水平。

（二）推动众筹金融在中国的发展，实现普惠金融

目前我国有众多互联网金融平台，但各式平台规模及其募资能力良莠不齐，各平台间规则的不统一不仅会造成众筹金融市场的混乱，还可能引起欺诈等侵害金融消费者权益的问题。众筹金融交易所能有效弥补上述弊端，通过众筹金融交易所来发展众筹金融市场，可以建立起统一的公共规则，促进信息公开，使各类众筹平台在更阳光的环境下接受大众及监管部门的监督，更好地维护众筹金融市场秩序和投资者的合法权益。众筹交易所与互联网众筹平台的协同发展有利于树立投资者对众筹金融市场的信心，将会吸引更多的人参与到众筹交易中，也让草根能享受到高质量的金融服务，从而实现普惠金融。

（三）实现跨界经营，促进金融与实体经济的融合

众筹金融交易所将能使更多的资金流向实体经济，同时还能作为深化金融体制改革的一个重要突破点，实现金融与实体经济大跨界经营。例如，贵阳金融交易所已在体育、餐饮等金融板块注册相应的领筹金融公司，在教育、养生、房产、大学生创业等二十多个众筹板块与相关企业与单位签署合作意向协议。

第三节　众筹金融交易所的 O2O 模式
——世界众筹大会

真正的普惠金融，需要全民参与，人人为我，我为人人。现阶段，

众筹金融交易所只有充分整合线上线下资源，才能调动更多的参与者，真正成为"大众创业、万众创新"的助推剂。

2015 年 10 月 24 日至 26 日，首届"世界众筹大会暨全球创客博览会、全球创客狂欢节"将在我国贵州省贵阳市举行，这是众筹金融交易所第一次大型 O2O 展会。

此次大会是由贵州省贵阳市人民政府主办，贵阳众筹金融交易所等众筹金融生态体系内相关机构，携手国家相关部委、行业协会等共同举办的一场实践众筹金融理念的盛会。此次大会的主题是"世界为你我众筹——众联、众创、众包、众享，大众创业、万众创新"。大会计划邀请：（1）数国首脑政要、各级各地政府领导、行业大腕大咖约 800 人；（2）5000—6000 名创客（含传统企业创新代表）；（3）2000 名专业投资人；（4）各类

图 8-8 首届世界众筹大会覆盖面

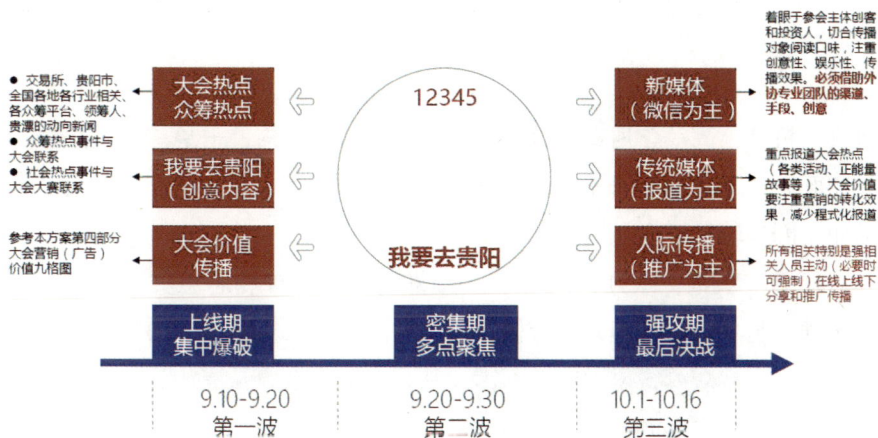

图 8-9 整体传播创意——渠道——执行计划图

图 8-10　线上线下同步互动

图 8-11　三大赛段、六个分赛段

图 8-12　参赛项目三大入口

协会、机构、高等学府约 500 人；(5) 海外相关机构、平台、互联网巨头约 200 人；(6) 500 名媒体人。此外，将有近两万市民围观，千万级（微信朋友圈）转发，上亿人关注。

　　众筹、众包、众办、众享，大会将众筹的精神和思想贯穿始终，为广大创客与各行业领筹人、天使投资人、交易商、服务商等搭建一个沟通交流的平台。众筹，是大会的基因。从报名到参会，从亮相到登顶，从草根到大咖，从主办方、承办方到协办单位、支持单位，一人一项目一论坛一活动，一瓶水一张机票一个展位，从大工程到小项目乃至一份商业计划书，一切皆可众筹。

　　此次大会的一大创新之处还在于众筹竞赛的设计，这也是第一次以竞赛为核心的大型商业会议，利用全角色、全方位、全流程的 O2O 竞赛系统，筛选出好的项目。世界众筹大会有如一台电脑，系统是世界创客 500 强传奇众筹大赛，所有程序（展览、活动、论坛是大会的主程序）运行于大赛这套系统，有各种的"USB 接口"，即插即用（开放式大会，可根据自身需求申请各种接口，定制各种"插件"）。

以世界众筹大会为舞台的全球创业创新众筹大赛竞赛规则

F1梦想奖励众筹赛段	F2创业奖励众筹赛段		F3创新投资众筹赛段	百亿信用申购阶段	年度众筹循环赛段
9月10日-10月22日	10月23日　10月24日	10月25日	10月26日	10.27-11.11	截止至2016.10.23
500强选拔入围赛	100强晋级赛	30强挑战赛	10强争霸赛	百强发行申购交易	年度循环总决赛
筹资奖励赛	筹团队智慧投资赛	筹财商投资赛		筹信用赛	筹品牌奖励赛

	筹资奖励赛（500强选拔入围赛）	筹团队智慧投资赛（100强晋级赛）	筹财商投资赛（30强挑战赛/10强争霸赛）	筹信用赛（百强发行申购交易）	筹品牌奖励赛（年度循环总决赛）
参赛项目方（创客）：	发起奖励众筹，推广大使和经纪人助阵，筹够5万元可开始领筹（保存奇迹几时内大会审核）入围500强。颁发证书、奖牌。筹得款全部用于购买大会提供标准席位及相应席位演出时间和广告，可以超额筹集。	参赛方设定投票奖励回报方案（不能回报现金和股权，只能回报与参赛项目相关的产品和服务，不可退回），需经大会审核并于10月20日前通过审核并完成，奖励方案一旦上线办法，保证此的奖励回报够兑现，如果还不能兑现将面临取消竞赛成绩，禁赛或进入黑名单处分并承担违约责任。 参赛方在本赛段应充分发挥O2O线上线下与投资人沟通，争取投资人的投票。本阶段不进行股权融通、债权融通和商品销售。没有进入一百强的项目停止竞赛可继续参会参与。 推广大使和经纪人仍将与参赛项目组成战队，共同完成筹资众工作。	30强参赛项目，发布真实的众筹标的（可上线股权融资、债权融资、奖励投资、收益权、公益券等），标的部审核均有不能现实在分审核真实有效承诺兑现。本阶段以融资额为众筹融资目标金额的比例为评比标准，融资目标依置非参考评分。	百强项目并符合众筹交易所发行条件的相应企业可进行发行，交易所上线发行。交易所将对合格投资人定向发放相应额度的信用申购券，投资人用申购券和购方进行见面沟通并按要求确认真实的申购意向，向保证金及认购定支付加管理申购交易手续。	大会在年度总决赛后向获奖各方及各方团队（包括：项目方、经纪人、推广大使、投资人）颁发各种奖杯、奖励证书，消费奖券将向各方统一公布。奖励券将依据项目各方在年度总决赛中的成绩和每个人在不同角色中的成绩和投入做出评选。
参会投资人方：	大会向投资人发放与投资金额等同的大会投票券，投资人从大会城市城门票、商品或服务	大会向投资人发放与投资金额等同的大会投票券，投资人根据各个项目的线上线下沟通，独立决定，将手中的投票券投给心中的项目目并获得相应的奖励与回报方的商品销售。投资人如果投中前一百强、前30强、前10强时，会获得大会提供的晋级投票奖励，该投资券用于下一阶段的投资竞赛使用。	大会向投资人发放与投资金额等同的大会投票券供参赛项目使用，该投当日有效并获相应投资回报。	大会向合格投资人发放与其信用额度相应的信用申购券，投资人用申购券对项目后应在指定时间完成申购，保证金、认购金申购。	每个赛季的前一百强项目可继续参加下一赛季的竞赛（补充新400个项目进场）。所有投资人、经纪人、推广大使、参赛方的积分规则另行公布。
领筹人：	领筹人领导项目，本阶段领筹人参与领筹项目的众筹，比例*%	领筹人继续辅导项目，本阶段领筹人可以参与竞赛项目的投票，并获得所投项目的奖励回报。	领筹人继续辅导项目并可以参与竞赛项目的投票，并获得投资回报与投资管理回报。	领筹人组织项目申购及申购后投资管理并可以参与竞赛项目的申购，并获得投资回报及投资管理回报。	前一百强项目的领筹人继续领筹进新赛季，新项目的领筹人规则同于上一赛季。

图 8-13　以全球创业创新众筹大赛为核心的世界众筹大会整体推进方案

　　大会现场将发放 1 万台百万授信的 MOS 手机，方便参会人实时交易刷卡，实现实时竞赛、实时众筹、实时交易。世界众筹大会还将举办各行业的高端巅峰论坛，包括新五板、科技、餐饮、体育、房地产、农业、文化等 35 场，来自世界的产学研领军人物将共同探讨世界众筹可持续发展道路，分享成功经验，中国众筹领域的创新探索也将向全世界展示。世界众筹大会除将举行上述创客、创新、投资、发行、交易、路演等评选大赛外，同时也有相当丰富的娱乐环节，包括世界好声音、万人太极演绎、好厨师大赛暨美食节、众筹电影节等等。万众瞩目的创客评选和缤纷多彩的娱乐众筹节目相信将引领一波世界众筹热浪，众筹的大时代即将到来！资金云集，风投攒动，梦想的价值在金秋贵阳将得到最完美的彰显。总占地面积 1000 亩的世界众筹小镇将成为贵阳众筹金融生态体系的物理载体，众筹金融学院、众筹金融研究院、众筹银行、众筹小微证券公司、众筹信托机构、众筹基金平台等众筹机构或将落户于此。①

世界众筹大会将会是一个很好的台阶，帮助贵阳以众筹交易所为中心，打造成一个以世界众筹大会为载体，联合海内外百强众筹平台和全国龙头产业金融领筹人的众筹金融生态体系。该体系就像一个生态圈，是一个多维度、多层次、多元化的开放合作、可持续发展、全民创业创新的金融体系。同时，在这个众筹金融生态体系中，还需要有促进投资与项目合作的整套中介服务机构，包括领投人、经纪人、会计、法律等服务元素。

如何让世界众筹大会更好地服务于贵阳金融众筹交易所？笔者提出了"顶天立地"的概念，关键在于智库的建设和人才的培育。"顶天"即为顶层设计，做好众筹金融研究院的智库建设。"立地"即为众筹金融学院，这保证了世界众筹大会落幕后的项目落地执行，通过筛选，帮助剩余项目的进一步孵化。要以交易所为纽带，与全国其他众筹交易平台做好行业自律规范的制定；保证交易的透明化，树立好品牌效应，才能吸引更多更好的项目和投资人；此外，还可以采取混合所有制的方式，充分调动民间资本，多办月度、季度的赛事，举办活动和沙龙，让众筹大会真正在全国范围内铺开，成为真正意义上的众筹金融生态圈。

笔者认为贵阳现在有三张名片：移动金融、大数据交易所和众筹金融交易所，而移动支付是最为根本的技术支撑，构建了以移动金融为"一体"，以大数据交易所和众筹金融交易所为"两翼"的"一体两翼"的闭环新金融生态体系。贵阳众筹金融交易所及世界众筹大会是众筹金融理论的一次伟大实践，而这仅仅只是第一步，更为重要的是，在此基础之上构建包括众筹金融交易所、世界众筹大会、众筹金融研究院、众筹商学院、众筹小镇等在内的线上线下一体的众筹金融生态体系，通过"大众创业、万众创新"实现西部地区跨越式发展的良机。

① 参见唐华：《首届世界众筹大会将于 10 月在贵阳举行》，http://news.xinhuanet.com/politics/2015-08/13/c_1116239573.htm，最后访问时间：2015 年 9 月 23 日。

第四节 新一代区块链众筹金融交易所

一、具有颠覆性意义的区块链技术

区块链（Blockchain）是一种创新的分布式交易验证和数据共享技术，即分布式共享总账（Distributed Shared Ledger）。具体地，区块链是以 P2P 网络的形式建立在严谨的密码学验证基础上的开放式公共账本，它将数据存储在块（Block）中，通过块号指针将这些块在逻辑上串联起来构成链条（Chain），最后应用数字签名与完整性校验保证块数据的真实性、时序性、完整性。全网参与的节点协作完成交易验证和存储，因此，在技术层面具有不可撤销、不可抵赖、不可篡改等属性，在应用层面具有分布式的公开透明、交易可跟踪等特征。区块链的核心价值是能够建立多中心化信任，区块链构建信任网络的方式如下图所示。

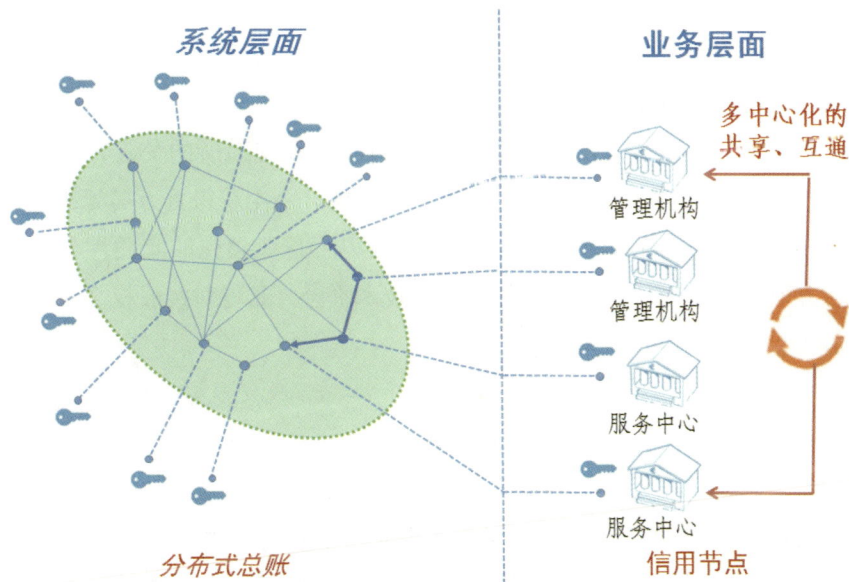

图 8-14 区块链构建信任网络

区块链技术能够广泛应用于金融行业，从而使得金融交易的清算时间、交易成本和交易对手风险都大幅下降。对于交易中心、清算中心、银行、券商等金融机构而言，区块链技术将从根本上变革和改良他们现有的业务模式。

二、国内外区块链在金融领域的创新

国际金融巨头越来越清晰地认识到区块链技术将会对金融行业产生至关重要的影响，他们直接投资从事相关技术研究，或者寻求与专业区块链技术公司合作，以期在区块链金融领域拔得头筹。

纳斯达克正在构建区块链私有股权交易平台，将极大地变革传统股权交易方式，具备结算清算实时、交易成本低、记录易跟踪等显著优势。后续，纳斯达克计划将区块链技术运用到公开股票市场。

花旗银行、Visa 公司、RRE Ventures、第一资本金融公司、Fiserv 公司、Orange SA 等金融机构，投资了区块链公司，专门从事区块链金融创新开发。摩根大通、高盛、瑞士信贷银行、道富银行、瑞士联合银行、澳洲联邦银行、西班牙对外银行、巴克莱银行以及苏格兰皇家银行等大型投资银行，已经与专业区块链技术公司进行合作，计划制定更广泛的金融业使用区块链技术的标准。

在国内，区块链也已经引起许多银行和股权交易所的关注，并出现了专注于区块链技术和产品的创新团队，例如，今年获得百万美元级天使投资的布比公司，已经在区块链技术上取得了行业领先的实质性创新成果，并研发出了区块链股权发行与交易技术平台，具备对接股权金融业务的能力。

三、区块链众筹金融交易所平台

区块链的创新技术优势，非常适合应用于众筹金融领域，构建新一代众筹金融交易所平台。区块链众筹金融交易所平台的层次结构，如下图所示。

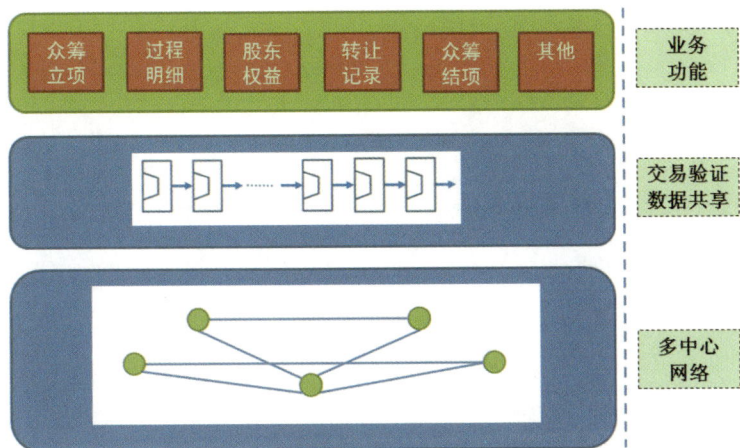

图 8-15 区块链众筹金融交易所平台的层次结构

区块链众筹金融交易所平台的优势主要体现在：

第一，创新的可信数字股权凭证。通过独特标识符和数字股权凭证，将使得股权转让更加便捷，促进股权的流动性；同时，也易于扩展支持股权交易的合规性，更加便于监管。

第二，股权交易透明，便于跟踪。通过区块链的记账将形成一个基于云的新型数据管理和共享，在权限管理体系下，允许公司和个体持股人，通过数字身份凭证，读取他们可以获取的特定信息。

第三，新型高效的清算和结算方式。以区块链为底层技术的股权系统，将能够建立一种低成本、高效的清算和结算体系，因为区块链在分布式多方协作上具有明显优势。

第四，安全性更高，成本极大降低。传统股权系统为了保障安全性，需要从数据库、容灾、防火墙、运维等多方面的巨大资金投入，而区块链在提高安全性、降低成本方面具有天然显著优势。

结 语

畅 想 未 来

——众筹社会主义

众筹社会主义，是指在"互联网+"背景下，以众筹的方式，打破金融垄断，发展普惠金融，解放和发展生产力，实现最广大消费者的福利，并最终实现共同富裕。

众筹社会主义是金融社会主义理论的核心，是中国特色社会主义理论体系的应有之义，是发展普惠金融、实现共同富裕的价值外化，是社会主义优越性的重要体现，是理论自信、道路自信、制度自信的重要保障。

当前，互联网与微金融相交融，众筹被赋予了更为丰富和深刻的内涵：众筹是指依据移动互联网、大数据、云计算，实现支付清算、资金融通、风险防范等金融本质的回归，具有快速、便捷、高效、低成本的优势和场外、涉众、混同的特征，能够打破金融垄断，实现消费者福利。正是众筹内涵的深化使得其成为实现金融社会主义的有力抓手。

在"互联网+"时代的背景下，以众筹为代表的微金融模式从服务小微、三农、普通民众出发，正在逐步完成对既有金融体系的重构。马克思将股份公司称为人类历史上最伟大的制度发明，那么我们可将众筹称为人类历史上第二个伟大的制度发明。前者促进了资本主义的繁荣，后者必将实现真正的平等、民主、自由、开放，实现金融普惠，推动社会主义的发展。这一过程，就是众筹社会主义实现的过程。因此，以众筹为核心的众筹社会主义理论便是新时代具有中国特色、中国情怀、中国气派的理论体系，其在服务小微、三农、普通民众，创造极大物质财富，实现全民族共同富裕的同时，更是实现中华民族伟大复兴的有力武器。

一、众筹体现了协作共赢的思想

我国具有悠久的历史和深厚的底蕴，我国以公有制为基础的基本经济制度决定了协作共赢思想的核心地位。新形势下，社会主义市场经济发展到金融信用与虚拟经济时代，市场观念经历了从注重竞争输赢到注重协作共赢的过程。协作共赢观念的重新确立，是牢固中国特色社会主义意识形态的重要保障，同时也为金融社会主义的价值内核注入了活力。

二、众筹彰显了金融社会主义的文化价值和内涵

传统的众筹已植根于中华民族的土壤中上千年，从古代集众人之财力修建乐山大佛，到近现代在浙江、福建、广东等沿海地区出现的标会、抬会；从单纯地为解决经济生活困难，到通过资金融通进入制造业、公用事业、基础设施建设、社会事业及服务业，参与社会主义现代化建设。没有贯穿始终的互助共赢的文化传统作为灵魂支撑，也就不会有众筹这一助力经济社会发展模式的源远流长。众筹金融融合了互联网平等、自由、开放的精神后，更将金融社会主义的文化价值内涵发扬光大。

三、众筹集中体现社会主义的本质要求和一般规律

（一）众筹与先进生产力高度契合

从现实来看，目前众筹，特别是股权众筹，资金募集的标的集中于前期开发成本较高、产品附加值较高的先进制造业，同时改变了既有的产业模式和商业管理模式，开发出商业新模型，行业产业链条加深加长，发掘出创造价值的新方法，在事实层面往往促进了高科技企业的发展、促进了高新技术的发展、促进了产能升级和产业转型。同时，众筹因其大众化的特征，与互联网高度融合，以其作为一种创新金融模式所表现出的对技术的强依靠性，可以认为是因新技术的发展而产生，反过来依托新技术再造新技术。从众筹事业的产生、发展和作用来看，体现了社会主义对于先进生产力的要求。

（二）众筹是生产关系的先进调整方式

首先，众筹涉及了资金、技术、人力及其他生产资料的糅合。众筹的过程既是各类生产资料结合的过程，又是重新调整相应组合的过程，而优化组合就能提高生产效率。

其次，众筹的低门槛、大众化等特征改变了人们在生产过程中所扮演的角色。各类人群可能在脱离其原有生产生活圈子的情况下重新确立其

角色。以股权众筹为例，普通民众不仅有机会成为股东，同时也可能是消费者、销售者。多重身份的集合，将最大限度地发挥个体的主观能动性，同时也将引发现代公司制度、产权制度、产业模式及商业管理方式的重构。

再次，融合互联网开放、平等、分享、协作精神的众筹，改变了人们在生产生活中的地位，最大限度激发了作为生产要素的人在经济社会生活中的主观能动性，从而达致生产关系的优化。

最后，众筹涉及股权、债券、产品等实物及虚拟资产的分配，实际上也对产品分配方式作出了优化调整。

四、众筹巩固发展中国特色社会主义市场经济

（一）众筹符合社会主义初级阶段的基本经济制度

众筹作为一种主要面向个人的资金募集方式，其涉及的相关企业及经营模式为非公有制，符合社会主义初级阶段的经济制度，是多种所有制经济的重要组成部分。

（二）众筹参与社会主义初级阶段的分配过程

众筹实际上就是劳动、资本、技术、管理等诸多生产要素的集合过程，在其项目实施过程中实现了根据不同生产要素、按贡献参与分配的要求，是我国分配制度的体现。

（三）众筹维护社会主义市场经济体系

众筹本质上仍是一种完全的市场抉择和筛选机制，充足的资金与高新技术、高效管理等密切结合，相应的产品也在开放市场中参与统一标准的竞争，企业或产品从众筹过程的发端即受到市场经济体系的选择、检验和监督，淘汰过程也是完全的市场行为。另外，众筹金融作为我国多层次资本市场的重要组成部分，丰富了直接融资渠道，有助于缓解融资成本，引导金融资源的合理配置。

（四）众筹促进转变经济发展方式和建设创新型国家

众筹借由其特殊的发展背景，依托互联网产业这一高新技术产业的发展，调动闲散的社会资本，针对前期高投入、高风险的先进制造业进行投入，鼓励企业及项目创新、创业，对于先进产能的发展、经济发展方式的转变、创新型国家的建设都有极大的促进作用。

五、众筹严格依循全面依法治理的内在逻辑

（一）众筹是一种合法的规范化筹资方式

众筹的出现使得资金募集方式"在阳光下运行"，自然地纳入了法律法规的体系之内，有利于将处于灰色地带的以民间金融为代表的影子银行纳入监管，使得投融资方均有了相应的保障，是一种合法的规范化筹资方式。这一合法的规范化筹资方式，将确保市场中资源的高效调配和有效利用，将极大地促进社会主义市场经济的健康有序发展。

（二）众筹的发展依赖完备的法律规范体系

发展众筹事业，必须依赖完备的法律规范体系。尽管目前众筹已纳入了法律体系之中，但相应法律的适用性仍不强，众筹的法律地位仍不十分明确，参与各方的合法权益仍有较高的受损风险。新修订的《证券法》，制定具有针对性的法律法规极为必要。

（三）众筹的发展需要严密的法律监督和有力的法律保障

众筹这一创新金融模式的出现，给政府监管带来了巨大的挑战，但问题的倒逼又同时是制度及体制机制创新的良好机遇。笔者认为，在建立完备的法律体系的基础之上，应重点强化严密的法律监督，增强法律保障的力量。

附　录

众筹金融研究院简介

众筹金融研究院由众筹金融（We Finance）理论创立者、中国人民大学法学院副院长、金融创新与风险治理研究中心负责人杨东教授主持创建成立，是全国首家专门从事众筹金融、互联网金融、移动金融领域研究和实践探索的民间智库。众筹金融研究院汇集国内外互联网金融领域顶尖专家资源，共同打造互联网金融领域人才培养、学术研究及科研产出一体化的综合平台。众筹金融研究院结合金融创新的最新实践动态、操作技巧和法律风险，研究互联网金融、众筹金融的未来发展方向，发布最具深度的行业研究分析报告，向国家相关部门提供关于金融创新和风险治理领域的对策和建议。众筹金融研究院承担的主要职责如下：

第一，承接国家级互联网金融领域重要研究项目。目前正在开展的项目包括国家社科基金重大项目"互联网金融安全"等课题。

第二，承接"一行三会"等互联网金融领域相关监管部门的课题。已有课题包括司法部"股权众筹法律问题研究"、中国人民银行支付司"支付清算体系重构"课题以及司法部"股权众筹法律问题研究"等课题。同时承接地方政府互联网金融课题，现已与贵阳、杭州、青岛、宁波、广州、深圳、济南等地方政府所形成合作关系。

第三，承接金融机构、各类公司委托的互联网金融、移动金融、众筹相关咨询合作课题。

第四，承接地方行业协会的委托项目和各类合作。众筹金融研究院与国务院新闻办公室、新华网等国家主管单位和媒体全面合作，与"微金融50人论坛"以及广东互联网金融协会、浙江互联网金融协会等地方互联网金融协会等密切合作，全面整合百度、京东、阿里、腾讯等企业资源和高校学术资源，与全国的互联网金融协会对接，建立众筹金融协会。

第五，发布学术研究系列白皮书，包括《全球互联网金融创新指数报告》、《众筹发展报告》、《小微金融发展报告》、《互联网金融消费者保护报告》、《互联网金融舆情指数报告》、《互联网金融社会责任报告》等。

第六，出版系列丛书，包括"大金融丛书"、"普惠金融丛书"、"众筹金融丛书"等。在杨东教授牵头指导下，目前已出版或即将出版的著作有《赢在众筹》、《移动金融》、《众筹改变金融》、《众筹社会主义》、《支付清算体系研究》、《互联网金融教程》等。

第七，加强互联网金融领域的国际合作。包括国际组织、国际名校、国际大公司的相关合作，如 Uber、Leading Club 等。

众筹金融研究院从成立到现在已经逐渐发展成为一所可持续性发展的独立性智库和公益性组织，为互联网金融创新在中国的发展献言献策，为推动"互联网＋"时代下传统行业的经济转型和实现众筹社会主义贡献自身的微薄力量。

众筹金融研究院
Crowdfunding Finance Research Institute

众筹金融研究院二维码

微金融 50 人论坛简介

2014 年 12 月 6 日，来自微金融研究相关领域的专家学者在北京召开大会，正式宣布成立微金融 50 人论坛。

本论坛正式名称为"微金融 50 人论坛"（以下简称"论坛"），英文名称为 We Finance 50 Forum（英文名称缩写为"WF50"）。

本论坛是由关注微金融发展的一批中青年专家学者共同发起成立的非官方、非营利性的学术研究平台。论坛成员分别来自经济、金融、法律、电子商务、互联网、信息技术、社会学等多学科，政、产、学、研、用等多领域。

本论坛发起人包括：初壮、高红冰、姜奇平、刘鹰、欧阳日辉、汤珂、吴庆、薛兆丰、杨东、杨涛、张海晖、张晓玫、周子衡。

本论坛为致力于微金融、创新金融、众筹金融等发展的专业人士提供一个高端研究交流平台，推动理论、思想、创新、创业和经验的交流，为相关决策与研究机构提供务实研究与经验参考，为微金融发展提供思想动力、智力支持，最终为金融服务实体经济产生积极影响。

用互联网思维开展金融研究，其核心是参与者为个人，每个人作为其中某一个体，都有充分的权利和方式参与到研究活动之中，提倡高效共享、平等自由、信任尊重的研究氛围，实现去中心化的互联共享，从而形成信息交互、资源共享、优势互补。

微金融50人论坛
WeFinance 50 Forum

微金融 50 人论坛二维码

联合出品人

1. 爱就投　上海爱就投金融信息服务有限公司

爱就投作为长三角最大的互联网股权融资平台和健康生活领域第一筹众平台，定位于中小券商＋互联网股权融资，为企业提供融资、营销、上市、并购等全程服务。专注于价值投资，成就每位投资者的创富梦想。

2. 翼起学　上海地川信息科技有限公司

翼起学是中国教育产业移动互联网搜索、点评门户。为您快速搜索与匹配最适合的学习资源。学习交友有师友，人人都是老师，人人都是学生。

服务号：资讯活动抢先知

3. 人人投　北京人人投网络科技有限公司

人人投是以实体店为主的股权众筹交易平台。

4. 云筹　深圳前海云筹互联网金融服务有限公司

云筹是深圳前海首家集天使股权众筹、创业孵化、投后管理于一体的线上众筹、线下服务云平台。

5. 小微封　来谊金融信息科技（上海）有限公司

来谊金融科技是领先的全新一代互联网金融安全整体解决方案提供商，为银行、互联网企业及个人消费者的移动支付提供安全保障服务。

众 筹 社 群

徐文伟： 杨东教授是我遇到的那种极其少见的学者，他的研究视野开阔，非常具有哲学洞穿力。他的理论和实际结合的非常紧密，国内从事众筹的很多平台都受益于他的理论指导，他向国家决策层和监管层的建议极大推动着中国众筹事业的进程。

徐白： 众筹金融通过互联网撬动大众闲散资金，带动大众创新创业，为中国经济的持续发展提供源源不断的动力。

柯福： 众筹金融改变融资模式，颠覆传统思维，积少成多，大众创业不再难以启动，万众创新也不再因资金问题而被扼杀在摇篮中，同时亦改变产品销售模式，促进商业模式创新，使企业发生质与量的双重改变！

邢祥： 众筹金融是"大众创业、万众创新"的强大助推器，是实现普惠金融的重要手段。

李玉童： 众筹，让大众的投资梦想与创业者的创富梦想激情碰撞，产生美好的共富未来。

胡卯生： 众筹之核心为"众"，众之金，众之道，众之智，众之势，众之倾。众筹之内涵，涵有"众担"与"众享"。它改变了金融简单的"你与我"、"贷与借"的属性，尤其将改变着中国众难合的文化。因此，众筹是微观层面的"共产"，是人类文明的进化。

叶丽华： 众筹，人类社会发展的阶梯！众筹，圆你的梦，圆中国梦，圆世界之梦！

贾京海：初识众筹是今夏上海爱就投在朝阳项目的路演，从此与爱就投结缘并陆续投资了几个项目。我理解的众筹是：大家提供资金或资源，一起来做感兴趣的某件事并可能在一定时间后获得丰厚的回报，同时也需承受项目失败的风险。个人认为众筹作为一种理财手段的同时，搭载了个人的梦想。

经作平：每个人心中都有一个梦想。为了实现这梦想，大家都在努力着。成为公司股东、站着把钱赚了、一不当心致富了……参加众筹吧！一切皆有可能！有梦想，人生就会有不一样的精彩，这是众筹给每个人带来的最大乐趣。

李益帆：众筹——让人人成为消费者、生产者和投资者。

屠贤斌：众筹金融帮助你、我、他的梦想实现，个人梦想的实现最终汇众于中国梦的实现。

马宇峰：昨晚听您（杨东教授）讲课，您的观点开启了我认识问题的一扇新大门。使我对融资问题的认识、判断、纠纷处理发生了重大调整。但自己理解能力有限，看问题还不深。非常希望再次听到您的课程。对您关于技术的进步必然产生伟大制度创新的观点高度认同，我们可以用技术手段打破资本垄断，但如何解决由于身份、分工产生的差别，如何重树新环境中价值标准、伦理体系、权利义务规范等等诸多问题。所以非常盼望向您学习。

《我要上头条》：《我要上头条》是中国第一档众筹电视节目。该节目的创始人亚洲首席演说家梁凯恩先生，在过去的十多年里创造了中国演说的十多项纪录，并受邀到世界各国去巡回演讲。出版 5 本畅销书，被翻译到 27 个国家和地区。梁先生个人曾是一个忧郁症患者，曾经企图自杀 2 次，高中读了 9 年，换过 5 间学校。后来一场演讲、一场电影彻底改变了他的一生。他在上海办了 5 万人的演唱会，拍摄电影《下一个奇迹》、电视剧《下一个奇迹》，现在又将演说的故事推到电视节目上。

这档节目是让众多有不幸遭遇或绯闻的明星通过演讲表达自身想要说出的真实的声音，以短时间演讲 PK 的方式展开。60 位明星在 3 个月的时间内进行了演讲 PK。该节目由天下融和集团天下众筹网董事长张倩和总裁吴正宽亲自参与众筹策划，由湖南广电总局旗下中广天择传媒制作。亚洲首席演说家梁凯恩先生担任演说总监，专门负责点评、培训各个选手，帮助他们改写社会公众的看法，赢得粉丝们的支持。此前曾合作一档节目《精彩中国说》仅用一个多月的时间就筹集了近 5000 万资金，并让节目在短时间内就展开了全国热播，获得了社会的好评。

节目众筹方案共有五个档位：①1 万元"梦想赞助商"，回报是获得 50 本梁凯恩先生出版的书籍，书腰上印有众筹者的名字，节目播出时还在电视银幕滚动出现众筹者的名字，并获得拍摄现场的席位。该档位 48 小时众筹 500 多万元。②10 万元"师门赞助基金"，回报是培训课程名额。该档位在梁凯恩先生的弟子、一级经销商中进行众筹，一共筹得 600 多万元。③100 万元"项目基金"，回报是获得项目分红。④1500 万元"特约赞助"，回报是获得万人体育馆总决赛特约冠名，结果该特约冠名被一家化妆品公司以 1700 万筹走。⑤2500 万元节目总冠名，回报是价值 6000 万广告与价值 4000 万内部培训方案。最终被道和集团筹走。两个月内完成以上全部方案。

《我要上头条》在杨东教授指导下即将通过天下众筹网以众筹的方式全面推动，方案为：①总冠名 1.2 亿；②特约赞助 6000 万；③广告植入 3000 万；④项目回报 2000 万；⑤网上众筹 2000 万；⑥万众赞助 2000 万。本期不仅和梁凯恩先生一起帮助明星们实现梦想，更重要的是帮助天下有梦想的普通人实现梦想。说出您的梦想，让天下众人来帮您实现！

后　记

终于写到后记了，与正文中理想的思考有所不同，后记里常常是作者的万千感慨、百感交集。

自开始创作这本书以来，有限的空余时间几乎都用在这上边。我们将一天的时间分为上午、下午、晚上、前半夜与后半夜五段，通常前两段用来完成日常的工作，晚上和前半夜的时间则用来看书、写作。

夜深万物归于沉寂着实是产生思想的时候。而到了后半夜，躺下后当天写的内容像放电影一样在脑海中回放，有时突然有了灵感，就马上爬起来打开电脑记下想到的内容，常常写着写着抬起头发现天已经亮了。或许就是出于对学术研究单纯的真爱，想把自己所思考的问题记录下来，才让我们对写书这样一件耗时费力还不赚钱的活乐此不疲。

在本书写作过程中，我们数易其稿，一方面是因为"互联网＋金融"新业态发展实在太快，各类创新不断涌现，或许今日阐述的新模式，明日就不新鲜了，过不了几日就被其他模式所取代也不足为奇；另一方面是因为伴随着研究、实践，我们的思想和观点也在不断完善。正是在反复研究、探索与实践的过程中，才提出"互联网＋金融＝众筹金融"的观点。本书中，我们从阐述技术进步与制度创新二者的关系出发，用"众筹"来概括这一新业态的特点，对"众筹"的概念进行了重构，进而探讨众筹作为一种制度创新如何与"互联网＋"这一技术创新相匹配，从而改变传统金融行业。当然，在提出这一结论的同时，我们也有必要将自己在这整个过程中的所见、所闻、所感、所想记录下来，与更多的人分享。因为，这是一个共享的时代。

创作这本书着实不易，尤其是在最近这一年多的时间里，一边工作一边写稿，时间和精力都很有限。幸得中国人民大学陈雨露校长、王利明常务副校长，中国人民大学法学院韩大元院长、林嘉书记，证监会黄炜主席助理、创新部张思宁主任，中国证券业协会陈共炎会长，中国人民银行金融研究所姚余栋所长、支付结算司前司长现清算总中心书记励跃、条法司刘向民副司长，中国支付清算协会蔡洪波会长，北京市金融工作局霍学文书记，银监会普惠金融部文海兴副主任，最高人民法院民一庭副庭长姚辉教授、民二庭吴景丽法官，贵阳市委陈刚书记、贵阳市政府王玉祥副市长，贵阳众筹金融交易所刘文献董事长，蚂蚁金服彭蕾董事长、井贤栋总裁、陈龙首席战略官，阿里巴巴集团副总裁、阿里研究院高红冰院长，张海晖高级研究员，京东金融集团姚乃胜、金鳞副总裁，奇虎360董事长兼CEO周鸿祎、齐向东总裁、傅彤副总裁，腾讯互联网社会研究院执行院长司晓，中国平安集团姚军首席律师，中国社科院金融研究所所长助理杨涛研究员、中信信托CTO初壮，清华大学社会科学学院经济学研究所汤珂教授，中央财经大学中国发展和改革研究院欧阳日辉副院长，财政部财政科学研究所研究员李全，高瓴资本集团董事长兼CEO张磊，中国人民大学高礼研究院执行院长卢斌，易宏金融科技公司副总裁王培仁等诸多领导、良师益友在百忙之中倾力给予的指导与帮助，特此表示感谢。还要感谢人民出版社的编辑李之美老师和夏青老师，正是她们不辞辛劳的付出才让本书能顺利出版。

同时，我们还要特别感谢最亲爱的父母、岳父母等家人。由于忙于工作、学习而疏于对亲人们的陪伴、照顾，但他们对我们的关心与支持却始终如一。家人们是最坚强的后盾，没有他们的理解与支持，本书也不可能顺利完成。感谢笔者杨东妻子杜鹃的支持。尤其是写作本书期间，我们常常在杨东家中讨论、撰稿到凌晨，家人对此给予了极大的支持与包容。笔者文诚公自从七年多以前到北京求学以来，大多数时候就只能在电话里听到爸妈的声音。这段时间，每次父母来电话，哪怕再忙，笔者也会佯称空闲，只为多听听他们的声音。因为他们要是知道孩子正忙着写书稿一定会匆匆挂断电话，可他们是多么想念自己的孩子，多么想跟自己的孩子多聊上几句啊，不能侍奉在父母身边报答他们的养育之恩让笔者感到深深的愧疚。其他给予我们关心、支持和帮助的领导、老师、同事和朋友们无法逐一列举，谨在此一并谢过。

正是因为有这么多人的关心、支持与鼓励，我们才有源源不断的动力去研究、去探索。我们提出众筹金融理论只是一个开端，接下来我们还将把更多更精彩的目前正在进行中的众筹金融案例实践呈现给大家，并还将进一步研究众筹金融的法律规制与监管途径。

更进一步说，我们的研究将不仅仅局限于金融领域，我们还将全面论述"众筹制度"（我们对这一名称并不满意，但暂时还未想到更恰切的提法）如何促进生产生活方式变革，如何推动整个人类社会进步的研究。

此外，我们还将研究推广到实践，众筹金融研究院（智库）、众筹金融交易所、世界众筹大会、众筹小镇、金融资产交易中心、互联网交易平台、众筹金融学院、影视众筹平台、三农众筹平台、《大圣归来》等案例都是笔者众筹课题研究的实践活动。其实，本书的写作、案例收集和销售等每个环节，都是贯彻互联网思维，践行众筹精神。除了前期在众筹平台上进行的众筹，本书将不在网络购物平台或线下实体书店大规模销售，仅在众筹金融研究院（微信公众号）、读书会、书友会出售，从作者直接到读者，从读者到作者，点对点（P2P），真正实现去中介化、去中心化。

当然，还需要说明的是，我们站在一个客观的角度对国内外众筹金融新生态进行论述，其中提及的平台、产品或项目情况不构成任何投资建议，据此进行投资需自负盈亏。

最后，尽管我们竭尽全力、精益求精，但疏漏之处仍在所难免，恳请列位读者不吝赐教。好的作品一定是建立在作者与读者的互动之上的。相信下一次写后记不会等太久。

我们的联系方式：杨东：yangdongbeijing@163.com；文诚公：wefinance2015@126.com。

杨　东　文诚公
2015 年 9 月 28 日夜于人大明德楼

责任编辑:李之美　夏　青

图书在版编目(CIP)数据

互联网+金融＝众筹金融:众筹改变金融/杨东,文诚公 著.
　-北京:人民出版社,2015.10
ISBN 978－7－01－015298－1

Ⅰ.①互…　Ⅱ.①杨…②文…　Ⅲ.①融资模式-研究-中国　Ⅳ.①F832.48

中国版本图书馆 CIP 数据核字(2015)第 228852 号

互联网+金融＝众筹金融
HULIANWANG+JINRONG=ZHONGCHOU JINRONG
——众筹改变金融

杨 东　文诚公　著

人民出版社 出版发行
(100706　北京市东城区隆福寺街99号)

北京盛通印刷股份有限公司印刷　新华书店经销

2015 年 10 月第 1 版　2015 年 10 月北京第 1 次印刷
开本:710 毫米×1000 毫米 1/16　印张:26.25
字数:380 千字

ISBN 978－7－01－015298－1　定价:138.00 元

邮购地址 100706　北京市东城区隆福寺街 99 号
人民东方图书销售中心　电话 (010)65250042　65289539